대방광불화엄경

대방광불화엄경 2

大方廣佛華嚴經

이운허 옮김

동국역경원

| 차례 |

제2책

제 15 권
12. 현수품 ② ··· 3

제 16 권
13. 승수미산정품昇須彌山頂品 ··············· 51
14. 수미정상게찬품須彌頂上偈讚品 ········ 54
15. 십주품十住品 ···································· 76

제 17 권
16. 범행품梵行品 ·································· 109
17. 초발심공덕품初發心功德品 ············· 112

제 18 권
18. 명법품明法品 ·································· 153

제 19 권
19. 승야마천궁품昇夜摩天宮品 ············· 175
20. 야마궁중게찬품夜摩宮中偈讚品 ······ 179
21. 십행품十行品 ① ······························ 201

제 20 권
21. 십행품 ② ·· 219

제 21 권
22. 십무진장품十無盡藏品 ···················· 257

제22권

23. 승도솔천궁품昇兜率天宮品 ·········· 277

제23권

24. 도솔궁중게찬품兜率宮中偈讚品 ·········· 305
25. 십회향품十廻向品 ① ·········· 328
   1) 부처님의 가지加持 ▪ 328　　2) 제1회향 ▪ 331

제24권

25. 십회향품 ② ·········· 349
   3) 제2회향 ▪ 349　　4) 제3회향 ▪ 360
   5) 제4회향 ▪ 370

제25권

25. 십회향품 ③ ·········· 381
   6) 제5회향 ▪ 381
   7) 제6회향 ① ▪ 394
      | ㉠ 여러 가지로 보시함　394 |

제26권

25. 십회향품 ④ ·········· 409
   7) 제6회향 ② ▪ 409
      | ㉡ 수레와 코끼리를 보시함　409 |
      | ㉢ 평상 등 여러 가지를 보시함　420 |

제27권

25. 십회향품 ⑤ ·········· 435
   7) 제6회향 ③ ▪ 435
      | ㉣ 몸의 것으로 보시하고 불쌍한 이를 구제함　435 |

제28권

25. 십회향품 ⑥ ·········· 465

7) 제6회향 ④ ▪ 465
　　⑬ 부처님의 출세를 찬탄하고 모든 것을 보시함　465
　　⑭ 통틀어 맺음　486

제29권

25. 십회향품 ⑦ ･･････････････････････････････････････ 503
　8) 제7회향 ▪ 503

제30권

25. 십회향품 ⑧ ･･････････････････････････････････････ 525
　9) 제8회향 ▪ 525

---

* 아래 내용은 제1책, 제3책, 제4책, 제5책의 차례입니다.

제1책　대방광불화엄경 大方廣佛華嚴經

해제 | 서문

제1권
　1. 세주묘엄품 世主妙嚴品 ① ▪ 7

제2권
　1. 세주묘엄품 ② ▪ 29

제3권
　1. 세주묘엄품 ③ ▪ 67

제4권
　1. 세주묘엄품 ④ ▪ 107

제5권
　1. 세주묘엄품 ⑤ ▪ 151

제6권
　2. 여래현상품 如來現相品 ▪ 187

제7권
   3. 보현삼매품普賢三昧品 ■ 235
   4. 세계성취품世界成就品 ■ 243

제8권
   5. 화장세계품華藏世界品 ① ■ 279

제9권
   5. 화장세계품 ② ■ 311

제10권
   5. 화장세계품 ③ ■ 341

제11권
   6. 비로자나품毘盧遮那品 ■ 377

제12권
   7. 여래명호품如來名號品 ■ 405
   8. 사성제품四聖諦品 ■ 415

제13권
   9. 광명각품光明覺品 ■ 429
   10. 보살문명품菩薩問明品 ■ 455

제14권
   11. 정행품淨行品 ■ 483
   12. 현수품賢首品 ① ■ 514

제3책   대방광불화엄경大方廣佛華嚴經

제31권
   25. 십회향품 ⑨ ■ 3 ·············· | 10) 제9회향

제32권
   25. 십회향품 ⑩ ■ 37 ·············· | 11) 제10회향 ①

제33권
25. 십회향품 ⑪ ▪ 55 ·············· | 11) 제10회향 ②

제34권
26. 십지품 ① ▪ 79 ·············· | 1) 환희지歡喜地

제35권
26. 십지품 ② ▪ 119 ·············· | 2) 이구지離垢地 / 3) 발광지發光地

제36권
26. 십지품 ③ ▪ 147 ·············· | 4) 염혜지焰慧地 / 5) 난승지難勝地

제37권
26. 십지품 ④ ▪ 173 ·············· | 6) 현전지現前地 / 7) 원행지遠行地

제38권
26. 십지품 ⑤ ▪ 207 ·············· | 8) 부동지不動地 / 9) 선혜지善慧地

제39권
26. 십지품 ⑥ ▪ 245 ·············· | 10) 법운지法雲地

제40권
27. 십정품十定品 ① ▪ 281 ·········· | 1) 서론 / 2) 넓은 광명 큰 삼매 / 3) 묘한 광명 큰 삼매

제41권
27. 십정품 ② ▪ 301 ·············· | 4) 여러 부처님 국토에 차례로 가는 신통한 큰 삼매 / 5) 청정하고 깊은 마음의 행인 큰 삼매 / 6) 과거의 장엄한 갈무리를 아는 큰 삼매 / 7) 지혜 광명의 갈무리인 큰 삼매 / 8) 모든 세계의 부처님 장엄을 아는 큰 삼매

제42권
27. 십정품 ③ ▪ 321 ·············· | 9) 일체 중생의 차별한 몸 큰 삼매 / 10) 법계에 자유자재하는 큰 삼매

제43권
27. 십정품 ④ ▪ 345 ·············· | 11) 걸림 없는 바퀴인 큰 삼매

제44권
28. 십통품十通品 ▪ 375

29. 십인품十忍品 ■ 386

제45권
30. 아승기품阿僧祇品 ■ 419
31. 여래수량품如來壽量品 ■ 447
32. 제보살주처품諸菩薩住處品 ■ 448

제46권
33. 불부사의법품佛不思議法品 ① ■ 453

제47권
33. 불부사의법품 ② ■ 475

제48권
34. 여래십신상해품如來十身相海品 ■ 499
35. 여래수호광명공덕품如來隨好光明功德品 ■ 518

제4책 — 대방광불화엄경大方廣佛華嚴經

제49권
36. 보현행품普賢行品 ■ 3

제50권
37. 여래출현품如來出現品 ① ■ 37 · | 1) 출현하시는 법 / 2) 몸의 업

제51권
37. 여래출현품 ② ■ 75 ············ | 3) 말의 업 / 4) 마음의 업

제52권
37. 여래출현품 ③ ■ 105 ········· | 5) 출현하는 경계와 행과 보리 / 6) 법륜·열반·이익

제53권
38. 이세간품離世間品 ■ 135 ········ | 1) 이백 가지 물음 / 2) 십신十信을 답함 / 3) 십주十住를 답함

제54권
38. 이세간품 ② ■ 159 ············ | 4) 십행十行을 답함 ①

제55권
38. 이세간품 ③ ■ 183 ············ | 4) 십행을 답함 ② / 5) 십회향[回向]을 답함

제56권
38. 이세간품 ④ ■ 207 ············ | 5) 십회향을 답함 ② / 6) 십지를 답함 ①

제57권
38. 이세간품 ⑤ ■ 235 ············ | 6) 십지를 답함 ② / 7) 인이 원만하고 과가 만족함을 답함

제58권
38. 이세간품 ⑥ ■ 263 ············ | 7) 인이 원만하고 과가 만족함을 답함 ②

제59권
38. 이세간품 ⑦ ■ 293 ············ | 7) 인이 원만하고 과가 만족함을 답함 ③ / 8) 결론

제60권
39. 입법계품入法界品 ① ■ 353 ····· | 1) 근본 법회 ①

제61권
39. 입법계품 ② ■ 399 ············ | 1) 근본 법회 ② / 2) 가지[枝末]법회 ①

제62권
39. 입법계품 ③ ■ 425 ············ | 2) 가지 법회 ②

제63권
39. 입법계품 ④ ■ 457 ············ | 2) 가지 법회 ③

제64권
39. 입법계품 ⑤ ■ 483 ············ | 2) 가지 법회 ④

제65권
39. 입법계품 ⑥ ■ 509 ············ | 2) 가지 법회 ⑤

제5책 — 대방광불화엄경 大方廣佛華嚴經

제66권
39. 입법계품 ⑦ ■ 3 ·············· | 2) 가지 법회 ⑥

제67권
  39. 입법계품 ⑧ ■ 33 ················ | 2) 가지 법회 ⑦

제68권
  39. 입법계품 ⑨ ■ 57 ················ | 2) 가지 법회 ⑧

제69권
  39. 입법계품 ⑩ ■ 95 ················ | 2) 가지 법회 ⑨

제70권
  39. 입법계품 ⑪ ■ 135 ················ | 2) 가지 법회 ⑩

제71권
  39. 입법계품 ⑫ ■ 171 ················ | 2) 가지 법회 ⑪

제72권
  39. 입법계품 ⑬ ■ 209 ················ | 2) 가지 법회 ⑫

제73권
  39. 입법계품 ⑭ ■ 245 ················ | 2) 가지 법회 ⑬

제74권
  39. 입법계품 ⑮ ■ 277 ················ | 2) 가지 법회 ⑭

제75권
  39. 입법계품 ⑯ ■ 299 ················ | 2) 가지 법회 ⑮

제76권
  39. 입법계품 ⑰ ■ 351 ················ | 2) 가지 법회 ⑯

제77권
  39. 입법계품 ⑱ ■ 383 ················ | 2) 가지 법회 ⑰

제78권
  39. 입법계품 ⑲ ■ 441 ················ | 2) 가지 법회 ⑱

제79권
  39. 입법계품 ⑳ ■ 471 ················ | 2) 가지 법회 ⑲

제80권
  39. 입법계품 ㉑ ■ 493 ················ | 2) 가지 법회 ⑳

대방광불화엄경 제15권

제15권

12. 현수품 ②

좋은 삼매 있으니 이름이 안락安樂
두루 능히 여러 중생 제도하는데
헤아릴 수가 없는 큰 광명 놓아
보는 이를 모두 다 조복케 하네.

놓는 광명 이름을 선현善現이라 해
누구나 이 광명을 만나는 중생
헛되지 아니하고 이익 얻나니
위가 없는 큰 지혜를 이루느니라.

저가 먼저 불보를 나타내 뵈고
법보・승보 나타내고 정도正道 보이며

부처님의 탑과 형상 보이었나니
그러므로 이런 광명 이루었도다.

광명을 또 놓으니 이름이 조요照耀
온갖 하늘 광명을 무색케 하고
여러 가지 어두운 것 모두 없애어
중생들을 위하여 이익 지으며,

이 광명이 일체 중생 일러 깨워서
등촉으로 부처님께 공양케 하며
등촉으로 부처님께 공양하므로
세상에 위없는 등 이루느니라.

여러 가지 기름 등불 우유 등 켜고
가지각색 밝은 횃불 모두 사르며
온갖 향과 묘한 약과 보배 촛불로
부처님께 공양하고 이 광명 얻네.

광명을 또 얻으니 이름이 제도濟度
이 광명이 일체 중생 일러 깨우고
그들로 큰 서원을 널리 내어서
욕심 바다 중생들을 제도케 하네.

만일 능히 큰 서원을 널리 내어서
욕심 바다 중생들을 제도한다면

네 가지 폭포수를 능히 건너가
근심 없는 해탈성에 인도하나니,

여러 사람 다니는 길 큰 물 있는데
다리와 배와 떼를 만들어 놓고
유위법有爲法을 훼방하고 적멸을 찬탄
그러므로 이런 광명 이루었도다.

광명을 또 놓으니 이름이 멸애滅愛
이 광명이 일체 중생 일러 깨워서
그들로 오욕락을 멀리 버리고
해탈의 묘한 법을 생각케 하네.

만일 능히 오욕락을 멀리 버리고
해탈의 묘한 법을 생각한다면
바로 능히 부처님의 감로비로써
세간의 타는 애정 두루 멸하리.

못과 샘과 냇물을 보시하여서
위없는 보리도를 전혀 구하고
오욕락을 훼방하고 선정을 찬탄
그러므로 이런 광명 이루었도다.

광명을 또 놓으니 이름이 환희
이 광명이 일체 중생 일러 깨워서

그들로 보리도를 우러르게 하고
스승 없는 도리를 증하게 하니,

여래의 자비하신 형상 만들어
모든 상호 장엄하여 단에 모시고
수승한 모든 공덕 항상 찬탄해
그러므로 이런 광명 이루었도다.

광명을 또 놓으니 이름이 애락愛樂
이 광명이 일체 중생 일러 깨워서
그들의 마음 속에 모든 불보와
법보와 승보를 사모케 하네.

만일 항상 마음 속에 모든 불보와
법보와 승보를 사모한다면
바로 능히 여래의 회상에 있어
위없이 깊은 법인法忍 세우게 되니,

한량없는 중생을 열어 깨워서
불보·법보·승보를 생각케 하고
발심하는 공덕행을 보이었으며
그러므로 이런 광명 이루었도다.

광명을 또 놓으니 이름이 복취福聚
이 광명이 일체 중생 일러 깨워서

한량없는 온갖 보시 행하게 하고
이것으로 위없는 도 구하였으니,

제한 없는 보시회를 크게 베풀어
달라는 여러 사람 만족케 하여
그 마음에 부족함이 없게 했으며
그러므로 이런 광명 이루었도다.

광명을 또 놓으니 이름이 구지具智
이 광명이 일체 중생 일러 깨워서
그들로 한 생각과 한 법 가운데
한량없는 모든 법문 알게 했나니,

중생들을 위하여 법을 분별코
진실한 이치까지 알게 했으며
법과 뜻 잘 말하고 덜림 없을새
그러므로 이런 광명 이루었도다.

광명을 또 놓으니 이름이 혜등慧燈
이 광명이 일체 중생 일러 깨워서
중생들의 성품이 공적하여서
온갖 법이 없는 줄을 알게 하였네.

모든 법이 공하고 주재가 없어
환술이나 아지랑이나 물 속 달 같고

꿈과 같고 영상 같다고 연설했나니
그러므로 이런 광명 이루었도다.

또 놓은 광명 이름 법자재法自在이니
이 광명이 일체 중생 일러 깨워서
다함 없는 다라니를 얻게도 하고
갖가지 부처님 법 지니게 하네.

법 아는 이 공경하여 공양하였고
여러 현성賢聖 시중하고 수호했으며
가지가지 법으로 중생에 보시
그러므로 이런 광명 이루었도다.

광명을 또 놓으니 이름이 능사能捨
이 광명이 간탐 중생 일러 깨워서
재물이 항상하지 못함을 알고
보시를 늘 즐기고 집착이 없게,

조복하기 어려운 간탐을 조복
재물이란 뜬 구름 꿈인 줄 알고
보시하는 깨끗한 맘 늘리었나니
그러므로 이런 광명 이루었도다.

광명을 또 놓으니 이름이 제열除熱
이 광명이 파계한 이 일러 깨워서

청정한 모든 계율 받아 지니고
스승 없는 도 얻기를 원케 하였네.

중생들을 권하여 계율을 받고
열 가지 선한 업을 깨끗하게 하며
발심하여 보리도에 향하게 하니
그러므로 이런 광명 이루었도다.

광명을 또 놓으니 이름이 인엄忍嚴
이 광명이 성내는 이 일러 깨워서
성내는 일 제除하고 교만 여의며
욕辱을 참고 유화柔和한 법 항상 즐기네.

중생의 포악함을 참지 못하나
보리를 위하므로 동動하지 않고
참는 공덕 언제나 칭찬했나니
그러므로 이런 광명 이루었도다.

광명을 또 놓으니 이름이 용맹
이 광명이 게으른 이 일러 깨워서
그들로 어느 때나 삼보 가운데
공경하고 공양하여 싫음 없나니,

그가 만일 어느 때나 삼보 가운데
공경하고 공양하여 싫음 없다면

네 가지 마군 경계 능히 뛰어나
위없는 부처 보리 빨리 이루리.

중생들을 권하여 정진케 하고
부지런히 삼보에게 공양하오며
교법이 없어질 때 잘 수호하매
그러므로 이런 광명 이루었도다.

광명을 또 놓으니 이름이 적정寂靜
이 광명이 산란한 이 일러 깨워서
탐심·진심·어리석음 멀리 여의며
믿음이 동하잖고 선정에 들게,

저 많은 악지식의 이치 없는 말
잡란한 모든 행을 멀리 여의고
선정과 아란야를 찬탄했나니
그러므로 이런 광명 이루었도다.

광명을 또 놓으니 이름이 혜엄慧嚴
이 광명이 우미愚迷한 이 일러 깨워서
진실한 법 증득하고 연기緣起를 알아
모든 근성 지혜를 통달케 하며,

진실한 법 증득하고 연기를 알아
모든 근성 지혜를 통달한다면

바로 능히 일등日燈 삼매법을 얻어서
지혜의 광명으로 불과佛果 이루리.

국토 재물 내 몸까지 능히 버리고
보리를 위하여서 정법 구하며
듣고는 중생 위해 연설했나니
그러므로 이런 광명 이루었도다.

광명을 또 놓으니 이름이 불혜佛慧
이 광명이 모든 중생 일러 깨워서
한량없고 끝없는 여러 부처님
보배 연꽃 위에 앉음 보게 하나니,

부처님의 위력과 해탈 찬란코
부처님의 한량없는 자재 말하며
부처님의 신통과 힘을 보이매
그러므로 이런 광명 이루었도다.

광명을 또 놓으니 이름이 무외無畏
이 광명 공포하는 이에게 비춰
비인非人들이 갖고 있는 모든 독해毒害들
온갖 것을 빠르게 제멸하나니

중생에게 무외법을 보시하였고
해롭게 하는 것은 권해 그치며

액난 있고 고독한 이 구제했으매
그러므로 이런 광명 이루었도다.

광명을 또 놓으니 이름이 안은安隱
이 광명이 병난 이들 능히 비추어
갖가지 모든 고통 덜게 하였고
바른 선정 삼매락三昧樂을 얻게 하나니,

좋은 약을 주어서 병환 구하고
보배로 명을 늘려 향을 바르며
기름과 젖과 꿀로 음식을 보충
그러므로 이런 광명 이루었도다.

광명을 또 놓으니 이름이 견불見佛
이 광명이 죽은 사람 일러 깨워서
생각함을 따라서 여래 뵈오며
죽으면 그 정토에 태어나나니,

임종하는 사람 보고 염불 권하고
불상을 보여주고 첨앙케 하며
그들을 부처님께 귀의케 하며
그러므로 이런 광명 이루었도다.

광명을 또 놓으니 이름이 요법樂法
이 광명이 일체 중생 일러 깨워서

바른 법을 언제나 즐거워하며
법을 듣고 연설하고 쓰게 하나니,

교법이 없어질 때 능히 연설해
법 구하는 이들을 만족케 하며
불법을 좋아하고 행케 했으매
그러므로 이런 광명 이루었도다.

광명을 또 놓으니 이름이 묘음妙音
이 광명이 모든 보살 열어 깨워서
삼계에 일어나는 소리를
여래의 음성으로 듣게 하나니,

큰소리로 부처님을 칭찬하였고
요령·목탁 모든 음악 널리 베풀어
세상에 부처 음성 듣게 했으며
그러므로 이런 광명 이루었도다.

또 놓은 광명 이름 시감로施甘露라고
이 광명이 일체 중생 열어 깨워서
온갖 가지 방일한 행을 버리고
구족하게 모든 공덕 닦아 익히게,

유위법이 안락하지 않다 말하며
한량없는 고통이 충만하다고

적멸한 즐거움을 항상 칭찬해
그러므로 이런 광명 이루었도다.

광명을 또 놓으니 이름이 최승最勝
이 광명이 일체 중생 열어 깨워서
그네들을 부처님 계신 곳에서
계와 정과 지혜를 듣게 하나니.

일체의 부처님과 계와 선정과
수승한 깊은 지혜 늘 칭찬하며
이렇게 위없는 도 구하게 하매
그러므로 이런 광명 이루었도다.

광명을 또 놓으니 이름이 보엄寶嚴
이 광명이 일체 중생 능히 깨우쳐
보배 광을 얻고서 다함이 없이
이것으로 여래께 공양케 하네.

가지가지 훌륭하고 위없는 보배
부처님과 탑묘에 공양도 하고
빈궁한 중생에게 보시했나니
그러므로 이런 광명 이루었도다.

광명을 또 놓으니 이름이 향엄香嚴
이 광명이 일체 중생 능히 깨우쳐

듣는 이로 받음이 기쁘게 하며
결정코 부처 공덕 이루게 하네.

천상·인간 묘한 향을 땅에 바르고
일체의 가장 승한 왕에게 공양
부처님과 보탑을 조성했나니
그러므로 이런 광명 이루었도다.

또 놓은 광명 이름 잡장엄雜莊嚴이니
보배 당기 번과 일산 한량없으며
향 사르고 꽃을 흩고 풍악 잡혀서
성읍의 안과 밖에 가득히 충만.

본래부터 아름답고 묘한 음악과
여러 향과 묘한 꽃 당기와 일산
온갖 장엄 부처님께 공양했나니
그러므로 이런 광명 이루었도다.

광명을 또 놓으니 이름이 엄결嚴潔
온 땅이 평탄하여 손바닥 같네.
부처님 탑과 그 곳 장엄했으매
그러므로 이런 광명 이루었도다.

광명을 또 놓으니 이름이 대운大雲
향기 구름 일으켜 향수 내리니

탑과 뜰에 물 뿌려 깨끗했으며
그러므로 이런 광명 이루었도다.

광명을 또 놓으니 이름이 엄구嚴具
헐벗은 사람들로 좋은 옷 얻게
몸 꾸미는 묘한 것을 보시했으매
그러므로 이런 광명 이루었도다.

광명을 또 놓으니 이름이 상미上味
굶주린 사람들로 좋은 밥 얻게
가지각색 진수 성찬 베풀었으매
그러므로 이런 광명 이루었도다.

광명을 또 놓으니 이름이 대재大財
가난한 중생으로 화수분 얻게
다하지 않는 물건 삼보에 보시
그러므로 이런 광명 이루었도다.

또 놓은 광명 이름 안청정眼淸淨이라
소경들로 모든 빛깔 보게 하나니
밝은 등을 부처님과 탑에 보시해
그러므로 이런 광명 이루었도다.

또 놓은 광명 이름 이청정耳淸淨이라
귀머거리 모든 소리 잘 듣게 하니

부처님과 탑 앞에 풍악 잡히고
그러므로 이런 광명 이루었도다.

또 놓은 광명 이름 비청정鼻淸淨이라
맡지 못하던 향기 맡게 하나니
묘한 향을 부처님과 탑에 보시해
그러므로 이런 광명 이루었도다.

또 놓은 광명 이름 설청정舌淸淨이라
아름다운 음성으로 부처님 칭찬
추악한 나쁜 말을 아주 제除하니
그러므로 이런 광명 이루었도다.

또 놓은 광명 이름 신청정身淸淨이라
모든 불구자들을 구족케 하니
몸으로 부처님과 불탑에 예배
그러므로 이런 광명 이루었도다.

또 놓은 광명 이름 의청정意淸淨이라
정신을 잃은 이로 생각 바르게
삼매를 닦아 향해 자재했으매
그러므로 이런 광명 이루었도다.

또 한 광명 놓으니 색청정色淸淨이라
부처님의 모든 상호 뵈옵게 하니

여러 묘한 빛깔로 불탑에 장엄
그러므로 이런 광명 이루었도다.

또 한 광명 놓으니 성청정聲淸淨이라
소리 성품 공적한 줄 알게 하나니
소리의 연기緣起 보기 메아리처럼
그러므로 이런 광명 이루었도다.

또 한 광명 놓으니 향청정香淸淨이라
모든 구린 냄새를 깨끗하게 하니
향수로 보리수와 탑을 씻었고
그러므로 이런 광명 이루었도다.

또 한 광명 놓으니 미청정味淸淨이라
온갖 맛에 있는 독 제해 버리니
불보 승보 부모에게 늘 공양하고
그러므로 이런 광명 이루었도다.

또 한 광명 놓으니 촉청정觸淸淨이라
나쁜 촉〔惡觸〕을 능히 다 유연하게 해
창과 칼과 검들이 내리는 것을
변화하여 묘한 화만 되게 하나니,

지난 세상 일찍이 길 가운데에
향 바르고 꽃 흩고 의복을 깔아

여래를 맞고 보내 밝게 했을새
그러므로 광명을 지금 얻었네.

또 한 광명 놓으니 법청정法淸淨이라
일체의 여러 중생 털구멍에서
부사의한 묘한 법 말하게 하니
듣는 이가 모두 다 기뻐 깨닫네.

인연으로 생긴 것 남이 아니오
부처님의 법신은 몸이 아니니
법의 성품 항상 있어 허공 같거늘
그 이치 말하므로 광명 이러해.

이와 같은 종류의 모든 광명문
항하의 모래처럼 수가 없거늘
큰 신선의 털구멍서 모두 나와서
낱낱이 짓는 업이 각각 다르네.

한 털구멍에서 놓는 온갖 광명들
한량없어 항하의 모래 같거든
일체의 털구멍 광명 모두 그러니
이것이 큰 선인의 삼매 힘이라.

본래의 인행대로 얻은 그 광명
예전 인연 동행들을 따라 보는 것

지금 놓는 광명도 그런 것이니
이것이 큰 선인의 자재한 지혜.

전세에 한 가지로 복업을 닦고
따라서 기뻐하고 좋아했으며
짓는 것만 본 이도 또한 그러해
그런 이는 이 광명을 모두 보도다.

스스로 여러 복업 닦은 이거나
한량없는 부처님께 공양한 이와
부처님의 공덕을 항상 구한 이
이런 이를 이 광명이 깨닫게 하네.

비유컨대 소경들이 해를 못 보나
이 세상에 해가 없진 아니 하나니
눈이 있는 이들은 모두 보고서
제각기 제 일대로 업을 짓나니,

보살의 광명들도 그와 같아서
지혜 있는 이들은 모두 보지만
범부와 외도들과 소견 좁은 인
이러한 좋은 광명 못 보느니라.

마니로 된 궁전과 훌륭한 연華과
묘한 보배 좋은 향으로 장식하나니

복덕이 있는 이는 갖추지만
복덕 없는 사람이야 있을 곳 아니.

보살의 광명들도 그와 같아서
깊은 지혜 있는 이는 비추지만
외도들과 소견 좁고 어리석은 이
이 광명을 능히 보지 못하느니라.

어떤 이가 이 광명을 듣고 본다면
깨끗하고 깊은 신심 능히 내어서
여러 가지 의심 그물 영원히 끊고
위없는 공덕 당기 빨리 이루리.

가장 좋은 삼매가 출현하거든
권속과 장엄들이 다 자재하니
일체의 시방세계 여러 국토에
불자의 대중들이 짝할 이 없네.

묘한 연꽃 광명으로 장엄했는데
크기가 삼천대천세계와 같고
단정하게 앉은 몸 가득 찼으니
이것은 이 삼매의 신통력이라.

열 세계의 가는 티끌 수효와 같은
아름다운 연꽃이 둘러쌌는데

불자들이 그 가운데 앉아 있나니
이 삼매에 머무른 위신력이라.

전세에 선한 인연 성취하였고
부처 공덕 구족하게 닦아 행하는
이런 중생 보살을 둘러앉아서
합장하고 우러러 싫음 없으니,

밝은 달이 별 가운데 있는 것 같이
대중 속에 있는 보살 또한 그러해
대사의 행하는 일 그런 것이니
이 삼매에 들어간 위신력이라.

한 방위에 이렇게 나타나거든
불자들이 한 가지로 둘러 있듯이
온갖 방위 가운데도 모두 그러니
이 삼매에 머무른 위신력이라.

좋은 삼매 그 이름 방위의 그물〔方網〕
보살이 여기 있어 열어 보일 때
온갖 방위 가운데 몸을 나타내
혹은 정定에 들어가고 혹은 나오네.

동방에서 바른 정에 들어갔다가
서방에서 정으로 좇아 나오며

서방에서 바른 정에 들어갔다가
동방에서 정으로 좇아 나오네.

다른 방처〔方〕서 바른 정에 들어갔다가
다른 방처서 정으로 좇아 나오니
이렇게 들고 남이 시방에 가득
이를 일러 보살의 삼매력이라.

동방의 저 끝까지 모든 국토에
계시는 부처님이 한량없거늘
그 앞마다 나타나서 친근하지만
삼매에 머물러서 동하지 않고,

그러면서 서방의 모든 세계에
일체 제불 여래의 계신 곳마다
다 나타나 삼매의 힘을 따라서
한량없는 공양을 널리 닦도다.

서방의 저 끝까지 모든 국토에
계시는 부처님이 한량없거늘
그 앞마다 나타나서 친근하지만
삼매에 머물러서 동하지 않고,

그러면서 동방의 모든 세계에
일체 제불 여래의 계신 곳마다

다 나타나 삼매의 힘을 따라서
한량없는 공양을 널리 닦도다.

이와 같이 시방의 모든 세계에
보살이 다 들어가 남김없나니
삼매에서 동하지 않기도 하고
공경하여 부처님께 공양도 하네.

안근眼根에서 바른 정에 들어갔다가
색진色塵에서 정으로 좇아 나와서
부사의한 색色의 성품 나타내지만
하늘들과 세상 사람 알지 못하며,

색진에서 바른 정에 들어갔다가
안근에서 일어나도 산란치 않고
안근은 남도 없고 일지도〔起〕 않아
공한 성품 적멸하여 함이 없다네.

이근耳根에서 바른 정에 들어갔다가
성진聲塵에서 정으로 좇아 나와서
온갖 가지 말과 음성 분별하지만
하늘들과 세상 사람 알지 못하며,

성진에서 바른 정에 들어갔다가
이근에서 일어나도 산란치 않고

이근은 남도 없고 일지도 않아
공한 성품 적멸하여 함이 없다네.

비근鼻根에서 바른 정에 들어갔다가
향진香塵에서 정으로 좇아 나와서
온갖 가지 묘한 향을 두루 얻지만
하늘들과 세상 사람 알지 못하며,

향진에서 바른 정에 들어갔다가
비근에서 일어나도 산란치 않고
비근은 남도 없고 일지도 않아
공한 성품 적멸하여 함이 없다네.

설근舌根에서 바른 정에 들어갔다가
미진味塵에서 정으로 좇아 나와서
온갖 가지 좋은 맛을 두루 얻지만
하늘과 세상 사람 알지 못하며,

미진에서 바른 정에 들어갔다가
설근에서 일어나도 산란치 않고
설근은 남도 없고 일지도 않아
공한 성품 적멸하여 함이 없다네.

신근身根에서 바른 정에 들어갔다가
촉진觸塵에서 정으로 좇아 나와서

온갖 촉을 잘 능히 분별하지만
하늘들과 세상 사람 알지 못하며,

촉진에서 바른 정에 들어갔다가
신근에서 일어나도 산란치 않고
신근은 남도 없고 일지도 않아
공한 성품 적멸하여 함이 없다네.

의근意根에서 바른 정에 들어갔다가
법진法塵에서 정으로 좇아 나와서
온갖 가지 법의 모양 분별하지만
하늘들과 세상 사람 알지 못하며,

법진에서 바른 정에 들어갔다가
의근에서 일어나도 산란치 않고
의근은 남도 없고 일지도 않아
공한 성품 적멸하여 함이 없다네.

동자 몸서 바른 정에 들어갔다가
장정 몸에 정으로 좇아 나오고
장정 몸서 바른 정에 들어갔다가
노인 몸에 정으로 좇아 나오며,

노인 몸서 바른 정에 들어갔다가
선녀善女 몸에 정으로 좇아 나오고

선녀 몸서 바른 정에 들어갔다가
선남善男 몸에 정으로 좇아 나오며,

선남 몸서 바른 정에 들어갔다가
비구니 몸 정으로 좇아 나오고
비구니 몸 바른 정에 들어갔다가
비구 몸에 정으로 좇아 나오며,

비구 몸서 바른 정에 들어갔다가
학무학學無學 몸 정으로 좇아 나오고
학무학 몸 바른 정에 들어갔다가
벽지불 몸에 정으로 좇아 나오며,

벽지불 몸서 바른 정에 들어갔다가
여래 몸에 정으로 좇아 나오고
여래 몸서 바른 정에 들어갔다가
하늘 몸에 정으로 좇아 나오며,

하늘 몸서 바른 정에 들어갔다가
용의 몸에 정으로 좇아 나오고
용의 몸서 바른 정에 들어갔다가
야차 몸에 정으로 좇아 나오며,

야차 몸서 바른 정에 들어갔다가
귀신 몸에 정으로 좇아 나오고

귀신 몸서 바른 정에 들어갔다가
한 털구멍 정으로 좇아 나오며,

한 털구멍 바른 정에 들어갔다가
온갖 털에 정으로 좇아 나오고
온갖 털서 바른 정에 들어갔다가
한 털 끝에 정으로 좇아 나오며,

한 털 끝서 바른 정에 들어갔다가
한 티끌에 정으로 좇아 나오고
한 티끌서 바른 정에 들어갔다가
온갖 티끌 정으로 좇아 나오며,

온갖 티끌 바른 정에 들어갔다가
금강 땅에 정으로 좇아 나오고
금강 땅서 바른 정에 들어갔다가
마니수摩尼樹에 정으로 좇아 나오며,

마니수서 바른 정에 들어갔다가
부처 광명 정으로 좇아 나오고
부처 광명 바른 정에 들어갔다가
바닷속에 정으로 좇아 나오며,

바닷속서 바른 정에 들어갔다가
화대火大 속에 정으로 좇아 나오고

화대에서 바른 정에 들어갔다가
풍대에서 일어나도 산란치 않네.

풍대에서 바른 정에 들어갔다가
지대에서 정으로 좇아 나오고
지대에서 바른 정에 들어갔다가
하늘 궁전 정으로 좇아 나오며,

하늘 궁전 바른 정에 들어갔다가
허공에서 일어나도 산란치 않아
이를 일러 한량없는 공덕 있는
삼매에 자재하여 부사의라네.

시방세계 수많은 부처님들이
끝없는 겁 말하여도 못 다하리라.
온갖 여래 한가지로 말을 하여도
중생들의 업보는 부사의하며,

용왕들의 변화와 부처님 자재
보살들의 신력도 부사의하니
비유로 나타내어 보이려 해도
이런 것을 비유할 비유가 없네.

그러나 지혜 있고 총명한 이는
비유로 말미암아 뜻을 알리라.

성문들이 팔해탈에 머물 적에도
그들의 신통 변화 자재하나니,

한 몸으로 여러 몸을 나투어내고
여러 몸을 합하여서 한 몸이 되며
허공에서 화정火定에 들기도 하여
허공으로 가고 서고 앉고 누으며,

몸 위로는 물을 내고 밑은 불 내며
몸 위로는 불을 내고 밑은 물 내니
이런 것이 모두 다 잠깐 동안에
가지가지 자재함이 한량이 없네.

저들은 대자비를 구족 못하고
중생 위해 불도를 구하잖으나
이러한 부사의를 능히 내거든
하물며 크게 이익 자재함이랴.

비유컨대 해와 달이 허공에 뜨면
그 그림자 시방세계 가득하여서
못과 샘과 늪이나 물그릇에나
강과 바다 보배들이 다 비추나니,

보살의 빛과 형상 또한 그러해
시방에 나타나서 부사의함은

이는 모두 삼매의 자재하온 법
오직 여래만이 능히 증證하네.

깨끗한 물에 비친 네 병정 형상
제각기 다르지만 섞이지 않아
검과 창과 활과 살 종류도 많고
갑옷 투구 수레들 여러 가지니,

그들의 모든 모양 차별을 따라
모두 다 물 가운데 나타나지만
물에는 본래부터 분별 없나니
보살들의 삼매도 그러하니라.

바다에 신이 있어 이름이 선음善音
그 음성 바다 중생 모두 따라서
여러 가지 말들을 모두 잘하여
갖가지 중생들을 기쁘게 하니,

저 신은 탐·진·치를 갖추었으나
오히려 온갖 말을 능히 알거든
하물며 모두 지닌 자재한 힘이
중생들을 기쁘게 못할까보냐.

변재辯才라는 여인은 그의 부모가
하늘에 기도하고 낳은 것인데

어떤 이 악을 떠나 진실하다면
그 몸에 들어가서 말을 잘하게,

그 여자 탐·진·치를 갖추었으나
오히려 행을 따라 변재 주거든
하물며 보살들의 갖춘 지혜로
중생에게 이익을 주지 못하랴.

요술쟁이 요술법을 잘 알고 있어
여러 가지 이상한 일 나타내는데
잠깐으로 오랜 세월 짓기도 하며
세월이 풍년들고 안락케 하니

그 사람이 탐·진·치를 구족했으나
요술로 세간 사람 기쁘게커든
하물며 선정과 해탈력으로
중생을 환희하게 하지 못하랴.

하늘이 아수라와 전쟁하다가
아수라가 패하여 달아날 적에
병장기나 수레나 군대들까지
일시에 숨어버려 볼 수 없나니

저들은 탐·진·치를 구족했으나
오히려 변화함이 부사의커늘

두려움 없는 신통 머무른 이가
어찌하여 자재함을 내지 못하랴.

제석천이 부리는 코끼리 왕은
천왕의 가실 것을 미리 알아서
머리를 서른 둘로 변해 만들고
머리마다 여섯 상아 갖추었으며,

낱낱 이에 일곱 못의 물이 있어서
깨끗하고 향기롭게 가득 찼으며
청정하온 못 물의 가운데마다
일곱 송이 연화가 묘하게 장식,

저러하게 장엄한 연꽃 위에는
일곱 명의 처녀들이 각각 있으며
아름다운 기예로 풍악을 타서
제석으로 더불어 즐기느니라.

어떤 때는 코끼리 왕 형상 변하여
하늘들의 몸으로 화해 가지고
앉고 가는 위의가 모두 같나니
이러한 신통 변화 가졌느니라.

코끼리 왕 탐·진·치가 있는 것으로
이러한 모든 신통 나타내거든

하물며 방편 지혜 구족한 이가
온갖 정에 자재하지 못할까보냐.

아수라가 그 몸을 변화하여서
금강제를 밟고서 바다에 서면
바닷물이 깊다 해도 반쯤 잠기고
그 머리는 수미산과 같이 높나니,

그들은 탐·진·치를 갖추었건만
이러한 큰 신통을 나타내거늘
마군을 항복 받은 세상 등불이
자재한 위신력이 없을까보냐.

하늘과 아수라가 함께 싸울 때
제석천왕 신통력이 부사의하여
아수라 군대들의 수효를 따라
그만큼 몸을 나눠 대적하거든,

아수라 군중들은 생각하기를,
제석천이 우리를 향하여 오면
내 몸을 다섯으로 결박하리라.
그리하여 저들이 근심한다네.

제석천은 일천 눈의 몸을 나타내
손에 잡은 금강저엔 불꽃이 나고

갑주 입고 창을 든 위풍이 늠름
아수라들 바라보고 달아나나니,

저 제석은 하찮은 복덕으로도
크나큰 원수들을 깨뜨리거늘
하물며 일체 중생 제도하는 이
공덕을 구족하고 자재 않으랴.

도리천상 가운데 있는 하늘 북
하늘의 업보로써 생긴 것이니
천인들이 방일함을 알게 된다면
공중에서 저절로 소리가 나서,

일체의 오욕락이 모두 무상無常해
물거품 같은 성품 헛된 것이니
모든 것이 꿈과 같고 아지랑이며
구름 같고 물 속에 달과도 같네.

방일함은 원수요 고통이어서
감로 길이 아니고 생사 길이니
어떤 이가 방일한 행동을 하면
죽음이란 고기 입에 들어가리라.

세간에 두루 있는 고통의 근본
일체의 성인들이 싫어하시며

오욕락의 공덕은 없어지는 것
마땅히 진실한 법 좋아하여라.

삼십삼천 사람들이 소리 듣고
모두들 선법당善法堂에 올라오거든
제석천이 미묘한 법을 말하여
적멸을 순종하고 탐심 덜게 해,

저 북소리 형상 없어 보지 못하나
하늘의 대중들을 이익하나니
하물며 마음 따라 색신色身 나투며
중생들을 제도하지 못할까 보냐.

하늘과 아수라가 함께 싸울 때
하늘들의 수승한 복덕력으로
하늘 북이 소리 내어 포고하는 말
너희들은 걱정을 품지 말아라.

하늘들이 이 소리 듣고 나서는
근심은 없어지고 사기가 왕성
아수라는 마음에 겁을 삼키고
데리고 온 무리들 패주하나니,

감로의 묘한 선정 하늘 북 같아
고요한 항마降魔 음성 항상 내어서

대자비로 모든 이들 불쌍히 여겨
중생들의 번뇌를 멸하게 하네.

제석천왕 천녀를 상대할 적에
그 수효가 구십이 나유타지만
그네들은 제각기 생각하기를
천왕께서 나와만 즐기신다고.

제석 몸이 천녀들과 두루 응하듯
선법당善法堂 안에서도 또한 그러해
여러 천인 앞마다 신통 나타내
한꺼번에 각각 위해 법을 말하네.

제석은 탐·진·치를 구족하고도
권속들을 모두 다 환희케 하니
하물며 큰 방편과 신통력으로
여러 중생 기쁘게 하지 못하랴.

제6천의 마왕인 타화자재천他化自在天
욕계에서 자재함을 능히 얻고서
혹惑과 업과 고보苦報로 그물을 삼아
일체의 범부들을 속박하나니,

저 마왕 탐·진·치를 갖추었고도
오히려 중생에게 자재하거든

열 가지 자재한 힘 구족한 이가
대중들과 같은 행 능치 못하랴.

삼천대천세계의 대범천왕은
일체의 범천들이 있는 곳마다
다 능히 적들 앞에 나타나 앉아
미묘한 범음성梵音聲을 연설하나니,

세간의 범도梵道 중에 있는 범왕도
선정과 신통으로 저러하거든
하물며 출세간에 위가 없는 이
선정과 해탈에서 자재 못하랴.

마헤수라천왕의 자재한 지혜
큰 바다의 용왕이 비를 내릴 때
그 많은 빗방울을 모두 세어서
한 생각에 그 수효를 분별하나니.

한량없는 억겁億劫에 닦아 배워서
위없는 보리 지혜 얻은 보살이
어찌하여 한 생각 잠깐 동안에
일체의 중생 마음 알지 못하랴.

중생들의 업보는 부사의하여
큰 바람의 힘으로 모든 세간과

대해와 모든 산과 하늘 궁전과
보배 광명 온갖 만물 만들어내고,

구름을 일으키어 큰 비 내리며
또한 능히 많은 구름 흩어버리며
세간의 모든 곡식 익게도 하고
일체의 중생들을 안락케 한다.

바람은 바라밀을 배우지 않고
부처님의 공덕도 안 배웠으나
오히려 부사의한 일을 하거든
하물며 모든 원을 구족한 이랴.

남자와 여인들의 여러 음성과
일체의 새와 짐승 모든 소리와
파도 소리 강물 소리 우레 소리들
다 능히 중생 마음 기쁘게 하니,

소리 성품 메아리 같은 줄 알고
걸림 없는 묘한 변재 얻은 이로서
중생 근기 맞추어 법을 말하매
세상사람 기쁘게 하지 못하랴.

바다에는 특수한 법이 있으니
온갖 것에 평등한 인印이 되어서

중생들과 보물과 모든 냇물을
모두 다 포함하고 막지 않나니

다함 없는 선정과 해탈한 이가
평등한 인이 됨도 역시 그러해
복과 덕과 지혜와 모든 묘한 행
온갖 것을 널리 닦아 만족 모르네.

대해의 용왕들이 유희할 적에
어디나 간 데마다 자재하여서
구름을 일으키어 천하에 가득
장엄한 구름 빛이 가지가지라

여섯째의 하늘인 타화자재천
거기의 구름 빛은 진금과 같고
화락천의 구름은 붉은 진주 빛
도솔타 하늘에는 흰눈 빛이라

야마 하늘에선 유리 빛이요
삼십삼 천상에는 마노 빛이며
사천왕천에서는 파리 빛이고
대해의 물 가운덴 금강 빛이라.

긴나라 가운데는 묘한 향기 빛
모든 용 있는 데는 연화색이요

야차들 사는 데는 흰 거위의 빛
아수라들 속에는 산중의 돌 빛.

울단월에서는 황금 불꽃 빛
염부제 가운데는 푸른 보배 빛
불바제와 구야니엔 잡색의 장엄
중생의 마음 따라 응하느니라.

또다시 타화자재 하늘에서는
구름 속에 치는 번개 햇빛과 같고
화락천 위에서는 달빛 같으며
도솔타 하늘에는 염부단금 빛.

야마 하늘 위엔 흰눈 빛이요
삼십삼천 위에는 황금 불꽃 빛
사천왕 하늘에는 모든 보배 빛
큰 바다 가운데는 붉은 진주 빛.

긴나라 세계에는 유리 빛이며
용왕들 있는 데는 보장寶藏 빛이요
야차가 사는 곳엔 파리 빛이고
아수라 가운데는 마노 빛이라.

울단월 경계엔 불 구슬〔火珠〕의 빛
염부제 중에서는 제청보배〔帝青寶〕 빛

다른 두 천하에는 여러 장엄 빛
구름 빛이 다르듯 번개도 그래,

타화천의 우레 소리 범음梵音과 같고
화락천 가운데는 하늘 북 소리
도솔타 하늘에는 노래 소리요
야마천상에서는 천녀의 음성,

삼십삼천 위에서 천둥 소리는
긴나라의 가지가지 음성과 같고
세상을 보호하는 사천왕천은
건달바 무리들의 내는 소리며

바다에선 두 산이 마주치는 듯
긴나라 가운데는 퉁소 소리며
용궁에는 가릉빈가 음성과 같고
야차들 가운데선 용녀의 음성
아수라들 사는 덴 하늘 북 소리
사람 사는 인간엔 파도 소리라,

타화자재천에는 향 비가 내려
가지가지 꽃으로 장엄하였고
화락천은 다라꽃 만다라꽃과
바르는 모든 향을 비로 내리고

도솔타천 위에는 마니 비 내려
가지가지 보배 장엄 구족하는데
상투 속 보배 구슬 달빛과 같고
훌륭한 의복들은 진금 빛이라.

야마 하늘에는 당번과 일산[盖]
화만과 바르는 향 장엄거리와
붉은 진주 빛으로 된 묘한 의복과
가지가지 풍류를 비내리도다.

삼십삼천 위에는 여의주들과
굳고 검은 침수향과 전단향이며
계라다마雞羅多摩 울금향의 비가 오는데
묘한 꽃과 향수가 섞여 내리네.

호세천護世天엔 좋은 음식 비가 내리니
빛과 맛과 냄새 기운 구족하오며
부사의한 보배들도 함께 비오니
이는 모두 용왕이 짓는 것이라.

또다시 크고 넓은 바다 가운덴
바퀴 같은 소나기가 끊이지 않고
다하잖는 보배 광 비도 내리며
가지가지 장엄 보배 함께 내리네.

긴나라 세계에는 영락 비 오고
여러 빛깔 연꽃과 옷과 보배며
파리사가 말리향 함께 내려서
가지가지 음악 소리 구족하도다.

용왕들의 성에는 붉은 진주 비
야차의 성중에는 빛난 마니 비
아수라들 가운덴 병장기 내려
갖가지 원수들을 때려 부수고

울단월 가운데는 묘한 영락과
한량없이 묘한 꽃 비가 내리며
불바제와 구야니 두 천하에는
가지가지 장엄거리 비가 내리네.

염부제엔 깨끗한 물 비로 내리되
미세한 물방울이 때에 맞추어
꽃과 열매 약풀을 잘 길러내고
온갖 가지 곡식을 성숙케 하네.

이와 같이 한량없는 묘한 장엄과
가지각색 구름 번개 우레와 비를
용왕이 자재하게 능히 지으나
그 몸은 동하잖고 분별도 없네.

이 세계 바닷속에 사는 용왕도
이렇게 부사의한 힘을 내는데
법 바다에 들어가 공덕 갖춘 이
신통 변화 자재하게 짓지 못하랴.

저 모든 보살들의 해탈 법문은
무엇으로 비유할 수가 없건만
내가 지금 이러한 모든 비유로
자재한 그의 힘을 대강 말하네.

제일 가는 지혜며 넓고 큰 지혜
진실한 지혜며 끝없는 지혜
가장 승한 지혜와 수승한 지혜
이와 같은 법문을 지금 말했네.

이 법문 희유하고 매우 기특해
어떤 사람 듣고서 이해하거나
믿고 받고 찬탄하고 해설한다면
이렇게 하는 일은 매우 어려워,

세간의 여러 종류 모든 범부들
이 법문 믿을 이가 어렵거니와
어떤 이가 청정한 복을 닦으면
전세의 인연으로 믿게 되리라.

온 세계의 여러 세간 모든 중생들
성문승을 구하는 이 매우 드물고
독각獨覺법 구하는 인 더욱 적으며
대승으로 가는 이 극히 어려워.

대승으로 향하는 이 외려 쉽지만
이 법을 믿는 이는 더 어렵거든
배워 읽고 남에게 말하여 주고
수행하고 진실하게 아는 이리요.

삼천대천세계를 머리에 이고
한 겁을 지내면서 꼼짝 않으면
그것은 되려 어려운 일 아니야
이 법문 믿는 것이 어려우니라.

어떤 사람 열 세계를 손에 받들고
한 겁 동안 허공에 서서 있어도
그것은 어려운 일 아니지만
이 법문 믿는 것이 어려우니라.

열 세계 티끌 수의 중생들에게
즐거운 것 보시하기 한 겁 한대도
그 복덕은 놀라운 일 아니지만
이 법문 믿는 일이 놀라우니라.

열 세계 티끌 수의 여래 계신 데
한 겁이 다하도록 모두 섬겨도
어떤 이가 이 품을 외워 지니면
이 복이 저 복보다 더 승하니라.

이 때에 보현보살이 이 게송을 말씀하여 마치니, 시방세계가 여섯 가지로 진동하고 마군의 궁전은 숨어버리고 나쁜 갈래는 모두 쉬었으며, 시방의 부처님들이 그 앞에 두루 나타나서 각각 오른손으로 그 정수리를 만지면서 같은 소리로 칭찬하였다.
"잘하는 일이다. 이 법문을 통쾌하게 말하니 우리들도 모두 따라서 기뻐하노라."

대방광불화엄경 제16권

제16권

13. 승수미산정품 昇須彌山頂品

그 때 여래의 위신력으로 시방 일체 세계의 낱낱 사천하 염부제 가운데서 모두 보니, 여래께서 보리수 밑에 앉으셨는데 각각 보살들이 부처님의 신통하신 힘을 받들어 법을 연설하면서 제각기 이르기를 항상 부처님을 대하였노라 하지 않는 이가 없었다.

그 때 세존께서 일체 보리수 아래를 떠나지 아니하시고 수미산에 오르시어서 제석천의 궁전으로 향하시었다.

때에 제석이 묘승전妙勝殿 앞에서 부처님이 오시는 것을 멀리서 보고, 즉시 신통의 힘으로 이 궁전을 장엄하고 보광명장普光明藏 사자좌를 놓았다. 그 사자좌들은 묘한 보배로 이루었으니, 십천 층으로 훤칠하게 장엄하였고, 십천의 금 그물로 그 위에 덮고, 십천 종의 휘장과 십천 종의 일산으로 사이사이 두루 벌였으며, 십천의 비단으로 띠를 드리우고, 십천의 진주 영락으로 두루 얽었으며, 십천의 의복을 자리 위에 깔

앉는데, 십천의 천자와 십천의 범왕들이 앞뒤를 둘러싸고 십천의 광명이 찬란하게 비치었다.

이 때 제석이 여래를 위하여 사자좌를 차려 놓은 뒤에 허리를 굽혀 합장하고 공경하고 부처님을 향하여 이렇게 말하였다.

"잘 오시나이다, 세존이시여. 잘 오시나이다, 선서善逝시여. 잘 오시나이다, 여래·응·정등각이시여. 바라옵건대 가엾이 여기사 이 궁전에 계시옵소서."

그 때 세존이 곧 그 청을 받으시고 묘승전에 드시니, 시방의 일체 세계에서도 모두 이와 같이 하였다.

이 때 제석이 부처님의 신력으로써 모든 궁전 안에 있던 풍악 소리를 자연히 쉬게 하였으며, 지난 세상에 부처님 계신 데서 심은 선근을 스스로 생각하고 게송을 말하였다.

　　가섭迦葉 여래 대비大悲를 구족하시어
　　여러 가지 길상吉祥 중에 위가 없으며
　　그 부처님 이 궁전에 일찍 드시니
　　그러므로 이 곳이 가장 길상해.

　　구나함모니〔拘那牟尼〕 보심이 막힘이 없어
　　여러 가지 길상 중에 위가 없으며
　　그 부처님 이 궁전에 일찍 드시니
　　그러므로 이 궁전이 가장 길상해.

　　가라구타迦羅鳩馱여래께서 금산과 같아
　　여러 가지 길상 중에 위가 없으며

그 부처님 이 궁전에 일찍 드시니
그러므로 이 곳이 가장 길상해.

비사부毘舍浮부처님 세 가지 때[垢]가 없으사
여러 가지 길상 중에 위가 없으며
그 부처님 이 궁전에 일찍 드시니
그러므로 이 곳이 가장 길상해.

시기尸棄여래 모든 분별 여의시어서
여러 가지 길상 중에 위가 없으며
그 부처님 이 궁전에 일찍 드시니
그러므로 이 곳이 가장 길상해.

비바시毘婆尸부처님 보름달 같으시어서
여러 가지 길상 중에 위가 없으며
그 부처님 이 궁전에 일찍 드시니
그러므로 이 곳이 가장 길상해.

불사弗沙여래 제일의第一義를 밝게 통달해
여러 가지 길상 중에 위가 없으며
그 부처님 이 궁전에 일찍 드시니
그러므로 이 곳이 가장 길상해.

제사提舍여래 변재가 걸림 없으사
여러 가지 길상 중에 위가 없으며

그 부처님 이 궁전에 일찍 드시니
그러므로 이 곳이 가장 길상해.

파두마波頭摩부처님 깨끗이 때가 없으사
여러 가지 길상 중에 위가 없으며
그 부처님 이 궁전에 일찍 드시니
그러므로 이 곳이 가장 길상해.

연등然燈여래 광명이 크게 밝으사
여러 가지 길상 중에 위가 없으며
그 부처님 이 궁전에 일찍 드시니
그러므로 이 곳이 가장 길상해.

 이 세계의 도리천왕이 여래의 신력으로써 열 부처님의 공덕을 게송으로 찬탄하는 것같이, 시방세계의 모든 제석천왕들도 모두 이와 같이 부처님의 공덕을 찬탄하였다.
 그 때 세존께서 묘승전에 드시어 결가부좌하시니, 이 궁전이 홀연히 넓어져서 그 하늘 대중들의 있는 처소와 같이 광활하였으며, 시방의 세계에서도 모두 이와 같았다.

14. 수미정상게찬품須彌頂上偈讚品

 그 때 부처님 신력으로써 시방에 각각 큰 보살이 있었는데, 낱낱 보살이 각각 부처 세계의 티끌 수처럼 많은 보살들과 함께 백 부처 세계의 티끌 수 국토 밖에 있는 세계로부터 와서 모였다.

그 이름은 법혜法慧보살・일체혜一切慧보살・승혜勝慧보살・공덕혜功德慧보살・정진혜精進慧보살・선혜善慧보살・지혜智慧보살・진실혜眞實慧보살・무상혜無上慧보살・견고혜堅固慧보살 들이었다.

그들이 따라 온 세계는 이른바 인다라꽃 세계・파두마꽃 세계・보배꽃 세계・우발라꽃 세계・금강꽃 세계・묘향꽃 세계・열의悅意꽃 세계・아로나꽃 세계・나라타꽃 세계・허공꽃 세계 들이었다.

각각 부처님 계신 데서 범행을 닦았으니, 이른바 수특월불殊特月佛・무진월불無盡月佛・부동월불不動月佛・풍월불風月佛・수월불水月佛・해탈월불解脫月佛・무상월불無上月佛・성수월불星宿月佛・청정월불淸淨月佛・명료월불明了月佛 들이었다.

이 여러 보살들이 부처님 계신 데 이르러 부처님 발에 정례하고 떠나온 방위를 따라 제각기 비로자나장 사자좌를 변화하여 만들고, 그 사자좌 위에서 결가부좌하고 앉았다.

이 세계의 수미산 꼭대기에 보살들이 와서 모인 것처럼 일체 세계에서도 모두 그러하였으며, 저 보살들의 이름과 세계와 부처님 명호도 모두 같아서 차별이 없었다.

그 때 세존께서 두 발가락으로 백천억의 묘한 빛 광명을 놓아 시방일체 세계의 수미산 꼭대기를 비추니, 제석천 궁전 안에 계시는 부처님과 대중들이 나타나지 않는 이가 없었다.

그 때 법혜보살이 부처님의 위신력을 받들어 시방을 두루 관찰하고 게송으로 말하였다.

　　부처님이 깨끗한 광명 놓으니
　　세상을 지도하는 대사께서

수미산 꼭대기의
묘승전에 계신 것을 보겠도다.

모든 제석천왕들이
부처님을 청하여 궁전에 드시고
열 가지 묘한 게송으로
모든 여래 칭찬하시네.

저 여러 대회 가운데
있는 보살 대중이
모두 시방세계로부터 와서
사자좌를 만들고 앉으시었네.

저 회상의 모든 보살들
우리의 이름과 같고
따라 온 세계들의
이름도 역시 그렇고.

본국에 계신 세존께서도
명호가 모두 같으신데
각각 그 부처님 계신 데서
위없는 행을 깨끗이 닦네.

불자들이여, 그대들은
여래의 자재하신 힘을 보라.

일체의 염부제에서 모두 말하되
부처님이 그 가운데 계신다 하네.

우리들은 지금 부처님이
수미산 꼭대기에 계심을 보는데
시방에서도 모두 그러하니
이것이 여래의 자재한 힘이라.

낱낱 세계 가운데서
발심하고 불도를 구하는 이
이러한 서원을 의지하여
보리의 행을 닦아 익히며

부처님이 여러 가지 몸으로
온 세간에 두루 다니시는데
법계에 막히는 데 없으심을
아무도 측량할 이가 없네.

지혜 광명이 항상 널리 비치어
세상의 어둠을 모두 멸하시니
일체 중생이 짝할 이 없거늘
어떻게 능히 측량해 알리요.

그 때 일체혜보살이 부처님의 위신력을 받들어 시방을 두루 관찰하고 게송으로 말하였다.

설사 백천 겁 동안에
여래를 항상 본다 하여도
진실한 이치를 의지하지 않고
세상 구원하는 이를 본다면

이 사람은 모양만 집착하여
어리석은 의심 그물만 더하고
나고 죽는 지옥에 얽매이리니
눈 어두워 부처님 보지 못하리.

모든 법 자세히 관찰하면
제 성품 아무것도 없나니
그 났다 없어지는 모양과 같이
다만 빈 이름만 말하는 것.

온갖 법이 나지도 않고
온갖 법이 없어지지도 않나니
만일 이렇게 안다면
부처님이 항상 앞에 나타나리.

법의 성품 본래 공적하여
취할 수 없고 볼 수도 없어
성품 공한 것이 곧 부처라
능히 헤아릴 수 없네.

만일 온갖 법들이
자체의 성품 이런 줄 알면
이런 사람은 모든 번뇌에
물들지 아니하리라.

범부들은 모든 법 볼 적에
모양만 따라 흔들리나니
법의 모양 없는 줄 알지 못하매
부처님을 보지 못하나니.

모니께서는 삼세를 여의고도
모든 모양 다 구족하시니
머물 데 없는 데 머무시매
널리 두루하셔도 동하지 않아.

내가 온갖 법 보는 것
모두 다 분명하며
지금 여래 뵈옵고
조금도 의심이 없네.

법혜보살 나보다 먼저
여래의 진실한 성품 말하시니
나는 그를 따라서
부사의한 보리를 알았노라.

그 때 승혜보살이 부처님의 위신력을 받들어 시방을 두루 관찰하고 게송으로 말하였다.

여래의 크신 지혜
희유하고 짝할 이 없어
일체 모든 세간들
생각으로 미칠 수 없네.

범부는 허망하게 관찰하여
모양만 취하매 이치와 달라
부처님은 온갖 모양 여의었으매
저들로는 보지 못하네.

미혹하여 알음 없는 이
오온의 모양만 취하고
진실한 성품 알지 못하니
이 사람 부처를 보지 못하네.

온갖 법들이
제 성품 없는 줄 알지니
이렇게 법의 성품 안다면
곧 노사나불을 뵈오리.

앞의 오온으로 인해서
뒤의 오온이 일어나나니

여기에서 성품을 알면
부사의한 부처님 보리라.

비유컨대 어두운 데 있는 보배
등불 없으면 볼 수 없듯이
불법도 말하는 사람 없으면
지혜 있더라도 알 수 없는 일.

마치 눈에 삼눈[翳]이 서면
깨끗하고 묘한 빛 보지 못하나니
이와 같이 깨끗하지 못한 마음으로
부처님 법을 보지 못하며,

또 밝고 깨끗한 해라도
소경은 볼 수 없듯이
지혜가 없는 이는
마침내 부처님 보지 못하네.

만일 삼눈을 제해 버리고
빛이란 생각까지 멀리 여의어
모든 법을 보지 않으면
곧 여래를 볼 수 있으리.

일체혜보살 나보다 먼저
부처님의 보리법 말하였으며

나는 그에게서 듣고
노사나불을 뵈었노라.

 그 때 공덕혜보살이 부처님의 위신력을 받들어 시방을 두루 관찰하고 게송으로 말하였다.

모두 진실하지 않은데
허망하게 진실하다 하나니
그러므로 모든 범부들
나고 죽는 옥獄에서 헤매고 있네.

말로 설명한 법을
조그만 지혜로 허망하게 분별하매
그러므로 장애가 생겨
제 마음 알지 못한다.

제 마음 알지 못하고
어떻게 바른 도를 알리요.
저는 잘못된 지혜로
온갖 나쁜 일만 증장하네.

모든 법이 공함은 보지 못하고
생사의 고통 항상 받으니
이 사람은 깨끗한
법 눈이 없는 연고라.

내가 예전에 모든 고통 받음은
부처를 보지 못한 탓이니
마땅히 법 눈을 깨끗이 하여
보아야 할 것을 볼지로다.

만일 부처님을 보고도
마음에 취함 없으면
이 사람은 부처님의 아신 바
진여의 법 능히 보리라.

부처님의 참 법을 만일 본다면
큰 지혜 있는 이라 이름하리니
이 사람 청정한 눈 있어
세상일을 능히 관찰하리.

보는 일 없음이 곧 보는 것이니
온갖 법을 능히 보겠지만
만일 법에 봄이 있으면
이것은 본 것이 없는 것이다.

온갖 법의 성품
나는 것 아니고 없어지는 것도 아니니
신기하다 큰 도사여,
스스로 깨닫고 남도 깨닫게,

승혜보살이 나보다 먼저
여래의 깨달은 법 말하였으매
우리는 저에게서 듣고
부처님의 참 성품 알았노라.

그 때 정진혜보살이 부처님의 위신력을 받들어 시방을 두루 관찰하고 게송으로 말하였다.

만일 분별에 머문다면
청정한 눈 망그러지네.
어리석고 삿된 소견만 늘어
부처님을 영원히 보지 못하리.

만일 삿된 법인 줄 알면
실상과 같아 전도顚倒하지 않고
허망한 것이 본래 참인 줄 알면
부처님 보아 깨끗하리라.

본다는 생각 있으면 때〔垢〕가 되어
이것이 본다고 할 수 없나니
모든 보는 일을 여의어야
이에 부처를 보게 되리라.

세상에서 말로 하는 일
모두 중생의 허망한 분별

세상일 남〔生〕이 없는 줄 알아야
비로소 세간을 보게 되리라.

만일 세상을 보는 줄 알면
그 보는 것 곧 세간의 모양
실상과 같이 다름 없어야
참으로 보는 이라 이름하리라.

실상과 같이 다름 없음을 보면
물건에 분별이 없으리니
이렇게 보는 것 의혹 여의어
샘〔漏〕이 없이 자재하리라.

부처님이 일러 보이신
온갖 차별 있는 법
이것은 모두 찾을 수 없나니
그 성품이 청정한 까닭.

법의 성품 본래 청정해
허공과 같이 모양 없어
모든 것이 말할 수 없으매
지혜로운 이 이렇게 본다네.

법이란 생각 멀리 떠나서
온갖 법 좋아하지 않고

이것까지 닦을 것 없으면
모니부처님 보게 되오리.

덕혜보살 말함과 같이
이러고야 부처를 본다 하리니
여러 가지 변천하는 법
자체의 성품 모두 적멸하니라.

 그 때 선혜보살이 부처님의 위신력을 받들어 시방을 두루 관찰하고 게송으로 말하였다.

희유하고 매우 용맹하신
한량없는 여러 여래들
때 여의고 마음이 해탈
스스로 제도하고 남들도 제도

세간의 등불 내가 뵈오니
실상과 같고 뒤바뀌지 않아
마치 끝없는 세월에
지혜를 쌓은 이가 보는 것같이.

모든 범부의 행은
빨리 다하고 말거니와
그 성품 허공 같을새
다하지 않는다고 말하나니,

지혜로운 이 다함없다 하거니와
이것까지 말할 것 없나니
제 성품 다함없을새
부사의하게 다함이 있다 하리라.

다함이 없다는 데는
중생이랄 것도 없나니
중생의 성품 그런 줄 알면
크게 소문난 이 보게 되리라.

봄이 없건만 본다 말하고
남이 없건만 중생이라 말하니
보는 것이나 중생이나
자체의 성품 없음을 알며,

보는 것이나 볼 것이나
보는 이까지 모두 없애지만
진실한 법을 무너뜨리지 않으면
이 사람이라야 부처를 알리라.

어떤 사람이 부처님을 알고
부처님이 말씀한 법을 안다면
능히 세상을 밝게 비추어
노사나부처님같이 되리라.

부처님께서는 오직 한 가지
청정한 법을 보이시는데
정진혜보살은 또
한량없는 법 말씀하시네.

있다거나 있지 않다거나
그러한 생각 모두 없애면
이런 일이 부처님을 뵈옵고
실상의 즈음에 머물게 되리.

그 때 지혜보살이 부처님의 위신력을 받들어 시방을 두루 관찰하고 게송으로 말하였다.

나는 가장 좋은 가르침 듣고
지혜의 빛 내었으니
시방의 세계에 두루 비치어
모든 부처님 다 보았네.

이 속에는 아무것도 없고
다만 이름뿐이니
나와 남이 있다고 집착한다면
곧 험한 길에 떨어지리라.

집착하는 모든 범부들
이 몸이 참말 있다고 하거니와

여래는 집착할 수 없는 것이매
저들은 마침내 보지 못하리.

이 사람 지혜 눈 없어
부처님을 보지 못하고
한량없는 긴 세월에
나고 죽는 바다에 헤매게 되리.

쟁론諍論 있으면 생사요,
쟁론 없으면 열반이라 하거니와
생사거나 열반이거나
두 가지 다 얻지 못하네.

만일 이름만 따라서
이 두 가지 법 집착한다면
이 사람은 실답지 못하여
성인의 묘한 도를 알지 못하리.

이러한 생각을 내어
이 부처님이 가장 승하다 하면
뒤바뀐 것이요 참 이치 아니니
정각正覺을 보지 못하는 것.

이런 것의 진실한 자체가
적멸한 진여의 모양임을 알면

바르게 깨달은 이 보게 되어
말로는 말할 수 없으리.

말로써 법을 연설하여도
실상을 드러낼 수 없고
평등한 데서야 보게 되나니
법도 그렇고 부처도 그러니라.

지난 세상 오는 세상과
이 세상을 바로 깨달아
분별하는 뿌리 영원히 끊었으매
그래서 부처라 이름하나니.

그 때 진실혜보살이 부처님의 위신력을 받들어 시방을 두루 관찰하고 게송으로 말하였다.

차라리 지옥의 고통 받으며
부처님의 이름 들을지언정
한량없는 낙을 받느라고
부처님 이름 못 들을까보냐.

그 까닭 말하면 지난 옛적에
수 없는 겁 동안 고통 받으며
나고 죽는 데 헤매면서
부처님 이름 못 들은 까닭.

모든 법에 전도하지 않고
여실하게 현량現量으로 깨달아
모든 화합한 모양 여의면
이것을 위없는 각이라 하네.

현재도 화합한 것 아니고
과거와 미래도 또한 그러하나니
온갖 법이 모양 없으면
이것이 부처의 참된 성품.

누구든지 이렇게
모든 법의 깊은 이치 관찰한다면
온갖 부처님 법신의
진실한 모양 보게 되리라.

진실에는 진실함을 보고
진실이 아닌 데는 진실 아님을 보아
이렇게 끝까지 이해하면
부처라고 이름하는 것이니,

부처님 법은 깨달을 수 없으며
이런 줄 아는 것을 깨달았다고
부처님들은 이렇게 닦는 것이매
한 법도 얻을 수 없어,

하나로써 여럿을 알고
여럿으로 하나를 알거니와
모든 법이 의지한 데 없어
화합으로부터 일어난 것.

짓는 이와 지을 것이 없고
업의 생각으로 생기는 것이니
어떻게 그런 줄 아는가
이것 말고는 없는 까닭.

온갖 법 머문 데 없어
일정한 곳 얻을 수 없으나
모든 부처님 여기 머물러
끝까지 동요치 않아.

그 때 무상혜보살이 부처님의 위신력을 받들어 시방을 두루 관찰하고 게송으로 말하였다.

무상혜보살마하살
중생이란 생각 멀리 여의어
그보다 나을 이 없으매
무상혜라 이름하노라.

부처님들 얻으신 곳
지음도 없고 분별도 없고

거친 것도 없거니와
미세한 것도 그러하다.

부처님들의 행하시는 경계
그 가운데는 수효도 없어
정각은 수효를 멀리 여의었으니
이것이 부처님의 진실한 법.

여래의 광명 널리 비치어
모든 어두운 것 없었지마는
이 광명은 비침도 없고
비치지 않음도 없네.

법에 집착함이 없나니
생각도 없고 물도 안 들고
머무름 없고 곳도 없지만
법의 성품을 파괴도 않아.

이 가운데는 둘도 없고
하나도 없거니와
큰 지혜로 잘 보는 이
이치대로 공교하게 머무네.

없다는 데는 둘도 없고
둘 없다는 것도 또 없어

삼계도 온갖 것도 공하니
이것이 부처님들의 보는 것.

범부들 깨달은 지혜 없을새
부처님께서 정법正法에 머물게 하였으나
모든 법이 머문 데 없나니
이를 깨달아야 제 몸 보리라.

몸이 아닌데 몸을 말하고
일어난 것 아닌데 일어남을 나타냈으나
몸도 없고 일어남도 없어야
이것이 부처님의 위없는 몸.

이렇게 진실혜보살이
부처님의 묘한 법의 성품 말하니
이 법문 들은 이는
청정한 눈을 얻으리.

그 때 견고혜보살이 부처님의 위신력을 받들어 시방을 두루 관찰하고 게송으로 말하였다.

거룩하고 크신 광명
용맹하신 무상사無上士께서
아득한 중생 이익 주려고
세상에 나타나셨네.

부처님의 크게 자비한 마음
모든 중생 살펴보시니
삼유三有 가운데 헤매이면서
모든 고통 받고 있네.

정등각正等覺 이루시고
복덕 갖춘 도사를 제외하고는
일체의 천상 인간 사람들
구호하여 주실 이 없어라.

부처님이나 보살들
세상에 나지 않으시면
어느 한 중생도
안락을 얻을 이 없네.

여래이신 등정각이나
모든 성인과 현인들
세간에 출현하여야
중생들에게 낙을 주나니,

여래를 보기만 하여도
크게 좋은 이익 얻나니
부처님 이름 듣고 신심 낸다면
그를 일러 세간의 탑이라 하네.

우리들이 세존 뵈오면
큰 이익 얻게 되나니
이렇게 묘한 법 듣고
모두 다 부처 이루리.

모든 보살들 지난 세상에
부처님 위신력으로
청정한 지혜 눈 얻어
부처님 경계 알았고

이번에 노사나부처님 보고
청정한 신심 거듭 늘었네.
부처님 지혜 끝이 없어
연설로 다할 수 없나니,

승혜 등 여러 보살들과
나 견고혜까지
무수한 억겁 동안에
말하여도 다할 수 없네.

15. 십주품十住品

이 때 법혜보살이 부처님의 위신력을 받들어 보살의 무량방편삼매에 들었다.

시방으로 각각 일천 부처 세계의 티끌 수 같은 세계 밖에, 일천 부처 세계의 티끌 수 같은 부처님이 계시니 다 같이 명호를 법혜法慧라 하는데, 이들이 삼매의 힘으로 법혜보살 앞에 나타나서 말씀하셨다.

"잘하는 일이다. 선남자여, 그대가 능히 보살의 무량방편삼매에 든 것은, 선남자여, 시방으로 각각 일천 세계의 티끌 수 부처님들이 신력으로써 그대에게 가피하려는 것이며, 또는 비로자나여래의 지난 세상의 서원과 위신의 힘이며, 그대가 닦은 선근의 힘으로 이 삼매에 들어서 그대로 하여금 법문을 말하게 하려는 것이니, 부처님의 지혜를 증장케 하려는 연고며, 법계에 깊이 들어가게 하려는 연고며, 중생의 세계를 잘 알게 하려는 연고며, 들어가는 데 걸림이 없게 하려는 연고며, 행하는 바가 장애됨이 없게 하려는 연고며, 같을 이 없는 방편을 얻게 하려는 연고며, 온갖 지혜의 성품에 들게 하려는 연고며, 온갖 법을 깨닫게 하려는 연고며, 온갖 근성을 알게 하려는 연고며, 온갖 법을 능히 지니고 말하게 하려는 연고니, 이른바 여러 보살의 십종주十種住를 발기하려는 것이니라.

선남자여, 그대는 부처님의 위신력을 받들어 이 법을 연설하라."

이 때 모든 부처님이 법혜보살에게 걸림 없는 지혜·끊이지 않는 지혜·어리석지 않은 지혜·다르지 않은 지혜·실수 없는 지혜·한량없는 지혜·이길 이 없는 지혜·게으름 없는 지혜·빼앗을 이 없는 지혜를 주셨으니, 왜냐 하면 이 삼매의 힘이 으레 그런 까닭이었다."

이 때에 모든 부처님이 각각 오른손을 펴서 법혜보살의 정수리를 만지니 법혜보살이 선정으로부터 일어나서 여러 보살에게 말하였다.

"불자들이여, 보살이 머무는 곳[住處]은 넓고 커서 법계와 허공과 같습니다. 불자들이여, 보살이 삼세三世의 여러 부처님 집에 머무나니, 저 보살의 머무는 것을 내 이제 말하겠습니다.

불자들이여, 보살이 머무는 곳이 열 가지가 있으니, 지난 세상·오는 세상·지금 세상의 부처님들이 이미 말하였고 장차 말할 것이요 지금 말을 합니다.

무엇을 열이라 하는가. 이른바 초발심주初發心住·치지주治地住·수행주修行住·생귀주生貴住·구족방편주具足方便住·정심주正心住·불퇴주不退住·동진주童眞住·법왕자주法王子住·관정주灌頂住입니다. 이것을 보살의 십주十住라 하나니, 지난 세상·오는 세상·지금 세상의 부처님들이 말씀하시는 바입니다.

불자들이여, 어떤 것을 보살의 발심주〔發心住〕라 하는가. 이 보살이 부처님 세존의 형상이 단정하고 상호가 원만하여 사람들이 보기를 좋아하며, 만나기 어렵고 큰 위력이 있음을 보며, 혹 신통을 보고 수기함을 듣고 가르침을 듣기도 하며, 중생들이 심한 고통 받음을 보기도 하고 여래의 광대한 불법을 듣기도 하고는 보리심을 내어 온갖 지혜를 구합니다.

이 보살이 열 가지 얻기 어려운 법을 말미암아 마음을 내나니, 무엇이 열인가. 이른바 옳은 것〔是處〕와 그른 것〔非處〕을 아는 지혜, 선업 악업으로 받을 과보〔善惡業報〕를 아는 지혜, 모든 근성이 승하고 열함〔諸根勝劣〕을 아는 지혜, 가지가지 이해의 차별〔種種解差別〕을 아는 지혜, 가지가지 경계의 차별〔種種界差別〕을 아는 지혜, 온갖 곳에 이르러갈 길〔一切至處道〕을 아는 지혜, 모든 선정과 해탈과 삼매〔諸禪解脫三昧〕를 아는 지혜, 숙명통의 걸림 없는〔宿命無礙〕 지혜, 천안통의 걸림 없는〔天眼無礙〕 지혜, 삼세의 번뇌가 모두 다하는〔三世漏普盡〕 지혜니 이것이 열입니다.

불자들이여, 이 보살이 마땅히 열 가지 법 배우기를 권할 것이니, 무엇이 열인가. 이른바 부지런히 부처님께 공양하고, 생사에 머물기를 좋아하고, 세상을 인도하여 나쁜 업을 덜게 하고, 수승하고 묘한 법으로 항상 가르치고, 위없는 법을 찬탄하고, 부처님의 공덕을 배우고, 부처님 앞에 나서 거두어 주심을 받고, 방편으로 적정寂靜한 삼매를 연설하고, 나고 죽음의 윤회를 멀리 여의는 것을 찬탄하고, 고통 받는 중생의 귀의할 곳이 되는 것입니다.

무슨 까닭인가. 보살들로 하여금 부처님 법 가운데서 마음이 더욱 증대하게 하며, 법을 듣고는 스스로 이해하고 다른 이의 가르침을 말미암지 않게 하려는 연고입니다.

불자들이여, 어떤 것을 보살의 치지주治地住라 하는가. 이 보살이 중생들에 대하여 열 가지 마음을 내나니, 무엇이 열인가. 이른바 이익 주려는 마음, 크게 불쌍히 여기는 마음[大悲心], 안락하게 하려는 마음, 편안히 머물게 하려는 마음, 가엾이 여기는 마음, 거두어 주려는 마음, 수호하려는 마음, 내 몸과 같이 여기는 마음, 스승같이 여기는 마음, 도사導師같이 여기는 마음이니, 이것이 열입니다.

불자들이여, 이 보살이 마땅히 열 가지 법 배우기를 권할 것이니, 무엇이 열인가. 이른바 외우고 익혀 많이 아는 것, 한가하여 고요한 것, 선지식을 친근하는 것, 화평하고 즐겁게 말하는 것, 말할 시기를 아는 것, 두려운 마음이 없는 것, 이치를 잘 아는 것, 법대로 행하는 것, 어리석음을 멀리 여의는 것, 편안히 머물러 동하지 않는 것입니다.

무슨 까닭인가. 보살들로 하여금 중생에 대하여 대비심을 증장케 하며, 법을 듣고는 스스로 이해하고 다른 이의 가르침을 말미암지 않게 하려는 연고입니다.

불자들이여, 어떤 것을 보살의 수행주修行住라 하는가. 이 보살이 열 가지 행으로 온갖 법을 관찰하나니, 무엇이 열인가. 이른바 온갖 법이 무상하고, 온갖 법이 괴롭고, 온갖 법이 공하고, 온갖 법이 나[我]가 없고, 온갖 법이 지음이 없고, 온갖 법이 맛이 없고, 온갖 법이 이름과 같지 않고, 온갖 법이 처소가 없고, 온갖 법이 분별을 여의었고, 온갖 법이 견실함(堅實)이 없음을 관찰하는 것이니, 이것이 열입니다.

불자들이여, 이 보살이 마땅히 열 가지 법 배우기를 권할 것이니, 무엇이 열인가. 이른바 중생계와 법계와 세계를 관찰하며, 지계·수계·화계·풍계를 관찰하며, 욕계·색계·무색계를 관찰함입니다.

무슨 까닭인가. 보살들로 하여금 지혜가 분명하게 하며 법을 듣고는 스스로 이해하고 다른 이의 가르침을 말미암지 않게 하려는 연고입니다.

불자들이여, 어떤 것을 보살의 생귀주生貴住라 하는가. 이 보살이 성인의 교법으로부터 나서 열 가지 법을 성취하나니, 무엇이 열인가. 이른바 영원히 퇴전하지 아니하며, 모든 부처님께 깨끗한 신심을 내며, 법을 잘 관찰하며, 중생과 국토와 세계와 업의 행(業行)과 과보와 생사와 열반을 잘 아는 것이니, 이 것이 열입니다.

불자들이여, 이 보살이 마땅히 열 가지 법 배우기를 권할 것이니, 무엇이 열인가. 이른바 과거와 미래와 현재의 모든 부처님 법을 분명히 알며, 과거와 미래와 현재의 모든 부처님 법을 닦아 모으며, 과거와 미래와 현재의 부처님 법을 원만하며 온갖 부처님들의 평등함을 분명하게 아는 것입니다.

무슨 까닭인가. 그로 하여금 더욱 나아가 삼세 가운데서 마음이 평등하게 하려 함이며, 법을 듣고는 스스로 이해하고 다른 이의 가르침을 말미암지 않게 하려는 연고입니다.

불자들이여, 어떤 것을 보살의 구족방편주具足方便住라 하는가. 이 보살이 닦는 선근은 모두 온갖 중생을 구호하고, 온갖 중생을 이익하게 하고, 온갖 중생을 안락하게 하고, 온갖 중생을 가엾이 여기고, 온갖 중생을 제도하여 해탈하게 하며, 온갖 중생으로 하여금 모든 재난을 여의게 하며, 온갖 중생으로 하여금 생사의 고통에서 벗어나게 하며, 온갖 중생으로 하여금 깨끗한 신심을 내게 하며, 온갖 중생으로 하여금 조복함을 얻게 하며, 온갖 중생으로 하여금 열반을 증득하게 하려는 연고입니다.

불자들이여, 이 보살이 열 가지 법 배우기를 권할 것이니, 무엇이 열인가. 이른바 중생의 끝없음을 알며, 중생의 한량없음을 알며, 중생의 수가 없음을 알며, 중생의 부사의함을 알며, 중생의 한량없는 빛을 알며, 중생의 헤아릴 수 없음을 알며, 중생의 공함을 알며, 중생의 지음이 없음을 알며, 중생의 있는 바 없음을 알며, 중생의 제 성품 없음을 아는 것입니다.

무슨 까닭인가. 그 마음이 더욱 늘고 수승하여 물들지 않게 하며, 법을 듣고는 스스로 이해하고 다른 이의 가르침을 말미암지 않게 하려는 연고입니다.

불자들이여, 어떤 것을 보살의 정심주正心住라 하는가. 이 보살이 열 가지 법을 듣고 믿음을 결정하여 흔들리지 아니 하나니, 무엇이 열인가. 이른바 부처님을 찬탄하거나 부처님을 훼방함을 듣고도 불법 가운데 마음이 결정되어 흔들리지 아니하며, 법을 찬탄하거나 법을 훼방함을 듣고도 불법 가운데 마음이 결정되어 흔들리지 아니하며, 보살을 찬탄하거나 보살을 훼방함을 듣고도 불법 가운데 마음이 결정되어 흔들리지 아니하며, 보살의 행하는 법을 찬탄하거나 훼방함을 듣고도 불법 가운데 마음이 결정되어 흔들리지 아니하며, 중생이 한량 있거나 한량 없다고 말함을 듣고도 불법 가운데 마음이 결정되어 흔들리지 아니하며, 중생이 때가 있거나 때가 없다고 말함을 듣고도 불법 가운데 마음이 결정되어 흔들리지 아니하며, 중생이 제도하기 쉽거나 제도하기 어렵다고 말함을 듣고도 불법 가운데 마음이 결정되어 흔들리지 아니하며, 법계가 한량 있거나 한량없다고 말함을 듣고도 불법 가운데 마음이 결정되어 흔들리지 아니하며, 법계가 이룩하는 것도 있고 무너지는 것도 있다고 말함을 듣고도 불법 가운데 마음이 결정되어 흔들리지 아니하며, 법계가 있다거나 없다고 말함을 듣고도 불법 가운데 마음이 결정되어 흔들리지 아니하나니 이것이 열입니다.

불자들이여, 이 보살이 마땅히 열 가지 법 배우기를 권할 것이니, 무엇이 열인가. 이른바 온갖 법이 모양이 없고, 온갖 법이 자체가 없고, 온갖 법이 닦을 수 없고, 온갖 법이 있는 것 없고, 온갖 법이 진실하지 않고, 온갖 법이 공하고, 온갖 법이 성품이 없고, 온갖 법이 환술과 같고, 온갖 법이 꿈과 같고, 온갖 법이 분별이 없는 것입니다.

무슨 까닭인가. 그 마음으로 하여금 더욱더 증진하여 퇴전하지 않는 무생법인無生法忍을 얻게 하려 함이며, 법을 듣고는 스스로 이해하고 남의 가르침을 말미암지 않게 하려는 연고입니다.

불자들이여, 어떤 것을 보살의 불퇴주不退住라 하는가. 이 보살이 열 가지 법을 듣고 견고하여 퇴전하지 않나니, 무엇이 열인가. 이른바 부처님이 있다 부처님이 없다 함을 듣고도 불법 가운데 마음이 퇴전하지 아니하며, 법이 있다 법이 없다 함을 듣고도 불법 가운데 마음이 퇴전하지 아니하며, 보살이 있다 보살이 없다 함을 듣고도 불법 가운데 마음이 퇴전하지 아니하며, 보살의 행이 있다 보살의 행이 없다 함을 듣고도 불법 가운데 마음이 퇴전하지 아니하며, 보살이 행을 닦아 뛰어난다 행을 닦아 뛰어나지 못한다 함을 듣고도 불법 가운데 마음이 퇴전하지 아니하며, 지난 세상에 부처님이 있다 지난 세상에 부처님이 없다 함을 듣고도 불법 가운데 마음이 퇴전하지 아니하며, 오는 세상에 부처님이 있다 오는 세상에 부처님이 없다 함을 듣고도 불법 가운데 마음이 퇴전하지 아니하며, 지금 세상에 부처님이 있다 지금 세상에 부처님이 없다 함을 듣고도 불법 가운데 마음이 퇴전하지 아니하며, 부처님의 지혜가 다한다 부처님의 지혜가 다하지 않는다 함을 듣고도 불법 가운데 마음이 퇴전하지 아니하며, 삼세가 한 모양이다 삼세가 한 모양이 아니다 함을 듣고도 불법 가운데 마음이 퇴전하지 아니하나니, 이것이 열입니다.

　불자들이여, 이 보살이 마땅히 열 가지 광대한 법 배우기를 권할 것이니, 무엇이 열인가. 이른바 하나가 곧 많다 말하고 많은 것이 곧 하나라 말하며, 글이 뜻을 따르고 뜻이 글을 따르며, 있지 않은 것이 곧 있는 것이고 있는 것이 곧 있지 않음이라 하며, 모양 없는 것이 곧 모양이고 모양이 곧 모양 없는 것이며, 성품 없는 것이 곧 성품이고 성품이 곧 성품 없는 것입니다.

　무슨 까닭인가. 그로 하여금 더 나아가서 온갖 법에서 잘 뛰어나게 함이며, 법을 듣고는 스스로 이해하고 남의 가르침을 말미암지 않게 하려는 연고입니다.

　불자들이여, 어떤 것을 보살의 동진주童眞住라 하는가. 이 보살이 열 가지 업에 머무나니, 무엇이 열인가. 이른바 몸으로 행함이 잘못됨이 없고, 말의 행이 잘못됨이 없고, 뜻의 행이 잘못됨이 없고, 마음대로 태어나고, 중생의 가지가지 욕망을 알고, 중생의 가지가지 이해[解]를 알고, 중생의 가지가지 경계[界]를 알고, 중생의 가지가지 업을 알고, 세계의 이룩하고 무너짐을 알고, 신통이 자재하고 다니는 데 걸림이 없는 것이니, 이것이 열입니다.

　불자들이여, 이 보살이 마땅히 열 가지 법 배우기를 권할 것이니, 무엇이 열인가. 이른바 온갖 부처님의 세계를 알며, 온갖 부처님의 세계를 움직이며, 온갖 부처님의 세계를 지니며, 온갖 부처님의 세계를 관찰하며, 온갖 부처님의 세계에 나아가며, 수없는 세계에 다니며, 수없는 부처님의 법을 받으며, 변화에 자재한 몸을 나타내며, 넓고 크고 가득한 음성을 내며, 한 찰나에 수없는 부처님을 섬기고 공양함입니다.

무슨 까닭인가. 그로 하여금 더 나아가 온갖 법에 공교한 방편을 얻게 하려 함이며, 법을 듣고는 스스로 이해하고 다른 이의 가르침을 말미암지 않게 하려는 연고입니다.

불자들이여, 어떤 것을 보살의 법왕자주法王子住라 하는가. 이 보살이 열 가지 법을 잘 아나니, 무엇이 열인가. 이른바 모든 중생의 태어나는 것을 잘 알며, 모든 번뇌가 현재에 일어나는 것을 잘 알며, 버릇[習氣]이 계속되는 것[相續]을 잘 알며, 행할 방편을 잘 알며, 한량없는 법을 잘 알며, 모든 위의를 잘 이해하며, 세계의 차별을 잘 알며, 앞 시간[前際]과 뒷 시간[後際]의 일을 잘 알며, 세상 법[世諦] 연설할 줄을 잘 알며, 제일의제第一義諦를 연설할 줄 잘 아는 것이니, 이것이 열입니다.

불자들이여, 이 보살이 마땅히 열 가지 법 배우기를 권할 것이니, 무엇이 열인가. 이른바 법왕의 지위에 능란함과 법왕의 처소에 대한 법도와 법왕 처소의 궁전과 법왕의 처소에 나아가고 들어옴과 법왕 처소의 관찰과 법왕의 관정과 법왕의 힘으로 유지함과 법왕의 두려움 없음과 법왕의 편히 주무심과 법왕을 찬탄함입니다.

무슨 까닭인가. 그로 하여금 더욱 나아가 마음에 장애가 없게 하며, 법을 듣고는 스스로 이해하고 다른 이의 가르침을 말미암지 않게 하려는 연고입니다.

불자들이여, 어떤 것을 보살의 관정주灌頂住라 하는가. 이 보살이 열 가지 지혜를 성취하나니, 무엇이 열인가. 이른바 무수한 세계를 진동하며, 무수한 세계를 밝게 비추며, 무수한 세계에 머물러 지니며, 무수한 세계에 나아가며, 무수한 세계에 엄정하게 깨끗이 하며, 무수한 세계를 열어 보이며, 무수한 중생을 관찰하며, 무수한 중생의 근성을 알며, 무수한 중생으로 하여금 나아가 들게 하며, 무수한 중생으로 하여금 조복하게 하는 것이니, 이것이 열입니다.

불자들이여, 이 보살의 몸과 몸으로 짓는 업과 신통과 변화하여 나타냄과 과거의 지혜와 미래의 지혜와 현재의 지혜와 부처님 세계를 성취함과 마음의 경계와 지혜의 경계를 다 알 수 없으며, 내지 법왕자 보살들도 또한 알지 못입니다.

불자들이여, 이 보살이 마땅히 부처님들의 열 가지 지혜를 배우기를 권할 것이니, 무엇이 열인가. 이른바 삼세의 지혜와 불법의 지혜와 법계의 걸림 없는 지혜와 법계의 끝없는 지혜와 온갖 세계에 가득한 지혜와 온갖 세계에 두루 비치는 지혜와 온갖 세계를 머물러 지니는 지혜와 온갖 중생을 아는 지혜와 온갖 법을 아는 지혜와 그지없는 부처님을 아는 지혜입니다.

무슨 까닭인가. 그로 하여금 갖가지 지혜(一切種智)를 증장하게 함이며, 법을 듣고는 스스로 이해하고 남의 가르침을 말미암지 않게 하려는 연고입니다."

이 때 부처님의 신통한 도력으로 시방에 각각 일만 부처 세계의 티끌 수 같은 세계가 여섯 가지로 진동하니, 이른바 흔들흔들(動)·두루 흔들흔들(徧動)·온통 두루 흔들흔들(等徧動)·들먹들먹(起)·두루 들먹들먹·온통 두루 들먹들먹·울쑥불쑥(涌)·두루 울쑥불쑥·온통 두루 울쑥불쑥·우르르(震)·두루 우르르·온통 두루 우르르·와르릉(吼)·두루 와르릉·온통 두루 와르릉·와지끈(擊)·두루 와지끈·온통 두루 와지끈이며, 하늘의 묘한 꽃·하늘의 가루향·하늘의 화만·하늘의 여러 가지 향·하늘의 보배 옷·하늘의 보배 구름·하늘의 장엄거리를 내리며, 하늘의 모든 음악을 타지 않아도 저절로 울리며, 하늘의 광명과 묘한 음성이 비치고 들렸다. 이 사천하의 수미산 꼭대기에 있는 제석천왕

궁전에서 십주법을 말하면서 여러 가지 신통 변화를 나타내는 것같이, 시방에 있는 온갖 세계에서도 모두 그러하였다.

또 부처님의 신통한 도력으로써 시방으로 각각 일만 부처 세계의 티끌 수 세계를 지나가서 있는 열 부처 세계의 티끌 수 보살들이 여기에 와서 시방에 가득하여 이렇게 말하였다.

"훌륭하고 훌륭합니다. 불자여, 이 법을 잘 말하였습니다. 우리들은 다 같이 법혜法慧라 이름하고, 우리들이 떠나 온 나라는 다 같이 법운국法雲國이며, 그 나라 여래의 명호는 모두 묘법妙法이신데, 우리들의 부처님 계신 데서도 십주법을 말씀하나니, 모인 권속들과 글월과 뜻도 모두 이와 같아서 더하거나 덜함이 없습니다.

불자여, 우리들은 부처님의 신통력을 받들고 이 모임에 와서 그대를 위하여 증명하노니, 이 회상과 같이 시방에 있는 온갖 세계에서도 모두 이와 같습니다."

이 때 법혜보살이 부처님의 위신력을 받들어 시방을 관찰하고 법계에 두루하여 게송으로 말하였다.

    가장 승한 지혜와 미묘하신 몸
    단정한 모든 상호 갖추었으니
    이렇게 존중하심 뵙기 어려워
    보살이 용맹하게 초발심하네.

    비등比等할 이가 없는 큰 신통 보고
    마음을 기억〔記心〕함과 가르침 듣고
    여러 갈래 중생의 끝없는 고통
    보살이 이를 위해 초발심하네.

여래의 넓고 승한 법문 들으니
여러 가지 공덕을 모두 다 이뤄
허공을 분별할 수 없음과 같아
보살이 이를 위해 초발심하네.

삼세의 인因과 과果는 옳은 곳이요
우리들의 자성自性은 그른 곳이니
이렇게 진실한 뜻 모두 알고자
보살이 이를 위해 초발심하네.

지난 세상 오는 세상 지금 세상의
있는 바 선과 악의 모든 업보를
끝까지 분명하게 모두 알고자
보살이 이를 위해 초발심하네.

선정과 해탈이며 모든 삼매의
물들고 청정함이 한량없거든
모두 알아 들어가고 머물고 나와
보살이 이를 위해 초발심하네.

중생들이 낫고 못한 근성을 따라
이렇게 가지가지 정진하는 힘
분명하게 모두 알아 분별하려고
보살이 이를 위해 초발심하네.

중생들이 가지가지 이해가 있고
마음에 좋아함도 각각 다르니
한량없는 이런 차별 모두 알고자
보살이 이를 위해 초발심하네.

중생의 모든 경계 제각기 달라
이러한 모든 세간 한량없거든
그 자체와 성품을 모두 알고자
보살이 이를 위해 초발심하네.

하염 있는 갖가지 인행因行의 길은
하나하나 이르러 갈 곳 있나니
그러한 참된 성품 모두 알고자
보살이 이를 위해 초발심하네.

온 세계의 모든 중생 업을 따라서
헤매면서 잠깐도 쉴 새 없나니
천안통을 얻어서 밝게 보고자
보살이 이를 위해 초발심하네.

지나간 세상에서 있던 모든 일
저러한 성품이나 저러한 모양
그 숙명宿命을 분명히 모두 알고자
보살이 이를 위해 초발심하네.

온갖 중생 여러 가지 맺힌 번뇌가
계속하고 일어나고 익힌 버릇을
모두 알고 끝까지 다하려 하여
보살이 이를 위해 초발심하네.

중생들이 마련한 모든 언론과
가지가지 말하는 길을 따라서
그러한 세속 일을 모두 알고자
보살이 이를 위해 초발심하네.

온갖 가지 법들이 말을 여의고
성품이 고요하여 지음 없나니
진실한 이런 이치 밝히 알고자
보살이 이를 위해 초발심하네.

시방의 국토들을 흔들어 놓고
엄청난 바닷물을 엎어버리는
부처님의 큰 신통 구족하고자
보살이 이를 위해 초발심하네.

한 터럭 구멍에서 광명을 놓아
한량없는 시방세계 두루 비추고
광명마다 온갖 일 모두 알고자
보살이 이를 위해 초발심하네.

부사의한 부처님의 많은 세계를
손바닥에 놓아도 꼼짝 않나니
모든 것이 요술과 같은 줄 알고
보살이 이를 위해 초발심하네.

한량없는 세계의 많은 중생을
한 털 끝에 두어도 비좁지 않아
나도 없고 사람도 없는 줄 알고
보살이 이를 위해 초발심하네.

털 끝으로 바닷물을 찍어 내어서
크나큰 바다들을 다 말리나니
그러한 물방울을 모두 알고자
보살이 이를 위해 초발심하네.

헤아릴 수 없는 모든 국토를
모두 다 부수어서 티끌 만들고
그 수효를 낱낱이 세어 알고자
보살이 이를 위해 초발심하네.

지난 세월 오는 세월 한량없는 겁
모든 세간 이룩되고 무너지는 일
끝까지 궁구하여 모두 알고자
보살이 이를 위해 초발심하네.

삼세에 나시는 모든 여래와
일체의 독각이나 여러 성문들
그 법을 남김없이 모두 알고자
보살이 이를 위해 초발심하네.

한량없고 그지없는 모든 세계를
한 털로써 사뿐히 온통 들어서
그 자체와 그 모양 모두 알고자
보살이 이를 위해 초발심하네.

한량없고 수가 없는 윤위산輪圍山들을
한 털구멍 속에다 모두 넣고서
큰 것인가 작은 것 모두 알고자
보살이 이를 위해 초발심하네.

고요하고 미묘한 한 음성으로
시방 중생 종류 따라 법을 말하여
그네들을 분명히 알게 하고자
보살이 이를 위해 초발심하네.

여러 가지 중생들의 말하는 법을
한 말로 남김없이 연설하여서
그들의 제 성품을 모두 알고자
보살이 이를 위해 초발심하네..

세상이 온갖 음성 모두 지어서
그네들이 열반을 증득케 하는
그러한 묘한 혀를 가지고 싶어
보살이 이를 위해 초발심하네.

시방의 모든 세계 이루어지고
무너지는 모양을 보게 하여서
분별로 생기는 줄 알게 하고자
보살이 이를 위해 초발심하네.

온갖 시방 널려 있는 모든 세계에
한량없는 여래가 가득 찼거든
저 부처님 법들을 모두 알고자
보살이 이를 위해 초발심하네.

갖가지로 변화하는 한량없는 몸
온 세계의 티끌 수와 같이 많으니
마음으로 생긴 줄을 모두 알고자
보살이 이를 위해 초발심하네.

지난 세상 오는 세상 지금 세상의
한량없고 수없는 모든 여래를
한 생각에 분명하게 모두 알고자
보살이 이를 위해 초발심하네.

한 구절의 법문을 갖추 말하면
아승기겁으로도 다할 수 없고
글과 뜻도 제각기 같지 않나니
보살이 이를 위해 초발심하네.

시방의 모든 세계 많은 중생들
그들의 나고 죽고 헤매는 모양
한 생각에 분명히 모두 알고자
보살이 이를 위해 초발심하네.

몸과 말과 뜻으로 짓는 업으로
시방세계 두루 가도 걸림이 없고
삼세가 모두 공함 분명 알고자
보살이 이를 위해 초발심하네.

보살이 이와 같이 발심하고는
마땅히 시방세계 두루 다니며
여래에게 공경하고 공양하여서
이것으로 퇴전함이 없게 하나니.

보살이 용맹하게 불도 구하며
생사에 머물러도 싫은 줄 몰라
저를 위해 칭찬하고 따라 행하여
이리하여 퇴전함이 없게 하나니.

시방의 한량없는 많은 세계에
그 곳마다 가장 높은 님이 되어서
보살들을 위하여 이렇게 연설
이리하여 퇴전함이 없게 하나니.

가장 높고 가장 위고 가장 제일인
매우 깊고 미묘하고 청정한 법을
보살들이 사람에게 말하게 하여
이와 같이 번뇌를 여의게 하네.

모든 세간 아무도 같을 이 없고
흔들거나 굴복할 수 없는 경계를
보살들을 위하여 늘 칭찬하여
이와 같이 퇴전함이 없게 하나니.

부처님은 세간에서 큰 힘 가진 이
온갖 가지 공덕을 갖추었거든
보살들이 이 가운데 머물게 하여
이것으로 대장부가 되게 하나니.

한량없고 그지없는 부처님들께
모두 다 나아가서 친근케 하고
부처님의 거두어 주심 받으며
이리하여 퇴전함이 없게 하나니.

고요하고 적정한 모든 삼매를
모두 다 연설하여 남음이 없고
보살들을 위하여 이렇게 설해
이것으로 퇴전함이 없게 하더라.

생사에 헤매는 일 부숴 없애고
청정하고 묘한 법륜 운전하면서
온 세간에 조금도 집착이 없어
모든 보살 위하여 이렇게 설명.

온갖 중생 나쁜 갈래 떨어져 있어
그지없는 고통에 부대끼거늘
그들을 구호하여 의지가 되며
모든 보살 위하여 이렇게 설명.

이것이 보살들의 발심주로서
한결같이 위없는 도 늘 구하나니
이렇게 내가 말한 가르치는 법
모든 부처님들도 이러하니라.

둘째로 치지주에 이른 보살은
마땅히 이와 같은 마음을 내어
원하기를 시방의 모든 중생들
여래의 가르침을 따르게 하되,

이익하고 자비하고 안락한 마음
잘 머물고 딱한 생각 거두어주며
내 몸같이 중생을 수호하는 맘
스승 되고 지도하는 도사의 마음.

이렇게 묘한 맘에 머문 뒤에는
외우고 익히어서 많이 알도록
늘 즐겁고 고요하고 바르게 생각
일체의 선지식을 친근히 하네.

하는 말이 화평하여 거칠지 않고
때에 맞게 말함으로 두려움 없어
이치 알고 법도 있게 행을 닦으매
우매함을 여의고 동하지 않아,

이것이 배우는 이 보리행이니
이렇게 행하는 인 진정한 불자
저들의 행할 일을 지금 말하니
이런 것을 불자가 배울지니라.

셋째는 보살들의 수행주이니
부처님 교법대로 관찰하여라.
모든 법이 무상하고 괴롭고 공해
나도 남도 다 없고 지음도 없네.

모든 법은 하나도 즐겁지 않고
이름과도 안 같지만 처소도 없어
분별할 것도 없고 참도 없나니
이렇게 보는 이를 보살이라고.

그 다음에 중생계를 관찰케 하고
온 법계를 관찰하라 권할 것이니
세계의 모든 차별 남음이 없이
모두 다 부지런히 관찰하여라.

시방의 세계들과 허공까지며
지대·수대·화대와 풍대들이며
욕계와 색계들과 무색계까지
낱낱이 관찰하여 다하게 하라.

저 세계의 차별함을 다 관찰하고
자체와 성품들을 끝까지 연구
이렇게 부지런히 수행한다면
이를 일러 진실한 불자라 하리.

넷째로 생귀주에 이른 보살은
성인의 교법으로부터 태어나
모든 유有가 없는 줄을 분명히 알고
저 법을 뛰어넘어 법계에 나네.

신심이 견고하여 흔들 수 없고
적멸한 법 관찰하여 마음이 편안
중생들을 따라서 자체 성품이
허망하여 진실함이 없는 줄 아네.

온 세계와 국토와 업과 과보와
생사거나 열반이 모두 그러해
불자가 이러하게 법을 본다면
불佛에게서 생겼으매 이름을 불자.

지난 세상·오는 세상·지금 세상에
거기 있는 여러 가지 부처님 법을
잘 알아서 익히고 원만히 하며
이렇게 닦고 배워 끝까지 아네.

삼세에 계시는 모든 여래를
따라서 관찰하니 모두 다 평등
가지가지 차별을 얻을 수 없어
이렇게 살펴보고 삼세를 통달.

나와 같이 선양宣揚하고 찬탄되는 것
이것이 제4주(四住)의 공덕이라네.
이 법을 의지하여 닦아 행하면
위없는 보리도를 속히 이루리.

이 위로 다섯째 보살 지위를
구족방편주라고 이름하나니
한량없이 공교한 방편에 들어
마음 내어 공덕을 끝내려 하네.

보살이 닦아 놓은 모든 복덕은
오로지 중생들을 구호도 하고
이익 주고 안락 주고 어여삐 여겨
제도하고 해탈케 하려 함이며,

온 세상의 재난을 덜어 없애고
삼유三有에서 끌어내어 환희케 하며
낱낱이 조복하여 빠지지 않고
공덕을 갖추어서 열반을 얻게,

모든 중생 끝없고 한량이 없고
수효 없고 헤아릴 수가 없으며
일컬어 측량할 수 없는 이들이
여래의 이러한 법 들어 받나니,

이것이 다섯째의 진실한 불자
방편으로 중생을 제도함이라
온갖 공덕 갖추고 지혜 크신 이
이러한 법으로써 가르쳐 뵈네.

여섯째는 정심주가 원만하여서
모든 법의 성품에 의혹이 없고
바른 마음 생각하여 분별 여의니
천상·인간 아무도 흔들 이 없네.

부처님과 불법과 보살과 행을
찬탄하고 훼방함을 듣는다거나
중생의 때와 한량 있고 없거나
제도하기 어렵다 쉽다 말해도

법계가 크다 작다 이루고 파괴
있다 없다 말해도 흔들리잖고
지난 세상·오는 세상·지금에라도
자세히 생각하고 항상 결정해.

온갖 법 모양 없고 자체도 없어
성품 없고 공하여 진실치 않아
요술 같고 꿈 같고 분별 없나니
이런 뜻 항상 듣기 좋아하더라.

일곱째 불퇴주에 이른 보살은
부처님과 불법과 보살과 행이
있다 없다 뛰어난다 나지 못한다
이런 말을 들어도 퇴전치 않고

지난 세상·오는 세상·지금 세상에
부처님이 있다거나 없다 하거나
부처 지혜 다한다 다하잖는다
삼세가 한 모양가 여러 모양가.

하나가 여럿이고 여럿이 하나
글이 뜻을 따르고 뜻이 글 따라
온갖 것이 이렇게 이뤄지는 일
불퇴주 이 사람께 말할 것이며,

모든 법 모양 있다 모양이 없다
성품이 있다거나 없다 하는 등
가지가지 차별을 부촉할지니
이 사람이 듣고는 필경 얻으리.

여덟째는 보살들의 동진주라니
몸과 말과 뜻으로 행하는 일이
구족하고 청정하여 잘못 없으며
마음대로 태어나 자재도 하고,

중생들의 마음에 좋아하는 일
가지가지 이해와 모든 차별과
여러 가지 법들과 시방세계의
이루고 무너짐을 모두 다 알며,

빠르고 묘한 신통 모두 다 얻고
모든 곳에 뜻대로 두루 다니며
여러 부처님들께 들은 법문을
찬탄하고 수행하여 게을지 않네.

부처님의 모든 국토 분명히 알고
움직이고 가지加持하고 관찰도 하며
헤아릴 수 없는 세계 다 지나가서
수없는 여러 세계 다니느니라.

아승기 부처님 법 물어 받들고
뜻대로 받는 몸이 다 자재하고
음성이 교묘하고 두루 충만해
수없는 부처님을 섬겨 받드네.

아홉째의 보살 지위 법왕자주니
중생들의 태어나는 차별을 보고
번뇌와 현행現行·습기習氣 모두 다 알고
행할 바 모든 방편 죄다 잘 아네.

모든 법과 위의가 각각 다르고
세계의 다른 것과 앞 뒤 시간과
세상의 모든 일과 제일의제를
분명하게 잘 알아 남음이 없네.

법왕의 능란하게 안립安立한 곳과
처소에 따르면서 있는 법도와
궁전에 나아가고 들어가는 일
법왕 처소 관찰함을 모두 잘 알고,

법왕의 정수리에 물 붓는 법과
신력으로 가지하고 두려움 없고
궁전에 주무심과 찬탄하는 일
이것으로 법왕자를 가르치도다.

이러하게 끝까지 말씀하여서
그 마음에 집착이 없게 하나니
이런 것을 잘 알고 정념正念 닦으면
부처님이 그 앞에 나타나시네.

열째의 관정주는 진실한 불자
가장 높은 제일법을 만족하여서
무수한 시방세계 다 진동하고
밝은 광명 세계에 두루 비치네.

머물러 지니는 일 나아가는 일
깨끗한 장엄들을 모두 갖추고
수없는 중생들을 열어 보이며
관찰하고 근성 알아 모두 다했네.

마음 내어 조복함도 그지없으며
큰 보리에 향해 나아가게 하고
온 법계를 골고루 관찰하면서
시방의 모든 국토 모두 다 가네.

그 가운데 있는 몸과 몸으로 짓는
신통과 변화함을 측량 못하며
삼세 불국토의 모든 경계를
법왕자 보살들도 알지 못하네.

온갖 것 보는 이의 삼세 지혜와
부처님 법 분명하게 아는 지혜와
법계의 걸림 없고 끝없는 지혜
온 시방의 세계에 가득한 지혜,

온 세계를 비추고 지니는 지혜
중생들과 모든 법 아는 지혜와
끝이 없는 부처님 아는 지혜를
여래께서 끝까지 말씀하시네.

이와 같은 십주의 여러 보살은
여래의 법으로써 화생한 이들
그들의 가진 공덕 한 가지 행도
하늘이나 인간이 측량 못하리.

지난 세상·오는 세상·지금 세상에
도 구하려 발심한 이 그지없어서
시방의 많은 세계 가득 찬 이들
온갖 지혜 이루지 못할 이 없고,

수없는 국토들이 끝이 없는데
세계와 중생들과 법도 그렇고
번뇌와 업과 욕망 각각 다르니
저를 위해 보리심을 처음 내었네.

부처의 도(道) 구하는 잠깐 생각을
세간의 중생들과 성문 연각도
오히려 다 알지를 못할 터인데
하물며 그 나머지 공덕이리요.

시방에 널려 있는 모든 세계를
한 털로써 모두 다 들 수 있다면
여래에게 향하는 불자의 지혜
그런 이야 비로소 능히 알리라.

시방에 흘러 있는 큰 바닷물을
털 끝으로 찍어내어 말린다 하면
잠깐 동안 수행하는 불자의 공덕
그런 이야 비로소 능히 알리라.

온 세계를 부수어 티끌 만들고
그 수효를 헤아려 알 수 있다면
이 보살이 행하는 보리의 도를
그런 이야 비로소 능히 알리라.

시방 삼세 수없는 부처님들과
수많은 독각이나 성문들까지
가지가지 미묘한 변재를 다해
처음 낸 보리심을 열어 보여도,

초발심한 공덕은 측량 못하여
시방의 중생계에 가득 찼나니
뭇 지혜로 말해도 못 끝내거늘
하물며 그 나머지 여러 행이랴.

대방광불화엄경 제17권

제17권

16. 범행품梵行品

이 때 정념천자正念天子가 법혜보살에게 말하였다.

"불자시여, 온 세계의 모든 보살들이 여래의 가르침을 의지하여 물든 옷을 입고 출가하였으면, 어떻게 하여야 범행梵行이 청정하게 되오며, 보살의 지위로부터 위없는 보리의 도에 이르리이까?"

법혜보살이 말하였다.

"불자여, 보살마하살이 범행을 닦을 때에는 마땅히 열 가지 법으로 반연을 삼고 뜻을 내어 관찰하여야 하나니, 이른바 몸과 몸의 업과 말과 말의 업과 뜻과 뜻의 업과 부처님과 교법과 승단과 계율이니라. 마땅히 관찰하기를 몸이 범행인가, 내지 계율이 범행인가 할 것이니라.

만일 몸이 범행이라면, 범행은 선하지 않은 것이며 법답지 않은 것이며 흐린 것이며 냄새 나는 것이며 부정한 것이며 싫은 것이며 어기는 것이며 잡되고 물든 것이며 송장이며 벌레 무더기인 줄 알 것이니라.

만일 몸의 업이 범행이라면, 범행은 곧 가는 것·머무는 것·앉는 것·눕는 것·왼쪽으로 돌아보는 것·오른쪽으로 돌아보는 것·구부리는 것·펴는 것·숙이는 것·우러르는 것이니라.

만일 말이 범행이라면, 범행은 곧 음성·숨·가슴·혀·목구멍·입술·뱉고 삼킴·들고 놓음·고저高低·청탁淸濁일 것이니라.

만일 말의 업이 범행이라면, 범행은 곧 안부를 묻거나 대강 말하고 자세히 말하고 비유로 말하고 직설直說하고 칭찬하고 헐뜯고 방편으로 말하고[安立說] 세속을 따라 말하고 분명하게 말하는 것이리라.

만일 뜻이 범행이라면, 범행은 곧 깨달음[覺]이며 관찰이며 분별이며 가지가지 분별이며 기억함이며 가지가지 기억함이며 생각함이며 가지가지 생각함이며 요술이며 꿈이리라.

만일 뜻의 업이 범행이라면, 범행은 곧 생각함[思]이며 생각[想]이며 추위며 더위며 주림이며 목마름이며 괴로움이며 즐거움이며 근심이며 기쁨이리라.

만일 부처님이 범행이라면, 색온色蘊이 부처인가 수온受蘊이 부처인가 상온想蘊이 부처인가 행온行蘊이 부처인가 식온識蘊이 부처인가 상相이 부처인가 호好가 부처인가 신통이 부처인가 업행業行이 부처인가 과보가 부처인가.

만일 교법이 범행이라면, 적멸寂滅이 법인가[1] 순종치 않음이 법인가 얻을 바 없음이 법인가 열반이 법인가 나지 않음이 법인가 일어나지 않음이 법인가 말할 수 없음이 법인가 분별 없음이 법인가 행할 바 없음이 법인가 모이지 않음이 법인가.

---

1 신수대장경에 의거하면 이하의 "순종치 않음이 법인가 얻을 바 없음이 법인가"는 명명본에는 있으나 고려대장경에는 들어 있지 않다.

만일 승가가 범행이라면, 예류향預流向이 승가인가 예류과가 승가인가 일래향一來向이 승가인가 일래과가 승가인가 불환향不還向이 승가인가 불환과가 승가인가 아라한향阿羅漢向이 승가인가 아라한과가 승가인가 삼명三明이 승가인가 육신통六通이 승가인가.

만일 계율이 범행이라면, 계단壇場이 계율인가 청정한가 묻는 것이 계율인가 위의를 가르침이 계율인가 갈마를 세 번 말함이 계율인가 화상이 계율인가 아사리가 계율인가 머리 깎는 것이 계율인가 가사 입는 것이 계율인가 걸식함이 계율인가 정명正命이 계율인가.

이렇게 관찰하면, 몸에 취할 것이 없고 닦는 데 집착할 것이 없고 법에 머물 것이 없으며, 과거는 이미 멸하였고 미래는 이르지 못하였고 현재는 고요하며, 업을 짓는 이도 없고 과보를 받을 이도 없으며, 이 세상은 이동하지 않고 저 세상은 바뀌지 아니하느니라.

이 가운데 어느 법이 범행인가, 범행은 어디서 왔으며 누구의 소유며 자체는 무엇이며 누구로 말미암아 지었는가. 이것이 있는 것인가 없는 것인가. 색인가 색이 아닌가, 수인가 수가 아닌가, 상인가 상이 아닌가, 행인가 행이 아닌가, 식인가 식이 아닌가.

이렇게 관찰하면, 범행이란 법은 얻을 수 없는 연고며, 삼세의 법이 다 공적한 연고며, 뜻에 집착이 없는 연고며, 마음에 장애가 없는 연고며, 행할 것이 둘이 없는 연고며, 방편이 자재한 연고며, 모양 없는 법을 받아들이는 연고며, 모양 없는 법을 관찰하는 연고며, 부처님 법이 평등함을 아는 연고며, 온갖 부처님 법을 갖춘 연고로 이렇게 청정한 범행이라 이름하느니라.

다시 열 가지 법을 닦아야 하나니, 무엇이 열인가. 이른바 옳은 것과 그른 것을 아는 지혜, 지난 세상·지금 세상·오는 세상의 업과 과보를 아는 지혜, 모든 선정 해탈 삼매를 아는 지혜, 모든 근성의 승勝하고 열

劣함을 아는 지혜, 가지가지 이해를 아는 지혜, 가지가지 경계를 아는 지혜, 온갖 곳에 이르는 길을 아는 지혜, 천안통이 걸림 없는 지혜, 숙명통이 걸림 없는 지혜, 습기習氣를 영원히 끊는 지혜니, 여래의 십력을 낱낱이 관찰하며, 낱낱 힘에 한량없는 뜻이 있는 것을 마땅히 물어야 하느니라.

둘은 뒤에는 크게 자비한 마음을 일으키나니, 중생을 관찰하여 버리지 아니하며, 모든 법을 생각하여 쉬지 아니하며, 위없는 업을 행하고도 과보를 구하지 말며, 경계가 요술 같고, 꿈 같고, 그림자 같고, 메아리 같고, 변화와 같음을 분명히 알지니라.

만일 보살들이 이렇게 관행觀行함으로 더불어 서로 응하면, 모든 법에 두 가지 이해를 내지 아니하여 온갖 부처님 법이 빨리 앞에 나타날 것이며, 처음 발심할 때에 아뇩다라삼먁삼보리를 얻을 것이며, 온갖 법이 곧 마음의 성품임을 알 것이며, 지혜의 몸을 성취하되 다른 이를 말미암아 깨닫지 아니하리라."

17. 초발심공덕품初發心功德品

그 때 제석천왕이 법혜보살에게 여쭈었다.

"불자시여, 보살이 처음으로 보리심을 내면 그 공덕이 얼마나 되나이까?"

법혜보살이 말하였다.

"이 이치가 깊고 깊어서 말하기 어렵고 알기 어렵고 분별하기 어렵고 믿고 이해하기 어렵고 증득하기 어렵고 행하기 어렵고 통달하기 어렵고 생각하기 어렵고 헤아리기 어렵고 들어가기 어려우니라. 그러나 내가 마땅히 부처님의 위신력을 받아 그대에게 말하리라.

불자여, 가령 어떤 사람이 모든 즐길거리로써 동방의 아승기 세계에 있는 중생들에게 한 겁 동안 공양하고 그런 뒤에 가르쳐서 오계五戒를 깨끗이 갖게 하며, 남방·서방·북방과 네 간방과 상방·하방도 또 이와 같이 하였다면, 불자여, 그대는 어떻게 생각하느냐. 이 사람의 공덕이 많다고 하겠는가?"

제석천왕이 말하였다.

"불자시여, 이 사람의 공덕은 오직 부처님만이 아실 것이옵고, 다른 모든 사람들은 측량할 이가 없겠나이다."

법혜보살이 말하였다.

"불자여, 이 사람의 공덕을 보살이 처음 발심한 공덕에 견주어 보면, 백분의 일에도 미치지 못하고, 백천분의 일에도 미치지 못하며, 이렇게 억분의 일, 백억분의 일, 천억분·백천억분·나유타 억분·백 나유타 억분·천 나유타 억분·백천 나유타 억분·수분數分·가라분歌羅分·산분算分·유분諭分·우파니사타분優波尼沙陀分의 일에도 미치지 못하느니라.

불자여, 이 비유는 차치하고, 가령 어떤 사람이 온갖 즐길거리로써 시방의 열 아승기 세계에 있는 중생들에게 백 겁 동안 공양하고, 그런 뒤에 가르쳐서 십선도十善道를 닦게 하고, 이렇게 천 겁 동안 공양한 뒤에 사선四禪에 머물게 하고, 백천 겁을 지낸 뒤에 사무량심四無量心에 머물게 하고, 억 겁을 지낸 뒤에 사무색정四無色定에 머물게 하고, 백억 겁을 지낸 뒤에 수다원과須陀洹果에 머물게 하고, 천억 겁을 지낸 뒤에 사다함과斯陀含果에 머물게 하고, 백천억 겁을 지낸 뒤에 아나함과阿那含果에 머물게 하고, 나유타억 겁을 지낸 뒤에 아라한과阿羅漢果에 머물게 하고, 백천 나유타억 겁을 지낸 뒤에 가르쳐서 벽지불도辟支佛道에 머물게 하였다면, 불자여, 어떻게 생각하느냐. 이 사람의 공덕이 많다고 하겠는가?"

제석천왕이 말하였다.

"불자시여, 이 사람의 공덕은 오직 부처님만이 아실 수 있습니다."

법혜보살이 말하였다.

"불자여, 이 사람의 공덕을 보살이 처음 발심한 공덕에 비교하면 백분의 일에도 미치지 못하고, 천분의 일에도 미치지 못하고, 백천분의 일에도 미치지 못하고, 내지 우파니사타분의 일에도 미치지 못하느니라.

무슨 까닭인가. 불자여, 모든 부처님께서 처음 발심할 때에 다만 온갖 즐길거리로써 시방의 열 아승기 세계에 있는 중생들에게 공양하기를, 백 겁 동안이나 내지 백천 나유타억 겁 동안을 지내기 위하여 보리심을 낸 것이 아니며, 다만 그렇게 많은 중생들을 가르쳐서 오계와 십선업도를 닦게 하거나, 사선·사무량심·사무색정에 머물게 하거나, 수다원과·사다함과·아나함과·아라한과·벽지불도를 얻게 하기 위하여 보리심을 낸 것이 아니고, 여래의 종성種姓이 끊어지지 않게 하기 위한 연고며, 일체 세계에 두루 가득하게 하기 위한 연고며, 일체 세계의 중생을 제도하여 해탈하게 하기 위한 연고며, 일체 세계의 이룸과 무너짐을 알기 위한 연고며, 일체 세계에 있는 중생의 때 묻고 깨끗함을 알기 위한 연고며, 일체 세계의 성품이 청정함을 알기 위한 연고며, 일체 중생이 여기서 죽어 저기 나는 것을 알기 위한 연고며, 일체 중생의 근성과 방편을 알기 위한 연고며, 일체 중생의 마음과 행을 알기 위한 연고며, 일체 중생의 삼세의 지혜를 알기 위한 연고며, 일체 부처님의 경계가 평등함을 알기 위한 연고로 위없는 보리심을 내기 때문이니라.

불자여, 이 비유는 그만두고, 가령 어떤 사람이 한 생각 동안에 동방으로 아승기 세계를 능히 지나가는데, 생각생각마다 이와 같이 하여 아승기겁이 끝나도록 하였다면, 이 여러 세계는 그 끝간데를 찾을 수 없느니라.

또 둘째 사람이 한 생각 동안에 앞에 사람이 아승기겁 동안에 지나간 세계를 능히 지나가는데, 이와 같이 하기를 또 아승기겁이 다하도록 하였고, 차례차례로 더하고 더하여 열째 사람에게 이르렀으며, 남방·서방·북방과 네 간방과 상방·하방도 역시 이와 같이 하였느니라.

불자여, 이 시방 가운데 모두 백 사람이 있어서 낱낱이 이와 같이 하여 모든 세계를 지나갔다면, 이 모든 세계는 오히려 끝간데를 알 수 있다 하더라도, 보살이 처음으로 아뇩다라삼먁삼보리심을 내어서 얻은 선근은 그 끝간데를 알 사람이 없으리라.

무슨 까닭이냐. 불자여, 보살이 다만 저러한 세계, 지나간 것만을 알기 위하여 보리심을 내기로 제한한 것이 아니라, 시방세계를 분명히 알기 위하여 보리심을 낸 것이니, 이른바 묘妙한 세계가 곧 추麤한 세계요 추한 세계가 곧 묘한 세계며, 잦힌〔仰〕 세계가 곧 엎은〔覆〕 세계요, 엎은 세계가 곧 잦힌 세계며, 작은 세계가 곧 큰 세계요 큰 세계가 곧 작은 세계며, 넓은 세계가 곧 좁은 세계요 좁은 세계가 곧 넓은 세계며, 한 세계가 곧 말할 수 없는 세계요 말할 수 없는 세계가 곧 한 세계며, 말할 수 없는 세계가 한 세계에 들어가고 한 세계가 말할 수 없는 세계에 들어가며, 더러운 세계가 곧 깨끗한 세계요 깨끗한 세계가 곧 더러운 세계임을 알고자 하며, 한 터럭 끝 가운데가 일체 세계의 차별한 성품이요 일체 세계 가운데가 한 터럭 끝의 한 성품임을 알고자 하며, 한 세계 가운데서 일체 세계를 내는 것을 알고자 하며, 일체 세계가 자체의 성품이 없음을 알고자 하며, 잠깐 동안 마음으로 모든 광대한 세계를 다 알아서 장애가 없고자 하는 연고로 아뇩다라삼먁삼보리심을 내기 때문이니라.

불자여, 이 비유는 그만두고, 가령 어떤 사람이 한 생각 동안에 동방에 있는 아승기 세계가 이루어지고 무너지는 겁의 수효를 능히 알며, 생각생각마다 이와 같이 하여 아승기겁이 다하도록 한다면, 이 모든 겁의 수효를 끝 간 데까지 능히 알 수가 없으리라. 또 둘째 사람이 한 생각 동안에 앞에 사람의 아승기겁 동안에 안 겁의 수효를 능히 알며, 이와 같이 말하여 열째 사람에게 이르고, 남방·서방·북방과 네 간방과 상방·하방도 또한 이와 같았느니라.

불자여, 이러한 시방의 아승기 세계가 이뤄지고 무너지는 겁의 수효는 그 끝간데까지를 알 수 있다 하더라도, 보살이 아뇩다라삼먁삼보리심을 처음 낸 공덕과 선근은 끝간데까지를 알지 못하느니라.

무슨 까닭이냐. 보살이 다만 저러한 세계의 이뤄지고 무너지는 겁의 수효만을 알기 위하여 아뇩다라삼먁삼보리심을 내기로 제한한 것이 아니고, 일체 세계의 이뤄지고 무너지는 겁을 모두 알아서 남음이 없게 하기 위하여 아뇩다라삼먁삼보리심을 내기 때문이니라.

이른바 긴 겁이 짧은 겁과 평등하고 짧은 겁이 긴 겁과 평등하며, 한 겁이 무수한 겁과 평등하고 무수한 겁이 한 겁과 평등하며, 부처님 있는 겁이 부처님 없는 겁과 평등하고, 부처님 없는 겁이 부처님 있는 겁과 평등하며, 한 부처님 겁 가운데 말할 수 없는 부처님이 있고 말할 수 없는 부처님 겁 가운데 한 부처님이 있으며, 한량 있는 겁이 한량없는 겁과 평등하고 한량없는 겁이 한량 있는 겁과 평등하며, 다함 있는 겁이 다함 없는 겁과 평등하고 다함 없는 겁이 다함 있는 겁과 평등하며, 말할 수 없는 겁이 한 찰나와 평등하고 한 찰나가 말할 수 없는 겁과 평등하며, 일체 겁이 겁 아닌 데 들어가고 겁 아닌 것이 일체 겁에 들어가는 것을 알기 위함이며, 잠깐 동안에 앞 세상 뒤 세상과 지금 세상의 일체 세계가 이루어지고 무너지는 겁을 죄다 알고자 하여 아뇩다라삼먁삼보리심을 내는 것이니, 이것을 이름하여 처음 발심하고 큰 서원으로 장엄하여 일체의 겁을 분명히 아는 신통한 지혜라 하느니라.

불자여, 또 이 비유는 그만두고, 가령 어떤 사람이 한 생각 동안에 동방의 아승기 세계에 있는 중생들의 가지가지 차별한 이해를 능히 알며, 생각생각마다 이와 같이 하여 아승기겁이 다하도록 하였고, 또 둘째 사람은 한 생각 동안에 앞의 사람이 아승기겁 동안에 아는 중생들의 여러 가지 차별한 이해를 능히 알아서, 이와 같이 아승기겁이 다하도록 하였으며, 이렇게 차례차례로 그렇게 하여 열째 사람에 이르렀고, 남방·서방·북방과 네 간방과 상방·하방도 역시 그러하였다면, 불자여, 이 시방 중생들의 가지가지로 차별한 지혜를 끝까지 알 수 있다 하더라도, 보살이 처음으로 아뇩다라삼먁삼보리심을 낸 공덕과 선근은 그 끝간데까지를 알 수 없느니라.

무슨 까닭이냐, 불자여, 보살은 다만 저러한 중생들의 이해를 알기 위하여서만 아뇩다라삼먁삼보리심을 내는데 제한한 것이 아니고, 일체 세계에 있는 중생들의 가지가지로 차별한 이해를 모두 알기 위하여 아뇩다라삼먁삼보리심을 내기 때문이니라.

이른바 일체 차별한 이해의 그지없음을 알려는 연고며, 한 중생의 이해가 무수한 중생의 이해와 평등함을 알려는 연고며, 말할 수 없이 차별한 이해를 아는 방편 지혜 광명을 얻으려는 연고며, 중생들의 제각기 차별한 이해를 죄다 알아서 남음이 없으려는 연고며, 과거·현재·미래의 선하고 선하지 못한 가지가지 한량없는 이해를 죄다 알려는 연고며, 비슷한 이해와 비슷하지 아니한 이해를 모두 알려는 연고며, 일체 이해가 곧 한 이해요 한 이해가 곧 일체 이해임을 모두 알려는 연고며, 여래의 이해하는 힘을 얻으려는 연고니라.

또 위가 있는 이해와 위가 없는 이해와 남음이 있는 이해와 남음이 없는 이해와 평등한 이해와 평등치 아니한 이해의 차별함을 모두 알려는 연고며, 또 의지 있는 이해와 의지 없는 이해와 함께하는 이해와 함께하지 않는 이해와 끝 있는 이해와 끝없는 이해와 차별 있는 이해와 차별 없는 이해와 선한 이해와 선하지 못한 이해와 세간의 이해와 출세간의 이해가 차별한 것을 죄다 알려는 연고며, 또 일체의 묘한 이해·큰 이해·한량없는 이해·정위正位의 이해 가운데서 여래 해탈의 걸림 없는 지혜를 얻으려는 연고며, 또 한량없는 방편으로 시방의 일체 중생계에 있는 낱낱 중생의 깨끗한 이해·물든 이해·자세한 이해·간략한 이해·세밀한 이해·거친 이해를 죄다 알아서 남음이 없게 하려는 연고며, 또 깊고 비밀한 이해·방편의 이해·분별한 이해·자연의 이해·인因을 따라 일어나는 이해·연緣을 따라 일어나는 이해를 죄다 알아서 일체 이해의 그물을 끝까지 다하여 남음이 없게 하려는 연고로 아뇩다라삼먁삼보리심을 내기 때문이니라.

불자여, 또 이 비유는 그만두고, 가령 어떤 사람이 한 생각 동안에 동방의 무수한 세계에 있는 모든 중생의 근성이 차별함을 알며, 생각생각마다 이러하여 아승기겁을 지내었고, 또 둘째 사람이 한 생각 동안에 앞에 사람이 아승기겁 동안에 생각생각마다 아는 모든 근성의 차별함을 알며, 이렇게 하여 내지 열째 사람에 이르렀고, 남방·서방·북방과 네 간방과 상방·하방도 역시 이와 같았느니라.

불자여, 이 시방세계에 있는 중생들의 근성이 차별함을 끝까지 안다 하더라도, 보살이 아뇩다라삼먁삼보리심을 처음으로 낸 공덕과 선근은 그 끝까지를 알 사람이 없느니라.

무슨 까닭이냐. 보살이 다만 저러한 세계 중생들의 근성을 알기 위하여 아뇩다라삼먁삼보리심을 내는데 제한한 것이 아니라, 일체 세계 가운데 있는 일체 중생의 근성이 가지가지로 차별한 것을 모두 알기 위한 것이며, 더 말하면 내지 일체 근성의 그물을 죄다 알려는 연고로 아뇩다라삼먁삼보리심을 내기 때문이니라.

불자여, 또 이 비유는 그만두고, 가령 어떤 사람이 한 생각 동안에 동방의 무수한 세계에 있는 중생들의 가지가지 욕망을 알며, 생각생각마다 이와 같이 하여 아승기겁이 다하도록 하였고, 차례로 이렇게 말하여 열째 사람에게 이르렀으며, 남방·서방·북방과 네 간방과 상방·하방도 역시 이와 같았느니라.

이 시방 중생들이 가진 욕망은 그 끝간데를 안다 하더라도, 보살이 처음으로 아뇩다라삼먁삼보리심을 낸 공덕과 선근은 그 끝간데를 능히 아는 사람이 없느니라. 무슨 까닭인가. 불자여, 보살이 다만 저러한 중생들의 욕망을 알기 위한 것만으로 아뇩다라삼먁삼보리심을 내는데 제한한 것이 아니니, 일체 세계에 있는 중생들의 가지가지 욕망을 죄다 알려는 연고며, 자세히 말하면 일체의 욕망 그물을 모두 알기 위한 연고로 아뇩다라삼먁삼보리심을 내기 때문이니라.

불자여, 또 이 비유는 그만두고, 가령 어떤 사람이 한 생각 동안에 동방의 무수한 세계에 있는 중생들의 가지가지 방편을 알며, 이렇게 모두 말하여 열째 사람에게 이르렀고, 남방·서방·북방과 네 간방과 상방·하방도 역시 이와 같았느니라.

이 시방 중생들의 가지가지 방편을 그 끝까지를 안다 하더라도, 보살이 처음으로 아뇩다라삼먁삼보리심을 내는 공덕과 선근은 그 끝간데를 알 사람이 없나니, 무슨 까닭이냐, 불자여, 보살이 다만 저러한 세계에 있는 중생들의 가지가지 방편을 모두 알기 위한 것이며, 자세히 말하면 내지 일체의 방편 그물을 죄다 알려는 연고로 아뇩다라삼먁삼보리심을 내기 때문이니라.
　불자여, 또 이 비유는 그만두고, 가령 어떤 사람이 한 생각 동안에 동방의 무수한 세계에 있는 중생들의 가지가지로 차별한 마음을 능히 알며, 널리 말하여 내지 시방세계에 있는 중생의 가지가지로 차별한 마음은 그 끝까지를 안다 하더라도, 보살이 처음으로 아뇩다라삼먁삼보리심을 내는 공덕과 선근은 그 끝까지를 알지 못하느니라.
　무슨 까닭이냐, 불자여, 보살이 다만 저러한 중생들의 마음을 알기 위하여서만 아뇩다라삼먁삼보리심을 내는데 제한한 것이 아니라, 온 법계 허공계의 끝없는 중생의 가지가지 마음을 모두 알기 위하며, 내지 일체의 마음 그물을 죄다 알기 위하여서 아뇩다라삼먁삼보리심을 내기 때문이니라.
　불자여, 또 이 비유는 그만두고, 가령 어떤 사람이 한 생각 동안에 동방의 무수한 세계에 있는 중생들의 가지가지로 차별한 업을 능히 알며, 자세히 말하여 내지 시방 중생들의 가지가지로 차별한 업은 그 끝까지를 안다 하더라도, 보살이 처음으로 아뇩다라삼먁삼보리심을 내는 선근은 그 끝까지를 알 수 없느니라.
　무슨 까닭이냐, 불자여, 보살이 다만 저러한 중생들의 업을 알기 위하여서만 아뇩다라삼먁삼보리심을 내는데 제한한 것이 아니라, 삼세 일체 중생들의 업을 모두 알기 위하여, 내지 일체 업의 그물을 죄다 알기 위한 연고로 아뇩다라삼먁삼보리심을 내기 때문이니라.
　불자여, 또 이 비유는 그만두고, 가령 어떤 사람이 한 생각 동안에 동방의 무수한 세계에 있는 중생들의 가지가지 번뇌를 알며, 생각생각마다 이와 같이 하여 아승기겁이 다하도록 한다면, 이 모든 번뇌의 가지가지로 차별한 것을 그 끝까지 능히 알 사람이 없고, 둘째 사람은 한 생각 동안에 앞엣 사람이 아승기겁 동안에 아는 바 중생의 번뇌가 차별한 것을 능히 알고, 이와 같이 하여 다시 아승기겁이 다하도록 하며, 차례차례로 이와 같이 말하여 열째 사람에게 이르되, 남방·서방·북방과 네 간방과 상방·하방도 역시 이와 같이 하였느니라.

　불자여, 이 시방 중생의 번뇌가 차별한 것은 그 끝간데를 안다 하더라도, 보살이 처음으로 아뇩다라삼먁삼보리심을 내는 선근은 끝까지 알지 못하나니, 무슨 까닭이냐. 불자여, 보살이 다만 저러한 세계 중생의 번뇌를 알기 위하여서 아뇩다라삼먁삼보리심을 내는데 제한한 것이 아니며, 일체 세계에 있는 중생들의 번뇌가 차별한 것을 모두 알기 위하여 아뇩다라삼먁삼보리심을 내었으니, 이른바 가벼운 번뇌·무거운 번뇌·자는(眠) 번뇌·일어나는 번뇌와 낱낱 중생의 한량없는 번뇌와 가지가지 차별을 모두 알고, 가지가지 각관(覺觀)으로 온갖 물든 것을 깨끗하게 다스리는 연고며, 또 무명을 의지한 번뇌와 애(愛)와 서로 응하는 번뇌를 모두 알아서 모든 유(有)와 갈래의 번뇌 결박을 끊으려는 연고며, 또 탐하는 성품(貪分)의 번뇌와 성내는 성품(瞋分)의 번뇌와 어리석은 성품(癡分)의 번뇌와 평등한 성품(等分)의 번뇌를 모두 알아서 일체 번뇌의 근본을 끊으려는 연고며, 또 나(我)라는 번뇌와 내 것(我所)이라는 번뇌와 아만의 번뇌를 모두 알아서, 일체의 번뇌를 깨닫고 남음이 없게 하려는 연고며, 또 뒤바뀜과 분별로부터 근본 번뇌와 따르는 번뇌(隨煩惱)가 생기고, 몸이란 소견(身見)으로 인하여 육십이견(六十二見)이 생기는 것을 모두 알아서 일체 번뇌를 조복하려는 연고며, 또 덮는(蓋) 번뇌와 막는(障) 번뇌를 알고, 큰 자비로 구호하려는 마음을 내어 일체 번뇌의 그물을 끊고, 온갖 지혜로 하여금 청정케 하려는 연고로 아뇩다라삼먁삼보리심을 내기 때문이니라.

　불자여, 또 이 비유는 그만두고, 가령 어떤 사람이 한 생각 동안에 가지가지 맛 좋은 음식과 향·꽃·의복·당기·깃발·일산과 절과 훌륭한 궁전・보배・휘장・그물과 가지가지로 장엄한 사자좌와 여러 가지 보배로써 동방의 무수한 부처님과 또 무수한 세계에 있는 중생들에게 공양하며, 공경하고 존중하고 예배하고 찬탄하며, 몸을 굽혀 우러르기를 서로 계속하여 무수한 겁을 지내며, 또 저 중생들을 권하여 모두 이렇게 부처님께 공양하게 하고, 부처님이 열반한 뒤에는 각각 탑을 세우되, 그 탑이 높고 크고, 무수한 세계의 여러 보배로 이루어 가지가지로 장엄하였으며, 낱낱 탑 가운데 각각 무수한 여래의 형상을 모시고, 광명이 무수한 세계에 두루 비치며, 이렇게 수없는 겁을 지내었고, 남방・서방・북방과 네 간방과 상방・하방도 역시 이와 같이 하였다면, 불자여, 그대의 뜻으로는 어떻게 생각하는가. 이 사람의 공덕이 얼마나 많겠는가?"

제석천왕이 대답하였다.

"이 사람의 공덕은 오직 부처님만이 아실 것이요, 다른 이는 헤아릴 수 없겠나이다."

"불자여, 이 사람의 공덕을 보살이 처음으로 발심한 공덕에 비교하면, 백분의 일에도 미치지 못하고 천분의 일에도 미치지 못하고 백천분의 일에도 미치지 못하며, 내지 우파니사타분의 일에도 미치지 못하느니라.

불자여, 또 이 비유는 그만두고, 가령 둘째 사람이 한 생각 동안에, 앞에 사람과 무수한 세계에 있는 중생들이 무수한 겁 동안에 공양하던 일을 능히 지으며, 생각생각마다 이와 같이 한량없는 가지가지의 공양거리로써, 한량없는 부처님 여래와 한량없는 세계에 있는 중생들에게 공양하며 한량없는 겁을 지내었고, 셋째 사람도, 내지 열째 사람도 모두 이와 같이 하여 한 생각 동안에 앞에 사람이 공양하던 일을 능히 지으며, 생각생각마다 이와 같이 하여 끝없고, 같을 이 없고, 셀 수 없고,

일컬을 수 없고, 생각할 수 없고, 요량할 수 없고, 말할 수 없고, 말할 수 없이 말할 수 없는 공양거리로써, 끝없고, 내지 말할 수 없이 말할 수 없는 부처님과 그러한 세계에 있는 중생들에게 공양하기를, 끝없고 내지 말할 수 없이 말할 수 없는 겁을 지나도록 하였으며, 부처님이 열반하신 뒤에는 각각 탑을 조성하는데, 그 탑이 높고 크며, 내지 여러 겁 동안 머무는 것도 또한 이와 같았느니라.

불자여, 이 사람들의 공덕으로 보살이 처음 발심한 공덕에 비교하면, 백분의 일에도 미치지 못하고 천분의 일에도 미치지 못하고 백천분의 일에도 미치지 못하며, 내지 우파니사타분의 일에도 미치지 못하느니라.

무슨 까닭이냐, 불자여, 보살마하살이 다만 저러한 부처님께 공양하기 위하여 아뇩다라삼먁삼보리심을 내는데 제한한 것이 아니요, 온 법계 허공계의 말할 수 없이 말할 수 없는 시방에 계시는 한량없는 과거·미래·현재의 모든 부처님께 공양하기 위한 연고로 아뇩다라삼먁삼보리심을 내었기 때문이니라.

이런 마음을 내고는 앞 세상의 모든 부처님이 정각을 처음 이루시는 것과 열반에 드시는 것을 능히 알며, 뒷세상의 모든 부처님이 가지실 선근을 능히 믿으며, 현재의 모든 부처님이 가지신 지혜를 능히 아느니라.

저 부처님들이 소유하신 공덕을 이 보살이 능히 믿고 능히 받고 능히 닦고 능히 얻고 능히 알고 능히 증득하고 능히 성취하며 여러 부처님과 더불어 한 성품이 평등하느니라.

무슨 까닭인가. 이 보살이 일체 여래의 종성種姓을 끊지 않으려고 발심하며, 일체 세계에 가득하려고 발심하며, 일체 세계의 중생을 제도하여 해탈하게 하려고 발심하며, 일체 세계의 이룸과 무너짐을 모두 알려고 발심하며, 일체 중생의 때 묻고 깨끗함을 모두 알려고 발심하며, 일체 세계의 삼유三有가 청정함을 모두 알려고 발심하며, 일체 중생의 욕락欲樂과 번뇌와 습기를 모두 알려고 발심하며, 일체 중생이 여기서 죽어 저기에 나는 것을 모두 알려고 발심하며, 일체 중생의 모든 근성과 방편을 모두 알려고 발심하며, 일체 중생의 마음의 움직임을 모두 알려고 발심하며, 일체 중생의 삼세 지혜를 모두 알려고 발심하였느니라.

발심하였으므로 항상 삼세의 모든 부처님의 생각하심이 되며, 삼세의 모든 부처님의 위없는 보리를 얻을 것이며, 삼세의 모든 부처님이 묘한 법을 주실 것이며, 삼세의 모든 부처님과 더불어 성품이 평등하며, 삼세의 모든 부처님의 도를 돕는 법을 이미 닦았으며, 삼세의 모든 부처님의 힘과 두려울 것 없음을 성취하며, 삼세의 모든 부처님의 법문 말씀하는 지혜를 모두 얻을 것이니, 왜냐 하면 이렇게 발심함으로써 마땅히 부처가 될 것인 연고니라.

이 사람이 곧 삼세의 모든 부처님들과 평등하리니, 삼세의 부처님 여래의 경계와 평등하며, 삼세의 부처님 여래의 공덕과 평등하며, 여래의 한 몸과 한량없는 몸이 끝내 평등하고 진실한 지혜를 얻으리라.

발심하자마자, 곧 시방 모든 부처님의 함께 칭찬 받음이 될 것이며, 곧 능히 법을 말하며, 온갖 세계에 있는 중생들을 교화하고 조복할 것이며, 곧 능히 일체 세계를 진동할 것이며, 곧 능히 일체 세계를 비출 것이며, 곧 능히 일체 세계에서 나쁜 갈래의 고통을 멸할 것이며, 곧 능히 일체 국토를 깨끗이 장엄할 것이며, 곧 능히 일체 세계에서 성불함을 보일 것이며, 곧 능히 일체 중생으로 하여금 환희하게 할 것이며, 곧 능히 일체 법계의 성품에 들어갈 것이며, 곧 능히 일체 부처님의 종성을 지닐 것이며, 곧 능히 일체 부처님의 지혜 광명을 얻을 것이니라.

이 처음 발심한 보살은 삼세에 대하여 조금도 얻음이 없나니, 이른바 부처님이나 부처님 법이나 보살이나 보살 법이나 독각이나 독각 법이

나 성문이나 성문 법이나 세간이나 세간 법이나 출세간이나 출세간법이나 중생이나 중생의 법 들이니라. 오직 온갖 것 아는 지혜를 구할 뿐이므로 모든 법계에 마음이 집착하지 않느니라."

이 때에 부처님의 신통한 힘으로, 시방에 각각 일만 부처 세계의 티끌 수 같은 세계가 여섯 가지로 진동하니 이른바 흔들흔들·두루 흔들흔들·온통 두루 흔들흔들·들먹들먹·두루 들먹들먹·온통 두루 들먹들먹·울쑥불쑥·두루 울쑥불쑥·온통 두루 울쑥불쑥·우르르·두루 우르르·온통 두루 우르르·와르릉·두루 와르릉·온통 두루 와르릉·와지끈·두루 와지끈·온통 두루 와지끈하는 것이며, 여러 가지 하늘 꽃·하늘 향·하늘 가루향·하늘 화만·하늘 옷·하늘 보배·하늘 장엄거리를 내리며, 하늘 풍류를 잡히고, 하늘 광명을 놓으며, 하늘 음성을 지었다.

이 때 시방으로 각각 열 부처 세계의 티끌 수 세계 밖에 일만 부처 세계의 티끌 수 부처님이 계시니, 명호가 같아서 모두 법혜法慧 부처님이라, 각각 법혜보살의 앞에 몸을 나타내고 이렇게 말씀하였다.

"잘하는 일이다, 법혜여. 그대가 지금 이 법을 능히 말하나니, 시방에 각각 일만 부처 세계의 티끌 수 같은 우리 부처들도 이 법을 말하며, 일체 부처님들도 다 이렇게 말하느니라.

그대가 이 법을 말할 때에 일만 부처 세계의 티끌 수 보살들이 보리심을 내었으며, 우리들이 지금 그 보살들에게 수기를 주노니, 이 다음 세상에 일천 곱 말할 수 없고 그지없는 겁을 지나고, 같은 겁 가운데서 부처를 이루어 세상에 나거든, 모두 청정심淸淨心여래라 이름할 것이며 머물러 있는 세계는 각각 차별하리라.

우리들이 모두 이 법을 보호하여 가지고 오는 세상 모든 보살의 듣지 못한 이들로 하여금 다 듣게 하리라.

이 사바세계 사천하의 수미산 꼭대기에서 이런 법을 말하여 여러 중생들로 하여금 듣고 교화를 받게 하는 것같이, 시방의 백천억 나유타 수없고, 한량없고, 끝없고, 같을 이 없고, 셀 수 없고, 일컬을 수 없고, 생각할 수 없고, 요량할 수 없고, 말할 수 없는 온 법계 허공계의 모든 세계 가운데서도 이 법을 말하여 중생을 교화하느니라.

그 법을 말하는 이는 모두 법혜보살이라 이름하나니, 다 부처님의 신통한 도력인 연고며, 세존의 본래 원력인 연고며, 부처님 법을 드러내 보이기 위한 연고며, 지혜 빛으로 두루 비추려는 연고며, 실상의 이치를 천명하려는 연고며, 법의 성품을 증득케 하려는 연고며, 모든 대중을 다 환희케 하려는 연고며, 불법의 인연을 열어 보이려는 연고며, 일체 부처님의 평등함을 얻으려는 연고며, 법계가 둘이 없음을 알게 하려는 연고로 이런 법을 말하느니라."

그 때 법혜보살이 온 허공계의 시방 국토에 있는 모든 대중들을 두루 관찰하고, 모든 중생을 다 성취하려는 연고로, 모든 업과 과보를 다 깨끗이 다스리려는 연고로, 청정한 법계를 모두 나타내려는 연고로, 더럽게 물드는 근본을 모두 뽑으려는 연고로, 넓고 큰 신심과 이해를 증장케 하려는 연고로, 한량없는 중생의 근기를 다 알게 하려는 연고로, 삼세의 법이 평등함을 다 알게 하려는 연고로, 모두 열반계를 관찰케 하려는 연고로, 스스로의 청정한 선근을 증장케 하려는 연고로, 부처님의 위신력을 받들어 게송으로 말하였다.

    세간에 이익 주려 큰 마음 내고
    그 마음 시방세계 두루 퍼지니
    중생과 국토들과 삼세의 법과
    부처님과 보살의 수승한 바라,

허공의 끝단 데가 법계와 평등
거기 있는 한량없이 많은 세간에
부처님 법과 같이 모두 나아가
이렇게 발심하고 퇴전치 않아,

중생을 사랑하여 버리지 않고
시끄럼을 여의고 이익케 하며
세상을 밝게 비춰 의지가 되니
십력으로 염려함이 부사의로다.

시방의 모든 국토 다 들어가서
모든 빛과 모양을 다 나타내며
부처님의 복과 지혜 그지없거든
따라서 인을 닦고 집착치 않네.

어떤 세계 잦혀 있고 혹은 엎쳤고
크고 작고 묘하여 한량없거늘
보살이 가장 좋은 마음을 내고
곳곳마다 나아가 걸림이 없네.

보살의 승한 행은 말할 수 없어
모두 다 닦아 익혀 머물지 않고
모든 부처 뵈옵고 기뻐하면서
깊고 깊은 법 바다 다 들어가고,

다섯 갈래 중생들 딱하게 여겨
더러운 때를 씻어 깨끗게 하며
부처님 종성 끊이지 않고
마군 궁전 부수어 남음이 없게.

평등한 여래 성품 이미 머물고
미묘한 방편 도를 좋이 닦아서
부처님의 경계에 신심을 내며
부처님 관정 얻고 집착이 없네.

양족존의 은혜를 갚으려는 맘
금강 같아 저해할 수가 없으며
부처님의 행할 일 비치어 알고
자연히 보리행을 닦아 익히네.

모든 갈래 차별과 수없는 망상
업과 과와 마음도 하나 아니며
근기와 성품들도 제각기 달라
큰 마음 한 번 내면 밝게 본다네.

그 마음 크고 넓어 법계와 같고
의지 없고 변함 없기 허공 같으며
부처 지혜 향해도 취함이 없어
실상을 잘 알아서 분별 떠났네.

중생 마음 알아도 중생 없으며
모든 법 알지마는 법 생각 없고
분별을 하면서도 분별 없으매
억 나유타 세계에 모두 나아가

한량없는 부처님 묘한 법장에
따라서 관찰하며 다 들어가고
중생의 행과 근성 모두 아나니
이런 곳에 이르러 세존과 같네.

청정한 큰 서원과 서로 응하여
여래께 공양하기 퇴전치 않고
천상 인간 보는 이 싫은 줄 몰라
부처님의 호념을 항상 받나니.

그 마음 청정하여 인한 데 없고
깊은 법 보더라도 취하잖으며
이렇게 오랜 세월 생각하여도
삼세 가운데서 집착이 없네.

그 마음 견고하여 제어 못하고
보리에 나아가기 장애 없으며
묘한 도리 구하여 의혹 없으매
법계에 두루 다녀 피로타 않네.

말로 하는 법이란 모두 고요해
진여에 들어가서 딴 생각 없고
부처님의 경계를 따라 살피니
삼세를 아는 마음 걸림이 없다.

보살이 광대한 맘 처음 내고는
시방의 모든 세계 두루 나아가
한량없는 저 법문 말은 못하나
지혜로 비치어서 밝히 다 아네.

자비로 건져주심 비길 데 없고
인자한 맘 허공처럼 두루했지만
중생에게 조금도 분별이 없어
청정하게 온 세계 다니시도다.

시방세계 중생을 위안하느라
일체의 짓는 일이 다 진실하고
언제나 깨끗한 맘 다른 말 없어
부처님의 가피를 항상 받나니.

지난 세상 있던 일 다 기억하고
미래세의 온갖 것 모두 분별해
시방의 세계 중에 두루 들어가
중생을 제도하여 해탈케 하네.

보살이 묘한 지혜 광명 갖추고
인연법을 잘 알아 의심 없으며
온갖 미혹 모두 다 끊었으므로
이렇게 온 법계에 두루 다니고,

마왕의 궁전들을 부서 버리고
중생의 어둔 무명 모두 제멸해
분별을 떠났으매 마음이 부동
여래의 묘한 경계 분명히 알고,

삼세의 의심 그물 이미 제하고
여래에게 깨끗한 신심을 내어
부동하는 지혜를 이루었으며
지혜가 청정하매 이해도 진실.

중생들 생사에서 뛰어 나와서
오는 세상 끝나도록 이롭게 하며
오랜 세월 애를 써도 싫은 줄 몰라
지옥에 이르러도 평안히 받고,

한량없는 복과 지혜 모두 갖추고
중생의 근성 욕망 모두 다 알며
모든 업과 행동을 죄다 보고서
그의 욕락 따라서 법을 말하며,

온갖 것이 나(我)가 없어 공한 줄 알며
중생들을 생각하여 버리지 않고
한 가지 자비하고 미묘한 음성
세간에 들어가서 연설하도다.

여러 빛깔 찬란한 광명 놓아서
중생을 두루 비춰 암흑 제하며
광명 속에 보살이 연꽃에 앉아
대중에게 청정한 법 선양하나니,

한 털 끝에 나타내는 많은 세계에
수없는 큰 보살들 가득 찼는데
모인 대중 지혜들이 각각 다르나
모두들 중생 마음 분명히 알고,

시방세계 말할 수 없이 많지만
한 생각에 두루 다녀 안 간 데 없고
중생에 이익 주며 부처께 공양
부처님 처소마다 깊은 뜻 묻고,

여래께 아버지란 생각을 내고
중생에 이익 주려 보리행 닦고
지혜가 공교하여 법장을 통달
깊은 지혜 들어가 집착이 없네.

따라서 생각하고 법계 말하니
한량없는 겁에도 다할 수 없고
지혜로 들어가나 처소 없으며
고달픈 맘도 없고 집착도 없어,

삼세의 부처님들 가문에 가서
여래의 묘한 법신 증득하였고
중생 위해 여러 몸을 나타내나니
요술쟁이 온갖 모양 다 만드는 듯,

처음 닦는 좋은 행을 나타도 내고
태어나고 출가하는 일도 보이고
보리수 아래에서 성도도 하며
중생에게 열반함도 나타내더라.

보살들이 머무는 희유한 법은
부처님의 경계요 이승二乘 아니니
몸과 말과 뜻과 생각 다 제除했지만
온갖 것을 적당하게 다 나타내고,

보살들이 얻은 바 부처님 법을
중생이 생각하면 발광하지만
실상에 든 지혜는 걸림이 없어
여래의 자재한 힘 다 나타내고,

이런 일 세상에는 짝이 없는데
하물며 수승한 행 더할까보냐
온갖 지혜 구족하지 못하였지만
여래의 자재한 힘 이미 얻었고,

구경究竟의 일승도에 머물렀으며
미묘하고 최상법에 깊이 들어가
중생들의 제때와 제때 아님을 알고
이익 주려 신통을 나타내나니

분신分身이 모든 세계 가득히 차서
깨끗한 광명 놓아 어둠 제하니
용왕이 큰 구름을 일으키어서
좋은 비 흡족하게 내림과 같네.

중생들이 요술 같고 꿈 같은 업력
언제나 삼계에서 헤맴을 보고
대자비로 슬피 여겨 구하시려고
하염없는 법의 성품 위해 말하니.

한량없는 부처님 힘 역시 그러해
허공이 끝단 데가 없음과 같이
중생들로 해탈을 얻게 하려고
억 겁 동안 수행하여 게을지 않네.

가지가지 생각과 미묘한 공덕
위없는 제일의 업 훌륭히 닦아
온갖 뛰어난 행 버리지 않고
오로지 일체지를 이루려 하네.

한 몸에서 한량없는 몸을 보이며
모든 세계 간 데마다 두루하여도
그 마음 청정하여 분별이 없고
한 생각 부사의한 힘도 그러해.

여러 가지 세간에 분별이 없고
온갖 법에 대해서도 망상 없으며
모든 법을 보지마는 취하지 않고
중생을 구원해도 건진 것 없어,

일체의 세간들도 오직 망상뿐
그 가운데 각가지로 차별하거늘
망상 경계 험하고 깊은 줄 알고
신통을 나타내어 해탈케 하니,

요술쟁이 자재한 힘과 같아서
보살의 신통 변화 또한 그러해
법계와 허공계에 가득한 몸을
중생이 마음 따라 모두 다 보네.

분별하고 분별할 것 둘이 다 없고
물들고 깨끗함을 취하잖으며
속박이다 해탈이란 지혜도 잊어
중생에게 안락 주기 원할 뿐이다.

일체의 세간들이 망상의 힘뿐
지혜로써 들어가 두려움 없고
모든 법 생각함도 또한 그러해
삼세를 구하여도 얻을 수 없네.

지난 세월 끝까지 능히 들었고〔入〕
끝없는 미래까지 다 들어가고
현재의 온갖 곳에 능히 들어가
부지런히 늘 살펴도 있는 것 없네.

열반의 고요한 법 따라 가면서
다툼 없고 의지 없는 곳에 머무니
실상과 같은 마음 짝할 이 없어
보리를 향해 나가 퇴전치 않고,

훌륭한 행을 닦아 물러가잖고
보리에 머물러서 동요 않으며
부처님 보살이나 여러 세간들
법계의 끝 간데를 분명히 아네.

가장 좋고 제일가는 길을 얻어서
온갖 지혜 해탈왕이 되고자 하면
마땅히 보리심을 빨리 내어서
모든 번뇌 다 끊고 중생 이익케.

보리를 향해 가는 마음이 청정
크고 넓은 공덕을 말 못하지만
중생에 이익 주려 말하는 터니
어지신 그대들은 잘 들으시오.

그지없는 세계를 티끌 만들고
낱낱 티끌 속에 있는 무량한 세계
그 가운데 부처님 한량없나니
모두 다 환히 봐도 취함이 없고,

중생을 잘 알아도 그 생각 없고
말하여도 말이란 생각 없으며
온 세계에 마음이 장애 없으며
모두 다 알면서도 집착치 않아,

그 마음 넓고 크기 허공과 같아
삼세의 모든 일을 죄다 통달해
갖가지 의혹들을 제해 버리니
불법을 바로 보매 취할 바 없네.

시방의 한량없는 모든 국토에
잠깐 동안 나아가 집착이 없고
세간의 괴로운 법 분명히 통달
생멸 없는 실제에 모두 머물며,

한량없고 부사의한 부처님 처소
그 회상에 나아가 모두 뵈옵고
우두머리 되어서 항상 여래께
보살의 닦는 행을 여쭈어 보며,

마음으로 시방 여래 늘 생각하나
의지함도 취함도 아주 없으며
중생을 권하여서 선근을 심고
국토를 장엄하여 청정케 하네.

모든 갈래 중생과 삼유三有의 세계
장애 없는 눈으로 모두 살펴서
그들의 습성習性이며 근기와 지혜
한량없는 차별을 모두 다 보고,

중생들의 욕락을 분명히 알고
그 근성에 맞추어 법을 말하며
물들고 깨끗함을 다 통달하여
그들이 행을 닦아 도에 들도록,

한량없고 수없는 모든 삼매에
보살이 잠깐 동안 능히 들었고
생각하는 지혜와 반연할 것을
분명히 잘 알아서 자재하게 돼,

크고 넓은 지혜를 보살이 얻고
보리에 나아가기 장애가 없어
중생에 이익하려 가는 곳마다
큰 어른 깨닫는 법 선양하더라.

세간의 긴 겁이나 짧은 겁이나
한 달 반달 밤낮을 모두 잘 알고
국토는 각각이나 성품이 평등
부지런히 관찰하여 방일치 않고,

시방의 모든 세계 두루 나아가
그러나 어느 지방 취함이 없고
국토를 장엄하여 남김 없지만
깨끗하단 분별을 내지 아니해,

중생의 옳은 것과 그른 것이며
업 지어 과보 받기 다 다른 것을
생각하고 부처님 힘에 들어가
여기서 온갖 것을 모두 다 알고,

온갖 세계 가지가지 성품이 달라
여러 가지 행으로 삼계에 나며
근성의 상품임과 중품 하품과
이러하게 온갖 것 다 관찰하며,

깨끗하고 부정하고 모든 이해와
승하고 열한 것을 분명히 보고
온갖 중생 행으로 이르러 갈 곳
삼유三有가 계속함을 능히 말하며,

선정과 해탈이며 모든 삼매의
물들고 깨끗한 인因 각각 다르고
전세의 고와 낙이 같지 않음을
부처님 힘을 닦아 능히 다 보고,

중생의 혹업으로 육취〔趣〕가 계속
끊으면 모든 갈래 고요해져서
가지가지 번뇌가 나지 않으며
습기와 종자 번뇌 다 아느니라.

여래는 모든 번뇌 다 제멸하여
지혜 광명 세상에 밝게 비추니
보살이 부처님의 열 가지 힘에
증득하지 못했으나 의심은 없네.

보살이 한 털구멍 좁은 가운데
시방의 무량 세계 나타내나니
어떤 세계 물들고 혹은 청정해
가지가지 짓는 업 능히 다 알고.

한 티끌 속에 있는 무량한 세계
수많은 부처님과 여러 불자들
세계가 다 달라도 섞이지 않아
하나처럼 일체 티끌 분명히 보며,

한 터럭 구멍에서 시방을 보니
온 허공에 가득한 수많은 세계
부처님 안 계신 덴 한 곳도 없고
이러한 세계들이 모두 청정해.

털구멍서 부처님의 세계를 보고
또 다시 온갖 가지 중생을 보니
삼세의 여섯 갈래 같지 않으며
밤낮으로 속박하고 풀림이 있네.

이렇게 큰 지혜인 여러 보살들
전심專心으로 법왕 지위 향해 나아가
부처님 머무신 곳 따라 생각코
그지없는 큰 환희를 지금 얻었네.

보살의 분신들이 한량없는 억
온 세계 모든 여래 공양하오며
신통 변화 나타냄이 비길 데 없어
부처님 행하는 곳 모두 머물고,

한량없는 부처님께 공부를 쌓아
많은 법장 모두 다 맛들여 알며
부처 뵙고 법 들어 닦아 행하니
감로를 먹은 듯이 마음이 환희,

여래의 승한 삼매 이미 얻었고
모든 법을 잘 알아 지혜가 증장
믿는 마음 동치 않고 수미산처럼
중생들의 공덕장 잘도 짓도다.

인자한 맘 넓고 커서 중생에 두루
온갖 지혜 이루기 원하면서도
집착하고 의지한 데 항상 없어서
모든 번뇌 여의어 자재 얻었고,

중생을 사랑하는 넓고 큰 지혜
모든 이를 거두어 내 몸과 같게
모양 없고 진실찮고 공한 줄 아나
그 마음 행하여서 게을지 않네.

보살들의 발심한 공덕더미는
억 겁을 칭찬해도 못 다하나니
수없는 여래들을 내게 되어서
독각이나 성문이 안락한 까닭.

시방의 모든 국토 중생들에게
수없는 겁 보시하여 편안케 하고
오계 십선 권하여 가지게 하며
사선과 사무량심 선정 얻게 해.

또다시 많은 겁에 안락을 보시
번뇌 끊고 아라한을 이루게 하면
저러한 복더미가 한량없으나
발심한 공덕과는 비길 수 없고,

억만 중생 교화해서 연각 이루며
번뇌 없는 묘한 도를 얻게 하여도
그 공덕을 보리심에 비교한다면
산수나 비유로도 미칠 수 없어,

한 생각에 티끌 수의 세계 지나고
이와 같이 무량 겁을 지나도
이 모든 세계는 셀 수 있으나
초발심 공덕은 알 수가 없네.

지난 세상 오는 세상 지금 세상에
그 많은 겁의 수효 그지없거든
이런 겁의 수효는 안다 하여도
초발심한 공덕은 측량 못하리.

보리심이 시방에 두루하여서
여러 가지 분별을 모두 다 알고
한 생각에 삼세를 밝게 통달해
한량없는 중생을 이익한 까닭.

시방세계 중생의 모든 욕망과
이해와 방편이며 뜻하는 바와
허공의 짬까지를 측량한대도
초발심한 공덕은 알지 못하리.

보살의 뜻과 원이 시방 같아서
자비한 맘 중생에게 흡족하였고
부처 공덕 닦아서 이루게 하매
그러므로 그 힘은 끝이 없나니,

중생들의 이해와 마음의 욕락
근성과 방편과 행 각각 다름을
한 생각에 모두 다 분명히 아니
온갖 지혜의 지혜 마음과 평등,

그지없는 중생의 혹과 업으로
삼유가 계속되어 끊일 새 없어
이것의 끝간데는 안다 하여도
초발심한 공덕은 부사의니라.

발심으로 업과 번뇌 능히 여의고
일체의 여래에게 공양하나니
업과 번뇌 여의어 계속 안 되면
삼세에서 해탈을 널리 얻으리.

한 생각에 끝없는 부처님들과
수없는 중생들에 공양하는데
향과 꽃과 미묘한 화만들이며
보배 당·번 일산과 좋은 의복들,

좋은 음식 좋은 상좌牀座 거니는 곳과
가지가지 궁전이 다 훌륭하고
비로자나 기묘한 보배 구슬과
여의주 마니보배 빛이 찬란해,

생각생각 이렇게 공양하기를
말할 수 없는 겁을 지낸다 하면
그 사람의 복덕이 비록 많으나
초발심한 공덕에는 미치지 못해,

말한 바 가지가지 비유들로도
보리심은 비유할 수가 없나니
삼세 인간들의 높은 이들이
발심으로부터 나신 연고라.

발심은 걸림 없고 제한도 없어
그 분량 구하여도 얻지 못하니
온갖 지혜의 지혜 결정코 이뤄
많은 중생 길이길이 제도하리라.

발심은 크고 넓기 허공과 같고
모든 공덕 내기는 법계 같으니
행하는 바 두루하여 다름없나니
모든 집착 여의어 부처와 평등.

온갖 법문 들어가지 못한 데 없고
온갖 국토 모두 다 나아갔으며
온갖 지혜의 경계 통달하였고
온갖 공덕 이루지 못한 것 없네.

일체를 버리면서 항상 쌓으며
계율이 청정해도 집착이 없고
위없는 큰 복덕을 구족하고도
부지런히 정진하여 퇴전치 않아,

깊은 선정 들었어도 항상 생각해
크고 넓은 지혜와 서로 응하니
이것은 보살들의 최승最勝한 지위
일체의 보현도普賢道를 내는 데니라.

삼세의 한량없는 부처님께서
초발심한 사람을 모두 보호해
삼매와 여러 가지 다라니들과
신통과 변화로써 장엄하나니,

시방의 중생들이 한량이 없고
세계와 허공들도 그러하거든
발심의 한량없기 저보다 더해
일체의 부처님을 능히 내더라.

보리심은 십력의 근본이 되고
네 변재〔四辯〕와 두려움 없는 근본도 되며
열여덟 가지 함께하지 않는 법들도
모두 다 발심으로부터 얻나니,

부처님의 색상色相으로 장엄한 몸과
평등하고 미묘한 법신들이나
집착 없는 지혜의 공양할 바가
다 같이 발심으로 있게 되오며,

일체의 독각승과 성문승이며
색계의 모든 선정 삼매의 낙과
무색계의 여러 가지 삼매들까지
발심으로 근본을 삼는 것이라.

천상과 인간들의 자재한 낙과
여러 갈래 가지가지 즐거운 일과
정진·선정·근根과 역力 모든 낙들이
발심으로 생기지 않는 것 없어.

크고 넓은 마음을 일으키므로
여섯 가지 바라밀 닦아 행하고
중생에게 바른 행 권함으로써
삼계에서 안락을 받게 되나니,

걸림 없고 진실한 부처 지혜에
머물러서 묘한 업 열어 보이며
한량없는 중생들 능히 시키어
업과 번뇌 다 끊고 열반 향하게,

지혜의 밝은 광명 햇빛과 같고
모든 행을 갖추기 보름달 같고
공덕은 바다처럼 항상 가득해
때 없고 걸림 없어 허공과 같네.

옛날에 무량 공덕 원을 내어서
모든 중생들에게 낙을 주려고
오는 세상 끝나도록 원을 행하여
부지런히 닦아 익혀 중생을 제도.

한량없는 큰 원력 부사의하여
중생들로 하여금 청정케 하고
공空·무상無相·무원無願 의지 없으나
서원의 힘으로써 밝게 나타나,

법의 성품 허공과 같은 줄 아니
온갖 것 고요하여 다 평등하고
수가 없는 법문을 말 못하지만
중생 위해 말하매 집착이 없네.

시방의 여러 세계 모든 여래들
초발심을 다같이 찬탄하나니
이 마음 한량없는 덕으로 장엄
저 언덕 이르러서 부처 같으리.

중생의 수효 같은 그러한 겁에
그 공덕 말하여도 다할 수 없고
여래의 크고 넓은 집에 머물매
삼계의 법으로는 비유 못하네.

일체의 부처님 법 알고자 하면
마땅히 보리심을 빨리 내시오.
이 마음은 공덕 중에 가장 승하니
여래의 걸림 없는 지혜 얻는다.

중생의 마음과 행 세어서 알며
세계 부순 티끌도 역시 그렇고
허공의 끝까지를 헤아린대도
초발심한 공덕은 측량 못하리.

삼세의 모든 부처 내기도 하고
세간의 모든 낙을 성취도 하고
모든 승한 공덕을 증장하면서
일체의 의혹들을 영원히 끊고,

일체의 묘한 경계 열어 보이고
일체의 장애들을 제해 없애고
일체의 청정 세계 성취하여서
일체의 여래 지혜 출생하나니,

시방의 부처님들 보고자 하고
한량없는 공덕장 베풀려 하고
중생의 모든 고통 없애려 하면
마땅히 보리심을 빨리 내어라.

대방광불화엄경 제18권

제18권

18. 명법품明法品

그 때 정진혜보살이 법혜보살에게 물었다.

"불자여, 보살마하살이 온갖 지혜를 구하려는 마음을 처음 내고는, 이렇게 한량없는 공덕을 성취하여 큰 장엄을 구족하고, 온갖 지혜를 얻는 법에 올라서 보살의 바른 지위에 들어가며, 모든 세간법을 버리고 부처님이 출세간법을 얻으며, 과거·미래·현재 모든 부처님이 거두어 주시므로, 위없는 보리의 끝간 곳에 결정코 이를 것이니이다.

저 보살들이 부처님의 교법 가운데서 어떻게 닦으면 모든 여래로 하여금환희하게 하오며, 보살의 머무는 곳에 들어가며, 모든 큰 행이 다 청정하고 큰 서원을 만족하여 보살의 광대한 지혜를 얻으며, 교화할 수 있는 대로 항상 법을 말하면서도 바라밀의 행을 버리지 아니하고, 중생들을 호념하여 모두 제도하며, 삼보의 종성을 이어 끊어지지 않게 하며, 선근과 방편이 다 헛되지 않게 하겠나이까?

불자여, 저 보살들이 무슨 방편을 쓰면 이 법을 원만케 하올지 애민하시는 마음으로 저에게 말씀하옵소서. 여기 모인 이들이 모두 듣고자 하나이다.

또 저 보살마하살들이 어떻게 항상 닦아야 일체 무명과 어둠을 제해 버리며, 마군을 항복 받고 외도들을 제어하며, 모든 번뇌의 때를 영원히 씻고 일체 선근을 다 성취하며, 모든 나쁜 갈래의 액난에서 벗어나며, 온갖 큰 지혜의 경계를 깨끗이 다스리며, 모든 보살의 지위와 바라밀과 다라니와 삼매와 육신통(六通)과 삼명三明과 사무소외四無所畏의 청정 공덕을 성취하며, 모든 부처님의 국토를 장엄하고 상호를 갖춘 몸과 말과 마음의 행을 만족하게 성취하며, 모든 부처님 여래의 힘(力)과 무소외無所畏와 불공불법不共佛法과 온갖 지혜의 지혜로 행할 경계를 알며, 모든 중생을 성숙하려고 그들의 좋아함을 따라 국토를 취하며, 근성과 시기를 따라 명랑하게 법을 말하며, 가지가지 한량없이 광대한 불사를 짓사올는지, 그 밖의 모든 공덕과 방법과 행과 도와 모든 경계들을 모두 원만하여 부처님의 공덕으로 더불어 평등하겠나이까.

모든 여래·응應·정등각正等覺께서 백천 아승기겁 동안 보살의 행을 닦을 때에 모은 법장을 모두 수호하고 연설하여 보이며, 여러 마군과 외도들이 능히 방해하지 못하고, 바른 법을 거두어 지니되 다함이 없으며, 모든 세계에서 법을 연설할 적에 천왕·용왕·야차왕·건달바왕·아수라왕·가루라왕·긴나라왕·마후라가왕·인왕·범왕·여래 법왕이 모두 수호하고, 모든 세간이 공경 공양하며 항상 부처님들의 호념하심이 되어 그 머리에 물을 부으며, 일체 보살이 모두 사랑하고 공경하며, 선근의 힘을 얻어 선한 법이 증장하며, 여래의 깊은 법장을 연설하고 바른 법을 거두어 지님으로 스스로 장엄하는 것과, 일체 보살의 행하는 차례를 모두 연설해 주시옵기 바라나이다."

이 때 정진혜보살이 그 뜻을 거듭 펴려고 게송으로 말하였다.

　보살들이 성취한 공덕의 법을
　큰 소문 나신 이가 말씀 잘하고
　그지없는 광대행에 깊이 들어가
　스승 없는 지혜를 구족히 청정.

　어떤 보살 처음으로 발심한 이는
　복덕과 지혜의 법 모두 이루고
　생사 떠난 자리에서 시간 뛰어나
　두루 바른 보리법 모두 얻나니,

　저들이 불교에서 어떻게 하면
　견고하게 닦는 일 더욱 증장해
　여래들로 하여금 환희케 하며
　부처님 머무신 데 들어가리까.

　행하는 일 깨끗하고 소원이 만족
　넓고 큰 지혜 광을 얻기도 하고
　법문 말해 중생을 항상 건져도
　믿음은 의지 없고 집착도 없어,

　보살들은 일체의 바라밀을
　모두 다 수행하여 모자람 없고
　염려하는 중생들 모두 제도해

부처님의 종성이 끊기지 않게,

짓는 일 견고하여 헛되지 않고
온갖 공덕 이루어 벗어나나니
나은 이의 익히는 수행과 같이
청정한 그 도리를 말씀하소서.

온갖 어둔 무명을 아주 깨뜨리고
마군들과 외도를 항복 받으며
때 묻고 더러운 것 씻어 제하여
여래의 큰 지혜에 가깝게 되며,

나쁜 갈래 험한 일 길이 여의고
큰 지혜 좋은 경계 깨끗이 하며
묘한 도력 높은 이에 이웃하여서
일체 공덕 모두 다 섭취하리까.

여래의 승한 지혜 증득하고서
한량없는 국토에 머물러 있고
중생의 마음 따라 법을 말하며
광대한 모든 불사 짓사오리까.

어찌하면 미묘한 도리를 얻어
여래의 바른 법을 열어 말하고
언제나 부처님 법 받아 지니어

나을 이도 같을 이도 없겠사오며,

어찌하면 사자처럼 두려움 없고
행하는 일 청정하기 보름달 같고
어떻게 부처 공덕 닦아 익히면
물 안 묻는 연꽃과 같사오리까.

그 때 법혜보살이 정진혜보살에게 말씀하였다.
"훌륭합니다. 불자여. 그대가 지금 여럿을 이롭게 하고 안락케 하고 은혜롭게 하기 위하며, 세간의 하늘들과 사람들을 가련히 여기어, 보살이 닦는 그렇게 청정한 행을 묻는군요. 불자여, 그대가 실상법에 머물고 크게 정진하는 마음이 증장하고 퇴전하지 않게 하며, 이미 해탈을 얻고 이렇게 묻는 것이 여래와 같습니다. 자세히 듣고 잘 생각하십시오. 내 이제 부처님의 위신력을 받들어 그대에게 조금만 말하겠습니다.

불자여, 보살마하살이 온갖 지혜를 얻을 마음을 내고는, 마땅히 어리석음을 여의고 부지런히 수호하여 방일하지 말아야 합니다.

불자여, 보살마하살이 열 가지 법에 머물면 방일하지 않는다 이름하나니, 무엇이 열인가. 하나는 여러 가지 계율을 깨끗이 함이요, 둘은 어리석음을 여의고 보리심을 깨끗이 함이요, 셋은 마음에 질박하고 정직함을 좋아하여 아첨과 속임을 여윔이요, 넷은 부지런히 선근을 닦아 퇴전하지 아니함이요, 다섯은 자기가 발심한 것을 항상 생각함이요, 여섯은 집에 있거나 출가한 범부에게 친근하기를 좋아하지 아니함이요, 일곱은 선한 업을 닦으면서도 출세간의 과보를 구하지 아니함이요, 여덟은 이승二乘을 길이 여의고 보살의 도를 행함이요, 아홉은 모든 선을 닦아서 끊어지지 않게 함이요, 열은 스스로 계속하는 힘을 항상 관찰함입니다. 불자여, 보살이 만일 이 열 가지 법을 행하면 방일하지 않는 데 머문다 이름합니다.

　불자여, 보살마하살이 방일하지 않는 데 머물면 열 가지 청정함을 얻나니, 무엇이 열인가. 하나는 말한 대로 행함이요, 둘은 생각과 지혜가 성취함이요, 셋은 깊은 선정에 머물러 마음이 혼침하거나 딴 생각하지 아니함이요, 넷은 불법 구하기를 게을리 하지 않음이요, 다섯은 들은 법문을 조리 있게 관찰하여 교묘한 지혜를 구족하게 냄이요, 여섯은 깊은 선정에 들어가 부처님의 신통을 얻음이요, 일곱은 마음이 평등하여 높고 낮음이 없음이요, 여덟은 중생들의 상·중·하에 대하여 마음에 장애가 없고 땅처럼 평등하게 이익함이요, 아홉은 중생이나 내지 한 번 보리심 낸 이를 보더라도 존중하여 섬기기를 화상과 같이 함이요, 열은 계를 일러 준 화상이나 아사리나 모든 보살이나 선지식이나 법사에게 항상 존중하여 섬기고 공양함입니다. 불자여, 이것을 이름하여 보살이 방일하지 않는 데 머무른 열 가지 청정이라 합니다.

　불자여, 보살마하살이 방일하지 않는 데 머물고는 큰 정진을 내어 바른 생각을 일으키고, 좋은 욕락을 내며 행하는 일이 쉬지 아니하며 모든 법에 대하여 마음이 의지한 데 없고 깊은 법을 부지런히 닦아 다툼이 없는 문에 들어가면 광대한 마음을 더하고 그지없는 불법을 따라서 알아 모든 여래로 하여금 환희하게 합니다.

　불자여, 보살마하살이 다시 열 가지 법이 있어 모든 부처님을 환희하게 하나니, 무엇이 열인가. 하나는 정진하여 물러가지 않음이요, 둘은 몸과 목숨을 아끼지 않음이요, 셋은 모든 이양利養을 희구希求하지 않음이요, 넷은 온갖 법이 허공과 같음을 앎이요, 다섯은 잘 관찰하여 법계에 두루 들어감이요, 여섯은 모든 법인法印을 알아 마음에 집착함이 없음이요, 일곱은 항상 큰 서원을 냄이요, 여덟은 청정한 법인法忍과 지혜의 광명을 성취함이요, 아홉은 스스로의 선한 법을 관찰하여 증감하는 마음이 없음이요, 열은 지음이 없는 문으로 깨끗한 행을 닦음이니, 불자여, 이것을 말하여 보살이 열 가지 법에 머물러 모든 여래로 하여금 환희하게 함이라 합니다.

불자여, 또 열 가지 법이 있어 모든 부처님을 환희케 하나니, 무엇이 열인가. 이른바 불방일不放逸에 편안히 머물고, 무생법인無生法忍에 머물고, 대자大慈에 머물고, 대비大悲에 머물고, 만족한 바라밀에 머물고, 모든 행에 머물고, 큰 서원에 머물고, 공교한 방편에 머물고, 용맹한 힘에 머물고, 지혜에 편안히 머물러 모든 법이 머문 데 없는 것이 허공과 같음을 관찰함입니다. 불자여, 보살이 이 열 가지 법에 머물면 능히 부처님들로 하여금 환희하게 합니다.

불자여, 열 가지 법이 있어 보살들로 하여금 모든 지위에 빨리 들게 하나니, 무엇이 열인가. 하나는 복덕법과 지혜법을 잘 원만함이요, 둘은 바라밀의 도를 크게 장엄함이요, 셋은 지혜가 통달하여 다른 이의 말을 따르지 않음이요, 넷은 선지식을 항상 섬기고 여의지 않음이요, 다섯은 항상 정진하여 게으르지 않음이요, 여섯은 여래의 신통한 힘에 잘 머무름이요, 일곱은 선근을 닦는데 피로하지 않음이요, 여덟은 깊은 마음 밝은 지혜를 대승법으로 장엄함이요, 열은 삼세 부처님의 선근과 방편으로 더불어 자체 성품이 같음입니다. 불자여, 얻을 바 과보를 따르며 그 경계를 따르며, 그 힘의 작용을 따르며, 그 나타내 보임을 따르며, 그 분별함을 따르며, 그 증득할 바를 따라서 모두 잘 관찰하여 온갖 법이 다 자기의 마음인 줄을 알고 집착함이 없나니, 이렇게 알고는 보살의 지위에 들어가 능히 편안히 머뭅니다.

불자여, 모든 보살이 생각하기를 '우리들이 빨리 모든 지위에 들어가야 한다' 하나니, 무슨 까닭인가, 우리가 여러 지위에 머물면 이러한 크고 넓은 공덕을 성취할 것이요, 공덕을 구족하고는 점점 부처님 지위에 들어갈 것이며, 부처님 지위에 머물면 끝이 없는 광대한 불사를 지을 것이니, 그러므로 마땅히 부지런히 닦아 쉬지 아니하고 싫어하지 아니하며 큰 공덕으로써 스스로 장엄하여 보살의 지위에 들어갈 것입니다.

　불자여, 열 가지 법이 있어 보살들로 하여금 행하는 일이 청정하게 하나니, 무엇이 열인가. 하나는 재물을 희사하여 중생의 뜻을 만족하게 함이요, 둘은 계법界法을 청정하게 지니어 범계犯戒하지 아니함이요, 셋은 부드럽고 인욕하여 다함이 없음이요, 넷은 부지런히 행을 닦아 영원히 퇴전하지 않음이요, 다섯은 바르게 생각하는 힘으로 마음이 산란하지 아니함이요, 여섯은 한량없는 여러 가지 법을 분별하여 앎이요, 일곱은 일체의 법을 닦아 집착함이 없음이요, 여덟은 마음이 동요하지 아니함이 산과 같음이요, 아홉은 중생들을 널리 제도하기를 다리와 같이 함이요, 열은 모든 중생이 여래와 더불어 성품이 같은 줄을 아는 것이니, 불자여, 이 열 가지 법이 보살들의 행을 청정하게 합니다.

　보살의 행이 청정하여진 뒤에는 다시 열 가지 더 좋은 법을 얻나니, 무엇이 열인가. 하나는 다른 세계의 부처님들이 보호하고, 둘은 선근이 더 늘어서 다른 이보다 뛰어나고, 셋은 부처님의 가지加持하시는 힘을 잘 받아들이고, 넷은 항상 좋은 사람을 의지하게 되고, 다섯은 편안히 정진하여 항상 방일하지 아니하고, 여섯은 온갖 법이 평등하여 차별이 없음을 알고, 일곱은 마음이 항상 가장 큰 자비에 머물고, 여덟은 실상과 같이 법을 관찰하여 미묘한 지혜를 내고, 아홉은 교묘한 방편을 잘 수행하고, 열은 여래의 방편력을 능히 아는 것이니, 불자여, 이것을 보살의 열 가지 더 좋은 법이라 합니다.

　불자여, 보살이 열 가지 청정한 소원이 있나니, 무엇이 열인가. 하나는 중생을 성숙시키는 데 게으름이 없기를 원하고, 둘은 모든 선한 일을 갖추 행하며 세계를 깨끗하게 하기를 원하고, 셋은 여래를 받들어 섬기면서 항상 존중하기를 원하고, 넷은 정법을 보호해 지니면서 목숨을 아끼지 않기를 원하고, 다섯은 지혜로 관찰하여 여러 부처님 국토에 들어가기를 원하고, 여섯은 보살들과 더불어 성품이 동일하기를 원하고, 일곱은 여래의 문에 들어가 온갖 법에 통달하기를 원하고, 여덟은 보는 이마다 신심을 내어 모두 이익하기를 원하고, 아홉은 신통한 힘이 세상에 머물러 오는 세월에 끝없기를 원하고, 열은 보현의 행을 갖추고 온갖 가지 아는 지혜의 문을 깨끗하게 하기를 원하는 것이니, 불자여, 이것이 보살의 열 가지 청정한 소원입니다.

불자여, 보살이 열 가지 법에 머무르면 모든 큰 원을 다 원만하게 되나니, 무엇이 열인가. 하나는 마음에 고달픔이 없음이요, 둘은 큰 장엄을 갖춤이요, 셋은 보살들의 수승한 원력을 생각함이요, 넷은 부처님들의 국토를 듣고는 모두 왕생하기를 원함이요, 다섯은 깊은 마음이 장구長久하여 미래의 겁을 다함이요, 여섯은 일체 중생이 모두 성취하기를 원함이요, 일곱은 일체 겁에 머무르면서도 피로하지 아니함이요, 여덟은 온갖 고통을 받더라도 싫은 생각을 내지 아니함이요, 아홉은 온갖 즐거운 일에 탐착하지 아니함이요, 열은 위없는 법문을 항상 부지런히 수호함입니다.

불자여, 보살이 이러한 소원을 만족하면 곧 열 가지 무진장無盡藏을 얻나니, 무엇이 열인가. 이른바 모든 부처님을 두루 뵈옵는 무진장과 모두 지니고 잊지 않는 무진장과 모든 법을 결정코 아는 무진장과 크게 어여삐 여기는 마음으로 구호하는 무진장과 가지가지 삼매 무진장과 중생의 마음을 만족하는 넓고 큰 복덕의 무진장과 온갖 법을 연설하는 깊은 지혜 무진장과 신통의 과보를 얻는 무진장과 무량한 겁에 머무는 무진장과 그지없는 세계에 들어가는 무진장이니, 불자여, 이것이 보살의 열 가지 무진장입니다.

보살은 열 가지 무진장을 얻고는 복덕이 구족하고 지혜가 청정하여 모든 중생에게 적당한 대로 법을 연설합니다.

불자여, 보살이 어떻게 하면 모든 중생에게 적당한 대로 법을 연설하는가. 이른바 그 짓는 것을 알고, 그 인연을 알고, 그 마음으로 행함을 알고, 그 욕망을 알아야 하나니, 탐욕이 많은 이에게는 부정함을 말하고, 성내는 마음이 많은 이에게는 대자大慈를 말하고, 어리석음이 많은 이에게는 부지런히 관찰함을 가르치고, 삼독三毒이 비슷한 이에게는 승한 지혜를 성취할 법문을 말하고, 생사를 좋아하는 이에게는 삼고三苦를 말하고, 처소에 애착하는 이에게는 처소가 공적함을 말하고, 게으른 이에게는 크게 정진함을 말하고 아만我慢을 가진 이에게는 법이 평등함을 말하고, 아첨하고 거짓이 많은 이에게는 보살의 마음이 정직함을 말하고, 고요함을 좋아하는 이에게는 널리 법을 말하여 성취하게 할 것이니, 보살은 이와 같이 적당한 대로 법을 말해야 합니다.

법을 연설할 때에 글이 서로 연속하고 뜻에 잘못이 없으며, 법의 앞과 뒤를 관찰하여 지혜로 분별하며, 옳고 그름을 잘 살펴서 법인法印에 어긋나지 말게 하며, 끝없는 수행의 문을 차례차례 건립하여 중생들로 하여금 온갖 의심을 끊게 하며, 모든 근성을 잘 알아서 여래의 교법에 들게 하며, 진실의 끝까지 증득하여 법의 평등함을 알게 하며, 모든 법의 애착愛着을 끊어 온갖 고집을 덜게 하며, 부처님을 항상 생각하고 잠깐도 버리지 말아서 음성의 성품이 평등함을 알며, 모든 말에 대하여 집착하지 말고 교묘하게 비유를 말하여 서로 어기지 말며, 모든 부처님이 적당하게 나타내는 평등한 지혜의 몸을 깨닫게 할 것입니다.

보살이 이렇게 중생들을 위하여 법을 연설하면 스스로 닦아서 이치를 증장하면서도, 모든 바라밀을 버리지 아니하여 바라밀의 도를 구족하게 장엄합니다.

　이 때에 보살이 중생의 마음을 만족하게 하기 위하여 안의 재물과 밖의 재물을 모두 버리면서도 집착하지 아니하면, 이것은 단바라밀檀波羅蜜을 청정하게 하는 것입니다.

　여러 가지 계율을 갖추 가지면서도 집착하지 아니하고 아만我慢을 영원히 여의면, 이것은 시尸바라밀을 청정하게 하는 것입니다.

　온갖 나쁜 것을 모두 참으면서 여러 중생에게 마음이 평등하여 흔들리지 않기를 마치 땅이 모든 것을 능히 지니는 것과 같이 하면, 이것은 인忍바라밀을 청정하게 하는 것입니다.

　모든 업을 두루 지으며 항상 닦아서 게으르지 아니하고 여러 가지 짓는 일에 퇴전하지 않으며 용맹한 세력을 제어할 이 없고 모든 공덕을 취하지도 버리지도 아니하면서도 능히 온갖 지혜의 문을 만족하면 이것은 정진精進바라밀을 청정하게 하는 것입니다.

　오욕 경계에 탐하지 아니하며, 차례로 닦는 선정을 모두 성취하여, 항상 바르게 생각하여 머물지도 않고 나오지도 아니하며, 온갖 번뇌를 능히 소멸하며, 한량없는 삼매문을 내며, 끝없는 큰 신통력을 성취하면, 거스르고 순하게 차례차례 모든 삼매에 들며, 한 삼매문에서 그지없는 삼매문에 들어가며, 온갖 삼매의 경계를 다 알며, 온갖 삼매와 삼마발저三摩鉢底와 지혜 인印과 더불어 서로 어기지 아니하여, 온갖 지혜의 지위에 빨리 들어가나니, 이것이 선禪바라밀을 받아 지니며, 선지식을 친근하여 섬기고 게으르지 아니하며, 항상 법문 듣기를 좋아하여 마음에 만족함이 없고, 들음을 따라 이치답게 생각하며, 참된 삼매에 들어 모든 사특한 소견을 여의며, 모든 법을 잘 관찰하여 실상의 인印을 얻으며, 여래의 공용功用 없는 도를 분명히 알며, 넓은 문의 지혜를 타고 온갖 지혜의 지혜 문에 들어가서, 영원히 휴식함을 얻으면, 이것이 곧 반야般若바라밀을 청정하게 하는 것입니다.
 온갖 세간에서 짓는 업을 일부러 나타내며, 중생을 교화하매 게으르지 아니하며, 그들의 즐거움을 따라 몸을 나타내며, 모든 행하는 일에 물들지 아니하며, 혹은 범부를 나타내고 혹은 성인의 행하는 행을 나타내며, 혹은 생사를 나타내고 혹은 열반을 나타내며, 모든 지을 것을 잘 관찰하며, 온갖 장엄하는 일을 나타내면서도 탐착貪着하지 아니하고, 모든 갈래에 두루 들어가 중생을 제도하나니, 이것이 곧 방편方便바라밀을 청정하게 하는 것입니다.
 끝까지 일체 중생을 성취하며, 끝까지 일체 세계를 장엄하며, 끝까지 일체 부처님을 공양하며, 끝까지 장애 없는 법을 통달하며, 법계에 가득한 행을 끝까지 수행하며, 오는 세월이 끝나도록 몸이 항상 머물며, 지혜로 온갖 마음을 끝까지 알며, 흘러 헤매고〔流轉〕 도로 멸함〔還滅〕을 끝까지 깨달으며, 일체 국토를 끝까지 나타내고, 여래의 지혜를 끝까지 증득하려 하나니, 이것이 곧 원願바라밀을 청정하게 하는 것입니다.
 깊은 믿음의 힘을 갖추었으니 잡되게 물듦이 없는 연고며, 깊이 믿는 힘을 갖추었으니 꺾을 이가 없는 연고며, 대비大悲의 힘을 갖추었으니 고달픈 생각이 없는 연고며, 대자大慈의 힘을 갖추었으니 행함이 평등한 연고며, 모두 지니는 힘〔總持力〕을 갖추었으니 방편으로 온갖 뜻을 능히 갖는 연고며, 변재의 힘을 갖추었으니 일체 중생으로 하여금 기쁨이 만족하게 하는 연고며, 바라밀의 힘을 갖추었으니 대승을 장엄하는 연고며, 큰 서원의 힘을 갖추었으니 길이 끊어지지 않는 연고며, 신통의 힘을 갖추었으니 한량없는 것을 내는 연고며, 가지加持하는 힘을 갖추었으니 믿어 이해하고 받아들이게 하는 연고니, 이것이 곧 역力바라밀을 청정하게 하는 것입니다.
 탐욕이 많은 이를 알며, 성냄이 많은 이를 알며, 어리석음이 많은 이를 알며, 세 가지가 평등한[等分行] 이를 알며, 배우는 지위[學地]를 수행하는 이를 알며, 잠깐 동안에 그지없는 중생의 행을 알며, 그지없는 중생의 마음을 알며, 일체법의 진실함을 알며, 일체 여래의 힘을 알며, 법계의 문을 두루 깨닫나니, 이것이 곧 지智바라밀을 청정하게 하는 것입니다.

　불자여, 보살이 이와 같이 모든 바라밀을 청정할 때와 모든 바라밀을 원만할 때와 모든 바라밀을 버리지 아니할 때에, 크게 장엄한 보살승菩薩乘 가운데 머물러서 그 생각하는 바 일체 중생에게 법을 말하여 깨끗한 업을 증장하여 해탈을 얻게 하나니, 나쁜 갈래에 떨어진 이는 가르쳐 발심하게 하고, 어려움 가운데에 있는 이는 부지런히 정진하게 하고, 탐욕이 많은 중생은 탐욕이 없는 법을 보여주고, 성을 잘 내는 중생은 연기법緣起法을 말하여 주고, 욕계의 중생에게는 탐욕과 성냄과 나쁘고 선하지 아니한 법을 여의도록 가르치고, 색계의 중생들에게는 비발사나毘鉢舍那를 말하여 주고 무색계의 중생에게는 미묘한 지혜를 말하여 주고, 이승二乘들에게는 고요한 법을 가르치고, 대승을 좋아하는 이에게는 십력과 광대한 장엄을 연설합니다.

　지난 옛적 처음 발심할 적에 한량없는 중생이 나쁜 갈래에 떨어진 것을 보고 크게 사자후하기를, '내 마땅히 가지가지 법문으로 저들을 적당한 대로 제도하리라' 하였던 바와 같이, 보살은 이러한 지혜를 구족하고 일체 중생을 널리 제도합니다.

　불자여, 보살이 이런 지혜를 구족하면 삼보의 종성이 영원히 끊어지지 않게 하나니, 무슨 연고인가. 보살마하살이 중생들로 하여금 보리심을 내게 하므로 부처님의 종성이 끊어지지 않게 하며, 중생을 위하여 항상 법장을 열어 보이므로 법보의 종성이 끊어지지 않게 하며, 교법을 잘 받들어 어기지 아니하므로 승보의 종성이 끊어지지 않게 합니다. 또 모든 큰 소원을 모두 칭찬하므로 부처님의 종성이 끊어지지 않게 하며, 인연의 문을 분별하여 연설하므로 법보의 종성이 끊어지지 않게 하며, 여섯 가지 화합하는 법을 부지런히 닦으므로 승보의 종성이 끊어지지 않게 합니다.

또 중생이란 밭에 부처님 종자를 심으므로 부처님의 종성이 끊어지지 않게 하며, 바른 법을 호지하여 목숨을 아끼지 아니하므로 법보의 종성이 끊어지지 않게 하며, 대중을 통솔하여 고달픈 줄 모르므로 승보의 종성이 끊어지지 않게 합니다. 또 과거·미래·현재의 부처님이 말씀한 법과 제정한 계율을 모두 받들어 지니고 버리지 아니하나니, 그러므로 불보·법보·승보의 종성이 영원히 끊어지지 않게 합니다.

보살이 이와 같이 삼보의 대를 이어 융성하게 하면 온갖 행하는 일에 허물이 없을 것이며, 무릇 업을 짓는 대로 온갖 지혜의 문에 회향하므로 삼업에 모두 흠이 없으며, 흠이 없으므로 짓는 선근과 행하는 일과, 중생을 교화하여 적당하게 법을 연설하매 내지 잠깐이라도 착오가 없으며, 모두 방편 지혜와 서로 응할 것이요, 이것으로 온갖 지혜의 지혜에 회향하여 속절없이 지내는 일이 없을 것입니다.

보살이 이렇게 선한 법을 닦으면 생각마다 열 가지 장엄을 구족하리니 무엇이 열인가. 이른바 몸의 장엄이니 중생들의 조복할 만한 것을 따라 나타내어 보이는 연고며, 말의 장엄이니 온갖 의심을 끊어서 기쁘게 하는 연고며, 마음의 장엄이니 한 생각 가운데서 모든 삼매에 들어가는 연고며, 세계의 장엄이니 온갖 것이 청정하여 번뇌를 여읜 연고며, 광명의 장엄이니 그지없는 광명을 놓아 중생에게 널리 비추는 연고며, 회중의 장엄이니 모인 이들을 두루 거두어 환희하게 하는 연고며, 신통의 장엄이니 중생의 마음을 따라 자재하게 나타내는 연고며, 바른 교법의 장엄이니 모든 총명한 사람을 능히 거두어 들이는 연고며, 열반한 곳의 장엄이니 한 곳에서 성도하여도 시방에 두루하여 남은 데가 없는 연고며, 교묘하게 연설하는 장엄이니 곳을 따르고 때를 따르고 근성을 따라서 법을 연설하는 연고입니다. 보살이 이와 같은 장엄을 성취하면 찰나찰나마다 몸과 말과 뜻으로 짓는 업에 헛되이 지내지 아니하고 모두 온갖 지혜의 문으로 회향합니다.

어떤 중생이나 이 보살을 보는 이는 헛되이 지내지 아니하리니 반드시 아뇩다라삼먁삼보리를 이루는 연고며, 만일 이름을 듣거나 공양하거나 함께 있거나 생각하거나 따라 출가하거나 법문 말함을 듣거나 선근을 따라 기뻐하거나 멀리서 공양하거나 내지 이름을 칭찬하더라도, 모두 아뇩다라삼먁삼보리를 얻을 것입니다. 불자여, 마치 선견善見이란 약이 있는데 중생들이 본 이는 모든 독이 소멸되는 것과 같나니, 보살이 이 법을 성취하면 중생이 보기만 하여도 모든 번뇌의 독이 다 소멸하고 선한 법이 증장합니다.

불자여, 보살마하살이 이 법에 머물러서 부지런히 닦으며, 밝은 지혜로 어리석음을 멸하고, 자비한 힘으로 마군을 꺾어 굴복하고, 큰 지혜와 복덕의 힘으로 모든 외도들을 제어하고 금강의 선정으로 온갖 마음의 번뇌를 제멸하고, 정진하는 힘으로 모든 선근을 모으고, 부처 세계를 청정하게 하는 선근의 힘으로 모든 나쁜 갈래의 어려움을 멀리 여의고, 집착함이 없는 힘으로 지혜의 경계를 깨끗이 하고, 방편과 지혜의 힘으로 모든 보살의 지위와 바라밀과 삼매와 육신통과 삼명三明과 사무소외四無所畏를 내어 모두 청정하게 하고, 모든 선한 법의 힘으로 모든 부처님의 정토와 그지없는 잘생긴 모양을 만족하게 성취하여 몸과 말과 마음을 구족하게 장엄하고, 지혜로 자재하게 관찰하는 힘으로 모든 여래의 힘〔力〕과 무소외無所畏와 불공불법不共佛法이 모두 평등함을 알며, 광대한 지혜의 힘으로 온갖 지혜의 지혜 경계를 분명하게 알며, 지난 세상의 서원한 힘으로 교화할 바를 따라 국토를 나타내고 법 수레를 운전하여 한량없고 그지없는 중생을 제도합니다.

불자여, 보살마하살이 법을 부지런히 닦으면 보살의 행을 차례차례 성취하며, 내지 여러 부처님과 평등하여서, 한량없는 세계에서 큰 법사가 되어 바른 법을 보호하여 가지고, 모든 부처님의 보호하심이 될 것이며, 넓고 큰 법장을 수호하여 가지고 걸림 없는 변재를 얻어 법의 문에 깊이 들어가며, 끝없는 세계 모든 대중의 종류가 같지 않은 가운데서 그 몸을 널리 나타내되 몸매가 구족하고 훌륭하기 짝이 없으며, 걸림이 없는 변재로 깊은 법을 교묘하게 말하거든 그 음성이 원만하고 잘 펴지며, 듣는 이들로 하여금 다함이 없는 지혜의 문에 들어가게 할 것입니다.

모든 중생의 마음과 행동과 번뇌를 알고 법을 말하면, 그 음성이 구족하고 청정하여 한소리로 연설하되, 능히 모든 이들이 다 환희하게 될 것이며, 그 몸은 단정하고 큰 위엄과 신통력이 있어 여럿이 모인 가운데 있을 적에 능히 넘어설 이가 없을 것입니다.

여러 사람의 마음을 잘 아는 연고로 몸을 두루 나타내며, 교묘하게 법을 말하므로 음성이 걸림이 없으며, 마음이 자재하므로 큰 법을 연설하는 데 방해할 이가 없으며, 두려움 없음을 얻었으므로 겁약한 마음이 없으며, 법에 자재하므로 겁약한 마음이 없으며, 법에 자재하므로 능히 넘어설 이가 없으며, 지혜에 자재하므로 능히 이길 이가 없으며, 반야바라밀에 자재하므로 말하는 법의 분제(法相)가 서로 어기지 아니하며, 변재가 자재하므로 좋아하는 대로 법을 말하여 상속하여 끊이지 아니하며, 다라니에 자재하므로 모든 법의 실상을 결정하여 열어 보일 것이며, 변재가 자재하므로 연설하는 바에 따라 가지가지 비유의 문을 열 것이며, 대비가 자재하므로 중생을 가르치는 마음이 쉬지 아니하며,

대자大慈가 자재하므로 광명 그물을 놓아 여럿의 마음을 기쁘게 합니다.

 보살이 이렇게 높고 넓은 사자좌에서 법을 연설함은, 여래와 훌륭한 소원과 지혜를 가진 큰 보살들을 제하고는 다른 중생으로는 능히 이길 이가 없으며, 정수리를 볼 이가 없으며, 그 세력을 가리울 이가 없나니, 어려운 문제를 내어 그를 퇴굴하게 할 수가 없습니다.

 불자여, 보살마하살이 이렇게 자재한 힘을 얻은 뒤에는 가령 말할 수 없는 세계만큼 넓고 큰 도량에 중생이 가득하였고, 그 낱낱 중생의 위덕과 몸매가 모두 삼천대천세계의 임금과 같더라도, 보살이 여기에 잠깐만 나타나도 이런 대중의 위세를 모두 가리워 버리고, 큰 자비로써 그들의 겁약함을 위안하고 깊은 지혜로써 그들의 욕망을 살피고 두려움 없는 변재로 그들에게 법을 말하여 모든 중생들을 환희하게 합니다.

 무슨 까닭인가. 불자여, 보살마하살이 한량없는 지혜를 성취한 연고며, 한량없이 교묘한 분별을 성취한 연고며, 광대하고 바른 생각의 힘을 성취한 연고며, 그지없는 공교한 지혜를 성취한 연고며, 모든 법의 실상을 결정하는 다라니를 성취한 연고며, 끝없는 보리심을 성취한 연고며, 잘못이 없이 미묘한 변재를 성취한 연고며, 모든 부처님의 가지加持를 얻어 깊이 믿고 이해함을 성취한 연고며, 삼세 부처님들의 대중이 모인 도량에 두루 성품이 같은 줄을 아는 청정한 마음을 성취한 연고며, 삼세의 모든 부처님 지혜와 모든 보살의 큰 서원과 지혜를 성취하고 큰 법사가 되어서 부처님의 바른 법장法藏을 열어 보이고 수호하여 유지하는 연고입니다."

 이 때 법혜보살이 그 뜻을 거듭 펴려고 부처님의 위신력을 받들어 게송으로 말하였다.

보리에 마음 두어 뭇 복 모으고
방일하지 않고서 지혜 세우며
그 뜻을 바로 생각 잊지 않으니
시방의 부처님들 모두 환희해.

맘과 욕망 견고하여 스스로 애써
세상에 의지 없고 퇴타도 없고
다투지 않는 행으로 불법에 드니
시방의 부처님들 모두 환희해.

부처님 환희하매 더욱 정진해
도를 돕는 복과 지혜 닦아 행하며
모든 지위 깨끗한 행 모두 들어가
여래가 말한 서원 만족케 하네.

이렇게 닦아 행한 묘한 법 얻고
묘한 법 얻고 나선 중생을 위해
그들의 마음이나 근성을 따라
적당한 형편대로 연설하도다.

보살이 남을 위해 법을 말하나
자기의 모든 행을 버리지 않고
바라밀에 가는 길 이룬 뒤에는
삼계에서 언제나 중생을 제도,

밤낮으로 닦고 닦아 게으르잖고
삼보의 종성들을 끊지 않으며
닦아 행한 갖가지 선한 법으로
모두 다 여래 되기 회향하도다.

보살의 닦아 익힌 모든 선한 행
중생들을 성취하기 위한 것이니
그들의 어둔 번뇌 멸해 버리고
마군을 항복 받아 정각 이루게.

이렇게 수행하여 불 지혜 얻고
여래의 바른 법장 깊이 들어가
법사되어 묘한 법 연설하나니
감로수를 골고루 뿌려 주는 듯.

자비하게 애민하심 일체에 두루
중생의 맘과 행동 모두 다 알고
그들의 욕망대로 연설하나니
한량없고 그지없는 불법이로다.

동작이 자상하여 코끼리 같고
용맹하고 공포 없음 사자왕이며
편안하기 태산 같고 지혜는 바다
가물 때에 소낙비 열을 식히듯.

그 때 법혜보살이 이 게송을 말하니, 여래는 기뻐하시고 대중은 받들어 행하였다.

대방광불화엄경 제19권

제19권

19. 승야마천궁품 昇夜摩天宮品

그 때 여래의 위신력으로 시방 일체 세계 낱낱 사천하의 염부제와 수미산 꼭대기에서 모두 보니, 여래께서 대중들이 모인 가운데 계시는데 그 모든 보살들이 부처님의 신통한 힘으로써 법을 연설하면서 제각기 생각하기를, 자기가 항상 부처님을 대하였다고 하지 않는 이가 없었다.

그 때 세존께서 모든 보리수 아래와 수미산 꼭대기를 떠나지 않으시고 야마천궁의 보배로 장엄한 궁전〔寶莊嚴殿〕을 향하시었다.

야마천왕이 멀리서 부처님께서 오시는 것을 보고 즉시 신통한 힘으로써 그 전각 안에 보련화장寶蓮華藏사자좌를 변화하여 만들었는데, 백만 층으로 장엄하고 백만의 황금 그물이 서로 얽히었고 백만 꽃 휘장·백만 화만 휘장·백만 향 휘장·백만 보배 휘장이 그 위에 덮이었고, 꽃 일산·화만 일산·향 일산·보배 일산도 각각 백만이니 두루 벌였는데, 백만 광명이 찬란하게 비치고, 백만 야마천왕은 공경하여 정례하고, 백만 범천왕은 환희하여 뛰놀고, 백만 보살들은 소리 높여 찬탄하며, 백만 가지 하늘 풍류가 각각 백만 가지 법 음악을 연주하여 계속하여 끊이지 아니하며, 백만 화만 구름·백만 장엄거리 구름·백만 가지 옷구름이 두루 덮이었고, 백만 가지 마니 구름에서 광명이 찬란하니 백만 가지 선근으로 생긴 것이며, 백만 부처님의 두호하심이며, 백만 가지 복덕으로 자라는 것이며, 백만 가지 깊은 마음과 백만 가지 서원으로 깨끗이 장엄함이며, 백만 가지 행으로 일어난 것이며, 백만 가지 법으로 건립한 것이며, 백만 가지 신통으로 변화하여 나타난 것이므로, 항상 백만 가지 음성을 내어 모든 법을 보이었다.

때에 야마천왕이 사자좌를 차려 놓고는 부처님 세존을 향하여 허리를 굽히고 합장하며 공경하고 존중하여 부처님께 여쭈었다.

"잘 오시나이다, 세존이시여. 잘 오시나이다, 선서시여. 잘 오시나이다, 여래·응·정등각이시여. 바라옵건대 저희를 가엾이 여기사 이 궁전에 계시옵소서."

부처님께서 청을 받으시고 보배 궁전에 오르시니, 모든 시방에서도 모두 이와 같았다.

천왕은 지난 세상에 부처님 계신 데서 선근 심은 것을 생각하고 부처님의 위신을 받들어 게송으로 말하였다.

    명칭名稱여래 시방에 소문 퍼지니
    여러 가지 길상 중에 위가 없으며
    그 부처님 마니전摩尼殿에 일찍 드시니
    그러므로 이 곳이 가장 길상해.

    보왕寶王여래 세간의 등불이시니

여러 가지 길상 중에 위가 없으며
그 부처님 청정 궁전 일찍 드시니
그러므로 이 곳이 가장 길상해.

희목喜目여래 보는 일 걸림이 없어
여러 가지 길상 중에 위가 없으며
그 부처님 장엄전에 일찍 드시니
그러므로 이 곳이 가장 길상해.

연등然燈여래 세상을 밝게 비추매
여러 가지 길상 중에 위가 없으며
그 부처님 승한 궁전 일찍 드시니
그러므로 이 곳이 가장 길상해.

요익饒益여래 세상을 이익케 하매
여러 가지 길상 중에 위가 없으며
그 부처님 때 없는 전〔無垢殿〕 일찍 드시니
그러므로 이 곳이 가장 길상해.

선각善覺여래 스승을 섬긴 일 없어
여러 가지 길상 중에 위가 없으며
그 부처님 보향전寶香殿에 일찍 드시니
그러므로 이 곳이 가장 길상해.

승천勝天여래 온 세상의 등불이시매

여러 가지 길상 중에 위가 없으며
그 부처님 묘향전妙香殿에 일찍 드시니
그러므로 이 곳이 가장 길상해.

무거無去여래 논란 중의 영웅이시매
여러 가지 길상 중에 위가 없으며
그 부처님 보안전普眼殿에 일찍 드시니
그러므로 이 곳이 가장 길상해.

무승無勝여래 모든 덕을 구족하시니
여러 가지 길상 중에 위가 없으며
그 부처님 선엄전善嚴殿에 일찍 드시니
그러므로 이 곳이 가장 길상해.

고행苦行여래 세상을 이롭게 하니
여러 가지 길상 중에 위가 없으며
그 부처님 보엄전普嚴殿에 일찍 드시니
그러므로 이 곳이 가장 길상해.

　이 세계의 야마천왕이 부처님의 신통한 힘을 받들어 옛날의 모든 부처님 공덕을 생각하고 찬탄하는 것처럼, 시방세계의 야마천왕들도 모두 그와 같이 부처님의 공덕을 찬탄하였다.
　그 때 세존께서 마니보배 장엄전에 드시어 보련화장 사자좌에서 결가부좌하시니, 그 전각이 넓어져서 하늘 대중들이 있는 처소와 같았으며, 시방세계들도 모두 그와 같았다.

20. 야마궁중게찬품夜摩宮中偈讚品

그 때 부처님의 신력으로 시방에 각각 큰 보살이 있었는데, 낱낱 보살이 제각기 부처 세계의 티끌 수효처럼 많은 보살들과 함께, 십만 부처 세계의 티끌 수 국토 밖에 있는 세계로부터 와서 모였으니, 그 이름은 공덕림功德林보살・혜림慧林보살・승림勝林보살・무외림보살無畏林보살・참괴림보살慚愧林보살・정진림精進林보살・역림力林보살・행림行林보살・각림覺林보살・지림智林보살 들이었고, 이 보살들이 떠나 온 세계는 친혜親慧 세계・당혜幢慧 세계・보혜寶慧 세계・승혜勝慧 세계・등혜燈慧 세계・금강혜金剛慧 세계・안락혜安樂慧 세계・일혜日慧 세계・정혜淨慧 세계・범혜梵慧 세계 들이었다.

이 보살들이 각각 부처님 계신 데서 범행을 닦았으니, 이른바 상주안불常住眼佛・무승안불無勝眼佛・무주안불無住眼佛・부동안불不動眼佛・천안불天眼佛・해탈안불解脫眼佛・심체안불審諦眼佛・명상안불明相眼佛・최상안불最上眼佛・감청안불紺靑眼佛이었다.

이 여러 보살이 부처님 계신 데 이르러 부처님 발에 정례하고, 떠나 온 방위를 따라 제각기 마니장 사자좌를 변화하여 만들고 그 사자좌 위에서 결가부좌하였다.

이 세계의 야마천상에 보살들이 모인 것처럼, 일체 세계에서도 그러하였으며, 그 보살들의 세계와 여래의 이름도 모두 같았다.

그 때 세존께서 두 발등으로 백천억 묘한 빛 광명을 놓아 시방으로 모든 세계를 비추니, 야마천궁의 부처님과 대중이 모두 나타났다.

공덕림功德林보살이 부처님의 위신력을 받들어 시방을 두루 관찰하고 게송으로 말하였다.

부처님 큰 광명 놓아
시방을 두루 비추시니
천상 인간의 높은 어른 뵈옵기
환히 트이어 걸림이 없네.

부처님 야마천궁에 앉아서
시방세계에 두루하시니
이런 일 매우 기특하여
세간에서 드물게 보리.

수야마천왕 게송으로
열 부처님 찬탄하나니
이 모임에서 보는 것처럼
온갖 곳에 모두 그러해.

저 여러 보살 대중들
모두 우리 이름 같은 이
시방의 모든 곳에서
위없는 법 연설하나니.

떠나 온 여러 세계들
이름도 다르지 않고
제각기 그 부처님 계신 데서
범행을 깨끗이 닦네.

저 여러 부처님들
명호도 모두 다 같고
국토가 다 풍년 들고 즐거워
신력이 모두 자재하시어

시방세계 모든 곳마다
부처님 여기 계시다지만
혹은 인간에 계시고
혹은 천궁에 계시고.

여래는 모든 국토에
두루 편안히 계시지만
우리는 부처님이 지금
이 천궁에 계심을 보네.

옛적 보리를 이루려는 소원
시방세계에 두루하였으매
그리하여 부처님 위신력
가득 차서 헤아릴 수 없고,

세상의 탐욕 멀리 떠나고
그지없는 공덕 구족하시매
신통한 힘 얻으신 일
중생들 못 보는 이 없네.

시방세계 다니시기
허공처럼 장애 없으니
한 몸인가 한량없는 몸인가
그 모양 찾을 길 없고,

그지없는 부처님 공덕
어떻게 헤아릴 수 있으랴.
머물지 않고 가지 않지만
온 법계에 두루 드시네.

혜림慧林보살이 부처님의 위신력을 받들어 시방을 두루 관찰하고 게송으로 말하였다.

세간에 가장 크신 길잡이
때[垢] 없고 위없는 세존
부사의한 겁을 지나도
만나뵈올 수 없네.

부처님 큰 광명 놓으시니
세간에 못 보는 이 없고
대중에게 널리 연설하시어
모든 중생을 이익케 하며,

여래께서 세상에 나심은
세상 사람 어둔 데서 뛰어나도록

이러한 세상의 등불
희유하여 보기 어렵네.

보시 · 지계 · 인욕
정진 그리고 선정
반야바라밀을 이미 닦아
이것으로 세간을 비추며,

여래는 동등할 이도 없고
짝을 구해도 얻을 수 없나니
진실한 법을 알지 못하고는
아무도 보지 못하나니,

부처님의 몸과 신통
자재하심 헤아릴 수 없어
가는 일 없고 오는 일 없지만
법을 말하여 중생 건지네.

청정한 천상 인간의 길잡이
누구라도 뵙기만 하면
나쁜 갈래에서 영원히 나와
모든 고통을 여의게 되리.

한량없고 수없는 겁 동안
보리의 행을 닦으셨으매

이 이치 알지 못하고는
부처를 이룰 수 없으며,

헤아릴 수 없는 겁 동안
한량없는 부처님 공양했나니
이런 뜻 만일 안다면
공덕이 저보다 뛰어나리.

한량없는 국토 가득찬 보배
이것으로 부처님 공양했나니
이러한 이치 알지 못하면
끝까지 보리를 이룰 수 없네.

승림勝林보살이 부처님의 위신력을 받들어 시방을 두루 관찰하고 게송으로 말하였다.

비유컨대 초여름〔孟夏月〕의
구름 없는 깨끗한 허공
붉은 볕 광명이 퍼져
시방에 가득 차거든,

그 빛이 한량이 없어
헤아려 알 수 없나니
눈 뜬 사람도 그렇거든
하물며 소경들이랴.

부처님들도 그와 같아서
끝단 데 없는 크나큰 공덕
부사의한 겁을 지나면서도
분별하여 알 수 없느니.

모든 법이 온 데도 없고
누가 지은 이도 없으며
어디로부터 난 데도 없나니
어떻다고 분별할 수 없네.

온갖 법이 온 데가 없으니
그러므로 난 것이 아니요
이미 난 것이 아닌지라
멸한다고 할 수도 없네.

온갖 법이 난 일도 없고
또 멸함도 없나니
이렇게 이해한다면
이 사람 여래를 보게 되오리.

모든 법이 난 일이 없으매
제 성품도 있는 것 아니니
이렇게 분별하여 알면
이 사람 깊은 이치 이르리.

법이 제 성품이 없으므로
능히 알 이도 없는 것이니
이렇게 법을 이해하면
필경에 이해할 것 없으리.

나는 것 있다고 말하는 이는
국토가 지금 있지 않느냐 하거니와
국토의 성품을 능히 알면
그 마음 미혹하지 않으리.

세간과 국토의 성품을
관찰하면 실상과 같나니
만일 여기에서 알면
일체 이치를 잘 말하리라.

무외림無畏林보살이 부처님의 위신력을 받들어 시방을 두루 관찰하고 게송으로 말하였다.

여래의 넓고 크신 몸
끝없는 법계에 가득하매
이 자리에서 떠나지 않고
온갖 곳에 두루하도다.

만일 이러한 법을 듣고
공경하여 믿고 좋아하는 이는

세 가지 나쁜 갈래와
모든 고난苦難을 길이 여의리.

한량도 없고 셀 수도 없는
모든 세계를 두루 다니더라도
여래의 자재하신 힘을
지극한 정성으로 들으려 하라.

이러한 부처님 법들은
참으로 위없는 보리니
설사 잠깐만 듣고자 하여도
능히 들을 이 없느니라.

지난 세상에 누구나
이런 부처님 법을 믿은 이는
이미 양족존兩足尊을 이루어
세간의 등불 되었느니라.

만일 오는 세상에라도
여래의 자재한 힘을 듣고
그런 후 신심을 내는 이 있으면
마땅히 부처를 이루리라.

만일 지금 세상에서도
이런 부처님 법을 믿으면

마땅히 정각을 이루고
법을 말하기 두렵지 않으리라.

한량없고 수없는 겁 동안에
이 법은 만나기 어려운 것이니
만일 들은 이 있다면
본래의 원력인 줄 알아라.

이러한 부처님의 법을
누구나 능히 받아 지니고
또 다른 이에게 널리 말하면
이 사람 마땅히 부처 이루리니.

하물며 부지런히 정진하여
견고한 마음 버리지 않으며
이러한 사람은 결정코
보리를 성취할 줄 알아라.

그 때 참괴림慚愧林보살이 부처님의 위신력을 받들어 시방을 두루 관찰하고 게송으로 말하였다.

만일 어떤 사람이
이 희유하고 자재한 법을 듣고
능히 기쁜 마음을 내면
모든 의심을 빨리 제하리.

일체를 알고 보는 사람
스스로 이렇게 말하되
여래는 모르는 것이 없다 하나니
그러기에 헤아릴 수 없나니.

지혜 없는 데서는
지혜가 날 수 없나니
세간은 항상 어둔 것이매
지혜를 낼 수 없느니라.

빛과 빛 아닌 것
이 둘이 하나 될 수 없나니
지혜와 무지無智도 그러하여
그 자체 각각 다르고,

모양 있는 것 모양 없는 것과
나고 죽는 것과 열반도
차별하여 각각 다르니
지혜와 무지도 그러하며,

세계가 처음 생길 적에는
파괴되는 모양 없나니
지혜와 무지도 그러하여
두 모양이 한 때가 아니고,

보살의 처음 마음은
나중 마음과 함께하지 않나니
지혜와 무지도 그러하여
두 마음이 동시 아니네.

말하자면 모든 식[識身]들이
각각 화합하지 않나니
지혜와 무지도 그러하여
끝까지 화합이 없고,

마치 아가타 약이
온갖 독을 멸함과 같이
지혜도 그와 같아서
무지를 능히 멸하느니라.

여래는 위가 없고
같을 이도 없으며
온갖 것이 짝할 이 없나니
그래서 만나기 어렵느니라.

그 때 정진림精進林보살이 부처님의 위신력을 받들어 시방을 두루 관찰하고 게송으로 말하였다.

모든 법 차별이 없고
능히 알 사람도 없으나

부처님들만이 아시나니
지혜가 끝까지 이른 까닭.

마치 금과 금빛이
그 성품 차별 없나니
법과 법 아닌 것도 그러해
성품이 다르지 않네.

중생과 중생 아닌 것
둘이 다 진실치 않아
이와 같이 모든 법의 성품
진실한 뜻이 모두 있지 않네.

마치 오는 세상에는
지나간 세상의 모양이 없듯이
모든 법도 그와 같아서
온갖 모양이 있지 않네.

마치 나고 멸하는 모양
가지가지가 진실치 못해
모든 법도 그와 같아서
제 성품 없는 것이니.

열반을 취할 수 없지만
말하는 데 두 가지 있는 것

모든 법도 그와 같아서
분별하느라 다른 것이니.

셀 수 있는 물건 있으므로
능히 셈하는 것 있거니와
그 성품 모두 없는 것이니
이렇게 법을 알아야 하네.

저 셈하는 법이
하나씩 더하여 한량이 없나니
산수의 법이 제 성품 없거늘
지혜로 차별을 내느니라.

말하자면 모든 세간들
겁 불이 탈 때는 끝나거니와
허공은 망그러지지 않나니
부처님 지혜도 그러니라.

마치 시방의 중생들이
제각기 허공의 모양 말하듯이
모든 부처님도 그와 같거늘
세상에서 허망하게 분별하는 것.

 역림力林보살이 부처님의 위신력을 받들어 시방을 두루 관찰하고 게송으로 말하였다.

모든 중생 세계는
다 삼세 가운데 있고
삼세의 중생들은
모두 오온五蘊 중에 있나니,

모든 온蘊은 업이 근본이요
모든 업은 마음이 근본이니
마음의 작용 요술 같으매
세간도 그러하니라.

세간은 스스로 지음도 아니요
다른 이가 지음도 아니지마는
이루어짐이 있으매
역시 파괴함도 있는 것.

세간이 이루어지기도 하고
세간이 파괴도 되거니와
세간을 분명히 통달하는 이는
이 둘을 말하지 않네.

어떤 것을 세간이라 하고
어떤 것을 세간 아니라 하는가.
세간과 세간 아닌 것
이름만이 다를 뿐,

삼세와 오온 법을
말하여 세간이라 하고
저가 멸한 것을 세간 아니라 하니
이와 같이 이름만 빌렸을 뿐.

무엇을 여러 가지 온이라 하며
온은 무슨 성품이 있는가
온의 성품 멸할 수 없으며
그래서 남이 없다〔無生〕 하느니,

이 온을 분별하여 보면
그 성품 본래 공적해
공적하므로 멸할 수 없어
이것이 남이 없다는 이치,

중생이 이미 이러하면
부처님도 역시 그러할 것
부처님과 부처님의 법
그 성품 있는 것 아니네.

이런 모든 법이
진실하여 뒤바뀌지 않은 줄 알면
온갖 것을 알고 보는 이
그의 앞에 항상 나타나리.

행림行林보살이 부처님의 위신력을 받들어 시방을 두루 관찰하고 게송으로 말하였다.

비유하면 시방의 세계가
모든 지대地大의 종성이라.
제 성품 있는 것 아니지만
두루하지 않은 곳 없듯이,

부처님 몸도 그와 같아서
모든 세계에 두루 했으나
가지가지 빛과 모양
머문 곳도 온 곳도 없네.

다만 모든 업인 연고로
중생이라 말하거니와
역시 업을 떠나서는
업을 찾아볼 수 없네.

업의 성품 본래 공적한 것
중생들이 의지한 바며
여러 가지 모양 두루 짓지만
온 곳은 역시 없어라.

이러한 모든 빛깔과
업의 힘 헤아릴 수 없어

근본을 분명히 알면
그 가운데는 볼 것도 없네.

부처님 몸도 그와 같아서
헤아릴 수 없거니와
가지가지 모든 빛과 모양
시방세계에 두루 나타나,

몸도 부처 아니고
부처도 몸 아니지만
다만 법으로 몸을 삼아
온갖 법을 통달하도다.

만일 부처님 몸이
청정하여 법의 성품 같음을 보면
이 사람 부처와 법에
조금도 의혹 없으리.

만일 온갖 법들의
본 성품 열반 같음을 알면
이런 이는 여래가
끝까지 머문 데 없음을 보리.

만일 바른 생각을 닦아
분명하게 정각을 보면

모양도 없고 분별도 없어
이름을 법왕자法王子라 하리.

각림覺林보살이 부처님의 위신력을 받들어 시방을 두루 관찰하고 게송으로 말하였다.

마치 그림 잘 그리는 화가가
여러 가지 채색을 칠해 가면서
허망하게 여러 모양 그리지마는
대종大種은 차별이 없으며,

대종 가운데 빛깔이 없고
빛깔 중에 대종이 없지만
그러나 대종을 떠나서
빛깔을 찾을 수도 없느니라.

마음 속에 그림이 없고
그림 속에 마음이 없지만
그러나 마음을 떠나서
그림을 찾을 수도 없나니,

저 마음 항상 머물지 않고
한량없고 헤아릴 수도 없어
온갖 빛깔 나타내지만
각각 서로서로 알지 못하나니,

마치 그림 그리는 화가가
자기의 마음 알지 못하지만
마음으로 그림을 그리나니
모든 법의 성품도 그러하니라.

마음이 화가와 같아서
모든 세간을 그려내는데
오온이 마음 따라 생기어서
무슨 법이나 못 짓는 것 없네.

마음과 같아 부처도 그러하고
부처와 같아 중생도 그러하니
부처나 마음이나
그 성품 모두 다함 없네.

마음이 모든 세간 짓는 줄을
아는 이가 있다면
이 사람 부처를 보아
부처의 참 성품 알게 되리.

마음이 몸에 있지 않고
몸도 마음에 있지 않지만
모든 불사佛事를 능히 지어
자재함이 미증유未曾有하니라.

만일 어떤 사람이
삼세의 일체 부처님을 알려면
마땅히 법계의 성품
모든 것이 마음으로 된 줄을 보라.

 그 때 지림智林보살이 부처님의 위신력을 받들어 시방을 두루 관찰하고 게송으로 말하였다.

집착할 것도 집착할 수 없고
볼 것도 볼 수 없고
들을 것도 들을 수 없어
한 마음이라 헤아릴 수 없네.

분량 있거나 분량 없거나
둘 다 집착할 수 없는 것
어떤 이가 집착하려 하여도
끝까지 얻지 못하리.

말하지 않을 것을 말한다면
이것은 스스로 속이는 것
자기 일을 성취 못하니
다른 이를 기쁘게 할 수 없으리.

여래의 그지없이 묘한 색신色身
찬탄하려는 이가 있어

무수겁이 끝나도록 하여도
모두 다 말할 수 없으리.

마치 여의주가
온갖 빛을 나타내지만
빛 없는 데서 빛을 내는 것
부처님들도 그러하니라.

또 마치 청정한 허공은
빛이 아니어서 볼 수 없으며
비록 온갖 빛을 나타내더라도
허공을 볼 이는 없나니,

부처님들도 그와 같아서
한량없는 빛 나타내지만
마음으로 미칠 수 없으매
온갖 것을 볼 수 없네.

비록 여래의 음성을 듣지만
음성은 여래가 아니며
또 음성을 떠나서
정등각을 아는 것도 아니니,

보리는 오고 감이 없어
온갖 분별을 떠난 것인데

어떻게 이런 가운데서
능히 보노라 말하겠는가.

모든 부처님 법 있는 것 아닌데
부처님 어찌 말씀이 있겠는가.
다만 자기의 마음을 따라
이런 법을 말한다 하네.

21. 십행품十行品 ①

　이 때 공덕림功德林보살이 부처님의 신력을 받들어 보살의 잘 생각하는[善思惟] 삼매에 들었다.
　이 삼매에 드니, 시방으로 각각 1만 부처 세계의 티끌 수처럼 많은 세계 밖에 1만 세계의 티끌 수 같은 부처님들이 계시니, 명호가 다 같이 공덕림불이라, 공덕림보살 앞에 나타나서 말씀하시었다.
　"훌륭하다. 불자여, 그대가 능히 잘 생각하는 삼매에 들었도다. 선남자여, 이것은 시방으로 각각 1만 세계의 티끌 수처럼 많은 명호가 같은 부처님들이 그대에게 가피하려는 것이니, 역시 비로자나여래의 지난 세상의 서원하신 힘과 위신의 힘과, 모든 보살들의 선근의 힘으로써 그대로 하여금 이 삼매에 들어서 법을 연설케 하려는 것이니라.
　부처의 지혜를 증장하려는 연고며, 법계에 깊이 들게 하려는 연고며, 중생세계를 분명히 알게 하는 연고며, 들어가는 데 걸림이 없게 하려는 연고며, 행하는 일이 장애가 없게 하려는 연고며, 한량없는 방편을 얻게 하려는 연고며, 온갖 지혜의 성품을 거두어 지니려는 연고며, 모든 법을 깨닫게 하려는 연고며, 모든 근성을 알게 하려는 연고며, 온갖 법을 가지고 말하게 하려는 연고니, 이른바 모든 보살의 열 가지 행을 일으키려는 것이니라.

선남자여, 그대는 마땅히 부처님의 위신력을 받들어 이 법을 연설하라.”

이 때 모든 부처님께서 공덕림보살에게 걸림 없는 지혜·집착 없는 지혜·끊이지 않는 지혜·스승 없는 지혜·어리석지 않은 지혜·다르지 않은 지혜·허물 없는 지혜·한량없는 지혜·이길 이 없는 지혜·게으름 없는 지혜·빼앗을 수 없는 지혜를 주었으니, 이 삼매의 힘은 법이 으레 그러한 까닭이었다.

그 때 여러 부처님이 각각 오른손을 내밀어 공덕림보살의 정수리를 만지니, 공덕림보살은 삼매로부터 일어나 모든 보살에게 말하였다.

“불자들이여, 보살의 행은 헤아릴 수 없어서 법계와 허공계로 더불어 평등합니다. 무슨 까닭인가. 보살마하살은 삼세의 부처님들을 배워서 행을 닦는 연고입니다.

불자들이여, 어떤 것을 보살마하살의 행이라 합니까?

불자들이여, 보살마하살이 열 가지 행이 있으니, 삼세의 모든 부처님의 말씀하시는 것입니다. 무엇이 열인가. 하나는 즐거운 행〔歡喜行〕이요, 둘은 이익하는 행〔饒益行〕이요, 셋은 어기지 않는 행〔無違逆行〕이요, 넷은 굽히지 않는 행〔無屈撓行〕이요, 다섯은 우치와 산란을 여의는 행〔無癡亂行〕이요, 여섯은 잘 나타나는 행〔善現行〕이요, 일곱은 집착 없는 행〔無著行〕이요, 여덟은 얻기 어려운 행〔難得行〕이요, 아홉은 법을 잘 말하는 행〔善法行〕이요, 열은 진실한 행〔眞實行〕입니다.

불자들이여, 어떤 것이 보살마하살의 즐거운 행〔歡喜行〕인가.

불자들이여, 이 보살이 큰 시주가 되어 가진 물건을 모두 다 보시하는데, 그 마음이 평등하여 후회하거나 아까워함이 없으며, 과보를 바라지 아니하며, 이름을 구하지 아니하며, 이양利養을 탐하지도 아니하고, 다만 일체 중생을 구호하며 일체 중생을 거두어 주며 일체 중생을 이익케 하려는 것이며, 모든 부처님의 닦으시던 행을 배우며 모든 부처님의 닦으시던 행을 생각하며 모든 부처님의 닦으시던 행을 좋아하며, 모든 부처님의 닦으시던 행을 청정히 하며, 모든 부처님의 닦으시던 행을 증장하며, 모든 부처님의 닦으시던 행에 머물러 지니며, 모든 부처님의 닦으시던 행을 나타내며, 모든 부처님의 닦으시던 행을 연설하여, 모든 부처님의 닦으시던 행으로 중생들로 하여금 괴로움을 여의고 낙을 얻게 하려는 것입니다.

불자들이여, 보살마하살이 이 행을 닦을 때에 모든 중생으로 하여금 환희하고 즐겁게 하려 하나니, 어느 지방에나 가난한 곳이 있거든 원력으로써 그 곳에 태어나되 호사스럽고 크게 부귀하여 재물이 다함이 없으며, 가령 잠깐잠깐 동안에 한량없고 수없는 중생들이 보살에게 와서 말하기를 '어진 이여, 우리는 몹시 가난하여 끼니를 이어갈 수 없으며 굶주리고 곤고하여 목숨을 부지할 수 없사오니, 바라옵건대 불쌍히 여기어 나에게 살을 보시하여 먹고 살아나게 하소서' 한다면, 보살은 곧 보시하여 주어 그로 하여금 환희하고 만족케 합니다. 이렇게 한량없는 백천 중생이 와서 구걸하더라도 보살은 조금도 퇴타하거나 겁약한 기색이 없고, 다시 자비한 마음이 증장하나니, 그래서 중생들이 모두 와서 구걸하는 것을 보살이 보고는 더욱 환희하여 이렇게 생각합니다.

'나는 지금 좋은 이익을 얻었도다. 이 중생들은 나의 복밭이며 나의 선지식이니, 구하지도 않고 청하지도 않았지만 일부러 와서 나로 하여금 불법 가운데 들게 하는 것이다. 나는 마땅히 이렇게 배우고 닦아서 모든 중생의 마음을 어기지 아니하리라.'

또 생각하기를 '나는 이미 지었거나 지금 짓거나 장차 지을 모든 선근으로써, 오는 세상에는 일체 세계의 일체 중생 가운데서 엄청나게 큰 몸을 받고, 그 살로써 모든 굶주린 중생들의 배를 채워 만족케 하되, 단 하나 조그만 중생까지라도 배가 차지 않은 이가 있으면, 나는 목숨을 버리지 아니할 것이며, 내 몸에서 베어내는 살도 다하지 말아지이다'고 원할 것이며, 이러한 선근으로 아뇩다라삼먁삼보리를 얻고 대열반을 증득하기를 원하며, '나의 살을 먹은 중생들도 역시 아뇩다라삼먁삼보리를 얻고 평등한 지혜를 가지며, 불법을 갖추어 불사를 널리 짓다가 무여無餘열반에 들어지이다'라고 원하고, 만일 한 중생이라도 만족하지 않는다면, 나는 마침내 아뇩다라삼먁삼보리를 증득하지 않겠나이다'고 합니다.

보살이 이렇게 중생을 이익케 하지만, 나[我]라는 생각·중생이란 생각·있다는 생각[有想]·목숨이란 생각·여러 가지란 생각·보특가라란 생각[補伽羅想]·사람이란 생각·마납바란 생각[摩納婆想]·짓는 이란 생각·받는 이란 생각이 모두 없고, 다만 법계와 중생계의 끝없고 짬이 없는 법[無邊際法]과 공한 법과 있는 것 없는 법과 형상 없는 법과 자체가 없는 법과 처소가 없는 법과 의지가 없는 법과 지음이 없는 법을 관찰합니다.

이런 관찰을 할 때에는 제 몸도 보지 않고, 보시하는 물건도 보지 않고, 받는 이도 보지 않고, 복밭도 보지 않고, 업도 보지 않고, 과보도 보지 않고, 결과도 보지 않고, 작은 결과도 보지 않고, 큰 결과도 보지 않습니다.

그 때 보살은 과거·미래·현재의 모든 중생의 받아 난 몸이 멸하는 것을 보고, 문득 생각하되 '이상하다, 중생이여. 어리석고 지혜가 없어 생사生死하는 속에서 수없는 몸을 받지만, 위태하고 연약하여 머물러 있지 못하고 속히 멸하는데, 이미 멸하였거나 지금 멸하거나 장차 멸할 것이어늘, 마침내 견고하지 못한 몸으로써 견고한 몸을 구하지 못하는 구나. 내가 마땅히 모든 부처님께서 배우신 것을 모두 배우며, 온갖 지혜를 얻어 온갖 법을 알고는, 중생들을 위하여 삼세가 평등하고 고요하며 무너지지 않는 법의 성품을 말하여 주어, 그로 하여금 편안한 쾌락을 얻게 하리라' 하나니, 불자들이여, 이것을 보살마하살의 첫째 즐거운 행이라 합니다.

불자들이여, 어떤 것이 보살마하살의 이익케 하는 행〔饒益行〕인가.

이 보살이 깨끗한 계율을 수호하여 가지며, 빛〔色〕과 소리〔聲〕와 냄새〔香〕와 맛〔味〕과 촉〔觸〕에 대하여 집착하지 아니하고, 중생들을 위하여서도 이렇게 말하여, 권세를 구하지도 않고, 문벌을 구하지도 않고, 부귀를 구하지도 않고, 몸매를 구하지도 않고, 임금의 지위를 구하지도 아니하여, 이러한 온갖 것에는 조금도 집착이 없고, 다만 청정한 계율을 견고하게 가지면서 생각하기를 '내가 청정한 계율을 가지는 것은 반드시 온갖 얽힘〔纏〕과 속박〔縛〕과 탐심과 시끄러움과 모든 재난의 핍박과 훼방과 탁란함을 버리고 부처님께서 찬탄하시는 평등한 정법을 얻으리라'고 합니다.

불자들이여, 보살이 이렇게 청정한 계율을 가질 적에, 하루 동안에 가령 수없는 백천억 나유타 큰 악마가 보살이 있는 곳에 나오면서, 저마다 각각 한량없고 수없는 백천억 나유타 천녀를 데리고 왔는데, 모두 오욕五欲에 대하여 방편을 잘 행하며, 단정하고 아름다워 사람의 마음을 홀리게 하며, 갖가지 훌륭한 물건을 가지고 와서 보살의 도심道心을 의혹하고 어지럽게 합니다.

이 때 보살은 이렇게 생각하되 '이 오욕은 도를 장애하는 것이며, 위없는 보리까지도 장애하는 것이라' 하여 잠깐도 탐욕을 내지 아니하고 깨끗한 마음이 부처님과 같지만, 오직 방편으로 중생을 교화하는 일만은 제할 것이니, 온갖 지혜의 마음을 버리지 아니하기 때문입니다.

불자들이여, 보살은 탐욕으로 인하여서는 한 중생도 시끄럽게 하지 아니하나니, 차라리 목숨을 버릴지언정 중생을 시끄럽게 하는 일을 짓지 아니합니다. 보살이 부처님을 뵈온 후로는 일찍이 잠깐도 탐욕 생각을 내지 아니하였는데, 하물며 실제로 일을 행하겠습니까. 혹시라도 그런 일을 행한다는 것은 있을 수 없습니다.

그 때 보살은 이렇게 생각하나니, '일체 중생이 오랜 세월에 오욕을 생각하고 오욕으로 향하여 나아가고 오욕을 탐착하면서, 그 마음에 결정하여 물들고 빠져서 그를 따라 헤매고 자재함을 얻지 못하는 것이니, 내 이제 마땅히 이 마군과 천녀와 모든 중생으로 하여금 위없는 계율에 머물게 할 것이며, 청정한 계율에 머문 뒤에는 온갖 지혜에 마음이 퇴전하지 아니하여 아뇩다라삼먁삼보리를 얻으며, 내지 무여열반에 들게 하리니, 왜냐 하면 이것은 우리가 마땅히 행할 사업이므로 부처님을 따라서 이렇게 배워야 할 것이니라'고 합니다.

이렇게 배우고는 모든 나쁜 행동과 나라고 고집하는 무지無知를 여의고, 지혜로 일체 부처님 법에 들어가서 중생에게 법을 말하여 전도顚倒를 버리게 하거니와, 그러나 중생을 떠나서 전도가 있지도 않고, 전도를 떠나서 중생이 있지도 않으며, 전도 속에 중생이 있지도 않고 중생 속에 전도가 있지도 않으며, 전도가 곧 중생도 아니고 중생이 곧 전도도 아니며, 중생이 내법內法도 아니고 중생이 외법外法도 아닌 줄을 압니다.

온갖 법이 허망하고 진실하지 못하여 잠깐 일어났다 잠깐 없어지는 것이요, 견고하지 못하여 꿈과 같고 그림자 같고 요술 같고 변화함과 같아서 어리석은 이를 의혹케 하는 것입니다.

이렇게 알면 곧 모든 행을 깨달아 나고 죽는 일과 열반을 통달하며, 부처님의 보리를 증득하며, 스스로 제도하고 남을 제도하며, 스스로 해탈하고 남을 해탈케 하며, 스스로 조복하고 다른 이를 조복케 하며, 스스로 고요하고 다른 이를 고요하게 하며, 스스로 안은安隱하고 남을 안은케 하며, 스스로 때를 여의고 남도 때를 여의게 하며, 스스로 청정하고 남도 청정케 하며, 스스로 열반하고 남도 열반케 하며, 스스로 쾌락하고 남도 쾌락케 합니다.

불자들이여, 이 보살이 다시 이렇게 생각하되 '나는 마땅히 일체 여래를 따르며, 일체 세간의 행을 여의며, 일체 부처님 법을 갖추며, 위없이 평등한 곳에 머물며, 중생을 평등하게 보며, 경계를 밝게 통달하며, 모든 허물을 여의고, 모든 분별을 끊고, 모든 집착을 버리고, 공교하게 뛰어나며, 마음은 항상 위없고 말할 수 없고 의지한 데 없고 변동이 없고 한량없고 한없고 끝나지 않고 모양이 없고 깊고 깊은 지혜에 머물리라' 하나니, 불자들이여, 이것을 보살마하살의 둘째 이익하는 행이라 합니다.

불자들이여, 어떤 것이 보살마하살의 어기지 않는 행〔無違逆行〕인가.

이 보살이 항상 인욕忍辱하는 법을 닦아 겸손하고 공경하여 스스로 해하지 않고 남을 해하지 않고 둘 다 해하지 않으며, 스스로 탐하지 않고 남을 탐하게 하지 않고 둘 다 탐하지 아니하며, 스스로 집착하지 않고 남을 집착하게 하지 않고 둘 다 집착하지 아니하며, 또한 명예와 이양利養도 구하지 아니하고, 이런 생각을 하나니 '내가 마땅히 중생에게 법을 말하여 그로 하여금 모든 나쁜 짓을 여의고, 탐욕·성내는 일·어리석음·교만·감추는 일·간탐·질투·아첨·속임을 끊게 하고, 부드럽게 화평하여 참고 견디는 데 항상 머물게 하리라'고 합니다.

불자들이여, 보살이 이렇게 인욕함을 성취하면 가령 백천억 나유타 아승기 중생이 그 곳에 오는데, 중생마다 백천억 나유타 아승기 입[口]을 변화하여 가지고 낱낱 입으로 백천억 나유타 아승기 말을 내나니, 이른바 기쁘지 못한 말, 선하지 못한 말, 반갑지 않은 말, 사랑할 수 없는 말, 어질지 못한 말, 성인의 지혜가 아닌 말, 성현과 상응하지 않는 말, 성현에게 친근할 수 없는 말, 매우 역한 말, 차마 들을 수 없는 말들입니다. 이런 말로 보살을 헐뜯어 욕하거나, 또 이 중생들이 저마다 백천억 나유타 아승기 손을 가졌고, 손마다 각각 백천억 나유타 아승기 병장기를 들고 보살을 박해하기를, 아승기겁이 지나도록 쉬지 아니합니다.

보살이 이렇게 극심한 고초를 당하여 머리카락이 곤두서고 생명이 끊어지려 하더라도 생각하기를, '내가 이만한 고통으로 마음이 흔들리면, 자기를 조복하지 못하고, 자기를 수호하지 못하고, 스스로 분명히 알지 못하고, 스스로 닦지 못하고, 스스로 바르게 정하지 못하고, 스스로 고요하지 못하고, 스스로 아끼지 못하여 스스로 집착을 내리니, 어떻게 다른 이의 마음을 청정케 하랴'고 합니다.

보살이 이 때에 또 생각하기를 '내가 끝없는 옛적부터 생사 속에 있으면서 모든 고통을 받았도다' 하고 다시 정신을 가다듬어 마음이 청정하여 환희하여지고, 스스로 조화하고 잠들어 불법 가운데 편안히 머물고 또 중생으로 하여금 이런 법을 얻게 합니다.

다시 생각하기를 '이 몸은 공한 것이어서 나도 없고 내 것도 없으며, 진실하지 아니하고 성품이 공하여 둘이 없으며, 괴롭고 즐거움이 모두 없는 것이며, 모든 법이 공한 것을 내가 이해하고 다른 이에게 널리 말하여 여러 중생들로 하여금 이런 소견을 없애게 할 것이니, 그러므로 내가 비록 이런 고통을 당하여도 참고 견디어야 할 것이라. 중생을 염려하는 연고며, 중생에 이익 주려는 연고며, 중생을 안락케 하는 연고며, 중생을 가엾이 여기는 연고며, 스스로 깨달으려는 연고며, 다른 이를 깨닫게 하려는 연고며, 마음이 퇴전하지 않는 연고며, 부처님 도에 향하여 나아가기 위한 연고니라'고 하나니, 이것을 보살마하살의 셋째 어기지 않는 행이라 합니다.

불자들이여, 어떤 것이 보살마하살의 굽히지 않는 행[無屈撓行]인가.

이 보살은 모든 정진을 수행하나니, 이른바 제일가는 정진과 큰 정진과 승한 정진과 특별히 승한 정진과 가장 승한 정진과 가장 묘한 정진과 상품의 정진과 위없는 정진과 같을 이 없는 정진과 두루한 정진입니다.

성품에 삼독三毒이 없고 성품에 교만이 없고 성품에 덮어 숨김이 없고 성품에 간탐과 질투가 없고 성품에 아첨과 속임이 없고 성품이 스스로 부끄러워함이요, 마침내 한 중생이라도 시끄럽지 않게 하기 위하여 정진을 행합니다.

오직 일체 번뇌를 끊기 위하여 정진을 행하고, 일체 의혹의 근본을 뽑기 위하여 정진을 행하고, 일체 습기習氣를 제하기 위하여 정진을 행하고, 일체 중생의 세계를 알기 위하여 정진을 행하고, 일체 중생이 여기서 죽어 저기 나는 것을 알기 위하여 정진을 행하고, 일체 중생의 번뇌를 알기 위하여 정진을 행하고, 일체 중생의 마음에 좋아함을 알기 위하여 정진을 행하고, 일체 중생의 경계를 알기 위하여 정진을 행하고, 일체 중생의 근성이 승하고 열함을 알기 위하여 정진을 행하고, 오직 일체 중생의 마음으로 행함[心行]을 알기 위하여 정진을 행합니다.

또 일체 법계를 알기 위하여 정진을 행하고, 일체 불법의 근본 성품을 알기 위하여 정진을 행하고, 일체 불법의 평등한 성품을 알기 위하여 정진을 행하고, 삼세의 평등한 성품을 알기 위하여 정진을 행하고, 일체 불법의 지혜 광명을 얻기 위하여 정진을 행하고, 일체 불법의 지혜를 증득하기 위하여 정진을 행하고, 일체 불법의 한결같은 실상(一實相)을 알기 위하여 정진을 행하고, 일체 불법의 끝단 데 없음을 알기 위하여 정진을 행하고, 일체 불법의 광대하고 결정하고 공교한 지혜를 얻기 위하여 정진을 행하고, 일체 불법의 구절과 뜻을 분별하여 연설하는 지혜를 얻기 위하여 정진을 행하는 것입니다.

불자들이여, 보살마하살이 이러한 정진행을 성취하고는, 가령 어떤 사람이 말하기를 '그대가 능히 무수한 세계에 있는 중생들을 위할 적에, 하나하나의 중생을 위하여 아비지옥에서 수없는 겁 동안에 모든 고통을 두루 받으면서, 저 중생들로 하여금 낱낱이 수없는 부처님께서 세상에 출현하심을 만나게 하고, 부처님을 뵈온 연고로 여러 가지 낙을 받으며, 내지 무여열반에 들게 하고야, 그대가 마땅히 아뇩다라삼먁삼보리를 얻으리니, 그렇게 할 수 있느냐' 하면, '그렇게 하겠노라'고 대답합니다.

또 어떤 사람이 말하기를 '한량없는 아승기 큰 바닷물을 그대가 한 털 끝으로 찍어내어 다하게 하고, 한량없는 아승기 세계를 모두 부수어 티끌을 만들어서 그 물방울과 그 티끌을 낱낱이 세어 그 수효를 알고는, 중생을 위하여서 그렇게 많은 겁을 지나면서 찰나찰나마다 고통받기를 간단 없이 하라'고 하더라도, 보살이 이 말을 들었다고 해서 잠깐이라도 후회하는 마음을 내지 아니하고, 다시 환희용약(歡喜踊躍)함을 더하며 스스로 다행하게 생각하고 큰 이익을 얻노라 하면서, '나의 힘으로써 저 중생들로 하여금 모든 고통에서 길이 벗어나게 하리라'고 합니다.

보살이 이렇게 행하는 방편으로 일체 세계에서 일체 중생으로 하여금 내지 무여열반을 끝까지 얻게 하나니, 이것을 보살마하살의 넷째 굽히지 않는 행이라 합니다.

불자들이여, 어떤 것이 보살마하살이 우치와 산란을 여의는 행[離癡亂行]인가.

이 보살이 바른 생각을 성취하여 마음이 산란치 않고 견고하여 동하지 아니하며, 최상이고 청정하고 넓고 크고 한량없어 미혹하지 않은 것입니다.

생각이 바름으로써 세간의 온갖 말을 잘 알고, 출세간법의 말을 능히 지니나니, 이른바 색법色法과 색 아닌 법의 말을 능히 지니며, 색의 성품을 건립하는 말을 능히 지니고, 내지 수受·상想·행行·식識의 성품을 건립하는 말을 능히 지니어 마음이 우치하고 산란치 않으며, 세간에 있어 여기서 죽고 저기 나는 데 마음이 우치하고 산란치 않으며, 태에 들고 태에서 나오는 데 마음이 우치하고 산란치 않으며, 보리심을 내는 데 마음이 우치하고 산란치 않으며, 선지식을 섬기매 마음이 우치하고 산란치 않으며, 불법을 부지런히 닦는 데 우치하고 산란치 않으며, 마군의 일을 알아서 마음이 우치하고 산란치 않으며, 마군의 업을 여의어 마음이 우치하고 산란치 않으며, 말할 수 없는 겁 동안 보살행을 닦으매 마음이 우치하고 산란치 않습니다.

이 보살이 이렇게 한량없는 바른 생각을 성취하고는, 한량없는 아승기겁 동안 부처님과 보살과 선지식에게서 바른 법을 듣나니, 이른바 매우 깊은 법, 넓고 큰 법, 장엄한 법, 가지가지 장엄한 법, 가지가지 낱말 구절 소리의 굴곡을 연설하는 법, 보살의 장엄하는 법, 부처님 신력과 광명의 위없는 법, 바른 희망으로 결정한 이해인 청정한 법, 일체 세간에 집착하지 않는 법, 일체 세간을 분별하는 법, 매우 깊고 광대한 법, 어리석음을 떠나 일체 중생을 분명히 아는 법, 일체 세간이 함께하고 함께하지 않는 법, 보살 지혜의 위없는 법, 온갖 지혜로 자재한 법들입니다. 보살이 이런 법을 듣고는 아승기겁을 지내어도 잊지 않고 잃지 않고 항상 기억하여 간단함이 없습니다.

　무슨 까닭인가. 보살마하살이 한량없는 겁 동안 모든 행을 닦을 때에 한 중생이라도 시끄럽게 하여 바른 생각을 잃게 하지 아니하며, 바른 법을 파괴하지 않고 선근을 끊지 아니하여 마음에 항상 광대한 지혜를 증장하는 연고입니다.

　또 이 보살마하살은 가지가지 음성으로도 산란케 하지 못하나니, 이른바 높고 큰 음성, 거칠고 탁한 음성, 사람을 공포케 하는 음성, 뜻에 기쁜 음성, 기쁘지 않는 음성, 귀를 시끄럽게 하는 음성, 육근을 망그러뜨리는 음성입니다.

　이 보살은 이렇게 한량없고 수없는 좋고 싫은 음성이 아승기 세계에 가득함을 듣더라도, 잠깐 동안도 마음이 산란치 아니하나니, 이른바 바른 생각이 산란치 않고, 경계가 산란치 않고, 삼매가 산란치 않고, 깊은 법에 들어감이 산란치 않고, 보리행을 닦음이 산란치 않고, 보리심을 내는 것이 산란치 않고, 부처님들을 생각함이 산란치 않고, 진실한 법을 관찰함이 산란치 않고, 중생을 교화하는 지혜가 산란치 않고, 중생을 청정케 하는 지혜가 산란치 않고, 깊은 이치를 결정적으로 아는 것이 산란치 아니합니다.

　악업惡業을 짓지 아니하므로 악업의 장애가 없고, 번뇌를 일으키지 아니하므로 번뇌의 장애가 없고, 법을 가벼이 여기지 아니하므로 법의 장애가 없고 정법을 비방하지 아니하므로 과보의 장애가 없습니다.

　불자들이여, 위에 말한 음성들이 낱낱이 아승기 세계에 가득하여 한량없고 수없는 겁에 잠깐도 끊이지 않으면서 중생의 몸과 마음과 모든 근을 무너뜨리더라도 이 보살의 마음은 무너뜨리지 못하며, 보살이 삼매에 들어 성인의 법에 머물고, 일체 음성을 생각하고 관찰하며, 음성의 나고 머물고 멸하는 모양을 잘 알며, 음성의 나고 머물고 멸하는 성품을 잘 압니다.

이렇게 듣고는 탐심을 내지 아니하고 성을 내지 아니하고 생각을 잃지 아니하며, 그 모양을 잘 취하여서 물들지 아니하며, 온갖 음성이 다 없는 것이어서 실로 얻을 수 없으며, 지은 이도 없고 근본의 짬[本際]도 없어서 법계와 평등하여 차별이 없나니, 보살이 이렇게 적정한 몸과 말과 뜻으로 하는 행을 성취하고는 온갖 지혜에 이르도록 영원히 퇴전치 아니하고, 온갖 선정의 문에 잘 들어가서 모든 삼매가 동일한 성품임을 알며, 일체 법이 끝이 없음을 알며, 일체 법의 진실한 지혜를 얻으며, 음성을 여읜 깊은 삼매를 얻으며, 아승기 삼매문을 얻어서 한량없이 광대한 대비심大悲心을 증장합니다. 이 때에 보살이 잠깐 동안에 수없는 백천 삼매를 얻어서 이런 음성을 들어도 마음이 산란하지 않고 삼매로 하여금 점점 더 커지게 하며, 생각하기를 '내가 일체 중생으로 하여금 위없이 청정한 생각에 편안히 머물러 온갖 지혜에 퇴전치 아니하고 필경에 무여 열반을 성취케 하리라' 하나니, 이것을 보살마하살의 다섯째 우치와 산란을 여의는 행이라 합니다.

불자들이여, 어떤 것이 보살마하살의 잘 나타나는 행[善現行]인가.

이 보살의 몸으로 짓는 업이 청정하고 말로 짓는 업이 청정하고 뜻으로 짓는 업이 청정하여, 얻은 것 없는 데 머물러서 얻을 것 없는 몸과 말과 뜻의 업을 보이나니, 삼업三業이 모두 없는 것인 줄을 아는 것이며, 허망함이 없으므로 얽매임이 없으며, 무릇 나타내어 보이는 것이 성품도 없고 의지함도 없습니다.

실제와 같은 마음에 머물러 한량없는 마음의 성품을 알며 온갖 법의 성품을 알지만, 얻은 것도 없고 형상도 없고 매우 깊어 들어가기 어려우며, 바른 자리[正位]인 진여의 법성法性에 머물러서 방편을 내지만 업보가 없는 것이어서 나지도 않고 멸하지도 않으며, 열반계에 머물고 고요한 성품에 머물고 진실하여 성품이 없는 성품에 머무르며, 말로 할 수도 없고 세간을 초월하여 의지한 데가 없습니다. 분별을 여의어 속박이 없는 법에 들어갔으며, 가장 나은 지혜의 진실한 법에 들어갔으며, 세간으로는 알 수 없는 출세간법에 들어갔나니, 이것이 보살의 교묘한 방편으로 나는 모양을 나타내는 것입니다.

불자들이여, 이 보살이 생각하기를 '일체 중생이 성품 없음으로 성품을 삼았고, 일체 법이 함이 없음으로 성품을 삼았고, 일체 국토가 형상 없음으로 모양을 삼았으며, 일체 삼세가 오직 말뿐이니, 모든 말이 여러 법 가운데 의지한 곳이 없고 모든 법이 말 가운데 의지한 곳이 없다' 합니다.

보살이 이와 같이 모든 법이 모두 깊고 깊음을 알며, 모든 세간이 다 고요하고, 모든 불법이 더함이 없고 불법이 세간법과 다르지 않고, 세간법이 불법과 다르지 않고, 불법과 세간법이 섞이지 아니하며 또 차별도 없음을 이해하나니, 법계의 자체 성품이 평등하면 삼세에 두루 들어감인 줄을 분명히 아는 것이며, 큰 보리심을 영원히 버리지 않고, 중생을 교화하는 마음이 항상 퇴전하지 않으며, 큰 자비심이 더욱 증장하여 일체 중생의 의지할 데가 됩니다.

보살이 이 때에 다시 생각하기를 '내가 중생을 성숙시키지 않으면 누가 성숙시키며, 내가 중생을 조복하지 않으면 누가 조복하며, 내가 중생을 교화하지 않으면 누가 교화하며, 내가 중생을 깨우치지 않으면 누가 깨우치며, 내가 중생을 청정케 하지 않으면 누가 청정케 하겠는가. 이것은 나에게 마땅한 일이니 내가 하여야 하리라'고 합니다.

또 생각하기를 '만일 나만 이 깊은 법을 알면 나 한 사람만이 아뇩다라삼먁삼보리에 해탈할 것이니, 다른 중생들은 캄캄하고 눈이 없어 큰 험난한 길에 들어갈 것이며, 모든 번뇌에 속박이 되어 중병에 걸린 사람이 항상 고통을 받는 것 같을 것이며, 탐애의 옥에 떨어져 나오지 못할 것이요, 지옥·아귀·축생·염라왕 세계를 벗어나지 못하여 고통을 멸하지 못할 것이며, 어두운 데 항상 있으면서 진실한 이치를 보지 못하고, 생사에 헤매면서 뛰어나지 못하고, 팔난에 있으면서 더러운 때에 물들고 가지가지 번뇌가 마음을 가리워서 삿된 소견에 빠져 바른 도를 행하지 못하리라'고 합니다.

보살이 이렇게 중생을 관찰하고는 이런 생각을 합니다.

'이 중생들이 성숙되지 못하고 조복되지 못한 것을 그냥 버려두고 아뇩다라삼먁삼보리를 증득한다는 것은 차마 못할 일이니, 내가 먼저 중생들을 교화하면서 말할 수 없이 말할 수 없는 겁에 보살의 행을 행하되, 성숙하지 못한 이를 먼저 성숙케 하고 조복하지 못한 이를 먼저 조복케 하리라.'

이 보살이 이 행에 머물러 있을 때에 모든 하늘·마군·범천·사문·바라문과, 모든 세간의 건달바와 아수라들이 만일 만나 보거나 잠깐이라도 함께 있거나 공경하고 존중하고 섬기고 공양하거나, 잠깐 귀에 들었거나 마음에 한번 거치기만 하여도, 이런 일이 헛되지 아니하여 반드시 아뇩다라삼먁삼보리를 이룰 것이니, 이것을 보살마하살의 여섯째 잘 나타나는 행이라 합니다."

대방광불화엄경 제20권

제20권

21. 십행품 ②

"불자들이여, 어떤 것이 보살마하살의 집착 없는 행(無著行)인가. 불자들이여, 이 보살이 집착이 없는 마음으로 찰나찰나마다 아승기 세계에 들어가서 아승기 세계를 깨끗이 장엄하되 모든 세계에 집착하는 마음이 없습니다.

아승기 여래께서 계신 데 나아가 공경하고 예배하고, 받들어 섬기고 공양하되, 아승기 꽃과 아승기 향과 아승기 화만과 아승기 바르는 향과 가루향이며, 의복과 보배와 당기와 깃발과 일산과 모든 장엄거리를 각각 아승기로써 공양하나니, 이렇게 공양하는 것은 지음이 없는 법을 끝내기 위함이며 부사의한 법에 머물기 위한 연고입니다.

잠깐잠깐 동안에 수없는 부처님을 뵙되 부처님에게 집착하는 마음이 없으며, 모든 부처님 세계에도 집착이 없고, 부처님 잘 생긴 몸매에도 집착이 없고, 부처님의 광명을 보고 부처님의 법문을 듣는 데도 집착이 없으며, 시방의 세계와 부처님과 보살과 모인 대중에게도 집착이 없고, 불법을 듣고는 환희한 마음을 내고 뜻과 힘이 광대하여, 모든 보살의 행을 능히 가지고 능히 행하면서도 부처님 법에 집착함이 없습니다.

이 보살이 말할 수 없는 겁에 말할 수 없는 부처님께서 세상에 출흥하심을 보고, 낱낱 부처님 계신 데서 섬기고 공양하기를 말할 수 없는 겁이 다하도록 하더라도 마음에 만족함이 없으며, 부처님을 뵈옵고 법을 듣고 보살과 모인 대중의 장엄을 보더라도 다 집착함이 없으며, 부정한 세계를 보고도 미워하는 생각이 없나니, 무슨 까닭인가. 이 보살이 부처님 법과 같이 관찰하는 연고니, 불법 가운데는 때 묻음도 없고 깨끗함도 없고 어둠도 없고 밝음도 없고 다름도 없고 하나도 없고 진실함도 없고 허망함도 없고 편안함도 없고 험난함도 없고 바른 길도 없고 삿된 길도 없기 때문입니다.

보살이 이렇게 법계에 깊이 들어가 중생을 교화하되 중생에게 집착을 내지 않고, 모든 법을 받아 지니되 모든 법에 집착을 내지 않고, 보리심을 내어 부처님 머무시는 데 머물되 부처님 머무시는 데 집착을 내지 않고, 비록 말을 하나 말에도 집착함이 없고, 삼매를 알아서 들어가고 머무르되 삼매에 집착함이 없고, 한량없는 부처님 국토에 나아가 들어가기도 하고 보기도 하고 그 가운데 머물기도 하되 부처님 국토에 집착함이 없고, 버리고 갈 적에도 그리워하지 아니합니다.

보살마하살이 능히 이렇게 집착함이 없는 연고로 불법 가운데 마음이 장애되지 아니하며, 부처님의 보리를 알고 법의 비니毘尼를 증득하고 부처님 정교正敎에 머무르며, 보살의 행을 닦고 보살의 마음에 머물고 보살의 해탈법을 생각하면서도 보살의 머무는 곳에 물들지 아니하고 보살의 행하는 데에 집착함이 없이, 보살의 도를 청정케 하여 보살의 수기를 받습니다.

보살은 수기를 받고는 생각하기를, '범부가 우치하여 알지 못하고 보지 못하며 신심이 없고 이해가 없고 총명하고 민첩한 행이 없으며, 완악하고 어리석어 생사에 헤매면서, 부처님 뵙기를 구하지 않고 밝은 곳으로 인도함을 따르지 않고 조어調御함을 믿지 않으므로 아득하고 잘못되어 험난한 길에 들어가는 것이며, 십력十力을 가지신 이를 공경하지 않고, 보살의 은혜를 알지 못하며, 머무른 곳에만 탐착하여 모든 법이 공하다 함을 듣고는 공포한 마음을 내며, 바른 법을 떠나고 삿된 법에 머물며, 평탄한 길을 버리고 험난한 길에 들어가, 부처님 뜻을 등지고 마군의 뜻을 따르면서 모든 있는 데서 굳게 집착하고 버리지 못한다'고 이렇게 중생을 관찰하고는 대비심을 증장하여 모든 선근을 내면서도 집착하지 않습니다.

보살이 그 때에 또 생각하기를 '내가 마땅히 한 중생을 위하여 시방세계의 낱낱 국토에서 말할 수 없이 말할 수 없는 겁을 지내면서 교화하여 성숙케 할 것이며, 한 중생을 위하는 것 같이, 모든 중생을 위하여서도 그와 같이 할 것이요, 마침내 이것을 위하여 싫거나 고달픈 마음을 내어 그냥 버려 두고 다른 데 가지 아니할 것이며, 또 털 끝으로 법계를 두루 재면서 한 털 끝만한 곳에서 말할 수 없이 말할 수 없는 겁이 다하도록 일체 중생을 교화하고 조복하며, 한 털 끝만한 곳에서와 같이 낱낱 털 끝만한 곳에서도 그와 같이 하리라'고 합니다.

내지 '손가락 한 번 튀기는 동안이라도 나라는 데 집착하여 나라는 생각과 내 것이란 생각을 일으키지 아니하며, 낱낱 털 끝만한 곳에서마다 오는 세월이 끝나도록 보살의 행을 닦아도 몸에 집착하지 않고 법에 집착하지 않고 생각에 집착하지 않고 소원에 집착하지 않고 삼매에 집착하지 않고 관찰에 집착하지 않고 고요한 선정에 집착하지 않고 경계에 집착하지 않고, 중생을 교화하여 조복하는 데 집착하지 않으며, 다시 법계에 들어가는 데도 집착하지 않으리라'고 하나니, 무슨 연고인가. 보살이 생각하기를 '내가 마땅히 일체 법계가 요술과 같은 줄 관하며, 모든 부처님이 그림자 같고 보살의 행이 꿈과 같고 부처님의 법을 말함이 메아리 같은 줄 관하며, 일체 세간이 화현과 같으니 업보로 유지되는 연고며, 차별한 몸이 요술과 같으니 행의 힘으로 일으킨 연고며, 일체 중생이 마음과 같으니 가지가지로 물든 연고며, 일체 법이 실제實際와 같으니 변할 수 없는 연고임을 관하리라'고 합니다.

또 생각하기를 '내가 마땅히 허공이 끝나고 법계에 두루한 시방의 국토에서 보살의 행을 행하며, 찰나찰나마다 일체 불법을 분명히 통달하고 바른 생각이 앞에 나타나 집착이 없으리라'고 합니다.

보살이 어떻게 몸이 나라고 할 것이 없음을 관하고 부처님 보기를 걸림 없이 하며, 중생을 교화하려고 법을 연설하여 그로 하여금 부처님 법에 한량없는 즐거움과 청정한 신심을 내게 하며, 모든 이들을 구호하되 고달프거나 싫은 생각이 없습니다.

고달픈 생각이 없으므로 모든 세계에서 중생이 성취하지 못하였거나 조복하지 못한 데가 있으면, 그 곳에 나아가 방편으로 교화하여 제도하되, 그 가운데 중생이 가지가지 음성과 가지가지 업과 가지가지 집착과 가지가지 시설施設과 가지가지 화합이며, 가지가지로 헤매임[流轉]과 가지가지 지음[所作]과 가지가지 경계와 가지가지로 태어나고 가지가지로 죽는 것들을, 큰 서원으로 그 가운데 편안히 있어서 교화하되, 그 마음이 변동하거나 퇴전치 않게 하며, 잠깐이라도 물드는 생각을 내지 아니합니다.

무슨 까닭인가 하면, 집착함이 없고 의지한 데가 없으므로 자기를 기억하고 다른 이를 이익케 함이 청정하고 만족함이니, 이것을 보살마하살의 일곱째 집착 없는 행이라 합니다.

불자들이여, 어떤 것이 보살마하살의 얻기 어려운 행〔難得行〕인가.

이 보살이 얻기 어려운 선근과 굴복하기 어려운 선근과 가장 승한 선근과 깨뜨릴 수 없는 선근과 지나갈 이 없는 선근과 헤아릴 수 없는 선근과 다하지 않는 선근과 힘이 자재한 선근과 큰 위덕 있는 선근과 모든 부처님과 성품이 같은 선근을 성취하였으니, 이 보살이 모든 행을 닦을 적에 불법 중에서 가장 나은 이해를 얻고, 부처님 보리에서 넓고 큰 이해를 얻고, 보살의 서원에 조금도 쉬지 아니하고 일체 겁이 다하여도 게으른 마음이 없으며, 모든 고통에 싫은 생각을 내지 않고, 모든 마군이 동요하지 못하며, 모든 부처님이 호념하시는 바며, 모든 보살의 고행苦行을 구비하게 행하고, 보살의 행을 닦되 꾸준하여 게으르지 아니하며, 대승에 대한 소원이 퇴전하지 아니합니다.

이 보살이 이 얻기 어려운 행에 편안히 머물고는, 생각생각마다 아승기겁에 나고 죽음을 자주 변하면서도 보살의 대원을 버리지 아니하나니, 만일 어떤 중생이 받들어 섬기고 공양하거나, 내지 보고 듣기만 하여도 모두 아뇩다라삼먁삼보리에서 퇴전치 아니합니다.

이 보살이 비록 중생이 있는 것 아닌 줄을 알지만, 일체 중생들을 버리지 아니하나니, 마치 뱃사공이 이 언덕에 머물지도 않고 저 언덕에 머물지도 않고 중류中流에 머물지도 아니하면서, 이 언덕 중생을 건네어 저 언덕에 이르게 하는 것과 같나니 왕래하여 쉬지 아니하는 연고입니다.

보살마하살도 그와 같아서 생사에 머물지도 않고 열반에 머물지도 않고 생사 가운데 흐름에 머물지도 아니하면서, 이 언덕 중생을 건네어 저 언덕의 편안하고 두려움이 없고 근심이 없고 시끄러움이 없는 곳에 두지만, 중생의 수효에 집착하지도 아니하며, 한 중생을 버리고 여러 중생에 집착하지도 아니하고, 여러 중생을 버리고 한 중생에 집착하지도 아니하며, 중생계가 더하지도 않고 중생계가 감하지도 않으며, 중생계가 나지도 않고 중생계가 멸하지도 않으며, 중생계가 다하지도 않고 중생계가 자라지도 않으며, 중생계를 분별하지도 않고 중생계를 둘로 하지도 않습니다.

무슨 까닭이냐 하면, 보살이 중생계가 법계와 같은 데 깊이 들어가서 중생계와 법계가 둘이 없게 되나니, 둘이 없는 법에는 더함도 없고 감함도 없고 나는 것도 없고 멸함도 없고 있지도 않고 없지도 않으며, 취함도 없고 의지함도 없고 집착함도 없고 둘도 없나니, 왜냐 하면 보살이 일체 법과 법계가 둘이 없음을 아는 연고입니다.

보살이 이렇게 좋은 방편으로 깊은 법계에 들어가고는, 모양이 없는 데 머물러서 청정한 모양으로 그 몸을 장엄하며, 법의 성품이 없음을 알지만 일체 법의 모양을 분별하며, 중생에 집착하지 않으면서도 중생의 수를 알며, 세계에 집착하지 않으면서도 부처님 세계에 몸을 나타내며, 법을 분별하지 않으면서도 부처님 법에 잘 들어가며, 이치를 깊이 통달하고도 말로 가르침을 자세히 연설하며, 일체 법이 탐욕을 여읜 진실한 짬(眞際)을 알면서도 보살의 도를 끊지 아니하고 보살의 행에서 물러나지 아니하고, 부지런히 다함이 없는 행을 닦아서 자재하게 청정한 법계에 들어갑니다.

비유컨대 나무를 비비어 불을 내거든 불타는 일이 한량없으나 불은 꺼지지 아니하나니, 보살도 그와 같아서 중생을 교화하는 일이 다함이 없으나 세간에 있어서 항상 머물고 멸하지도 않습니다.

구경究竟도 아니고 구경 아님도 아니며, 집착도 아니고 집착 아님도 아니며, 의지도 아니고 의지 없음도 아니며, 세상 법도 아니고 부처님 법도 아니며, 범부도 아니고 과를 얻은 것도 아닙니다.

보살이 이러한 얻기 어려운 마음을 성취하고 보살행을 닦을 때에 이

승법二乘法도 말하지 않고 부처님 법도 말하지 않고 세간도 말하지 않고 세간법도 말하지 않고 중생도 말하지 않고 중생 없음도 말하지 않고 때 묻은 것도 말하지 않고 깨끗한 것도 말하지 않나니, 왜냐 하면 보살은 일체 법이 물들지도 않고 집착도 없고 전변하지도 않고 물러가지도 않음을 아는 연고며, 보살이 이렇게 적멸하고 미묘하고 매우 깊고 가장 승한 법 가운데서 수행할 때에 '내가 현재에 이 행을 닦고 이미 이 행을 닦았고 장차 이 행을 닦으리라'는 생각을 내지 아니하며, 온蘊・계界・처處에 집착하지 않고, 안 세간・바깥 세간・안팎 세간과 일으킨 큰 소원의 바라밀과 일체 법에도 모두 집착이 없었으니, 왜냐 하면 법계 중에는 어떤 법이 성문승에 향한다, 독각승에 향한다 이름할 것이 없으며, 어떤 법이 보살승에 향한다, 아뇩다라삼먁삼보리에 향한다 이름할 것이 없으며, 어떤 법이 범부 세계에 향한다 할 것이 없으며, 어떤 법이 물드는 데 향한다, 깨끗한 데 향한다, 생사에 향한다, 열반에 향한다 할 것이 없는 연고이고 모든 법이 둘도 없고 둘이 아님도 없는 연고입니다.

마치 허공을 시방에서 과거나 미래나 현재에 구하여도 얻을 수 없으나, 그러나 허공이 없는 것이 아니니, 보살도 그와 같아서 일체 법이 모두 얻을 수 없음을 관찰하거니와, 그러나 일체 법이 없지도 아니하여 실상과 같고 다르지 아니하며, 짓는 일을 잃지 않고 보살의 행을 수행함을 보이며, 큰 원력을 버리지 않고 중생을 조복하며, 정법의 수레를 운전하여 인과 과를 무너뜨리지 아니하여, 평등하고 묘한 법에도 어기지 아니하며, 삼세의 여래들과 더불어 평등하여 부처의 종성을 끊지 않고 실상을 깨뜨리지 아니하며, 법에 깊이 들어가 변재가 다하지 않으며, 법을 듣고 집착하지 않으나 법의 깊은 데까지 이르러 잘 열어 연설하매 두려운 마음이 없으며, 부처님 머무는 데를 버리지 아니하고 세상

법을 어기지 아니하며, 세간에 두루 나타나되 세간에 집착하지 않습니다.

보살이 이렇게 얻기 어려운 지혜의 마음을 성취하고는 모든 행을 닦으면서, 세 삼악취三惡趣에서 중생들을 뽑아내어 교화하고 조복하여 삼세의 부처님 도에 편안히 두고 동요치 않게 하며, 생각하기를 '세간의 중생들이 은혜 갚을 줄을 알지 못하고 원수로 상대하며, 삿된 소견에 집착하여 미혹하고 뒤바뀌며, 어리석고 지혜가 없어 신심이 없고 나쁜 벗을 따라 나쁜 생각을 일으키며, 탐욕과 애착과 무명과 가지가지 번뇌가 모두 가득하였으니, 이것이 내가 보살행을 닦을 만한 곳이로다. 설사 은혜를 알고 총명하고 지혜가 있으며 선지식이 세간에 가득하다면 나는 이 가운데서 보살행을 닦지 아니할지니, 왜냐 하면 나는 중생에게 대하여 친하고 섬길 것도 없고 바라는 것도 없으며, 내지 실 한 오리, 풀 한 줄가리를 구하거나 칭찬하는 말 한마디를 구함도 아니며, 오는 세월이 끝나도록 보살행을 닦으면서도 한 번도 내 몸을 위하지 아니하였고, 다만 모든 중생을 제도하여 청정케 하고 영원히 뛰어나게 하려는 것이로다'라고 합니다.

무슨 까닭인가 하면, 중생들을 지도하는 이는 으레 그러하여, 집착하지도 않고 구하는 것도 없으며, 다만 중생들을 위하여 보살의 도를 닦으며, 그들로 하여금 편안한 저 언덕에 이르러서 아뇩다라삼먁삼보리를 이루게 하려는 것이니, 이것을 보살마하살의 여덟째 얻기 어려운 행이라 합니다.

불자들이여, 어떤 것이 보살마하살의 법을 잘 말하는 행[善法行]인가. 이 보살은 일체 세간의 하늘·사람·마군·범천·사문·바라문·건달바 들을 위하여 청량한 법 못[法池]이 되어 바른 법을 거두어 지니어서 부처의 종성이 끊어지지 않게 합니다.

청정한 광명 다라니를 얻었으므로 법을 말하고 수기하는 변재가 다함이 없으며, 뜻을 구족한 다라니를 얻었으므로 뜻을 말하는 변재가 다함이 없으며, 실상 법을 깨닫는 다라니를 얻었으므로 법을 말하는 변재가 다함이 없으며, 훈고하여 해석하는 말 다라니를 얻었으므로 언사〔辭〕의 변재가 다함이 없으며, 끝이 없는 글 구절과 다함 없는 뜻의 걸림 없는 문 다라니를 얻었으므로 걸림 없는 변재가 다함이 없으며, 부처님의 관정 다라니를 얻어 정수리에 물을 부었으므로 환희케 하는 변재가 다함이 없으며, 남을 의지하지 않고 깨닫는 다라니를 얻었으므로 광명 변재가 다함이 없으며, 같은 말 하는 다라니를 얻었으므로 같은 말을 하는 변재가 다함이 없으며, 가지가지 뜻과 구절과 글을 훈고 해석하는 다라니를 얻었으므로 훈고하는 변재가 다함이 없으며, 끝이 없이 돌아가는 다라니를 얻었으므로 끝이 없는 변재가 다함이 없습니다.

이 보살은 대비심이 견고하여 중생들을 널리 거두어 주는데, 삼천대천세계에서 몸을 금빛으로 변하여 불사를 지으며, 중생들의 근성과 욕락을 따라서 길고 넓은 혀로써 한 음성에 한량없는 소리를 나타내어 때에 맞추어 법을 말하여 환희케 합니다.

가령 말할 수 없는 가지가지 업보로 생긴 무수한 중생들이 한 곳에 모였으며, 그러한 모임이 엄청나게 말할 수 없는 세계에 가득하였거든, 보살이 그 모인 이들 가운데 앉았을 적에, 그 모임에 있는 중생들이 낱낱이 말할 수 없는 아승기 입을 가졌고, 그 입마다 백천억 나유타 음성을 내어 한꺼번에 말하는데, 말이 각각 다르고 묻는 일이 각각 다른 것을, 이 보살이 한 생각 동안에 모두 알아 듣고 따로따로 대답하여 그들의 의혹을 덜어주며, 한 모임에서와 같이 말할 수 없는 모임에서도 모두 그와 같이 합니다.

또 가령 한 털 끝만한 곳에서, 잠깐잠깐마다 말할 수 없이 말할 수

없는 도량에 모인 대중을 내듯이, 일체의 털 끝만한 곳에서도 그와 같이 내기를, 오는 겁이 다하도록 한다면, 저 겁은 다한다 하여도 대중의 모임은 다함이 없나니, 이러한 모임의 대중들이 잠깐잠깐마다 제각기 다른 말로써 제각기 다르게 질문하더라도, 보살은 한 생각 동안에 모두 다 알아들으면서, 두려움도 없고 겁도 아니 나고 의심도 없고 잘못 아는 일도 없어, 이렇게 생각 합니다.

'가령 일체 중생이 모두 이와 같은 말로써 한꺼번에 나에게 묻더라도 나는 그들에게 법을 말하되 끊임도 없고 다함도 없으며, 그로 하여금 환희하여 선한 도[善道]에 머물게 하며, 또 그들로 하여금 온갖 말을 잘 알아서 중생에게 가지가지 법을 말하되 말에 대하여 조금도 분별함이 없을 것이며, 가령 말할 수 없이 말할 수 없는 가지가지 말로써 와서 문난하더라도, 한 생각에 다 알고 한 음성으로 모두 대답하여 모두 깨닫게 하고 남음이 없게 하리라'고 하나니, 온갖 지혜로 관정灌頂함을 얻은 연고며, 걸림 없는 장藏을 얻은 연고며, 온갖 법의 원만한 광명을 얻은 연고며, 온갖 지혜의 지혜를 구족한 연고입니다.

불자들이여, 이 보살마하살이 선법행에 편히 머물고는, 능히 스스로 청정하고, 역시 집착이 없는 방편으로 일체 중생을 이익케 하면서도, 중생이 벗어나는 일이 있음을 보지 아니하며, 이 삼천대천세계에서와 같이, 내지 말할 수 없는 삼천대천세계에서 몸을 금색으로 변하고 묘한 음성을 구족하여 온갖 법에 장애함이 없이 불사를 짓습니다.

불자들이여, 이 보살마하살은 열 가지 몸을 성취하는데, 이른바 그지없는 법계에 들어가는 모든 갈래가 아닌 몸이니 일체 세간을 멸하는 연고며, 그지없는 법계에 들어가는 모든 갈래의 몸이니 일체 세간에 나는 연고며, 나지 않는 몸이니 남이 없이 평등한 법에 머무는 연고며, 멸하지 않는 몸이니 일체의 멸함을 말로 할 수 없는 연고며, 진실하지 않은 몸이니 실상과 같음을 얻은 연고며, 허망치 아니한 몸이니 마땅한 대로 나타내는 연고며, 변천하지 않는 몸이니 여기서 죽어 저기 나는 일을 여읜 연고며, 무너지지 않는 몸이니 법계의 성품이 무너짐이 없는 연고며, 한 모양 몸이니 삼세의 말할 길〔語言道〕이 끊어진 연고며, 모양 없는 몸이니 법의 모양을 잘 관찰하는 연고입니다.

보살이 이러한 열 가지 몸을 성취하고는, 일체 중생의 집이 되나니 모든 선근을 기르는 연고며, 일체 중생의 구호함이 되나니 그로 하여금 크게 편안함을 얻게 하는 연고며, 일체 중생의 돌아갈 데가 되나니 그들의 의지할 곳이 되는 연고며, 일체 중생의 지도자가 되나니 위없이 벗어나게 하는 연고며, 일체 중생의 스승이 되나니 진실한 법에 들게 하는 연고며, 일체 중생의 등불이 되나니 그들로 하여금 업보를 환히 보게 하는 연고며, 일체 중생의 빛이 되나니 깊고 묘한 법을 비추게 하는 연고며, 일체 삼세의 횃불이 되나니 실상 법을 깨닫게 하는 연고며, 일체 세간의 비침이 되나니 광명한 땅 속에 들게 하는 연고며, 일체 갈래의 밝음이 되나니 여래의 자재함을 나타내는 연고입니다.

불자들이여, 이것을 보살마하살의 아홉째 법을 잘 말하는 행이라 하나니, 보살이 이 행에 머무르면, 일체 중생을 위하여 청량한 법 못〔法池〕이 되어 일체 불법의 근원을 다하는 연고입니다.

불자들이여, 어떤 것이 보살마하살의 진실한 행〔眞實行〕인가.

이 보살이 제일되는 진실하고 참된 말을 성취하여 말한 대로 능히 행하고 행하는 대로 능히 말합니다.

이 보살이 삼세 부처님들의 진실한 말을 배우며, 삼세 부처님들의 종성에 들어가며, 삼세의 부처님들과 선근이 동등하며, 삼세 부처님들의 두 가지 없는 말을 얻으며, 여래를 따라 배워서 지혜가 성취하였습니다.

이 보살이 중생의 옳은 곳과 그른 곳을 아는 지혜와, 근성이 이롭고 둔함을 아는 지혜와 가지가지 경계를 아는 지혜와 가지가지 이해〔解〕를 아는 지혜와, 온갖 곳에 이르러 갈 길을 아는 지혜와, 모든 선정ㆍ해탈ㆍ삼매의 때 물음과 깨끗함이 일어나는 때와 때 아님을 아는 지혜와 온갖 세계에서 지난 세상에 머물던 일을 기억함에 따라 아는 지혜와, 천안통의 지혜와 누진통漏盡通의 지혜를 성취하고도 일체의 보살행을 버리지 아니하나니, 무슨 까닭인가. 일체 중생을 교화하여 모두 청정케 하려는 연고입니다.

이 보살은 이러한 더 나아가는 마음〔增上心〕을 다시 냅니다.

'내가 만일 일체 중생으로 하여금 위없는 해탈도에 머물게 하지 못하고 내가 먼저 아뇩다라삼먁삼보리를 이룬다면, 이것은 나의 본래의 소원〔本願〕에 어기는 것이니, 마땅하지 못한 일이다. 그러므로 반드시 먼저 일체 중생들로 하여금 위없는 보리와 무여열반을 얻게 한 뒤에 성불할 것이니라. 왜냐 하면 중생들이 나에게 청하여서 발심한 것이 아니고, 내가 중생에게 청하지 않은 벗이 되더라도 일체 중생으로 하여금 선근을 만족하여 온갖 지혜를 이루게 하고자 한 것이다. 그러므로 내가 가장 승하니 일체 세간에 집착하지 않는 연고며, 내가 가장 높으니 위없는 지도하는 지위에 있는 연고며, 내가 가리움을 여의었으니 중생의 끝이 없음을 아는 연고며, 내가 이미 찬탄하였으니 본래의 소원을 성취한 연고며, 내가 잘 변화함이니 보살의 공덕으로 장엄한 연고며, 내가 좋은 의지가 되나니 삼세의 부처님들이 거두어 주시는 연고니라.'

이 보살마하살이 본래의 소원을 버리지 않았으므로 위없는 지혜의 장엄에 들어가서, 중생들을 이익하여 만족케 하며 본래의 소원을 따라 모두 끝까지 이르게 하였으며, 일체 법 가운데서 지혜가 자재하며 모든 중생을 두루 청정케 하며, 찰나찰나마다 시방세계에 두루 노닐며, 찰나찰나마다 말할 수 없이 말할 수 없는 부처님 국토에 두루 나아가며, 찰나찰나마다 말할 수 없이 말할 수 없는 부처님과 부처님의 장엄과 청정한 국토를 다 보며, 여래의 자재하신 신통의 힘을 나타내어 법계와 허공계에 두루 가득합니다.

이 보살이 한량없는 몸을 나타내어 세간에 두루 들어가되 의지함이 없으며, 그 몸 가운데 모든 세계와 모든 중생과 모든 법과 모든 부처님을 나타내며, 이 보살이 중생의 가지가지 생각과 가지가지 욕망[欲]과 가지가지 이해와 가지가지 업보와 가지가지 선근을 알고, 적당한 대로 몸을 나타내어 조복하며, 모든 보살이 요술과 같고 온갖 법이 변화와 같고 부처님의 출세하심이 그림자와 같고 일체 세간이 꿈과 같음을 관찰하며, 뜻[義身] 과 소리[文身] 들이 무진장함을 얻고 바른 생각이 자재하여 일체 법들을 결정적으로 알며, 지혜가 가장 승하여 모든 삼매의 진실한 모양에 들어가니, 한 성품이요 둘이 아닌 자리에 머무름입니다.

보살마하살은 중생들이 모두 둘에 집착함을 말미암아, 대비에 머물러서 이렇게 적멸한 법을 닦아 행하며, 부처님의 십력을 얻어 인다라 그물 같은 법계에 들어가고, 여래의 걸림 없는 해탈을 성취하여 사람 중에 영특한 이로서 큰 사자후로 두려움이 없어 걸림 없고 청정한 법 수레를 운전하며, 지혜의 해탈을 얻어 일체 세간의 경계를 알고, 생사의 소용돌이를 끊고 지혜의 바다에 들어가 모든 중생을 위하여 삼세 부처님들의 바른 법을 보호하여 지니고 일체 부처님 법 바다의 실상인 근원에 이르릅니다.

보살이 이 진실한 행에 머물고는, 일체 세간의 하늘·사람·마군·범천·사문·바라문·건달바·아수라들로서 친근하는 이는 모두 마음이 열리어 깨달아 환희하고 청정하게 하나니, 이것을 보살마하살의 열째 진실한 행이라 합니다."

이 때 부처님의 신통력으로 시방에 각각 부처 세계의 티끌 수 세계들이 여섯 가지로 진동하니, 이른바 흔들흔들 · 두루 흔들흔들 · 온통 두루 흔들흔들 · 들먹들먹 · 두루 들먹들먹 · 온통 두루 들먹들먹 · 울쑥불쑥 · 두루 울쑥불쑥 · 온통 두루 울쑥불쑥 · 우르르 · 두루 우르르 · 온통 두루 우르르 · 와르릉 · 두루 와르릉 · 온통 두루 와르릉 · 와지끈 · 두루 와지끈 · 온통 두루 와지끈이며, 하늘 꽃 · 하늘 향 · 하늘 가루향 · 하늘 화만 · 하늘 옷 · 하늘 보배 · 하늘 장엄거리를 비내리며, 하늘 음악을 연주하고 하늘 광명을 놓고 하늘의 미묘한 음성으로 화창하게 연설하였다.

이 세계의 야마천궁夜摩天宮에서 십행十行의 법을 말하면서 나타내는 신통 변화와 같이, 시방세계에서도 다 그러하였다.

다시 부처님의 신력으로써 시방으로 각각 십만 부처 세계의 티끌 수 세계 밖에 있는 십만 부처 세계의 티끌 수 보살들이 함께 이 국토에 와서 시방에 가득 차 있으면서, 공덕림보살에게 말하였다.

"불자시여, 잘 하십니다. 보살의 행을 잘 연설합니다. 우리들은 모두 이름이 같으니 공덕림功德林이요, 우리가 있는 세계의 이름은 모두 공덕당기〔功德幢〕요, 그 세계의 여래께서는 다 명호가 보공덕普功德이신데, 우리들의 부처님 계신 데서도 이 법문을 말씀하며, 모인 대중과 권속과 말과 이치가 모두 여기서와 같아서 더하거나 덜함이 없습니다.

불자시여, 우리들은 다 부처님의 신력을 받들고 이 회상에 와서 당신들을 위하여 증명하는 것이며, 시방세계에서도 다 그와 같습니다."

이 때 공덕림보살이 부처님의 위신력을 받들어 시방의 일체 회중과 법계를 두루 관찰하고는 부처님의 종성이 끊어지지 않게 하고자, 보살의 종성이 청정케 하고자, 서원의 종성이 퇴전하지 않게 하고자, 행의 종성이 항상 계속케 하고자, 삼세의 종성이 다 평등케 하고자, 삼세 일체 부처님의 종성을 거두어 붙들고자, 심은 바 모든 선근을 연설하고자, 모든 근성과 욕망과 이해와 번뇌와 습성과 마음으로 행하고 짓는 일을 관찰하고자, 일체 부처님의 보리를 비치어 알기 위해서 게송으로 말하였다.

열 힘 가진 높은 이와, 때 여의고
청정하여 걸림 없이 보시는 이와
경계가 깊고 멀어 짝할 이 없고
공한 도에 머문 이께 경례합니다.

지난 세상 인간 중에 가장 승하고
공덕이 한량없고 집착 없으며
용맹하고 제일이고 짝이 없으니
티끌을 여읜 이가 이 길〔道〕행하고.

지금 세상 시방의 여러 국토에
첫째 뜻을 잘 펴서 연설하시며
모든 허물 여의고 가장 청정해
의지한 데 없는 이가 이 길 행하고.

오는 세상 인간 중에 사자이신 이
온 법계에 두루 돌아다니시면서
부처님의 대비심을 이미 냈으니
이익하는 저 이가 이 길 행하고.

삼세에 계시는 비길 이 없는 분
저절로 어리석음 제해 버리고
온갖 법에 모두 다 평등하시니
큰 힘을 얻은 이가 이 길 행하고.

한량없고 그지없는 모든 세계의
온갖 것과 모든 갈래 두루 다 보며
보고는 그 마음에 분별 없나니
동요하지 않는 이가 이 길 행하고.

법계에 있는 것을 분명히 알고
제일가는 이치가 가장 청정해
진심瞋心・교만・어리석음 길이 파하니
저 공덕 갖춘 이가 이 길 행하고.

여러 가지 중생을 잘 분별하고
법계의 참 성품에 모두 들어가
다른 이 의지 않고 제가 깨달아
허공과 평등한 이 이 길 행하고.

온 허공에 널려 있는 모든 국토에
모두 가서 법을 말해 알게 하시매
말씀이 청정하여 깰 이 없나니
승하고 고요한 이 이 길 행하고.

구족하고 견고하여 퇴전치 않아
가장 좋고 존중한 법 성취하나니
원력이 그지없고 저 언덕에 가
수행을 잘하는 이 행하시는 길.

한량없고 그지없는 이 땅덩이의
넓고 크고 깊고 깊은 미묘한 경계
모두 다 알고 보고 남음 없나니
논리의 사자왕이 행하시는 길.

일체의 구절과 뜻 분명히 알고
여러 가지 논리를 모두 굴복하고
교법敎法에 결정하여 걸림 없나니
저 크게 고요한 이 이 길 행하고.

세간의 모든 걱정 멀리 여의고
중생들께 편안한 낙 널리 주어서
같을 이 없이 크신 도사 능히 되나니
승한 공덕 가진 이 이 길 행하고.

두려움 없으므로 중생에게 주어
모든 이로 하여금 기쁘게 하되
그 마음 청정하여 혼탁 없나니
동등할 이 없는 이가 이 길 행하고.

마음이 청정하여 조화 잘 되고
모든 희롱 여의어 말이 점잖고
위의가 원만하여 대중이 흠앙하니
가장 훌륭한 이가 이 길 행하고.

진실한 뜻에 들어 저 언덕 가고
공덕에 머물러서 마음도 고요
부처님 호념하사 잊지 않나니
모든 유有를 멸한 이 이 길 행하고.

나를 멀리 여의어 시끄럼 없고
항상 큰 음성으로 바른 법 말해
시방의 모든 국토 두루했으니
비유할 수 없는 이 이 길 행하고.

보시바라밀을 이미 만족하고
백 가지 복된 상호로 장엄했으매
중생들 보는 이가 모두 기뻐해
가장 승한 지혜가 이 길 행하고.

지혜의 깊은 곳에 들기 어려워
묘한 지혜로서야 잘 머무나니
그 마음 필경까지 동요치 않아
수행 견고한 이가 이 길 행하고.

법계에 간 데마다 다 들어가며
들어가는 곳에는 끝까지 가서
신통이 자재하여 다 포함하니
법의 광명 가진 이 이 길 행하고.

같을 이 없이 같은 대모니大牟尼께서
부지런히 삼매 닦아 두 모양 없고
마음은 정에 들어 적정 즐기니
두루 다 보는 이가 이 길 행하고.

미세하고 광대한 여러 국토가
서로서로 들어가도 각기 차별해
그러한 경계들을 모두 아나니
저 지혜의 산왕山王이 이 길 행하고.

뜻은 항상 깨끗하여 때를 여의고
삼계에서 조금도 집착이 없어
모든 계율 지니고 저 언덕 가니
마음 깨끗한 이가 이 길 행하고.

지혜가 끝이 없고 말할 수 없어
법계와 허공계에 가득하거늘
잘 닦아 배우고서 거기 있나니
금강 지혜 있는 이 이 길 행하고.

삼세 일체 부처님 깊은 경계에
지혜로 잘 들어가 두루하고서
잠깐도 피로한 맘 내지 않나니
가장 수승한 이가 이 길 행하고.

열 가지 지혜의 힘 잘 분별하고
온갖 곳에 이를 길 분명히 알며
몸으로 하는 일이 자재하나니
공덕 몸 이룬 이가 이 길 행하고.

시방에 한량없고 끝없는 세계
거기 있는 수없이 많은 중생들
내가 다 구호하여 버리잖나니
두려움 없는 이가 이 길 행하고.

부처님 모든 법을 닦아 익히되
언제나 정진하여 게으르지 않고
모든 세간 깨끗이 다스리나니
크나큰 저 용왕이 이 길 행하고.

중생들의 근성이 같지도 않고
욕망과 이해들도 제각기 차별
가지가지 세계를 밝게 아나니
널리 들어간 이가 이 길 행하고.

시방에 한량없는 모든 세계에
태어나는 수효가 그지없건만
한 생각도 피로한 마음 없나니
즐거워하는 이가 이 길 행하고.

한량없는 광명 그물 두루 놓아서
일체의 세계들을 환히 비추고
비치는 광명 따라 법성法性에 드니
선한 지혜 얻은 이 이 길 행하네.

시방에 한량없는 억 나유타의
국토들을 낱낱이 진동하여도
중생들을 놀라지 않게 하나니
세상에 이익 준 이 행하시는 길.

일체의 말하는 법 잘 해득하여
묻고 대답함이 끝까지 총명해
현철한 변재 지혜 모두 아나니
두려움 없는 이가 행하시는 길.

엎고 잦힌 모든 세계 잘 이해하여
분별하고 생각하여 끝까지 얻고
다함이 없는 땅에 머물게 하니
좋은 지혜 있는 이가 행하시는 길.

공덕이 한량없는 나유타인데
부처님도 구하려고 모두 닦았고
무엇에나 저 언덕에 이르렀으니
다함 없는 행 닦은 이 행하시는 길.

세상에 논사論師들을 초출하였고
제일가는 변재로 사자후하여
많은 중생 저 언덕에 이르게 하니
마음 깨끗한 이가 행하시는 길.

부처님들 관정灌頂하는 제일가는 법
그 법으로 정수리에 물을 부었고
마음이 바른 법문 항상 머무니
광대한 맘 가진 이 이 길 행하고.

일체 중생 한량없이 차별하거늘
그 마음 통달하여 두루하였고
결정코 부처 법장 수호하나니
수미산 같은 이가 이 길 행하고.

하나하나 말하는 소리 가운데
한량없는 음성을 나타내어서
중생들이 종류 따라 알게 하나니
걸림 없이 보는 이 이 길 행하고.

갖가지 문자들과 말하는 법을
지혜로써 들어가나 분별치 않고
진실한 경계 속에 머물렀으니
성품을 보는 이가 행하시는 길.

깊고 깊은 큰 법바다에 머물러 있어
온갖 법을 능히 다 인정했으며
모양 없고 진실한 법 분명히 아니
실상을 보는 이가 행하시는 길.

하나하나 불국토에 모두 나아가
한량없는 무변 겁이 다할 때까지
관찰하고 생각하기 쉬지 않나니
게으르지 않은 이 행하시는 길.

한량없고 수없는 모든 여래의
가지가지 명호가 같지 않거늘
한 털 끝에 모두 다 밝게 보나니
깨끗한 복 가진 이 행하시는 길.

털 끝만한 곳에서 보는 부처님
그 수효 한량없어 말할 수 없고
일체의 법계에도 다 그러하니
저 여러 불자들이 이 길 행하고.

한량없고 끝없고 수없는 겁을
한 찰나 가운데서 밝게 보고서
길고 짧아 일정하지 않음을 아니
해탈행을 얻은 이 행하시는 길.

보는 이로 하여금 헛되지 않고
불법에 좋은 인연 심게 하지만
하는 일에 마음이 집착없나니
모든 것 승한 이가 행하시는 길.

나유타 겁 동안 부처님 만나
잠깐도 싫은 마음 내는 일 없고
그 마음 환희하여 더욱 증장해
공하지 않게 본 이 행하시는 길.

한량없고 끝없는 겁 다할 때까지
일체의 중생 세계 관찰하지만
한 중생 있는 줄도 보지 않나니
견고한 사람들이 행하시는 길.

그지없는 복과 지혜 닦아 익혀서
서늘한 공덕 못을 널리 만들고
일체의 중생들에 이익 주나니
첫째가는 사람이 이 길 행하고.

온 법계에 여러 종류 많은 중생들
허공에 두루 가득 한량없는데
모두 말을 의지해 있는 줄 아니
사자후하는 이가 행하시는 길.

하나하나 삼매의 어디서든지
수없는 모든 삼매 두루 들어가
법문의 깊은 곳에 다 이르나니
달을 논하는 이〔論月者〕가 이 길 행하고.

부지런히 인욕忍辱 닦고 저 언덕 가서
가장 승한 적멸법 능히 참으며
그 마음 평등하여 동요 않나니
그지없는 지혜의 행하시는 길.

한 세계에 한 자리 앉아 있으며
그 몸이 고요하여 동하잖지만
온갖 곳에 몸을 두루 나타내나니
그지없는 몸 가진 이 이 길 행하고.

한량없고 그지없는 모든 국토가
한 티끌 속에다가 모두 넣되
두루 다 포용하여 장애 없나니
그지없이 생각하는 이 이 길 행하고.

옳은 곳과 그른 곳 분명히 알고
모든 힘에 골고루 능히 들어가
여래의 최상력을 성취하나니
제일 힘 가진 이가 행하시는 길.

지난 세상·오는 세상·지금 세상의
한량없고 끝없는 모든 업보를
언제나 지혜로써 모두 아나니
통달하여 아는 이 행하시는 길.

온 세간의 제때거나 제때 아니거나
조복할 중생들을 분명 통달해
적당함을 따라서 잃지 않나니
이것은 잘 아는 이〔善了者〕행하시는 길.

몸과 말과 마음을 잘 지키어서
언제나 법에 따라 행을 닦으며
모든 집착 여의고 마군을 눌러
슬기로운 사람이 행하시는 길.

모든 법 가운데서 공교함 얻고
진여眞如의 평등한 데 능히 들어가
변재로 연설함이 다하잖나니
부처님 행 닦는 이 행하시는 길.

여러 다라니문을 원만하였고
걸림 없는 장 속에 편히 머물러
모든 법계 모두 다 통달하나니
깊이 들어간 이의 행하시는 길.

삼세에 나 계시는 모든 부처님
모두 다 맘도 같고 지혜도 같아
한 성품 한 모양이 다름 없나니
걸림 없는 종성의 행하시는 길.

일체 어리석음의 막膜을 긁었고
광대한 지혜 바다 깊이 들어가
중생에게 청정한 눈 보시하나니
이것은 눈 있는 이 행하시는 길.

일체의 모든 도사導師 구족했으며
평등한 신통으로 두 행이 없고
여래의 자재한 힘 얻으셨으니
이것은 잘 닦은 이 행하시는 길.

온 시방 모든 세계 두루 다니며
그지없이 묘한 법비 널리 내리어
이치에서 결정함을 얻게 하나니
이것은 법 구름이 행하시는 길.

부처님의 지혜와 모든 해탈에
깨끗한 신심 내어 퇴전치 않고
신심으로 지혜 뿌리 내는 것이니
이것은 잘 배운 이 행하시는 길.

한 생각에 일체 중생 능히 다 알고
한 중생도 남기지 아니하면서
저 중생의 마음 성품 분명히 아니
무성無性을 통달한 이 행하시는 길.

법계에 수가 없는 모든 국토에
이 몸을 변화하여 두루 가는데
가장 묘한 그 몸 짝할 이 없나니
비길 데 없는 행의 행하시는 길.

부처 세계 끝없고 수가 없는데
한량없는 부처님 속에 있거늘
보살이 그 곳마다 앞에 나타나
친근하고 공양하고 존중하시네.

보살들이 오로지 한 몸으로써
삼매에 들어가서 고요하지만
수가 없는 그 몸의 하나하나가
삼매에서 일어남을 보게도 하고.

보살의 머문 데가 깊고 묘하여
행하고 짓는 일이 희론戱論을 초월
그 마음 청정하고 항상 기쁘매
중생들을 모두 다 환희케 하고.

모든 근根과 방편이 각각 다른데
지혜로 분명하게 능히 다 보고
근들이 의지한 데 없음을 아니
생먹이〔調難〕를 조복한 이 행하는 도라.

교묘한 방편으로 잘 분별하여
일체 법에 자재함을 능히 얻었고
시방세계 제각기 같지 않거늘
그 가운데 있으면서 불사를 짓네.

모든 근이 미묘하고 행도 그러해
중생들을 위하여 법을 말하니
듣는 이는 기뻐하지 않는 이 없어
허공과 평등한 이 행하는 도요.

지혜 눈 청정하여 같을 이 없고
온갖 법을 모두 다 밝게 보나니
공교한 지혜로써 이러한 분별
같을 이 없는 이가 행하시는 길.

그지없이 광대한 복을 갖춘 이
온갖 것 수행하여 끝까지 가고
중생들로 하여금 청정케 하니
비길 데 없는 이가 행하시는 길.

도를 돕는 여러 법 닦기 권하여
그들이 방편 지위 머물게 하여
중생을 제도함이 그지없지만
중생이란 생각이 조금도 없고,

온갖 근기 인연을 다 관찰하여
저의 뜻 보호하여 다투지 않게
중생에게 편안한 곳 널리 보이니
방편을 얻은 이의 행하시는 길.

가장 높고 제일가는 지혜 이루고
한량없고 그지없는 지혜 구족해
사부대중들에게 두렵잖으니
방편 지혜 갖춘 이 행하시는 길.

일체의 세계에나 모든 법에나
두루 다 들어가서 자재를 얻고
모든 대중 모인 데 또한 들어가
중생을 제도하기 셀 수가 없고,

시방에 널려 있는 국토 가운데
큰 법고 둥둥 울려 중생 깨우고
법으로 보시하여 가장 높으니
멸하지 않는 이가 행하시는 길.

한 몸이 가부 틀고[結跏趺] 앉아 있는 데
한량없는 세계에 가득하지만
그 몸은 비좁지도 아니하나니
법신을 증득한 이 행하시는 길.

한 이치와 한 글자 가운데서도
한량없고 끝없는 법 연설하지만
그래도 끝단 데를 얻지 못하니
그지없는 지혜가 행하시는 길.

부처님의 해탈을 닦아 배우고
부처님 지혜 얻어 장애 없으며
두려움 없어지고 세상의 영웅
방편을 얻은 이의 행하시는 길.

시방의 세계해를 분명히 알고
일체의 불찰해佛刹海도 다 알았으며
지혜 바다 법 바다 모두 다 아니
중생들 보는 이는 모두 좋아해.

혹은 태에 들어가고 처음 나오고
도량에 나타나서 정각을 얻어
이런 일을 세간들이 보게 하나니
이것은 끝없는 이 행하시는 길.

한량없는 억천만 국토 가운데
열반에 드는 몸을 나타내지만
서원을 모르는 채 멸도滅度 않나니
영웅스런 논사가 행하시는 길.

견고하고 비밀하고 묘한 이 몸이
부처님과 평등하여 차별 없건만
중생들 나름으로 다르게 보니
한결같이 진실한 몸 행하시는 길.

법계가 평등하여 차별 없으나
한량없고 끝없는 뜻 구족하였고
한 모양 보는 마음 이동 않나니
삼세의 지혜론 이 행하시는 길.

모든 중생에게나 부처님 법에
건립建立하고 가지加持하기 모두 끝까지
가지하는 힘을 얻어 부처 같으니
최상 가지 받은 이가 행하시는 길.

신족통神足通 걸림 없어 부처님 같고
천안통 걸림 없어 가장 청정코
천이통 걸림 없어 잘 들리나니
걸림 없는 뜻 가진 이 행하시는 길.

여러 가지 신통을 모두 갖추고
그의 지혜 따라서 모두 성취해
온갖 것을 잘 알아 짝이 없나니
지혜 있고 어진 이 행하시는 길.

그 마음 정에 들어 동요치 않고
그 지혜 넓고 커서 끝이 없어서
온갖 경계 다 밝게 통달하나니
일체를 보는 이의 행하시는 길.

일체 공덕 언덕에 이미 이르고
차례차례 따라서 중생 건지되
그 마음 필경까지 만족 없나니
늘 부지런한 이의 행하시는 길.

삼세에 있는 바 부처님 법을
여기서 일체 것을 알고 보아서
여래의 종성으로부터 나나니
저 모든 불자들의 행하시는 길.

순하게 따르는 말 이미 이루고
어긋장 치는 언론 꺾어버리고
부처님의 보리로 능히 향하니
끝없이 지혜론 이 행하시는 길.

한 광명 비치는 일 끝단 데 없어
시방의 모든 국토 두루 가득해
세상으로 큰 광명 얻게 하나니
어둠 깨뜨린 이 행하시는 길.

공양하고 볼 수 있는 그들을 따라
여래의 청정한 몸 나타내면서
백천억 중생들을 교화하시니
부처 세계 장엄함도 그와 같더라.

중생들을 세간에서 벗어나도록
갖가지 묘한 행을 닦아 익히니
이런 행 넓고 커서 그지없거늘
뉘라서 이런 것을 능히 알리요.

가령 그의 나눈 몸〔分身〕 말할 수 없어
법계와 허공계와 같은 이들이
한 가지로 그 공덕 찬탄한대도
백천만 겁 지내도 못다 하리라.

보살들의 공덕은 그지없어서
갖가지 닦을 행을 모두 갖추니
한량없고 끝이 없는 부처님들이
무량 겁에 말해도 못다 하거든

하물며 이 세상의 천상·인간들
일체의 성문이나 모든 연각이
한량없고 그지없는 그러한 겁에
찬탄해도 끝까지 다할 수 없네.

대방광불화엄경 제21권

제21권

22. 십무진장품十無盡藏品

그 때 공덕림보살이 다시 보살들에게 말하였다.

"불자들이여, 보살마하살은 열 가지 장藏이 있으니 과거·미래·현재의 부처님들이 이미 말씀하셨고 장차 말씀하실 것이요 지금 말씀하십니다.

무엇을 열 가지라 하는가. 이른바 믿는 장[信藏]·계행 갖는[戒] 장·제부끄러움[慚] 장·남부끄러움[愧] 장·들은[聞] 장·보시하는[施] 장·지혜로운[慧] 장·기억하는[念] 장·지니는[持] 장·말하는[辯] 장이 열입니다.

불자들이여, 어떤 것을 보살마하살의 믿는 장[信藏]이라 하는가. 이 보살이 일체 법이 공함[空]을 믿으며, 일체 법이 모양 없음[無相]을 믿으며, 일체 법이 원이 없음[無願]을 믿으며, 일체 법이 짓는 일 없음[無作]을 믿으며, 일체 법이 분별 없음을 믿으며, 일체 법이 의지한 데 없음을 믿으며, 일체 법이 헤아릴 수 없음을 믿으며, 일체 법이 위가 없음을 믿으며, 일체 법이 초월함이 없음을 믿으며, 일체 법이 남이 없음을 믿는 것입니다.

만일 보살이 이렇게 일체 법을 따라서 깨끗한 믿음을 내고는, 부처님의 법이 헤아릴 수 없다 함을 듣고도 마음이 겁약怯弱하지 않으며, 일체 부처님이 헤아릴 수 없다 함을 듣고도 마음이 겁약하지 않으며, 중생계가 헤아릴 수 없다 함을 듣고도 마음이 겁약하지 않으며, 법계가 헤아릴 수 없다 함을 듣고도 마음이 겁약하지 않으며, 허공계가 헤아릴 수 없다 함을 듣고도 마음이 겁약하지 않으며, 열반계가 헤아릴 수 없다 함을 듣고도 마음이 겁약하지 않으며, 지난 세상이 헤아릴 수 없다 함을 듣고도 마음이 겁약하지 않으며, 오는 세상이 헤아릴 수 없다 함을 듣고도 마음이 겁약하지 않으며, 지금 세상이 헤아릴 수 없다 함을 듣고도 마음이 겁약하지 않으며, 일체 겁에 들어가는 것이 헤아릴 수 없다 함을 듣고도 마음이 겁약하지 않나니, 무슨 까닭인가. 이 보살이 부처님 계신 데 한결같이 굳은 신심을 내며, 부처님의 지혜가 그지없고 다하지 않음을 아는 까닭입니다.

시방의 한량없는 세계 가운데 낱낱이 한량없는 부처님이 계시어서 아뇩다라삼먁삼보리를 이미 얻었고 지금 얻고 장차 얻을 것이며, 이미 출세하였고 지금 출세하고 장차 출세할 것이며, 이미 열반에 들었고 지금 열반에 들고 장차 열반에 들 것입니다.

저 부처님들의 지혜는 더하지 않고 덜하지 않고 나지 않고 멸하지 않고 나아가지 않고 물러가지 않고 가깝지 않고 멀지 않고 앎도 없고 버림도 없습니다.

이 보살이 부처님 지혜에 들어가 그지없고 다함 없는 신심을 성취하며, 이런 신심을 얻고는 마음이 퇴전하지 않고 마음이 산란하지 아니하여 깨뜨릴 수 없고 물들 수 없으며, 항상 근본이 있어 성인을 따라 여래의 가문에 머물러서, 모든 부처님의 종성을 두호하여 가지며, 모든 보살의 믿고 앎[信解]을 증장하며, 일체 여래의 선근을 따르며, 일체 부처님의 방편을 내나니, 이것을 보살마하살의 믿는 장[信藏]이라 합니다.

보살이 이 믿는 장에 머물면 모든 부처님의 법을 들어 지니고 중생에게 말하여 깨닫게 합니다.

불자들이여, 어떤 것을 보살마하살의 계행 갖는 장[戒藏]이라 하는가. 이 보살이 널리 이익하는 계·받지 않는 계·머물지 않는 계·뉘우침 없는 계·어기지 않는 계·시끄럽게 손해하지 않는 계·섞임이 없는 계·탐구함[貪求]이 없는 계·허물이 없는 계·헐고 범함이 없는 계를 성취하는 것입니다.

무엇을 널리 이익 주는 계[普饒益戒]라 하는가. 이 보살이 깨끗한 계를 받아 가짐은 본래 일체 중생을 이익하기 위함입니다.

무엇을 받지 않는 계[不受戒]라 하는가. 이 보살이 외도들의 여러 가지 계를 받아 행하지 아니하고, 성품이 스스로 정진하여 삼세 부처님 여래의 평등한 계율만을 받들어 지니는 것입니다.

무엇을 머물지 않는 계[不住戒]라 하는가. 이 보살이 계를 받아 지닐 적에 마음이 욕계에도 머물지 않고 색계에도 머물지 않고 무색계에도 머물지 않나니, 그것은 저런 곳에 나려고 계를 지니는 것이 아닌 까닭입니다.

무엇을 뉘우침 없는 계[無悔恨戒]라 하는가. 이 보살이 항상 편안히 있어서 뉘우치는 마음이 없나니, 왜냐 하면 중대한 죄를 짓지 않고 거짓을 행하지 않고 청정한 계를 파하지 않는 연고입니다.

무엇을 어기지 않는 계[無違諍戒]라 하는가. 이 보살이 먼저 제정한 것을 어기지 않고 새로 만들지 않으며, 마음이 언제나 열반으로 향하는 계를 따르며, 구족하게 받아 지니고 헐거나 범함이 없으며, 계행을 가짐으로써 다른 중생을 시끄럽게 하여 괴로움을 내게 하지 않으며, 모든 중생들로 하여금 마음이 항상 즐겁게 하기 위하여 계행을 가지는 것입니다.

무엇을 시끄럽게 손해하지 않는 계(不惱害戒)라 하는가. 이 보살이 계율로 인하여 여러 가지 주문이나 방약方藥을 만들어서 중생을 시끄럽게 하지 않으며, 다만 일체 중생을 구호하기 위하여 계행을 가지는 것입니다.

무엇을 섞임이 없는 계(不雜戒)라 하는가. 이 보살이 치우친 소견(邊見)에 집착하지 않고, 섞인 계(雜戒)를 가지지 않으며, 다만 인연으로 생기는 것을 관찰하고 벗어나려는 계를 갖는 것입니다.

무엇을 탐하여 구함이 없는 계(無貪求戒)라 하는가. 이 보살이 이상한 모습을 나타내어 자기에게 덕이 있다고 드러내지 아니하고, 벗어나는 법(出離法)을 만족하기 위하여 계를 가지는 것입니다.

무엇을 허물이 없는 계(無過失戒)라 하는가. 이 보살이 스스로 잘난 체하여 내가 계행을 가졌노라 말하지 아니하며, 파계한 사람을 보고 경멸히 여기어 그로 하여금 부끄럽게 하지 아니하고, 다만 한결같은 마음으로 계를 지니는 것입니다.

무엇을 헐고 범함이 없는 계(無毁犯戒)라 하는가. 이 보살이 살생·도둑질·음행·거짓말·이간하는 말·나쁜 말·이치 없는 말·탐욕·성내는 일·삿된 소견을 영원히 끊고, 열 가지 선한 일을 구족하게 받아지니나니, 보살이 범하지 않는 이 계를 지니면서 생각하기를 '모든 중생이 깨끗한 계를 범함은 전도함으로 말미암음이니, 부처님 세존만이 중생이 무슨 인연으로 전도한 마음을 내어 계를 범하는 줄을 아시느니라. 내가 마땅히 위없는 보리를 성취하고 중생들을 위하여 진실한 법을 널리 말하여 전도함을 여의게 하리라'고 하나니, 이것을 보살마하살의 제2 계행 갖는 장이라 합니다.

불자들이여, 어떤 것을 보살마하살의 제부끄러움 장[慙藏]이라 하는가. 이 보살이 과거에 지은 나쁜 짓을 생각하고 부끄러움을 내는데, 저 보살이 스스로 생각하기를 '내가 끝없는 옛적부터 모든 중생과 더불어, 서로서로 부모도 되고 형제와 자매와 남녀도 되었으며, 탐욕과 성내는 일과 어리석음과 교만과 아첨과 모든 번뇌를 갖추었으므로 서로 시끄럽게 하고 번갈아 능멸하며, 간음하고 살생하여 온갖 악을 모두 지었으며, 모든 중생들도 역시 그러하여 여러 가지 번뇌로 모든 나쁜 짓을 지었으므로 제각기 서로 공경하지도 않고, 존중하지도 않고 순종하지도 않고 겸손하지도 않고 지도하지도 않고 보호하지도 않았으며, 서로 살해하고 서로 원수가 되었으며, 또 생각건대 내 몸이나 모든 중생이 과거·현재·미래에 부끄러운 줄을 모르는 법을 행하여 삼세의 부처님들이 알고 보지 않으신 이가 없으며, 이제 만약 이 부끄러운 줄 모르는 행을 끊지 않으면 삼세의 부처님들이 또한 보실 것이니, 내가 어찌 그대로 행하면서 끊지 아니하랴. 이것은 대단히 옳지 못한 일이니라.

그러므로 나는 전심으로 끊어버리고 아뇩다라삼먁삼보리를 증득하며, 중생들을 위하여 진실한 법을 널리 말하리라'고 하나니, 이것을 보살마하살의 제3 제부끄러움 장이라 합니다.

불자들이여, 어떤 것을 보살마하살의 남부끄럼 장[愧藏]이라 하는가. 이 보살이 스스로 부끄러워하기를 '옛적부터 오욕락[五欲]을 가지가지로 탐욕하여 만족한 줄을 몰랐으며, 그리하여 탐욕·성내는 일·어리석음 따위의 온갖 번뇌를 증장하였으니 내가 이제는 다시 그런 일을 행하지 않으리라'고 합니다.

또 생각하되 '중생들이 지혜가 없어 번뇌를 일으키고 나쁜 짓을 모두 행하면서 서로 공경하지 않고 서로 존중하지 않으며, 내지 차츰차츰 서로 원수가 되는 것이니, 이런 나쁜 짓을 짓지 않은 것이 없으며, 짓고는 기뻐하고 따라 칭찬하였으니 캄캄하게 지혜의 눈이 없어 지견이 없었으며, 어머니의 태 속에 들어 태어나면 누추한 몸이 되어 필경에는 머리가 세고 얼굴이 쭈그러지나니, 지혜 있는 이가 본다면 이것은 음욕으로 생기는 부정한 법이므로 삼세의 부처님께서 다 아시거늘, 내가 이제 이런 일을 행하면 삼세의 부처님을 기만하는 것이다. 그러므로 나는 마땅히 부끄러움[愧]으로 행을 닦아서 아뇩다라삼먁삼보리阿耨多羅三藐三菩提를 속히 이루고 중생을 위하여 진실한 법을 연설하리라'고 하나니, 이것을 보살마하살의 제4 부끄럼 장이라 합니다.

불자들이여, 어떤 것을 보살마하살의 들은 장[聞藏]이라 하는가.

이 보살이 이 일이 있으므로 이 일이 있고, 이 일이 없으므로 이 일이 없으며, 이 일이 일어나므로 이 일이 일어나고, 이 일이 멸하므로 이 일이 멸하며, 이는 세간법이요 이는 출세간법이며, 이는 하염 있는 법[有爲法]이요 이는 하염 없는 법이며, 이는 기록할 수 있는 법[有記法]이요 이는 기록할 수 없는 법임을 아는 것입니다.

어떤 것을 이 일이 있으므로 이 일이 있다 하는가. 이른바 무명無明이 있으므로 행行이 있다는 것입니다. 어떤 것을 이 일이 없으므로 이 일이 없다 하는가. 이른바 식識이 없으므로 명색名色이 없다는 것입니다. 어떤 것을 이 일이 일어나므로 이 일이 일어난다 하는가. 이른바 애愛가 일어나므로 괴로움[苦]이 일어난다는 것입니다. 어떤 것을 이 일이 멸하므로 이 일이 멸한다 하는가. 이른바 유有가 멸하므로 생生이 멸한다는 것입니다.

어떤 것을 세간법이라 하는가. 이른바 색色·수受·상想·행行·식識입니다. 어떤 것을 출세간법이라 하는가. 이른바 계행[戒]·선정·지혜

〔慧〕·해탈解脫·해탈지견解脫知見입니다. 어떤 것을 하염 있는 법이라 하는가. 이른바 욕계·색계·무색계·중생계입니다. 어떤 것을 하염 없는 법이라 하는가. 이른바 허공·열반·수의 연으로 멸하는 것〔數緣滅〕·수의 연이 아니고 멸하는 것〔非數緣滅〕·연기緣起·법성주法性住입니다.

어떤 것을 기록할 수 있는 법이라 하는가. 이른바 사성제四聖諦·사사문과四沙門果·사변四辯·사무소외四無所畏·사념처四念處·사정근四正勤·사신족四神足·오근五根·오력五力·칠각분七覺分·팔성도분八聖道分입니다.

어떤 것을 기록할 수 없는 법〔無記法〕이라 하는가. 이른바 세간世間이 끝이 있다〔有邊〕, 세간이 끝이 없다〔無邊〕, 세간이 끝이 있기도 하고 끝이 없기도 하다, 세간이 끝이 있는 것도 아니고 끝이 없는 것도 아니다, 세간이 항상하다, 세간이 무상하다, 세간이 항상하기도 하고 무상하기도 하다, 세간이 항상한 것도 아니고 무상한 것도 아니다, 여래가 열반한 뒤에 있다, 여래가 열반한 뒤에 없다, 여래가 열반한 뒤에 있기도 하고 없기도 하다, 여래가 열반한 뒤에 있는 것도 아니고 없는 것도 아니다, 나와 중생이 있다, 나와 중생이 없다, 나와 중생이 있기도 하고 없기도 하다, 나와 중생이 있는 것도 아니고 없는 것도 아니다, 과거에 몇 여래가 열반에 들고, 몇 성문과 벽지불이 열반에 들고, 미래에 몇 여래와 몇 성문과 벽지불과 몇 중생이 있을 것이요, 현재에 몇 부처님이 머물러 있고, 몇 성문과 벽지불이 머물러 있고, 몇 중생이 머물러 있다, 어떤 여래가 가장 먼저 나시고, 어떤 성문과 벽지불이 가장 먼저 나고, 어떤 중생이 가장 먼저 났으며, 어떤 여래가 나중에 나시고, 어떤 성문과 벽지불이 나중에 나고, 어떤 중생이 나중에 나며, 무슨 법이 가장 처음에 있었고, 무슨 법이 가장 나중에 있다, 세간이 어디로부터 오고, 어디로 가는 것이며, 몇 세계는 성취하고, 몇 세계는 파괴하며, 세계가 어디로부터 오고, 어디로 가는 것이다. 어느 것은 생사의 가장 처음이요, 어느 것은 생사의 가장 나중이다 하는 것 따위니, 이것을 기록할 수 없는 법이라 합니다.

보살마하살이 생각하기를 '모든 중생이 생사하는 속에서 많이 들음이 없으므로 이런 일체 법을 알지 못하나니 나는 마땅히 발심하여 들은 장을 가지고 아뇩다라삼먁삼보리를 증득하며, 중생들을 위하여 진실한 법을 말하리라'고 하나니, 이것을 보살마하살의 제5 많이 들은 장이라 합니다.

불자들이여, 어떤 것을 보살마하살의 보시하는 장〔施藏〕이라 하는가. 이 보살이 열 가지 보시를 행하나니, 이른바 부분 보시〔分減施〕·전부 보시〔竭盡施〕·속 보시〔內施〕·겉 보시〔外施〕·안팎 보시〔內外施〕·일체 보시·과거 보시·미래 보시·현재 보시·끝내 보시〔究竟施〕입니다.

불자들이여, 무엇을 보살의 부분 보시〔分減施〕라 하는가.

이 보살이 성품이 인자하고 보시하기를 좋아하여, 맛난 음식을 만나도 자기만 먹지 않고 중생에게 나누어 주고 먹으며, 모든 받는 것을 모두 그렇게 하였는데, 만일 스스로 먹을 적에는 생각하기를 '내 몸에는 팔만의 호충〔戶蟲〕이 나를 의지해 있으니, 내 몸이 배불러 즐거우면 저들도 즐거울 것이요, 내 몸이 굶주리면 저들도 괴로울 것이다. 내가 지금 이 음식을 먹는 것은 중생들로 하여금 배부르게 하려는 것인즉, 저들에게 보시하기 위하여 먹는 것이요 맛을 탐함이 아니다'라고 하며, 또 생각하기를 '내가 오랜 세월〔長夜〕에 내 몸을 애착하여 배를 불리려고 음식을 먹었으니, 이제는 이 음식을 중생에게 보시하고 나의 몸에서는 탐욕을 영원히 끊으리라'고 하나니, 이것을 부분 보시라 합니다.

무엇을 보살의 전부 보시〔竭盡施〕라 하는가.

불자들이여, 이 보살이 가지각색 맛 좋은 음식이나 향이나 꽃이나 의복이나 생활에 필요한 물건을 만났을 적에, 만일 스스로 받아 쓴다면 안락하여 생명을 연장할 것이요, 다른 이에게 보시한다면 곤궁하고 죽게 될 터인데, 어떤 사람이 와서 말하기를 '그대가 지금 가진 것을 모두 나에게 달라'고 하였습니다. 보살이 생각하되 '내가 끝없는 옛적부터 지금까지 굶주림으로 인하여 죽은 몸이 수가 없지만, 일찍이 털 끝만큼도 중생께 이익 주어 선근을 지은 적이 없었으니, 이번에도 옛적과 마찬가지로 생명을 버리게 될 것이 아닌가. 그러니까 마땅히 중생을 이익케 하리라' 하고, 가지고 있는 대로 몽땅 보시하고, 내지 목숨이 다하여도 조금도 아끼지 않으리라 하나니, 이것을 전부 보시라 합니다.

무엇을 보살의 속 보시〔內施〕라 하는가.

불자들이여, 이 보살이 한창 젊어서 얌전하고 아름답고 향과 꽃과 의복으로 몸을 단장하며, 관정함〔灌頂〕으로부터 전륜왕의 자리에 앉아서 칠보가 구족하고 사천하를 다스릴 적에, 어떤 사람이 와서 백왕白王에게 말하기를 '대왕이여, 나는 지금 나이가 늙었고 겸하여 중병이 들었으며, 고독하고 지쳐서 곧 죽게 되었습니다. 대왕의 수족과 혈육과 머리와 눈과 뼈를 나에게 주신다면 나는 목숨을 연장하여 살아날 수 있사오니, 바라건대 대왕이여, 앞뒤를 생각하거나 아끼지 마시고 자비하신 마음으로 나에게 보시하소서'라고 한다면, 그 때 보살이 생각하되 '나의 이 몸은 필경에는 죽을 것이요, 아무 이익도 없을 것이니, 차라리 빨리 버려서 중생을 구제하리라'고 이렇게 생각하고는 곧 보시하되 후회하는 생각이 없으면, 이것을 속 보시라 합니다.

무엇을 보살의 겉 보시〔外施〕라 하는가.

불자들이여, 이 보살이 나이 젊고 용모가 단정하며 여러 몸매가 구족하였으며, 훌륭한 꽃과 좋은 의복으로 몸을 장엄하고 관정을 받음으로도 전륜왕이 되어 칠보가 구족하고 사천하를 다스릴 적에, 어떤 사람이 와서 백왕에게 말하기를 '나는 지금 곤궁하고 여러 가지 고통이 핍박하오니, 바라건대 인자하신 생각으로 불쌍히 여기사 이 왕의 자리를 나에게 주시면, 내가 이 천하를 거느리고 임금의 복락을 받겠나이다'고 합니다. 이 때 보살이 생각하되 '모든 영화는 반드시 쇠하는 것이요, 쇠하게 되면 다시는 중생에게 이익줄 수 없나니, 이제 마땅히 저의 요구를 따라서 그 뜻을 만족케 하리라' 이렇게 생각하고 곧 보시하여 주고 후회하는 마음이 없으면, 이것을 겉 보시라 합니다.

　무엇을 보살의 안팎 보시〔內外施〕라 하는가.

　불자들이여, 이 보살이 위에 말한 것처럼 전륜왕의 자리에 있어 칠보가 구족하고 사천하의 왕이 되었을 적에, 어떤 사람이 와서 말하기를 '대왕은 오래 전부터 전륜왕이 되었거니와, 나는 한 번도 이 자리를 얻지 못하였사오니, 바라건대 대왕께서 그 자리를 나에게 주시고, 왕께서는 나의 신하가 되소서'라고 합니다. 그 때 보살이 생각하기를 '나의 몸이나 재물이나 왕의 지위는 모두 무상한 것이어서 필경에는 망그러지는 것이다. 나는 지금 건강하고 천하를 가졌는데, 달라는 이가 앞에 나타났으니, 마땅히 견고하지 못한 것을 버리어 견고한 법을 구하리라' 이렇게 생각하고는 곧 보시하여 주고, 내지 몸으로는 공순히 섬기되 후회하는 마음이 없으면, 이것을 안팎 보시라 합니다.

　무엇을 보살의 일체 보시〔一切施〕라 하는가.

　불자들이여, 이 보살이 위에 말한 것같이 전륜왕의 지위에 있으면서 칠보가 구족하고 사천하의 왕이 되었을 적에, 한량없는 가난한 사람들이 그 앞에 와서 말하기를 '대왕의 거룩한 소문이 시방에 퍼졌사올새 저희들이 덕화를 우러러 왔나이다. 저희들은 제각기 구함이 있사오니 자비를 드리우사 소원을 만족케 하소서'라고 하면서, 혹은 국토를 달라

하고, 혹은 처자를 달라 하고, 혹은 수족과 피와 살과 염통·허파·머리·눈·골수들을 요구합니다. 이 때 보살은 이렇게 생각합니다. '모든 은혜와 애정은 떠나고야 마는 것이고, 중생에 아무 이익도 주지 못하는 것 아닌가. 나는 이제 탐욕과 애정을 영원히 버리고 서로 이별하고야 말 온갖 것으로써 중생의 소원을 채워 주리라.' 그리고, 모든 것을 베풀어 주고 후회하는 마음도 없고, 중생에게 염증을 내지도 아니하나니, 이것을 일체 보시라 합니다.

무엇을 보살의 과거 보시〔過去施〕라 하는가.

이 보살이 지난 세상의 부처님과 보살들이 가진 공덕을 듣고도 집착하지 않고, 있는 것 아닌 줄로 알아서, 분별하지도 않고 탐내지도 않고 맛들이지도 않으며, 구별하여 가지려고 하지도 않고 의지하려고도 아니하며, 법은 꿈과 같아서 견고하지 않음을 보며, 모든 선근에는 있는 것이란 생각을 내지도 않고 의지하지도 않으며, 다만 집착 있는 중생을 교화하여 불법을 성숙시키려고 그를 위하여 연설하는 것이며, 또 과거의 모든 법을 보건대 시방으로 찾으려 하여도 얻을 수 없는 것이라 생각하고는 과거의 법들을 끝까지 버리나니, 이것을 과거 보시라 합니다.

무엇을 보살의 미래 보시〔未來施〕라 하는가.

이 보살이 오는 세상 부처님들의 수행함을 듣고는 있는 것이 아닌 줄로 알아서 모양을 취하지도 않고, 따로 부처님의 국토에 왕생하기를 좋아하지도 않으며, 맛들이지도 않고 집착하지도 않고 싫어하지도 않으며, 선근으로써 저기에 회향하지도 않고, 저기에서 선근을 퇴전하지도 않으며, 항상 부지런히 수행하여 조금도 폐하지 아니하나니, 다만 저 경계로 인하여 중생들을 거두어 주며 진실한 이치를 말하여 불법을 성숙시키려는 것입니다. 그러나 이 법은 처소가 있지도 않고 처소가 없지도 않으며, 안도 아니고 밖도 아니고 가깝지도 않고 멀지도 않은 것이라 하며, 다시 생각하되 만일 법이 있는 것 아니라면 버리지 않을 수 없다 하나니, 이것을 미래 보시라 합니다.

무엇을 보살의 현재 보시〔現在施〕라 하는가. 이 보살이 사천왕천四天王天・삼십삼천三十三天・야마천夜摩天・도솔타천兜率陀天・화락천化樂天・타화자재천陀化自在天・범천梵天・범신천梵身天・범보천梵輔天・범중천梵衆天・대범천大梵天・광천光天・소광천少光天・무량광천無量光天・광음천光音天・정천淨天・소정천少淨天・무량정천無量淨天・변정천徧淨天・광천廣天・소광천少廣天・무량광천無量廣天・광과천廣果天・무번천無煩天・무열천無熱天・선견천善見天・선현천善現天・색구경천色究竟天을 듣거나, 내지 성문과 연각의 구족한 공덕을 듣고도, 마음이 미혹하지 않고 침몰하지 않고 모으지 않고 흩지도 않으며, 다만 모든 행이 꿈과 같아서 실답지 않음을 관찰하여 탐하는 일이 없고, 중생으로 하여금 나쁜 갈래를 버리게 함이며, 마음에 분별이 없이 보살의 도를 닦으며, 불법을 성취케 하기 위하여 연설하나니, 이것을 현재 보시라 합니다.

무엇을 보살의 끝내 보시〔究竟施〕라 하는가.

불자들이여, 가령 없거나 귀가 없거나 코가 없거나 혀가 없거나 손이 없고 발이 없는 많은 중생들이 이 보살에게 와서 말하기를 '우리들이 박복하여 불구자가 되었으니, 바라건대 인자하신 이여, 좋은 방편으로 당신에게 있는 것을 우리에게 보시하여 우리의 모든 근이 구족케 하소서'라고 하거든, 보살이 듣고는 곧 보시하여 주며, 가령 그 때부터 아승기겁을 지내도록 여러 근이 불구하더라도, 잠깐이라도 후회하는 마음을 내지 않고, 스스로 관하기를 '이 몸이 처음 태에 들 때부터 부정하고 보잘것없는 것으로, 여러 근을 형성하여서 나고 늙고 병들고 죽는 것이다' 하며, 또 관하기를 '이 몸은 진실하지도 않고 부끄러움도 없어서, 성현의 물건이 아니며, 더럽고 불결하여 골절이 서로 연속하고 피와 살이 싸고 있으며, 아홉 구멍에서는 나쁜 것이 항상 흐르는 것이로다'라고 이렇게 관찰하고는 잠깐도 애착하는 마음을 내지 않고, 또 생각하되 '이 몸은 연약하고 위태하여 견고한 것 아니어늘 내가 무어라고 연연하랴. 마땅히 저들에게 보시하여 그의 소원을 채우리라. 나의 이렇게 하는 것으로 일체 중생을 인도하여 몸과 마음에 애착을 내지 않게 하고, 청정한 지혜 몸을 얻게 하리라'고 하나니, 이것을 끝내 보시라 합니다.

이것을 보살마하살의 제6 보시하는 장이라 합니다.

불자들이여, 어떤 것을 보살마하살의 지혜로운 장(慧藏)이라 하는가.

이 보살이 색色을 사실대로 알고, 색의 집集을 사실대로 알고, 색이 멸滅함을 사실대로 알고, 색이 멸하는 도道를 사실대로 알며, 수受·상想·행行·식識을 사실대로 알고, 수·상·행·식의 집을 사실대로 알고, 수·상·행·식이 멸함을 사실대로 알고, 수·상·행·식이 멸하는 도를 사실대로 알며, 무명無明을 사실대로 알고, 무명의 집을 사실대로 알고, 무명이 멸함을 사실대로 알고, 무명이 멸하는 도를 사실대로 알며, 애愛를 사실대로 알고, 애의 집을 사실대로 알고, 애가 멸함을 사실대로 알고, 애가 멸하는 도를 사실대로 알며, 성문을 사실대로 알고, 성문의 법을 사실대로 알고, 성문의 집을 사실대로 알고, 성문의 열반을 사실대로 알며, 독각을 사실대로 알고, 독각의 법을 사실대로 알고, 독각의 집을 사실대로 알고, 독각의 열반을 사실대로 알며, 보살을 사실대로 알고, 보살의 법을 사실대로 알고, 보살의 집을 사실대로 알고, 보살의 열반을 사실대로 압니다.

어떻게 아는가. 업을 지어 과보 받는 일과 행行의 인연으로 짓는 것임을 알며, 온갖 것이 허망한 것이어서 공하고 실지가 없음을 알며 나도 아니고 견고한 것도 아니며 조그만 법도 성립할 것이 없음을 압니다.

중생들로 하여금 실다운 성품을 알게 하기 위하여 널리 연설하니, 무엇을 말하는가. 법을 파괴할 수 없음을 말합니다. 무슨 법이 파괴할 수 없는가. 색을 파괴할 수 없으며, 수·상·행·식을 파괴할 수 없으며, 무명을 파괴할 수 없으며, 성문법·독각법·보살법을 파괴할 수 없습니다. 무슨 까닭인가. 일체 법이 지은 것도 없고 지은 이도 없으며, 말할 수도 없고 처소도 없으며, 나지도 않고 일어나지도 않고 함께하지도 않고 취하지도 않으며, 동하는 일도 없고 작용도 없는 것입니다. 보살이 이렇게 한량없는 지혜로운 장을 성취하고, 조그만 방편으로 온갖 법을 아나니, 자연히 분명하게 아는 것이요, 다른 이로 인하여 깨닫는 것이 아닙니다.

이 지혜로운 무진장은 열 가지가 다할 수 없으므로 무진無盡이라 말하나니, 무엇이 열인가. 이른바 많이 들어 공교함을 다할 수 없으며, 선지식을 친근함을 다할 수 없으며, 글귀와 뜻을 잘 분별함을 다할 수 없으며, 깊은 법계에 들어감을 다할 수 없으며, 한결같은 지혜로 장엄함을 다할 수 없으며, 온갖 복덕을 모으되 고달픈 마음이 없음을 다할 수 없으며, 일체 다라니문에 들어감을 다할 수 없으며, 일체 중생의 말과 음성을 능히 분별함을 다할 수 없으며, 일체 중생의 의혹 끊음을 다할 수 없으며, 일체 중생을 위하여 모든 부처님의 신력을 나타내어 교화하고 조복하며 수행함이 끊어지지 않게 함을 다할 수 없는 연고니, 이것이 열입니다.

이것을 보살마하살의 제7 지혜로운 장이라 하나니, 이 장에 머무른 이는 다함이 없는 지혜를 얻어 일체 중생을 널리 깨우칩니다.

불자들이여, 어떤 것을 보살마하살의 기억하는 장〔念藏〕이라 하는가. 이 보살이 어리석음을 여의고 구족하게 기억하나니, 지난 세상의 한 생生·두 생 내지 십 생·백 생·천 생·백천 생·무량 백천 생이며,

이루는 겁·무너지는 겁·이루고 무너지는 겁이며, 하나의 이루는 겁만이 아니고 하나의 무너지는 겁만이 아니고 하나의 이루고 무너지는 겁만이 아니며, 백 겁·천 겁·백천억 나유타 내지 한량없고·수없고·끝없고·같을 이 없고·셀 수 없고·일컬을 수 없고·생각할 수 없고·요량할 수 없고·말할 수 없이 말할 수 없는 겁을 기억하며, 한 부처님 명호 내지 말할 수 없이 말할 수 없는 부처님 명호를 기억하여, 한 부처님께서 출세하여 수기授記함과 내지 말할 수 없이 말할 수 없는 부처님께서 출세하여 수기함을 기억하며, 한 부처님께서 출세하여 수다라를 말함과 내지 말할 수 없이 말할 수 없는 부처님께서 출세하여 수다라를 말함을 기억하며, 수다라와 같이 기야祇夜·수기授記·가타伽他·니다나尼陀那·우다나優陀那·본사本事·본생本生·방광方廣·미증유未曾有·비유·논의論議도 그와 같으며, 한 대중의 모임과 내지 말할 수 없이 말할 수 없는 대중의 모임을 기억하며, 한 법을 연설함과 내지 말할 수 없이 말할 수 없는 법을 연설함을 기억하며, 한 근기根機의 가지가지 성품과 내지 말할 수 없이 말할 수 없는 근기의 가지가지 성품을 기억하며, 한 근기의 한량없는 가지가지 성품과 내지 말할 수 없이 말할 수 없는 근기의 한량없는 가지가지 성품을 기억하며, 한 번뇌의 가지가지 성품과 내지 말할 수 없이 말할 수 없는 번뇌의 가지가지 성품을 기억하며, 한 삼매의 가지가지 성품과 내지 말할 수 없이 말할 수 없는 삼매의 가지가지 성품을 기억하는 것입니다.

 이 기억하는 생각이 열 가지가 있으니, 이른바 고요한 기억·청정한 기억·흐리지 않는 기억·분명한 기억·티끌을 여읜 기억·가지가지 티끌을 여읜 기억·때를 여읜 기억·광명이 빛난 기억·사랑스러운 기억·막힘이 없는 기억입니다.

 보살이 이 기억에 머문 때에는 일체 세간이 요란하지 못하고, 온갖 외도의 의논이 변동하지 못하고, 지난 세상의 선근이 모두 청정하여지고, 여러 세상 법에 물들지 않고, 마군들과 외도가 파괴하지 못하고, 다른 몸을 받아 나도 잊어버리지 않고, 과거·현재·미래에 법을 말함이 다하지 않고, 모든 세계에서 중생들과 함께 있어도 허물이 없고, 모든 부처님의 대중이 모인 도량에 들어가는 데 장애가 없고, 모든 부처님 계신 데 모두 친근하나니, 이것을 보살마하살의 제8 기억하는 장이라 합니다.

불자들이여, 어떤 것을 보살마하살의 지니는 장[持藏]이라 하는가.

이 보살이 여러 부처님의 말씀한 수다라의 구절과 뜻을 지니고 잊지 아니하나니, 한 생에 지니며 내지 말할 수 없이 말할 수 없는 생에 지니며, 한 부처님의 명호와 내지 말할 수 없이 말할 수 없는 부처님의 명호를 지니며, 한 겁의 수효와 내지 말할 수 없이 말할 수 없는 겁의 수효를 지니며, 한 부처님의 수기와 내지 말할 수 없이 말할 수 없는 부처님의 수기를 지니며, 한 수다라와 내지 말할 수 없이 말할 수 없는 수다라를 지니며, 한 대중의 모임과 내지 말할 수 없이 말할 수 없는 대중의 모임을 지니며, 한 법을 연설함과 내지 말할 수 없이 말할 수 없는 법을 연설함을 지니며, 한 근기의 한량없는 가지가지 성품과 내지 말할 수 없이 말할 수 없는 근기의 가지가지 성품을 지니며, 한 번뇌의 가지가지 성품과 내지 말할 수 없이 말할 수 없는 번뇌의 가지가지 성품을 지니며, 한 삼매의 가지가지 성품과 내지 말할 수 없이 말할 수 없는 삼매의 가지가지 성품을 지니는 것입니다.

불자들이여, 이 지니는 장은 그지없고 가득 차기 어렵고 밑까지 이르기 어렵고 친근하기 어렵고 제어할 수 없고 한량이 없고 다함이 없고 큰 위력을 갖추고 부처님의 경계며 부처님만이 능히 아시나니, 이것을 보살마하살의 제9 지니는 장이라 합니다.

불자들이여, 어떤 것을 보살마하살의 말하는 장〔辯藏〕이라 하는가.

이 보살이 깊은 지혜가 있어 실상을 분명히 알고 중생에게 법을 말하매 모든 부처님의 경전과 어기지 아니하나니, 한 품品의 법을 말하고 내지 말할 수 없이 말할 수 없는 품의 법을 말하며, 한 부처님의 명호를 말하고 내지 말할 수 없이 말할 수 없는 부처님의 명호를 말하며, 이와 같이 한 세계를 말하며, 한 부처님의 수기를 말하며, 한 수다라를 말하며, 한 대중의 모임을 말하며, 한 법을 말하며, 한 근기의 한량없는 가지가지 성품을 말하며, 한 번뇌의 한량없는 가지가지 성품을 말하며, 한 삼매의 한량없는 가지가지 성품을 말하며, 내지 말할 수 없이 말할 수 없는 삼매의 한량없는 가지가지 성품을 말하되, 혹 하루 동안 말하고, 혹 보름이나 한 달 동안 말하고, 혹 백 년, 천 년, 백천 년 동안 말하며, 혹 일 겁, 백 겁, 천 겁, 백천 겁 동안 말하며, 혹 백천억 나유타 겁 동안 말하며, 혹 수없고 한량없으며 내지 말할 수 없이 말할 수 없는 겁 동안 말하나니, 겁의 수효는 다할 수 있더라도 한 글월 한 구절의 이치는 다할 수 없습니다.

무슨 까닭인가. 이 보살이 열 가지 무진장을 성취하는 연고로 이 장을 성취하였으며, 일체 법의 다라니문을 거두어 앞에 있는데, 백만 아승기 다라니로 권속이 되었고, 이 다라니를 얻고는 법의 광명으로써 중생들을 위하여 법을 널리 연설하며, 법을 말할 적에 넓고 긴 혀에서 미묘한 음성을 내어 시방의 일체 세계에 충만하였으며, 근성을 따라서 만족하여 마음을 기쁘게 하며, 모든 번뇌의 얽매임을 멸하고, 일체의 음성과 말과 문자와 변재에 들어가 중생들로 하여금 부처의 종성이 끊어지지 않고 깨끗한 마음이 계속케 하며, 또한 법의 광명으로써 법을 연설하여 다함이 없으면서도 고달픈 생각을 내지 않나니, 왜냐 하면 이 보살이 온 허공과 법계에 가득한 그지없는 몸을 성취한 까닭이며, 이것을 보살마하살의 제10 말하는 장이라 합니다.

이 장은 다함이 없고 형상이 없고 사이가 없고 끊이지 않고 변함이 없고 막힘이 없고 퇴전하지 않고 깊고 깊고 밑이 없어 들어갈 수 없으며, 일체 불법의 문에 두루 들어갑니다.

불자들이여, 이 열 가지 무진장無盡藏에는 열 가지 다함이 없는 법이 있어 보살들로 하여금 필경에 위없는 보리를 성취케 하나니, 무엇이 열인가. 일체 중생을 이익케 하는 연고며, 본래의 서원을 잘 회향하는 연고며, 일체 겁에 끊이지 않는 연고며, 온 허공계를 모두 깨우되 한정하는 마음이 없는 연고며, 하염 있는 데로 회향하되 집착하지 않는 연고며, 한 생각의 경계에 온갖 법이 다함이 없는 연고며, 크게 서원하는 마음이 변동이 없는 연고며, 모든 다라니를 잘 거두어 잡은 연고며, 모든 부처님께서 호념하는 연고며, 일체 법이 요술과 같음을 아는 연고입니다.

이것을 열 가지 다함이 없는 법이라 하나니, 능히 모든 세간의 짓는 것을 모두 끝까지 이르게 하는 큰 무진장입니다."

대방광불화엄경 제22권

제22권

23. 승도솔천궁품昇兜率天宮品

그 때 부처님의 신력으로 시방 모든 세계의 낱낱 사천하 염부제에서, 여래께서 보리수 아래 앉으셨음을 뵈었으니, 각각 보살이 부처님의 신력을 받들어 법을 연설하면서 자기가 항상 부처님을 대하였다고 생각하였다.

그 때 세존께서는 다시 신력으로 이 보리수 아래와 수미산 꼭대기와 야마천궁을 떠나지 않고서 도솔타천으로 가시어 일체의 묘한 보배로 장엄한 궁전으로 향하시었다.

도솔타천왕은 부처님께서 멀리서 오심을 보고, 궁전에 마니장 사자좌를 놓았다. 그 사자좌는 천상의 여러 가지 보배로 만들어졌고, 과거에 닦은 선근善根으로 얻은 것이며, 일체 여래의 신력으로 나타났고, 한량없는 백천억 나유타 아승기 선근으로 생겼으며, 일체 여래의 깨끗한 법으로 되었고, 그지없는 복덕의 힘으로 아름답게 장엄한 것이라, 청정한 업보를 파괴할 수 없고 보는 이들이 좋아하여 싫은 줄을 모르며, 이것이 출세한 법인지라, 세간에 물들지 아니하며, 일체 중생이 모두 와서 보더라도 그 미묘하고 아름다움을 끝까지 궁구할 이가 없었다.

백만억 층계가 두루 둘리어 있는데, 백만억 쇠 그물과 백만억 꽃 휘장과 백만억 보배 휘장과 백만억 화만 휘장과 백만억 향 휘장을 그 위에 둘러치고 화만을 드리웠으며, 향기가 널리 풍기며, 백만억 꽃 일산·백만억 화만 일산·백만억 보배 일산을 하늘들이 받들고 사면으로 행렬을 이루었으니, 백만억 보배 의복을 그 위에 깔았다.

백만억 누각이 찬란하게 장엄되었으니, 백만억 마니 그물, 백만억 보배 그물이 위에 덮이고, 백만억 보배 영락 그물이 사면으로 드리웠으며, 백만억 장엄거리 그물, 백만억 일산 그물, 백만억 옷 그물, 백만억 보배 휘장 그물을 그 위에 둘렀는데, 백만억 보배 연꽃 그물은 찬란하게 꽃이 피었고, 백만억 보배 향 그물은 향기가 아름다워 여러 사람의 마음을 기쁘게 하였다.

백만억 보배 풍경 휘장에서는 풍경이 가만가만 흔들려 화평한 소리를 자아내고, 백만억 전단 보배 휘장에서는 향기가 풍기고, 백만억 보배 꽃 휘장에는 꽃이 한창 피었고, 백만억 묘한 빛깔 옷 휘장은 세상에 드문 것이었으며, 백만억 보살 휘장과 백만억 잡색 휘장과 백만억 진금 휘장과 백만억 유리 휘장과 백만억 가지각색 보배 휘장을 그 위에 둘렀으니, 백만억 온갖 보배 휘장을 큰 마니보배로 장엄하였다.

백만억 묘한 보배 꽃이 두루 장식하였고, 백만억 빈바頻婆 휘장이 아주 묘하게 사이사이 섞였고, 백만억 보배 화만, 백만억 향 화만이 사면에 드리웠으며, 백만억 하늘의 견고한 향에서는 향기가 널리 퍼지고, 백만억 하늘 장엄거리 영락과 백만억 보배 꽃 영락과 백만억 승장보배[勝藏寶] 영락과 백만억 마니보배 영락과 백만억 바다 마니보배 영락이 사자좌의 전체를 장엄하고, 백만억 보배 비단으로 띠를 드리웠다.

 백만억 인다라 금강 보배, 백만억 자재한 마니보배, 백만억 묘한 빛 진금장으로 사이사이 장식하였으며, 백만억 비로자나 마니보배와 백만억 인다라 마니보배에서는 광명이 찬란하게 빛나고, 백만억 하늘의 견고한 마니보배로는 창窓과 바라지[牖]가 되고, 백만억 청정한 공덕 마니보배는 묘한 색채를 베풀고, 백만억 청정하고 묘한 장의 보배로 문이 되었으며, 세상에서 가장 좋은 백만억 반달[半月] 보배, 백만억 때 여읜 장 마니보배, 백만억 사자 얼굴 마니보배가 사이사이 장엄하였으며, 백만억 심왕心王 마니보배에서는 구하는 대로 나오고, 백만억 염부단 마니보배, 백만억 청정장 마니보배, 백만억 제당帝幢 마니보배에서는 모두 광명을 놓아 그 위에 가득히 덮었으며, 백만억 백은장白銀藏 마니보배와 백만억 수미당須彌幢 마니보배로는 그 속[藏]을 장엄하였다.

 백만억 진주 영락, 백만억 유리 영락, 백만억 붉은 보배[赤色寶] 영락, 백만억 마니 영락, 백만억 보배 광명 영락, 백만억 종종장種種藏 마니 영락, 백만억 보기 좋은 적진주 영락, 백만억 그지없는 빛깔 마니보배 영락, 백만억 극히 청정하여 비길 데 없는 보배 영락, 백만억 뛰어난 광명 마니보배 영락이 두루 드리워 장엄하였으며, 백만억 마니신摩尼身으로 기묘하게 장식하고, 백만억 인다라 묘한 빛 보배가 있었다.

 백만억 검은 전단향, 백만억 부사의한 경계境界향, 백만억 시방에 기묘한 향, 백만억 가장 좋은 향, 백만억 매우 사랑스런 향들이 향기를 토하여 시방에 풍기며, 백만억 빈바라頻婆羅 향을 시방에 흩었고, 백만억 깨끗한 광명 향이 중생에게 퍼지고, 백만억 끝없는 가지가지 빛깔 향이 모든 부처님 국토에 풍기어 영원히 없어지지 아니하며, 백만억 바르는 향, 백만억 쏘이는 향, 백만억 사르는 향들은 향기가 매우 훌륭하게 모든 것에 풍기고, 백만억 연화 장 침수향은 큰 음성을 내고, 백만억 유희향遊戲香은 여럿의 마음을 움직이고, 백만억 아루나阿樓那 향은 향기가 멀리 퍼지고 맛이 감미로우며, 백만억 능히 깨우는(開悟) 향은 일체에 두루 퍼져 맡는 이로 하여금 모든 근根이 고요하게 하고, 또 백만억 견줄 데 없는 향왕향香王香으로 가지가지 장엄하였다.

백만억 하늘 꽃 구름을 내리고, 백만억 하늘 향 구름을 내리고, 백만억 하늘 가루향 구름을 내리고, 백만억 하늘 구소마拘蘇摩꽃 구름을 내리고, 백만억 하늘 파두마波頭摩꽃 구름을 내리고, 백만억 하늘 우발라優鉢羅꽃 구름을 내리고, 백만억 하늘 구물두拘物頭꽃 구름을 내리고, 백만억 하늘 분타리芬陀利꽃 구름을 내리고, 백만억 하늘 만다라曼陀羅꽃 구름을 내리고, 백만억 일체 하늘 꽃 구름을 내리고, 백만억 하늘 옷 구름을 내리고, 백만억 마니보배 구름을 내리고, 백만억 하늘 일산 구름을 내리고, 백만억 하늘 깃발 구름을 내리고, 백만억 하늘 관 구름을 내리고, 백만억 하늘 장엄거리 구름을 내리고, 백만억 하늘 보배 화만 구름을 내리고, 백만억 하늘 보배 영락 구름을 내리고, 백만억 하늘 침수향 구름을 내리었다.

백만억 보배 비단띠를 드리우고, 백만억 향로에 향을 사르고, 백만억 보배 화만을 벌여 놓고, 백만억 보배 부채를 들고, 백만억 보배 털이개를 쥐고, 백만억 보배 풍경을 달아 바람에 흔들려 묘한 소리를 내며, 백만억 보배 난간이 두루 둘렸고, 백만억 보배 다라多羅 나무가 차례로 줄지어 섰고, 백만억 보배 창호가 화려하게 장엄하고, 백만억 보배 나무는 사면으로 그늘을 드리웠고, 백만억 보배 누각은 동서남북이 기묘하게 꾸며졌고, 백만억 보배 문에는 영락을 드리웠고, 백만억 금방울에서는 미묘한 소리를 내고, 백만억 길상한 모양의 영락은 엄정하게 드리워졌고, 백만억 보배 실저가悉底迦는 여러 나쁜 것을 없애고, 백만억 금장金藏은 금실로 짠 것이고, 백만억 보배 일산은 뭇 보배로 자루가 되어 붙들고, 행렬을 지었으며, 백만억 모든 보배로 된 장엄거리 그물들이 사이사이 장엄하였다.

　백만억 광명 보배에서 가지각색 광명을 놓아 백만억 광명이 두루 비치고, 백만억 일장륜日藏輪과 백만억 월장륜月藏輪은 모두 한량없는 빛깔 보배를 모아 이루었으며, 백만억 향기 불꽃은 광명이 환히 사무치고, 백만억 연화장은 찬란하게 꽃이 피고, 백만억 보배 그물, 백만억 꽃 그물, 백만억 향 그물이 그 위에 덮이었다.

　백만억 하늘 보배 옷, 백만억 하늘 청색 옷, 백만억 하늘 황색 옷, 백만억 하늘 적색 옷, 백만억 하늘 기묘한 빛깔 옷, 백만억 가지가지 하늘 보배 기묘한 옷, 백만억 가지가지 향기가 풍긴 옷, 백만억 일체 보배로 만든 옷, 백만억 깨끗한 흰 옷들을 곱게 깔아서 보는 이들이 기뻐하였다.

　백만억 하늘 풍경 당기와 백만억 금 그물 당기에서는 미묘한 소리를 내고, 백만억 하늘 비단 당기는 모든 채색이 구족하고, 백만억 향 당기에는 향 그물을 드리우고, 백만억 꽃 당기에서는 모든 꽃을 내리고, 백만억 하늘 옷 당기에는 묘한 옷을 달았고, 백만억 하늘 마니보배 당기는 모든 보배로 장엄하고, 백만억 하늘 장엄거리 당기는 여러 가지로 장식하고, 백만억 하늘 화만 당기에는 가지가지 화만이 사면으로 줄을 지었고, 백만억 하늘 일산 당기에서는 보배 방울이 잘 울리어 듣는 이마다 모두 기뻐하였다.

　백만억 하늘 소라에서는 묘한 음성을 내고, 백만억 하늘 북에서는 큰 소리를 내고, 백만억 하늘 공후에서는 미묘한 소리를 내고, 백만억 하늘 모다라牟陀羅는 크고 묘한 소리를 내고, 백만억 하늘의 여러 가지 음악을 한꺼번에 연주하며, 백만억 하늘의 자재한 음악은 묘한 음성을 내어 그 소리가 여러 부처님 세계에 두루 들리고, 백만억 하늘의 변화하는 음악은 그 소리가 메아리 같아서 일체 것에 두루 응하며, 백만억 하늘 북은 두드림을 따라 묘한 소리를 내고, 백만억 하늘의 뜻대로 되는 음악은 자연히 소리를 내어도 장단이 맞으며, 백만억 하늘의 여러 가지 음악은 묘한 소리를 내어 번뇌를 멸하였다.

백만억 마음을 기쁘게 하는 음성은 공양함을 찬탄하고, 백만억 광대한 음성은 받들어 섬김을 찬탄하고, 백만억 깊은 음성은 수행함을 찬탄하고, 백만억 여러 묘한 음성은 부처님의 업과業果를 찬탄하고, 백만억 미세한 음성은 실상과 같은 이치를 찬탄하고, 백만억 장애 없고 진실한 음성은 부처님의 본행本行을 찬탄하고, 백만억 청정한 음성은 과거에 부처님께 공양한 것을 찬탄하고, 백만억 법문 음성은 부처님들의 가장 훌륭하고 두려움 없음을 찬탄하고, 백만억 한량없는 음성은 보살들의 공덕이 무진함을 찬탄하고, 백만억 보살 지위의 음성은 일체 보살 지위에 상응相應한 행을 열어 보임을 찬탄하고, 백만억 끊임없는 음성은 부처님의 공덕이 끊어지지 아니함을 찬탄하는 것이다.

백만억 따라주는 음성은 부처님 뵈옵는 행을 드높여 찬탄하고, 백만억 깊은 법 음성은 온갖 법이 걸림 없는 지혜와 상응하는 이치를 찬탄하고, 백만억 광대한 음성은 그 소리가 모든 부처님 세계에 가득하고, 백만억 걸림 없고 청정한 음성은 그들의 마음에 좋아함을 따라 모두 환희케 하고, 백만억 삼계에 머물지 않는 음성은 듣는 이로 하여금 법의 성품에 깊이 들게 하고, 백만억 환희한 음성은 듣는 이로 하여금 마음에 걸림이 없어 깊이 믿고 공경하게 하며, 백만억 부처님 경계 음성은 내는 소리를 따라 모든 법과 뜻을 열어서 보이며, 백만억 다라니 음성은 온갖 법과 글귀의 차별을 잘 말하여 여래의 비밀장을 결정코 알게 하며, 백만억 일체 법 음성은 그 소리가 화창하여 여러 음악과 조화되었다.

백만억 초발심初發心보살은 이 사자좌를 보고 온갖 지혜의 마음을 곱으로 증장하며, 백만억 치지治地 보살은 마음이 깨끗하여 환희하며, 백만억 수행 보살은 깨닫고 이해함이 청정하며, 백만억 생귀生貴 보살은 좋은 즐거움에 머물며, 백만억 방편구方便具족 보살은 대승의 행을 일으키며, 백만억 정심正心 보살은 모든 보살의 도를 부지런히 닦으며, 백만억 불퇴不退 보살은 모든 보살의 지위를 깨끗이 닦으며, 백만억 동진童眞 보살은 일체 보살의 삼매 광명을 얻으며, 백만억 법왕자法王子 보살은 부사의한 부처님의 경계에 들었으며, 백만억 관정灌頂 보살은 한량없는 여래의 십력을 나타내었다.

 백만억 보살은 자재한 신통을 얻고, 백만억 보살은 청정한 이해를 내고, 백만억 보살은 좋아하는 마음을 내고, 백만억 보살은 깊이 믿어 무너지지 아니하고, 백만억 보살은 세력이 엄청나고, 백만억 보살은 명망이 멀리 퍼지고, 백만억 보살은 법과 뜻을 연설하여 지혜를 결정케 하고, 백만억 보살은 바른 생각이 산란치 않고, 백만억 보살은 결정한 지혜를 내고, 백만억 보살은 들어 지니는 힘을 얻어 일체 불법을 받아 가지고, 백만억 보살은 한량없이 광대한 깨달음을 내고, 백만억 보살은 믿는 근본(信根)에 편안히 머물렀다.

 백만억 보살은 보시(檀)바라밀을 얻어 온갖 것을 보시하고, 백만억 보살은 지계(尸)바라밀을 얻어 여러 가지 계율을 구족히 지키고, 백만억 보살은 인욕(忍)바라밀을 얻어 마음이 망동하지 않으며 일체 불법을 능히 받고, 백만억 보살은 정진精進바라밀을 얻어 한량없이 뛰어나는 정진을 행하고, 백만억 보살은 선정(禪)바라밀을 얻어 한량없는 선정의 광명을 구족하고, 백만억 보살은 반야바라밀을 얻어 지혜의 광명이 널리 비치고, 백만억 보살은 큰 서원을 성취하여 모두 청정하고, 백만억 보살은 지혜의 등을 얻어 법문을 밝게 비추고, 백만억 보살은 시방 부처님들의 법의 광명으로 비침이 되고, 백만억 보살은 시방에 두루하여 어리석음을 여의는 법을 연설하였다.

　백만억 보살은 일체 부처님의 세계에 널리 들어가고, 백만억 보살은 법신으로 모든 부처님 국토에 이르고, 백만억 보살은 부처님의 음성을 얻어 널리 깨우치고, 백만억 보살은 온갖 지혜를 내는 방편을 얻고, 백만억 보살은 일체 법문을 성취하였고, 백만억 보살은 법 지혜를 성취하여 보배 당기처럼 일체 불법을 널리 나타내고, 백만억 보살은 여래의 경계를 모두 나타내어 보였다.

　백만억 천왕들은 공경하여 예배하고, 백만억 용왕들은 자세히 보기를 싫어함이 없고, 백만억 야차왕은 정수리 위에 합장하고, 백만억 건달바왕은 청정하게 믿는 마음을 일으키고, 백만억 아수라왕은 교만한 마음을 끊고, 백만억 가루라왕은 입에 비단 끈을 물었고, 백만억 긴나라왕은 기뻐 날뛰고, 백만억 마후라가왕은 환희하여 우러러보고, 백만억 세상 맡은 이들은 머리를 조아려 예배하고, 백만억 도리천왕은 우러러보면서 눈을 깜짝이지 않고, 백만억 야마천왕은 환희하여 찬탄하고, 백만억 도솔천왕은 몸을 엎으려 절하고, 백만억 화락천왕은 머리를 조아려 예경하고, 백만억 타화자재천왕은 공경하며 합장하고, 백만억 범천왕은 일심으로 관찰하고, 백만억 마혜수라천왕은 공경하여 공양하고, 백만억 보살은 소리 내어 찬탄하였다.

　백만억 천녀는 전심으로 공양하고, 백만억 소원이 같은 천인들은 뛰놀며 기뻐하고, 백만억 옛적에 함께 있던 하늘은 묘한 소리로 칭찬하고, 백만억 범신천梵身天은 몸을 엎드려 경례하고, 백만억 범보천은 정수리에 합장하고, 백만억 범중천은 둘러서서 시위하고, 백만억 대범천은 무량 공덕을 일컬어 찬탄하고, 백만억 광천光天은 오체를 엎드리고, 백만억 소광천은 부처님 세상을 만나기 어렵다 찬탄하고, 백만억 무량광천은 멀리 부처님을 향하여 예배하고, 백만억 광음천은 여래를 뵈옵기 어렵다 찬탄하고, 백만억 정천淨天은 궁전과 함께 여기 오고, 백만억 소정천은 청정한 마음으로 머리 숙여 예배하고, 백만억 무량정천은 부처님을 뵈옵고자 몸을 던져 내려오고, 백만억 변정천은 공경하고 존중하며 친근하여 공양하였다.

  백만억 광천廣天은 옛적의 선근을 생각하고, 백만억 소광천은 여래에게 희유하다는 생각을 내고, 백만억 무량광천은 결정코 존중하여 선한 업을 짓고, 백만억 광과천은 허리 굽혀 공경하고, 백만억 무번천은 믿음이 견고하여 공경 예배하고, 백만억 무열천은 합장하고 염불하며 만족한 줄 모르고, 백만억 선견천善見天은 머리 조아려 예배하고, 백만억 선현천善現天은 부처님께 공양함을 생각하는 마음이 게으르지 않고, 백만억 아가니타천阿迦尼吒天은 공경하여 정례하고, 백만억 가지가지 하늘은 크게 환희하여 소리 높여 찬탄하고, 백만억 모든 하늘은 각각 잘 생각하여〔善思惟〕 장엄하였다.

  백만억 보살 하늘은 부처님 자리를 호위하여 장엄하기를 끊이지 않고, 백만억 화수華手보살은 온갖 꽃을 내리고, 백만억 향수香手보살은 온갖 향을 내리고, 백만억 만수鬘手보살은 온갖 화만을 내리고, 백만억 말향수末香手보살은 온갖 가루향을 내리고, 백만억 도향수塗香手보살은 온갖 바르는 향을 내리고, 백만억 의수衣手보살은 온갖 옷을 내리고, 백만억 개수蓋手보살은 온갖 일산을 내리고, 백만억 당수幢手보살은 온갖 당기를 내리고, 백만억 번수幡手보살은 온갖 깃발을 내리고, 백만억 보수寶手보살은 온갖 보배를 내리고, 백만억 장엄수莊嚴手보살은 온갖 장엄거리를 내리었다.

  백만억 모든 천자는 천궁에서 나와 사자좌 있는 데 이르고, 백만억 여러 천자는 청정한 신심으로 궁전과 함께 왔고, 백만억 생귀生貴 천자는 몸으로 사자좌를 지니고, 백만억 관정灌頂 천자는 몸을 들어 사자좌를 지니었다.

　백만억 사유思惟 보살은 공경하여 생각하고, 백만억 생귀生貴 보살은 청정한 마음을 내고, 백만억 보살은 여러 근根이 기쁘고, 백만억 보살은 깊은 마음이 청정하고, 백만억 보살은 믿고 이해함이 청정하고, 백만억 보살은 모든 업이 청정하고, 백만억 보살은 태어남이 자재하고, 백만억 보살은 법의 광명이 환히 비치고, 백만억 보살은 지위를 성취하고, 백만억 보살은 일체 중생을 잘 교화하였다.

　백만억 선근으로 났으며, 백만억 부처님께서 두호하시며, 백만억 복덕으로 원만하였으며, 백만억 수승한 마음으로 청정케 하였으며, 백만억 대원으로 장엄하였으며, 백만억 선행으로 생기었으며, 백만억 선한 법으로 견고히 하였으며, 백만억 신력으로 나타낸 것이며, 백만억 공덕으로 성취하였으며, 백만억 찬탄하는 법으로 찬탄하였다.

　이 세계의 도솔천왕이 여래를 위하여 높은 사자좌를 차려 놓듯이, 일체 세계의 도솔천왕도 다 부처님을 위하여 이렇게 사자좌를 차리고, 이렇게 장엄하고, 이렇게 위의를 가지고, 이렇게 믿고 좋아하고, 이렇게 마음이 깨끗하고, 이렇게 즐거하고, 이렇게 기뻐하고, 이렇게 존중하고, 이렇게 희유하다는 생각을 내고, 이렇게 뛰놀고, 이렇게 우러름이 모두 동등하였다.

　이 때 도솔천왕이 여래를 위하여 사자좌를 차려 놓고는, 존중하는 마음을 내어 십만억 아승기 도솔 천자들과 더불어 여래를 맞아 받들고, 청정한 마음으로 아승기 색色 꽃구름을 내리며, 부사의 색 향구름을 내리며 가지가지 색 화만 구름을 내리며, 넓고 크고 청정한 전단 구름을 내리며, 한량없는 가지가지 일산 구름을 내리며, 가늘고 묘한 하늘옷 구름을 내리며, 하늘 장엄거리 구름을 내리며, 무량한 가지가지 사르는 향 구름을 내리며, 일체 전단·침수·견고·가루향 구름을 버리고, 여러 천자들은 제각기 그 몸에서 이런 구름을 내었다. 때에 백천억 아승기 도솔 천자와 회중에 있던 다른 천자들도 마음이 환희하여 공경하며 정례하고, 아승기 천녀들은 마음이 뛰놀며 사모하여 여래를 유심히 보고 있었다.

도솔천궁의 말할 수 없는 보살 대중이 허공에 머물러 접근하는 마음으로 여러 하늘보다 더 나은 공양거리를 내어 부처님께 공양하고 공경하며 예배하니, 아승기 음악이 일시에 함께 연주되었다.

그 때 여래의 위신력인 연고며, 지난 세상의 선근에서 흐르는 연고며, 불가사의하게 자재한 힘인 연고로, 도솔천궁의 모든 하늘과 천녀들이 멀리서 부처님을 보되 눈앞에 대하듯 하면서 함께 생각하기를, '여래께서 출세하심을 만나기 어렵거늘, 온갖 지혜를 갖추시고 법에 걸림이 없는 정등각正等覺하신 이를 우리가 지금 만났도다'고 하였다.

이렇게 생각하고 관찰하면서 여러 대중과 더불어 함께 와서 여래를 환영하고, 제각기 하늘 옷에 온갖 꽃을 담고, 온갖 향·온갖 보배·온갖 장엄거리·온갖 하늘의 가루 전단향·온갖 하늘의 가루 침수향·온갖 하늘의 만다라꽃을 담아 가지고 흩어서 부처님께 공양하였다.

백천억 나유타 아승기 도솔타 천자는 허공 중에 있으면서, 부처님 처소에 지혜의 경계라는 마음을 내고 온갖 향을 사르니, 향기가 구름이 되어 허공을 장엄하였고, 또 부처님 처소에 환희한 마음을 일으켜 온갖 하늘꽃 구름을 비내려 허공을 장엄하였고, 또 부처님 처소에 존중한 마음을 일으켜 온갖 하늘 일산 구름을 비내려 허공을 장엄하였고, 또 부처님 처소에 공양하는 마음을 일으켜 온갖 하늘 화만 구름을 흩어 허공을 장엄하였고, 또 부처님 처소에 믿고 이해하는 마음을 내어 아승기 금 그물을 펴서 허공에 가득히 덮으니, 온갖 보배 방울에서는 미묘한 음성이 항상 났다.

　또 부처님 처소에 가장 훌륭한 복밭이란 마음을 내고 아승기 휘장으로 허공을 장엄하였고, 모든 영락 구름을 끊임없이 내리며, 또 부처님 처소에 깊이 믿는 마음을 내어 아승기 하늘의 궁전으로 허공을 장엄하니, 모든 하늘 풍류의 미묘한 음성을 내고, 또 부처님 처소에 한량없이 환희하고 뛰노는 마음을 내어 하늘의 보배 관으로써 허공을 장엄하며, 한량없는 하늘 관을 비내려 광대하게 구름을 이루었고, 또 부처님 처소에 환희하는 마음을 일으켜 아승기 가지각색 보배로 허공을 장엄하며, 일체 영락 구름을 비내려 끊이지 않았다.

　백천억 나유타 아승기 천자들은 모두 부처님 처소에 청정한 신심을 내어 무수한 가지각색 하늘 꽃을 흩으며, 무수한 가지각색 하늘 향을 사르어 여래를 공양하고, 또 부처님 처소에 크게 장엄하고 변화하는 마음을 일으켜 무수한 가지각색 하늘 가루 전단향을 가져 여래께 흩으며, 또 부처님 처소에 환희용약하는 마음을 일으며 무수한 가지각색 일산을 들고 여래를 따라다니며, 또 부처님 처소에 더 나은 마음〔增上心〕을 일으켜 무수한 가지각색 하늘 옷을 가지고 길에 흩어서 여래께 공양하고, 또 부처님 처소에 청정한 마음을 일으켜 무수한 가지각색 하늘 보배 당기를 받들어 여래를 맞이하고, 또 부처님 처소에 더 나은 환희심을 일으켜 무수한 가지각색 하늘 장엄거리를 가지어 여래께 공양하고, 또 부처님 처소에 무너지지 않는 신심을 내어 무수한 하늘 보배 화만으로 여래께 공양하고, 또 부처님 처소에 비길 데 없는 환희심을 내어 무수한 가지각색 하늘 보배 깃발을 가지어 여래께 공양하였으며, 백천억 나유타 아승기 천자들은 조화롭고 고요하여 방일하지 않는 마음으로 무수한 가지각색 하늘 음악을 가지고 묘한 음성을 내어 여래께 공양하였다.

백천억 나유타 말할 수 없는 도솔타천궁에 먼저부터 있던 보살 대중은 삼계를 초과한 법으로부터 생기고, 번뇌를 여읜 행으로부터 생기고, 두루 가득하여 걸림이 없는 마음으로 생기고, 매우 깊은 방편법으로 생기고, 한량없이 광대한 지혜로 생기고, 견고하고 청정한 믿음으로 증장하고, 부사의한 선근으로 일어나고, 아승기 공교한 변화로 성취하고, 부처님께 공양하는 마음으로 나타나고, 지음이 없는〔無作〕법문으로 인가한 바 여러 하늘보다도 나은 공양거리로 부처님께 공양하였다.

바라밀로부터 생긴 모든 보배 일산과, 온갖 부처님 경계를 청정하게 이해함으로 생긴 모든 꽃 휘장과, 무생법인無生法忍으로 생긴 모든 옷과, 금강법에 들어간 걸림 없는 마음으로 생긴 모든 풍경 그물과, 일체법을 아는 환술 같은 마음으로 생긴 모든 견고한 향과, 일체 부처님 경계와 여래의 자리에 두루한 마음으로 생긴 모든 보배 자리와, 부처님께 공양하고 게으르지 않은 마음으로 생긴 모든 보배 당기와, 모든 법이 꿈과 같은 줄 아는 환희한 마음으로 생기어 부처님께서 머무시는 모든 보배 궁전과 집착이 없는 선근과 나는 일이 없는〔無生〕선근으로 생긴 일체 보배 연꽃 구름·일체 견고한 향 구름·일체 그지없는 빛깔 꽃 구름·일체 가지각색 묘한 옷 구름·일체 그지없이 청정한 전단향 구름·일체 묘하게 장엄한 보배 일산 구름·일체 사르는 향 구름·일체 묘한 화만 구름·일체 청정한 장엄거리 구름 들이 다 법계에 두루하여 하늘보다 초과한 공양거리로 부처님께 공양하였다.

그 보살들의 낱낱 몸에서 말할 수 없는 백천억 나유타 보살을 내었으니, 다 법계와 허공계에 충만하고, 마음은 삼세의 부처님들과 평등하며, 뒤바뀜이 없는 법〔無顚倒法〕으로부터 일어난 바와 한량없는 여래의 힘으로 가피한 바로써 중생에게 편안한 도를 보이며, 말할 수 없는 낱말과 구절과 뜻을 구족하고, 한량없는 법에 들어가고, 일체 다라니 가운데서 다할 수 없는 변재의 장藏을 내어 마음에 두려움 없고 크게 환희함을 내며, 말할 수 없이 무량무진한 변재로 사실대로 법을 찬탄하고 여래를 찬탄하되 만족함이 없었다.

그 때 모든 하늘과 보살대중이 여래·응공·정등각正等覺의 부사의한 사람 가운데 영웅이신 이를 뵈었다.

그 몸이 무량하여 헤아릴 수 없으며, 부사의한 가지가지 신통 변화를 나타내어 수없는 중생의 마음을 기쁘게 하며, 일체 허공계와 일체 법계에 두루하여 부처님의 장엄으로써 장엄하여, 모든 중생으로 하여금 선근에 편안히 머물게 하며, 한량없는 부처님의 신력을 나타내니 온갖 말로 설명할 길을 뛰어넘었으나, 여러 대보살의 공경하는 바로서 마땅한 대로 교화하여 모두 환희케 하니, 여러 부처님의 광대한 몸에 머물러 공덕과 선근이 이미 청정하였고, 몸매가 제일이어서 능히 가리울 이가 없었다.

지혜 경계를 다할 수 없으니 비길 데 없는 삼매로 낸 것이며, 그 몸이 끝이 없어 일체 중생의 몸 가운데 두루 있으면서 한량없는 중생을 모두 환희케 하며 온갖 지혜의 종성을 끊어지지 않게 하였다.

부처님들이 필경에 머무시는 데 머무르고 삼세의 부처님 가운데 나서, 셀 수 없는 중생들로 하여금 믿고 이해함이 청정케 하며, 모든 보살로 하여금 지혜를 성취하여 여러 근이 기쁘게 하며, 법 구름이 허공과 법계에 널리 덮이어 교화하고 조복하매 남김이 없으며, 중생의 마음을 따라 모두 만족케 하며, 그들로 하여금 분별 없는 지혜에 머물러 일체 중생의 위에 지나가게 하였다.

온갖 지혜를 얻고 큰 광명을 놓아 지난 세상의 선근을 모두 나타나게 하며, 모든 이들로 하여금 광대한 마음을 내게 하여 온갖 중생들을 보현보살의 깨뜨릴 수 없는 지혜에 머물게 하며, 일체 중생의 국토에 두루하여 있되 물러가지 않는 바른 법 가운데로부터 나서 일체가 평등한 법계에 머물고, 중생들의 마음에 마땅함을 알고 말할 수 없이 말할 수 없는 가지가지 차별한 여래의 몸을 나타내니, 세상의 말로는 이루 찬탄할 것 아니며, 모든 이들로 하여금 부처님께서 법계에 충만하여 중생들을 널리 제도하심을 항상 생각하게 하고, 처음 발심할 적부터 이익하려던 것을 법으로 보시하여 그로 하여금 조복케 하여 믿고 이해함이 청정케 하며 색신을 나타내는 일이 부사의하였다.

중생을 평등하게 관찰하여 마음에 집착함이 없고, 장애가 없이 머무는 데 머물렀으며, 부처님의 십력을 얻어 장애됨이 없으며, 마음이 항상 고요하게 정하여서 산란치 아니하고 온갖 지혜에 머물러 가지가지 글과 구절의 진실한 뜻[眞實之義]을 잘 연설하며, 끝없는 지혜 바다에 능히 깊이 들어가, 한량없는 공덕과 지혜의 장을 내었다.

항상 부처님의 햇빛으로 법계에 두루 비치되 본래의 원력을 따라 항상 나타나고 없어지지 않나니, 법계에 항상 머무르며 부처님의 머무시는 데 머물러 변동이 없으며, 나[我]와 내 것[我所]에 모두 집착함이 없으며 출세의 법에 머무르며 세상법에 물들지 않았다.

일체 세간에 지혜의 당기를 세우니, 그 지혜가 광대하고 세간을 초월하여 물들지 아니하며, 중생들을 수렁에서 빼내어 가장 높은 지혜의 언덕에 두며, 가진 복덕으로 중생을 이익하되 다함이 없으며, 모든 보살의 지혜를 분명히 알아서 믿고 나아감이 결정되어 마땅히 정각을 이룰 것이며, 큰 자비로써 말할 수 없고 한량없는 부처의 몸을 나타내되 가지가지로 장엄하고, 미묘한 음성으로 한량없는 법문을 연설하여 중생의 뜻을 따라 모두 만족케 하였다.

과거·미래·현재에 마음이 항상 청정하여 중생들로 하여금 경계에 집착하지 않게 하며, 일체 보살에게 항상 수기를 주어 부처님의 종성에 들어가고 부처님의 가문에 태어나서 부처님의 관정을 얻게 하였다.

 시방에 항상 다니고 쉬지 아니하되 온갖 것에 맞들여 집착함이 없고, 법계의 부처님 세계에 두루 이르며, 중생들의 마음을 모두 알고, 가진 복덕은 세상을 여의고 청정하여 생사에 머물지 않으면서도 모든 세간에 그림자처럼 널리 나타났다.

 지혜의 달로 법계를 두루 비추어 온갖 것을 분명하게 알지만 하나도 얻은 바가 없으며, 항상 지혜로써 세간이 환술 같고 그림자 같고 꿈 같고 변화한 것 같은 줄을 아나니, 모든 것이 마음으로 제 성품을 삼아 이렇게 머물렀다.

 중생들의 업보가 같지 않고 마음〔心樂〕이 차별하고 근성이 각각 다름을 따라 부처님의 몸을 나타내며, 여래는 항상 무수한 중생으로 인연을 삼아 가지고 세간이 모두 인연으로부터 일어난 것을 말하며, 모든 법의 모양이 다 형상이 없으며 오직 한 모양만이 지혜의 근본인 줄로 알고, 중생으로 하여금 모양에 집착함을 여의고, 일체 세간의 성품과 모양을 보이어 세상에 행하게 하려고, 그들에게 위없는 보리를 열어 보였다.

 모든 중생을 구호하려고 세간에 출현하여 부처님의 도를 열어 보이며, 그들로 하여금 여래의 몸매를 보고 반연하고 생각하여 부지런히 닦게 하며, 세간의 번뇌를 제멸하고 보리를 수행하며 마음이 산란치 아니하고 대승의 법문을 모두 원만하여 모든 부처님의 의리를 성취케 하였다.

 중생의 선근을 능히 관찰하여 청정한 업보를 파멸하지 아니하나니, 지혜가 분명하여 삼세에 널리 들어가 일체 세간의 분별을 길이 여의었고, 광명 그물을 놓아 시방의 모든 세계를 두루 비추어 가득 차지 아니한 데 없으며, 색신이 기묘하여 보는 이가 만족함을 모르고, 큰 공덕과 지혜와 신통으로 가지가지 보살의 여러 가지 행을 내며, 모든 근과 경계가 자재로이 원만하며, 불사를 짓고는 문득 없어지고 과거·현재·미래의 온갖 지혜의 길을 능히 열어 보이며 보살들을 위하여 한량없는 다라니 비를 널리 내리어 그들로 하여금 광대한 욕망을 일으켜 받아 지니고 닦아 익히게 하였다.

　모든 부처님의 공덕을 성취하여 원만하고 치성하였으며, 그지없는 묘한 빛으로 몸을 장엄하여 일체 세간이 보지 못하는 이가 없으며, 모든 장애되는 법을 영원히 여의고, 온갖 법의 진실한 이치에는 이미 청정하였고, 공덕의 법에는 자재함을 얻었으며 큰 법왕이 되어 해와 같이 두루 비치고, 세상의 복밭이 되어 큰 위덕을 갖추고, 모든 세간에 화신을 나타내며, 지혜의 광명을 놓아 모두 깨닫게 하나니, 중생들로 하여금 부처님께서 끝없는 공덕을 구족한 줄을 알게 하려는 것이며, 장애없는 비단으로 정수리에 매고 지위를 받고, 세간을 따라서 방편으로 지도하고, 지혜의 손으로 중생을 위로하며, 큰 의왕이 되어 여러 병을 잘 치료하며, 일체 세간의 한량없는 국토에 골고루 나아가 쉬지 아니하고, 청정한 지혜 눈이 모든 장애를 여의어 밝게 보며, 나쁜 업을 지은 중생들을 가지가지로 조복하여 도에 들어가게 하되 시기를 잃지 않게 하여 쉬는 일이 없으며, 만일 중생들이 평등한 마음을 일으키면 곧 평등한 업보를 나타내며 그 마음을 따르고 그 업보를 말하여 그로 하여금 깨닫게 하며, 법의 지혜를 얻고는 크게 환희하고 모든 근이 뛰놀며, 한량없는 부처님을 보고는 깊고 중한 신심을 일으키고 모든 선근을 내어 영원히 퇴전치 아니하였다.

　일체 중생이 업에 얽매여서 생사에 자고 있거늘, 여래께서 출현하여 깨닫게 하고 마음을 위로하여 근심이 없게 하시며, 만일 보는 이가 있으면 모두 의지함이 없는 이치의 지혜〔無依義智〕를 증證하여 들게 하며, 지혜가 교묘하여 경계를 잘 알고, 장엄이 아름답고 묘하여 능히 가리울 이가 없으며, 지혜의 산과 법의 움〔法芽〕이 모두 청정하며, 혹은 보살의 몸을 나타내고 혹은 부처의 몸을 나타내어 중생들로 하여금 근심 없는 자리에 이르게 하고자 세간에 출현하는 것이므로 모든 부처님의 장엄이 청정함은 모두 온갖 지혜의 업으로 성취하지 않음이 없었다.

본래의 서원을 항상 지키어 세간을 버리지 아니하고 중생들에게 견고한 선지식이 되며, 청정하기 제일이라 때를 여읜 광명을 모든 중생이 다 보게 하며, 육취六趣의 중생이 한량없지만 부처님의 신력으로 항상 따르고 버리지 아니하며, 만일 지난 세상에 선근을 함께 심었으면 모두 청정케 하고, 육취의 모든 중생에게는 본래의 서원을 버리지 않고 속이는 일이 없으며, 다 선한 법과 방편으로 거두어 주며, 청정한 업을 닦게 하고 모든 마군의 투쟁을 깨뜨리게 하였다.

걸림이 없는 짬〔無礙際〕으로 광대한 힘을 내되, 가장 훌륭한 해가 장애 받음이 없는 것처럼 깨끗한 마음〔淨心界〕에 영상을 나타내어 모든 세간들이 보게 하며, 가지가지 법으로 중생에게 보시하며, 부처님은 그지없는 광명의 장이라 모든 힘과 지혜를 원만하고, 항상 큰 광명으로 중생을 두루 비추며, 그의 소원대로 만족케 하여 원수와 대적을 여의게 하며, 상품의 복밭이 되어 일체 중생의 함께 의지하는 바이며, 무릇 베푸는 것을 모두 청정케 하고, 조그만 선행을 닦아도 한량없는 복을 받아 다함이 없는 지혜에 들어가게 하며, 모든 중생의 선근을 심는 청정한 마음의 주인이 되고, 모든 중생의 복덕을 내게 하는 가장 좋은 복밭이 되며, 지혜가 깊고 방편이 교묘하여 온갖 삼악도의 고통을 능히 구하였다.

이와 같이 믿고 이해하며, 이와 같이 관찰하며, 이와 같이 지혜의 못에 들어가며, 이와 같이 공덕의 바다에 노닐며, 이와 같이 허공 같은 지혜에 두루 이르며, 이와 같이 중생의 복밭을 알며, 이와 같이 바른 생각으로 관찰하며, 이와 같이 부처님의 업과 상호相好를 관찰하며, 이와 같이 부처님께서 세간에 나타남을 관찰하며, 이와 같이 부처님의 신통이 자재하심을 관찰하였다.

때에 저 대중이 보니, 여래 몸의 낱낱 털구멍에서 백천억 나유타 아승기 광명이 나오고, 광명마다 아승기 색깔이 있고, 아승기 청정함과 아승기 광명 비추임이 있어 아승기 대중들로 하여금 보게 하고, 아승기 대중들이 환희케 하고, 아승기 대중들이 즐기게 하고, 아승기 대중의 신심을 증장하고, 아승기 대중의 뜻[志樂]을 청정케 하고, 아승기 대중의 모든 근을 청량케 하고, 아승기 대중들이 공경하고 존중케 하였다.

그 때 대중이 부처님의 몸에서 백천억 나유타 부사의한 큰 광명을 낳으심을 보니, 광명마다 부사의한 색과 부사의한 빛이 있어 부사의한 끝없는 법계를 비추었으며, 부처님의 신력으로 크고 묘한 음성을 내고, 그 음성이 백천억 나유타 부사의한 찬송을 말하니, 세간의 말을 초월한 것이고 출세간의 선근으로 성취한 것이며, 또 백천억 나유타의 부사의한 아름다운 장엄을 나타내는데, 백천억 나유타의 부사의한 겁에 찬탄하여도 다할 수가 없으니, 여래의 다함 없는 자재로 내는 것이며, 또 말할 수 없는 부처님 여래께서 세상에 출현하여 중생들로 하여금 지혜의 문에 들어가 깊은 이치를 알게 하며, 또 말할 수 없는 부처님 여래께서 보이시는 갖은 변화를 나타내어 온 법계와 허공계에서 모든 세간이 평등하고 청정케 하니, 이런 것은 모두 여래께서 머무신 바가 장애 없는 온갖 지혜로부터 나는 것이며, 여래께서 수행하신 바 부사의한 좋은 덕으로부터 나는 것이었고, 다시 백천억 나유타의 부사의한 묘한 보배 광명 불꽃을 나타내니, 지난 세상의 큰 소원과 선근으로 생기는 것으로서, 일찍이 무량한 여래께 공양하면서 청정한 행을 닦고 방일하지 아니한 연고며, 살바야심薩婆若心이 장애가 없이 선근을 내는 연고였다.

여래의 힘이 넓고 두루함을 나타내기 위함이며, 일체 중생의 의심을 끊기 위함이며, 모두 여래를 뵈옵게 하기 위함이며, 한량없는 중생들을 선근에 머물게 하기 위함이며, 여래의 신통한 힘을 가리울 이 없음을 보이기 위함이며, 중생들로 하여금 끝까지의 바다〔究竟海〕에 들어가게 하기 위함이며, 모든 부처님 국토의 보살 대중이 다 와서 모이게 하기 위함이며, 부사의한 부처님의 법문을 열어 보이기 위한 연고였다.

그 때 여래께서 대비大悲로 널리 덮으사 온갖 지혜로 보일 수 있는 모든 장엄을 보이시니, 말할 수 없는 백천억 나유타 아승기 세계에 있는 중생들로 하여금 믿지 못한 이는 믿게 하고, 이미 믿는 이는 믿음이 증장케 하고, 이미 증장한 이는 그것이 청정케 하고, 이미 청정한 이는 성숙케 하고, 이미 성숙한 이는 마음이 조복케 하며, 매우 깊은 법을 관찰하여 한량없는 지혜의 광명을 구족하며, 한량없이 광대한 마음과 살바야심을 내어, 퇴전하지 않고 법의 성품에 어기지 않고 실제實際를 두려워하지 않고 진실한 이치를 증득하며, 모든 바라밀 행을 만족하고 출세의 선근이 모두 청정하여 마치 보현보살이 부처님의 자재를 얻은 듯하며, 마군의 경계를 떠나서 부처님의 경계에 들어가며, 깊은 법을 분명히 알고 부사의한 지혜〔難思智〕를 얻어 대승의 서원이 길이 퇴전치 아니하며, 항상 부처님을 보아 잠깐도 여의지 아니하며, 증득하는 지혜를 성취하여 한량없는 법을 증하며, 그지없는 복덕장의 힘을 구족하며, 환희한 마음을 내고 의심 없는 지위에 들어가 악을 떠나 청정하며, 온갖 지혜를 의지하고 법을 보아 동하지 않으며, 모든 보살이 모인 가운데 들어가서 항상 삼세 여래의 집에 태어나니, 세존의 나타내시는 이러한 장엄은 모두 과거세에 모아 쌓은 선근으로 이룬 것이며, 모든 중생을 조복하기 위하는 연고였다.

여래의 큰 위덕을 보이려는 연고며, 걸림 없는 지혜의 장을 비추려는 연고며, 여래의 끝이 없는 훌륭한 덕이 극히 치성함을 나타내려는 연고며, 여래의 부사의한 큰 신통 변화를 보이려는 연고며, 신통한 힘으로 모든 갈래에 부처님의 몸을 나타내려는 연고며, 여래의 신통 변화가 끝이 없음을 보이려는 연고며, 본래의 원하던 뜻을 모두 성취하려는 연고며, 여래의 용맹한 지혜로 두루 가는 것을 나타내려는 연고며, 법에 자재하여 법왕을 이루려는 연고며, 일체 지혜의 문을 내려는 연고며, 여래의 몸이 청정함을 보이려는 연고며, 또 그 몸이 가장 특수함을 나타내는 연고며, 삼세의 부처님들의 평등한 법을 나타내어 보이려는 연고며, 선근의 청정한 장을 열어 보이는 연고며, 세간에 비유할 수 없는 가장 미묘한 빛을 보이려는 연고며, 십력을 구족한 모습을 나타내어 보는 이로 하여금 만족함이 없게 하려는 연고며, 세간의 해가 되어 삼세를 비추려는 연고며, 자재하신 법왕의 일체 공덕이 다 지난 세상의 선근으로 나타나는 것이니, 모든 보살이 일체 겁 동안에 찬탄하여도 다할 수 없었다.

 이 때 도솔타천왕이 여래를 받들어 이러한 공양거리를 마련하고, 백천억 나유타 아승기 도솔타 천자들과 더불어 부처님을 향하여 합장하고 부처님께 여쭈었다.

 "잘 오시나이다. 세존이시여. 잘 오시나이다, 선서시여. 잘 오시나이다, 여래·응공·정등각이시여. 저희를 가엾이 여기사 이 궁전에 계시옵소서."

 그 때 세존께서는 부처의 장엄으로 스스로 장엄하시고 큰 위덕을 갖추시니, 일체 중생으로 하여금 크게 환희함을 내게 하려는 연고며, 일체 보살이 깊이 깨달음을 내게 하려는 연고며, 일체 도솔타 천자의 욕망을 증장케 하려는 연고며, 도솔타천왕이 공양하고 섬기는 데 만족함이 없게 하려는 연고며, 무량 중생들이 부처님 뵈옵는 선근을 심어 복덕이 다함 없게 하려는 연고며, 청정한 신심을 항상 내게 하려는 연고며, 부처님을 뵈옵고 공양하되 구하는 일이 없게 하려는 연고며, 가진 바 서원을 모두 청정케 하려는 연고며, 큰 서원을 내어 온갖 지혜를 구하게 하려는 연고로, 천왕의 청을 받고 일체보장엄전─切寶莊嚴殿에 들어가시니, 이 세계에서와 같이 시방의 일체 세계에서도 모두 그러하였다.

그 때 일체보장엄전에 자연으로 훌륭한 장엄이 있었으니 모든 하늘의 장엄보다 지나가는 것이며, 모든 보배 그물이 두루 덮이었고, 일체 가장 묘한 보배 구름을 두루 내리고, 일체 보배 옷 구름을 두루 내리고, 일체 전단향 구름을 두루 내리고, 일체 견고향 구름을 두루 내리고, 일체 보배로 장엄한 일산 구름을 두루 내리고, 불가사의한 꽃무더기 구름을 두루 내리었으며, 부사의한 풍류와 음성을 내어 여래의 온갖 가지 지혜를 찬탄하는데 모두 묘한 법과 서로 응하며, 이와 같은 일체 공양거리가 다른 하늘의 공양보다 훨씬 더하였다.

때에 도솔타천궁의 풍류와 노래와 찬탄함이 치성하여 쉬지 아니하며, 부처님의 신력으로써 도솔타천왕의 마음이 동요하지 않으며, 지난 세상의 선근이 모두 원만하여지고 한량없는 선한 법이 더욱 견고하고 깨끗한 신심이 증장하여 크게 정진함을 일으키고 환희한 마음을 내었으며, 좋아하는 뜻을 깨끗이 하여 보리심을 내었고 법을 생각하기 끊임이 없어 모두 지니고 잊지 아니하였다.

그 때 도솔타천왕이 부처님의 위신력을 받들어 지난 세상에 부처님께 심은 선근을 스스로 기억하고 게송으로 말하였다.

  지난 옛적 무애월無礙月여래 계시매
  여러 가지 길상 중에 가장 승하며
  그 부처님 장엄전에 일찍 드시니

그러므로 이곳이 가장 길상해.

옛날에 광지廣智여래 계시었으매
여러 가지 길상 중에 가장 승하며
그 부처님 이 금색전 일찍 드시니
그러므로 이곳이 가장 길상해.

옛날에 보안普眼여래 계시었으매
여러 가지 길상 중에 가장 승하며
그 부처님 이 연화전 일찍 드시니
그러므로 이곳이 가장 길상해.

옛날에 산호珊瑚여래 계시었으매
여러 가지 길상 중에 가장 승하며
그 부처님 이 보장전寶藏殿 일찍 드시니
그러므로 이곳이 가장 길상해.

옛날에 논사자불論師子佛 계시었으매
여러 가지 길상 중에 가장 승하며
그 부처님 이 산왕전山王殿 일찍 드시니
그러므로 이곳이 가장 길상해.

옛날에 일조日照여래 계시었으매
여러 가지 길상 중에 가장 승하며
그 부처님 이 중화전衆華殿 일찍 드시니

그러므로 이곳이 가장 길상해.

옛날에 무변광불無邊光佛 계시었으매
여러 가지 길상 중에 가장 승하며
그 부처님 이 수엄전樹嚴殿 일찍 드시니
그러므로 이곳이 가장 길상해.

옛날에 법당法幢여래 계시었으매
여러 가지 길상 중에 가장 승하며
그 부처님 이 보궁전寶宮殿 일찍 드시니
그러므로 이곳이 가장 길상해.

옛날에 지등智燈여래 계시었으매
여러 가지 길상 중에 가장 승하며
그 부처님 이 향산전香山殿 일찍 드시니
그러므로 이곳이 가장 길상해.

옛날에 공덕광불功德光佛 계시었으매
여러 가지 길상 중에 가장 승하며
그 부처님 이 마니전 일찍 드시니
그러므로 이곳이 가장 길상해.

이 세계의 도솔타천왕이 부처님의 위신력을 받들어 지나간 부처님들을 게송으로 찬탄한 것과 같이, 시방 일체 세계의 도솔타천왕들도 모두 그렇게 부처님의 공덕을 찬탄하였다.

그 때 세존이 일체 마니보장엄전의 마니보장 사자좌에서 결가부좌하시니, 법신이 청정하고 묘한 작용이 자재하사 삼세의 부처님들과 경계가 같으시며, 온갖 지혜에 머무사 일체 부처님과 더불어 한 성품에 같이 들었으며, 부처님 눈이 밝으사 일체 법을 보시되 장애가 없으며, 큰 위력이 있어 법계에 노니시어 쉬지 않으시며, 큰 신통을 갖추시고 교화할 중생이 있는 데는 모두 나아가시며, 모든 부처님의 걸림 없는 장엄으로 몸을 장엄하고 시기를 잘 아시며, 대중에게 법을 말씀하시었다.

  말할 수 없는 보살 대중이 다른 지방의 여러 가지 국토로부터 함께 와서 모이니 모인 대중이 청정하고 법신이 둘이 아니며 의지한 데 없지만, 능히 자재하게 부처님 몸의 행을 일으키었다.

  이 자리에 앉으시매. 그 궁전에 자연으로 특별히 훌륭하고 기묘하여 하늘의 공양보다 뛰어나는 무량 무수한 공양거리가 있었으니, 이른바 화만·의복·바르는 향·가루향·보배 일산·당기·깃발·풍류·노래들이다. 이런 것들을 낱낱이 셀 수 없거늘, 광대한 마음으로 공경하며 존중하여 부처님께 공양하였다. 시방의 일체 도솔타천에서도 모두 이와 같았다.

대방광불화엄경 제23권

제23권

24. 도솔궁중게찬품兜率宮中偈讚品

그 때 부처님의 신력으로 시방에 각각 한 대보살이 저마다 일만 부처 세계의 티끌 수 같은 보살들과 더불어 일만 부처 세계의 티끌 수 같은 국토 밖으로부터 부처님 계신 데로 왔었다. 그 이름은 금강당金剛幢보살·견고당堅固幢보살·용맹당勇猛幢보살·광명당光明幢보살·지당智幢보살·보당寶幢보살·정진당精進幢보살·이구당離垢幢보살·성수당星宿幢보살·법당法幢보살이었다.

그들이 떠나 온 세계는 묘보妙寶세계·묘락妙樂세계·묘은妙銀세계·묘금妙金세계·묘마니세계·묘금강세계·묘파두마세계·묘우발라세계·묘전단세계·묘향세계며, 각각 부처님 계신 데서 범행을 닦았으니, 이른바 무진당불無盡幢佛·풍당불風幢佛·해탈당불解脫幢佛·위의당불威儀幢佛·명상당불明相幢佛·상당불常幢佛·최승당불最勝幢佛·자재당불自在幢佛·범당불梵幢佛·관찰당불觀察幢佛이었다.

그 보살들이 부처님 계신 데 이르러서는 부처님 발에 정례하였고, 부처님의 신력으로 묘보장妙寶藏 사자좌를 변화하여 만들었으니, 보배 그물로 두루 덮어 사면에 가득하였으며, 모든 보살 대중이 제각기 온 곳을 따라 사자좌 위에 결가부좌하였다.

그 몸에서 다 백천억 나유타 아승기의 청정한 광명을 놓으니, 이 한량없는 광명은 보살의 청정한 마음인 모든 허물이 없는 큰 원력으로 일어난 것이며, 모든 부처님의 자재하고 청정한 법을 나타내 보이며, 보살들의 평등한 원력으로 일체 중생을 널리 구호하니, 모든 세간에서 보기를 좋아하는 것이며, 보는 이는 헛되지 아니하여 모두 조복되었다.

그 보살들은 한량없는 공덕을 이미 성취하였으니, 이른바 여러 부처님의 국토에 두루 다니되 장애가 없으며, 의지한 데 없는 청정한 법신을 보았으며, 지혜 몸으로 무량한 몸을 나타내어 시방으로 다니면서 모든 부처님을 섬기며, 부처님들의 한량없고 그지없고 부사의한 자재한 법에 들어갔으며, 한량없는 온갖 지혜의 문에 머물러 지혜의 광명으로 모든 법을 잘 알며, 모든 법 가운데서 두려움이 없게 되어 간 데마다 연설하매 오는 세월이 끝나도록 변재가 다하지 아니하며, 큰 지혜로 다라니문〔摠持門〕을 열고, 지혜 눈이 청정하여 깊은 법계에 들었고, 지혜의 경계가 끝없으며, 끝까지 청정하여 마치 허공과 같았다.

이 세계의 도솔타천궁에 보살 대중이 이렇게 모여오는 것처럼 시방의 모든 도솔타천궁에도 이런 이름을 가진 보살들이 모여왔는데, 그 떠나 온 나라와 부처님들의 명호가 꼭 같아서 차별이 없었다.

그 때 세존께서 두 무릎에서 백천억 나유타 광명을 놓아 시방의 온 법계와 허공계를 두루 비추니, 저 보살들이 이 부처님의 신통 변화하시는 모양을 다 보고, 이 보살들도 저 여러 부처님의 신통 변화하시는 모양을 보았다.

이 보살들은 지난 옛적에 비로자나여래와 함께 선근을 심으면서 보살의 행을 닦았으며, 모든 부처님의 자재하신 깊은 해탈문에 깨달아 들어가서 무차별한 법계의 몸을 얻었으며, 일체 국토에 들어가되 머무는 데가 없고 한량없는 부처님께 나아가 섬겼다. 잠깐 동안에 법계로 돌아다니되 자재하여 걸림이 없고 마음이 청정하여 값을 따질 수 없는 보배와 같으며, 무량무수한 부처님들이 항상 호념하여 힘을 가피하시어 구경究竟이요 제일인 저 언덕에 이르렀으며, 항상 깨끗한 생각으로 위없는 깨달음에 머물렀다. 생각생각마다 온갖 지혜의 곳〔一切智處〕에 항상 들어가며, 작은 것이 큰 데 들어가고 큰 것이 작은 데 들어가되 모두 자재하여 막힘 없이 사무치고, 부처님 몸을 얻어 부처님과 함께 있으며, 온갖 지혜〔一切智〕를 얻고서 온갖 지혜로부터 몸을 내었으며, 일체 여래의 행하시는 곳에 따라 들어가서 한량없는 지혜의 법문을 열었다. 금강당의 큰 지혜인 저 언덕에 이르고 금강 삼매를 얻어 모든 의혹을 끊었으며, 부처님들의 자재한 신통을 얻고 시방의 국토에서 백천만억 무수한 중생을 교화하고 조복하면서도 온갖 수數에 집착이 없으나, 능히 닦고 배워서 구경까지 성취하고 방편으로 모든 법을 정돈하고 건립하였다.

이러한 백천억 나유타 말할 수 없는 끝없이 청정하고 삼세 일체의 무량 공덕장功德藏 보살 대중이 모여와서 부처님 계신 데 있었는데, 광명으로 인하여 보이는 모든 부처님 처소에도 역시 이와 같았다.

그 때 금강당金剛幢보살이 부처님의 신력을 받들어 시방을 두루 관찰하고 게송으로 말하였다.

여래는 세상에 나지도 않고
열반도 없지마는

본래의 큰 원력으로
자재한 법 나타내시네.

이 법은 헤아릴 수 없고
마음으로 요량도 못하니
지혜로 저 언덕에 이르러야
부처님 경계 보게 되리.

육신이 부처 아니요
음성도 그렇거니와
육신과 음성을 떠나서
부처님 신통을 보는 것도 아니라.

지혜가 적은 이는
부처님의 참된 경계 알지 못하니
청정한 업을 오래 닦아야
이것을 분명히 알게 되리라.

정각은 오는 곳도 없고
가는 데 없건만
청정하고 미묘한 육신
신력으로 나타나는 것.

한량없는 세계에서
여래의 몸 나타내어

미묘한 법 말씀하지만
그 마음 집착이 없네.

지혜는 끝단 데 없어
온갖 법 분명히 알고
법계에 널리 들어가
자재한 힘 나타내나니,

중생과 모든 법
알고 보면 걸림 없는 것
여러 가지 모양을 나타내어
모든 세계에 두루하네.

온갖 지혜 구하여
위없는 각을 이루려면
청정하고 묘한 마음으로
보리행 닦을 것이요,

누구나 여래의 이러한
위력과 신력을 보려거든
가장 높으신 어른께
공양하고 의심내지 말라.

그 때 견고당堅固幢보살이 부처님의 신력을 받들어 시방을 두루 관찰하고 게송으로 말하였다.

여래는 수승하기 비길 데 없고
깊고 깊어 말할 수 없으며
말로 할 길이 뛰어나
청정하기 허공과 같네.

사람 중 사자의
자재한 신통력 보라.
분별을 여의었지마는
그래도 분별로 보나니,

깊고 깊은 미묘한 법
도사께서 연설하시니
이러한 인연으로
비길 데 없는 몸 나타내네.

이것은 큰 지혜
부처님의 행하시던 곳
이것을 알고자 하는 이
항상 부처님을 친근하라.

뜻으로 짓는 업 항상 청정해
모든 여래께 공양하여도
고달프거나 싫은 생각 없어야
부처님 도에 들어갈 것이,

끝없는 공덕 갖추고
보리심에 굳게 머물러
의심 그물 제해 버리면
부처님 뵙기 만족 없으리.

온갖 법 통달한 이야
참말로 불자이니
이런 사람은 부처님의
자재하신 힘 알리라.

광대한 지혜의 말씀
의욕意欲이 모든 법의 근본이라고
마땅히 좋은 희망으로
위없는 각 뜻 두어 구하라.

누구나 부처님을 존경
부처님 은혜 갚으려 하면
저 사람 언제나
부처님 계신 데 떠나지 않으리.

지혜 있는 사람으로서
부처님 듣고 뵈오면서
청정한 원을 닦지 않고
부처님 행하신 길 밟을 수 있으랴.

그 때 용맹당勇猛幢보살이 부처님의 신력을 받들어 시방을 두루 관찰하고 게송으로 말하였다.

비유컨대 밝고 깨끗한 눈
해로 인하여 빛을 보나니
깨끗한 마음 그와 같아서
부처님 힘으로 여래를 보고,

마치 정진하는 힘으로
바다의 밑바닥 다할 수 있나니
지혜의 힘도 그와 같아서
한량없는 부처님 보리.

마치 비옥한 밭에
뿌린 씨 잘 자라듯이
깨끗한 마음 밭 그와 같아서
부처님의 법 생장하나니.

어떤 사람 보배 광 얻으면
빈궁한 고통 아주 여의나니
보살들도 불법 얻으면
때를 여의고 마음 깨끗해.

마치 아가다 약이
모든 독을 소멸하듯이

부처님 법도 그와 같아서
모든 번뇌를 소멸하나니.

진실한 선지식은
여래의 칭찬하는 것
그의 위신력으로
부처님 법 듣게 되나니.

가령 한량없는 겁 동안
부처님께 재물을 보시하여도
부처님의 실상 알지 못하면
이것은 보시라 할 수 없고,

한량없는 여러 가지 상호로
부처님 몸 장엄하지만
그 여러 가지 상호에서
부처님을 보는 것 아니다.

여래・등정각等正覺
고요하여 동하지 않으나
널리 몸을 나타내어
시방세계에 충만하시네.

마치 끝없는 허공
나지도 죽지도 않나니

부처님 법도 그러하여
끝까지 생멸이 없네.

그 때 광명당光明幢보살이 부처님의 신력을 받들어 시방을 두루 관찰하고 게송으로 말하였다.

인간과 천상에서
또 모든 세계에서
여래의 청정하고도
미묘한 색신을 보나니

마치 한 마음의 힘으로
가지가지 마음 내듯이
한 부처님의 몸으로
모든 부처님 나타내시네.

보리는 두 법이 없고
여러 모양도 없지만
두 가지 법 가운데
장엄한 몸 모양 나타내고,

법의 성품 공적함을 알지만
요술처럼 일어나는 것
행하는 일 다하지 않나니
도사께서 이렇게 나타나,

삼세의 모든 부처님
법신이 청정하시나
교화할 중생을 따라
묘한 육신 널리 나타내

내가 이런 몸 짓는다고
여래는 생각 않지만
자연으로 나타내나
분별을 내는 일 없고,

법계는 차별이 없으며
의지한 데도 없지마는
그러나 이 세간에
한량없는 몸 보이며,

부처님 몸 변화한 것 아니고
변화하지 않음도 아니나
변화가 없는 법에서
변화한 형상이 있네.

정각은 헤아릴 수 없어
법계와 허공과 평등하고
깊고 넓어 끝단 데 없으매
말로 형용하지 못하리.

온갖 곳에 행하는 길
여래는 잘 통달하시매
법계의 모든 국토에
걸림 없이 다니시나니.

그 때 지당智幢보살이 부처님의 신력을 받들어 시방을 두루 관찰하고 게송으로 말하였다.

온갖 지혜 걸림 없는 줄
믿는 사람이 있어
보리행 닦아 익히면
그 마음 측량 못하리.

모든 국토에
한량없는 몸 나타내시나
몸은 어떤 곳에 있지도 않고
법에도 머물지 않나니.

부처님 부처님마다
신력으로 나타내는 몸
부사의한 세월에
세어서 끝낼 수 없어

삼세의 모든 중생들
그 수효 알 수 있지만

여래의 나타내는 몸
그 수효 다할 수 없네.

어떤 때는 하나거나 둘
혹은 한량이 없는 몸
시방세계에 두루 나타내지만
실제로는 두 가지 아닌 것,

마치 깨끗한 보름달
모든 물 속에 비치어
그림자 한량없지만
달의 자체는 둘이 아니듯이,

걸림 없는 지혜로
등정각等正覺을 이루어
온갖 세계에 나타나지만
부처님 자체는 둘이 없네.

하나도 아니고 둘도 아니고
한량없는 것도 아닌데
교화할 중생을 따르노라고
한량없는 몸 보이시나니,

부처님 몸 과거도 아니고
또 미래도 아니지만

잠깐 동안에 태어나고
성도하고 열반함을 보이네.

요술로 만드는 형상
나지도 일어나지도 않는 듯
부처님 몸도 그와 같아
나타내지만 나는 일 없어.

　그 때 보당寶幢보살이 부처님의 신력을 받들어 시방을 두루 관찰하고 게송으로 말하였다.

부처님 몸 한량없지만
한량 있음을 보이시니
보는 중생을 따르므로
도사께서 그렇게 나타내고

부처님 몸 처소가 없지만
모든 곳에 가득 차시니
허공이 끝이 없듯이
이런 일 헤아릴 수 없어.

마음으로 요량할 것도 아니며
거기서 마음 일어난 것도 아니니
부처님의 경계에는
끝까지 생멸이 없네.

마치 병난 눈으로 보는 것
안도 아니고 바깥도 아니듯
세상에서 부처님 뵈옵되
역시 그러한 줄 알 것이.

중생을 이익케 하려고
여래께서 세간에 나시매
중생들은 출현한 걸 보지만
실상은 출현한 일 없네.

국토나 밤이나 낮으로
부처님을 볼 수 없나니
몇 해라 잠깐이라 하는 말
모두 그런 것이다.

중생들은 말하기를
어느날 부처님 성도하셨다 하나
부처님께서 보리 얻음은
날짜에 얽매이지 않나니.

여래는 분별을 떠나서
시간도 수량도 초월한 것
삼세의 여러 부처님
출현하심도 그러하니라.

마치 찬란한 해는
어두운 밤과 합하지 않지만
사람들은 어느날 밤이라 하나니
부처님의 법도 그러하여,

삼세의 모든 겁이
여래와 합하지 않지만
삼세제불이라 말하나니
부처님의 법이 그러하니라.

그 때 정진당精進幢보살이 부처님의 신력을 받들어 시방을 두루 관찰하고 게송으로 말하였다.

모든 부처님들
몸도 같고 이치도 그런 것이니
시방세계에 두루하여
마땅한 대로 가지가지 나타나네.

그대는 모니세존을 보라.
하시는 일 매우 기이하시어
법계에 가득하시니
온갖 곳에 남은 데 없네.

부처님 몸 안에도 있지 않고
밖에도 있는 것 아니나

신력으로 나타내나니
도사의 법이 그러하니라.

중생들의 종류에 따르며
전세에 지은 업대로 하매
이렇게 가지가지 몸
나타내심이 각각 다르다.

부처님들의 몸 이와 같아서
한량없고 셀 수 없나니
대각 세존을 제외하고는
말하고 생각할 이 없네.

마치 나를 생각할 수 없어
마음 작용으로 취할 수 없듯이
부처님 생각할 수 없음도 그와 같아서
마음의 작용으로 나타낼 것 아니며

세계를 생각할 수 없으나
청정하게 장엄한 것 보듯이
부처님 생각할 수 없음도 그와 같아서
미묘한 모습 모두 나타내네.

마치 모든 법들이
여러 인연으로 생기듯이

부처님들도 그와 같아서
여러 가지 선한 업 빌려야 하네.

마치 여의주가
중생의 마음 만족케 하듯이
부처님 법도 그와 같아서
온갖 소원을 만족케 하도다.

한량없이 많은 세계에
도사께서 출현하심은
본래의 원력을 따름이라
시방에 두루 응하네.

그 때 이구당離垢幢보살이 부처님의 신력을 받들어 시방을 두루 관찰하고 게송으로 말하였다.

여래의 큰 지혜 광명
모든 세간 두루 깨끗하게
세간이 깨끗해지면
부처님 법을 열어 보이네.

가령 어떤 사람이
중생 수효와 같은 부처님 보려면
그들의 마음에 모두 응하지만
실제로는 오는 곳 없어,

부처님을 경계로 하고
오로지 생각해 쉬지 않으면
이 사람 부처님 보되
그 수효 마음과 같으리.

희고 깨끗한 법 이루어
모든 공덕 갖추고
온갖 지혜에 대하여
전심으로 생각하고 버리지 않나니,

도사께서 중생 위하여
근기에 맞춰 법문을 연설
교화할 곳에 따라
가장 훌륭한 몸 나타내며,

부처님 몸이나 세간이나
모두 나〔我〕랄 것 없나니
이것 깨달아 정각 이루고
다시 중생에게 말하네.

모든 사람 가운데 사자
한량없이 자재한 힘으로
생각과 평등한 몸 보이니
그 몸이 제각기 같지 않고,

세간의 이와 같은 몸
부처님 몸도 그러하니
그 성품 분명히 알면
그 이름 부처라 하리.

여래는 널리 알고 보시어
온갖 법 환히 아시니
부처님 법과 보리를
둘 다 얻을 수 없어,

도사는 오고 가는 일 없고
머무는 곳도 없나니
전도顚倒를 영원히 여의면
등정각이라 이름하네.

그 때 성수당星宿幢보살이 부처님의 신력을 받들어 시방을 두루 관찰하고 게송으로 말하였다.

여래는 머무는 데 없으면서
모든 세계에 두루 머물매
온갖 국토에 모두 가고
온갖 곳에서 모두 보도다.

부처님 중생의 마음 따라
온갖 몸 나타내시니

도를 이루고 법을 연설하고
그리고 열반에 드시나니,

부처님을 헤아릴 수 없나니
누가 능히 부처님 생각하고
누가 능히 정각을 보고
누가 능히 승한 몸 나타내리.

온갖 법 모두 진여眞如요
부처님 경계도 그런 것
단 한 가지 법이라도
진여 속에 생멸이 있는 것 아니니,

중생들이 허망하게
부처라 세계라 분별하지만
법의 성품 아는 이에겐
부처도 세계도 없네.

여래가 앞에 나타나
중생들이 믿고 기쁘게 하지만
부처님 자체 찾을 수 없고
저들도 보는 것 없어라.

누구나 만일
온갖 집착 멀리 여의면

걸림 없어 마음이 환희하고
법을 깨닫게 되리.

신력으로 나타내는 것을
곧 부처라 이름하나
삼세의 모든 때에
구하여도 있지 아니해.

만일 능히 이렇게
맘과 뜻과 법을 안다면
온갖 것 모두 알고 보고
여래를 빨리 이루게 되리.

말로써 부처님들의
자재하심 보이거니와
정각은 말도 초월했으나
말을 빌어서 말할 뿐.

그 때 법당法幢보살이 부처님의 신력을 받들어 시방을 두루 관찰하고 게송으로 말하였다.

모든 세간의 고통을
항상 달게 받을지라도
마침내 여래를 떠나서
자재한 힘 보지 않을 수 없어.

만일 모든 중생들
보리심 내지 못하였어도
부처님 이름 한번 들으면
결정코 보리 이루리.

지혜 있는 사람 누구나
한 순간 도에 대한 마음 내면
반드시 위없는 세존 이루리니
의혹을 내지 말아라.

여래의 자재하신 힘
무량겁에 만나기 어려워
잠깐만 신심 내어도
위없는 도를 빨리 이루리.

설사 생각생각마다
무량한 부처님께 공양한대도
진실한 법 알지 못하면
공양이라 말할 수 없어.

이런 법 듣기만 해도
부처님 여기서 나시나니
한량없는 고통 겪더라도
보리의 행 버리지 말라.

부처님들이 들어가셨던
큰 지혜 한 번 들으면
넓은 법계 가운데서
삼세의 대도사 이루려니와

오는 세월이 끝나도록
모든 부처님 세계에 두루 다녀도
이렇게 묘한 법 구하잖으면
언제나 보리를 이룰 수 없네.

중생들 끝없는 옛적부터
나고 죽는 데 오래 헤매고
진실한 법 알지 못하매
부처님 일부러 출현하시네.

모든 법 깨뜨릴 수 없고
깨뜨릴 사람도 없어
자재하신 큰 광명
세간에 널리 보이네.

25. 십회향품十廻向品 ①

1) 부처님의 가지加持

그 때 금강당보살이 부처님의 신력을 받들어 보살지광菩薩智光삼매에 들어갔다.

이 삼매에 든 뒤에 시방으로 각각 십만 세계의 티끌 수 같은 부처님이 계시니, 명호는 다 같이 금강당金剛幢이며 그 앞에 나타나서 함께 칭찬하셨다.

"장하고 장하다, 선남자여. 그대가 능히 이 보살지광삼매에 들었도다. 선남자여, 이것은 시방으로 각각 십만 부처 세계의 티끌 수 부처님들이 신력으로 그대에게 가피하려는 것이며, 또한 비로자나여래의 지난 세상의 서원의 힘과 위신의 힘이며, 또 그대의 지혜가 청정한 연고며, 모든 보살의 선근이 더욱 승한 연고로, 그대로 하여금 이 삼매에 들어서 법을 연설케 하려는 것이니, 보살들로 하여금 청정하고 두려움 없음을 얻게 하려는 연고며, 걸림 없는 변재를 갖추게 하려는 연고며, 걸림 없는 지혜의 자리에 들어가게 하려는 연고며, 온갖 지혜라는 큰 마음에 머물게 하려는 연고며, 다함 없는 선근을 성취하려는 연고며, 걸림 없는 선한 법〔白法〕을 만족케 하려는 연고며, 넓은 문인 법계에 들게 하려는 연고며, 모든 부처님의 신력을 나타내는 연고며 지난 시절을 생각하는 지혜가 끊어지지 않게 하려는 연고며, 모든 부처님께서 여러 근을 보호하심을 얻으려는 연고니라.

한량없는 문으로 여러 가지 법을 연설케 하려는 연고며, 듣고는 다 알아서 받아 지니고 잊지 않게 하려는 연고며, 보살들의 모든 선근을 거두어들이려는 연고며, 세상을 뛰어나는 도를 이루게 하려는 연고며, 온갖 지혜의 지혜를 끊지 않으려는 연고며, 큰 서원을 개발開發하려는 연고며, 진실한 이치를 해석하려는 연고며, 모든 부처님의 평등한 선근을 닦게 하려는 연고며, 일체 여래의 종성을 두호하려는 연고니, 이른바 보살의 열 가지 회향을 연설하려는 것이니라.

불자여, 그대는 마땅히 부처님 위신의 힘을 받들어 이 법을 연설할 것이니, 부처님의 호념을 얻은 연고며, 부처의 가문에 편안히 머문 연고며, 출세간하는 공덕을 더하는 연고며, 다라니의 광명을 얻은 연고며, 장애 없는 불법에 들어간 연고며, 큰 광명으로 법계를 널리 비추는 연고며, 허물 없는 깨끗한 법을 모은 연고며, 광대한 지혜의 경계에 머문 연고며, 장애 없는 법의 광명을 얻은 연고니라."

이 때 여러 부처님께서 금강당보살에게 한량없는 지혜를 주고, 걸림 없는 변재를 주고, 글귀와 뜻을 분별하는 좋은 방편을 주고, 걸림 없는 법의 광명을 주고, 여래의 평등한 몸을 주고, 한량없이 차별한 깨끗한 음성을 주고, 보살의 부사의하게 잘 관찰하는 삼매를 주고, 파괴할 수 없는 모든 선근으로 회향하는 지혜를 주고, 모든 법을 관찰하여 성취하는 공교한 방편을 주고, 모든 곳에서 온갖 법을 연설하는 끊임없는 변재를 주었으니, 그것은 이 삼매에 들어간 선근인 때문이다.

그 때 여러 부처님은 각각 오른손으로 금강당보살의 정수리를 만지시니, 금강당보살이 정수리 만짐을 받고는 곧 선정으로부터 일어나서 모든 보살에게 말하였다.

"불자들이여, 보살마하살의 부사의한 큰 서원이 법계에 충만하며 일체 중생을 널리 구호하나니, 이른바 과거·미래·현재의 모든 부처님의 회향을 닦아 배우는 것입니다.

불자들이여, 보살마하살의 회향이 몇 가지가 있는가.

불자들이여, 보살마하살의 회향이 열 가지가 있나니, 삼세의 부처님들이 함께 연설하십니다.

어떤 것이 열 가지인가. 하나는 일체 중생을 구호하면서도 중생이라는 상相을 여의는 회향이요, 둘은 깨뜨릴 수 없는 회향이요, 셋은 모든 부처님과 평등한 회향이요, 넷은 온갖 곳에 이르는 회향이요, 다섯은 다함이 없는 공덕장 회향이요, 여섯은 일체 평등한 선근에 들어가는 회향이요, 일곱은 일체 중생을 평등하게 따라주는 회향이요, 여덟은 진여의 모양인 회향이요, 아홉은 속박도 없고 집착도 없는 해탈 회향이요, 열은 법계에 들어가는 무량한 회향입니다.

불자들이여, 이것을 보살마하살의 열 가지 회향이라 하나니, 과거·미래·현재의 부처님들이 이미 말씀하셨고, 장차 말씀하시고, 지금 말씀하시는 것입니다."

2) 제1회향

"불자들이여, 무엇을 보살마하살의 일체 중생을 구호하면서도 중생이라는 상을 여의는 회향이라 하는가.

불자들이여, 이 보살마하살이 단檀바라밀을 행하고, 시尸바라밀을 청정히 하고, 찬제羼提바라밀을 닦고, 정진精進바라밀을 일으키고, 선禪바라밀에 들어가고, 반야般若바라밀에 머무르며, 대자·대비·대희大喜·대사大捨로 이러한 무량 선근을 닦으며, 선근을 닦을 때에 이렇게 생각합니다.

'이 선근으로 일체 중생을 두루 이익케 하여 모두 청정케 하며, 필경에는 지옥·아귀·축생·염라왕 등의 한량없는 고통을 길이길이 여의게 하여지이다.'

보살마하살이 선근을 심을 적에, 자기의 선근으로 이렇게 회향합니다.

'내가 마땅히 일체 중생의 집이 되리니 모든 괴로운 일을 면케 하려는 연고며, 일체 중생의 구호가 되리니 모든 번뇌에서 해탈케 하려는 연고며, 일체 중생의 귀의할 데가 되리니 모든 공포를 여의게 하려는 연고며, 일체 중생의 나아갈 데가 되리니 온갖 지혜에 이르게 하려는 연고며, 일체 중생의 안락처가 되리니 구경의 편안할 곳을 얻게 하려는 연고며, 일체 중생의 광명이 되리니 지혜의 빛을 얻어 어리석은 어둠을 멸하게 하려는 연고며, 일체 중생의 횃불이 되리니 모든 무명의 암흑을 깨뜨리려는 연고며, 일체 중생의 등불이 되리니 끝까지 청정한 곳에 머물게 하려는 연고며, 일체 중생의 길잡이가 되리니 그들을 진실한 법에 들게 하려는 연고며, 일체 중생의 대도사大導師가 되리니 걸림 없는 큰 지혜를 주려는 연고니라.'

불자들이여, 보살마하살은 모든 선근으로 이렇게 회향하여 일체 중생을 평등하게 이익 주며, 모두 온갖 지혜를 얻게 합니다.

불자들이여, 보살마하살은 친구 아닌 이를 수호하고 회향하되 친구와 다름이 없게 하나니, 무슨 까닭인가. 보살마하살이 일체 법이 평등한 성품에 들어간 연고로, 중생에게 잠깐도 친구가 아니란 생각을 내지 아니하며, 설사 어떤 중생이 보살에게 해치려는 마음을 일으키더라도 보살은 자비한 눈으로 보고 성내지 아니하며, 중생들의 선지식이 되어 바른 법을 연설하여 닦아 익히게 하기 때문입니다.

마치 큰 바다는 어떠한 독한 것으로도 변하게 할 수 없는 것과 같이 보살도 그러하여, 어리석고 지혜 없고 은혜를 모르고 심술궂고 완악하고 교만하여 잘난 체하고 마음이 캄캄하여 선한 법을 알지 못하는 그런 종류의 나쁜 중생들이 갖가지로 못 견디게 굴더라도 능히 움직이지 못합니다.

마치 일천자日天子가 세간에 나타날 적에 소경들이 보지 못한다고 해서 숨어버리지 아니하며, 또 건달바성이나 아수라의 손이나 염부제의 나무나 높은 바위나 깊은 골짜기나, 티끌·안개·연기·구름 따위가 가린다고 해서 숨어버리지 아니하며, 또 시절이 변천한대서 숨고 나타나지 않는 것이 아닙니다.

보살마하살도 그와 같아서 큰 복덕이 있고, 마음이 깊고 넓으며, 바른 생각으로 관찰하여 물러나지 않고, 공덕과 지혜에 끝까지 이르며,

높고 훌륭한 법에 뜻을 두어 구하며, 법의 광명이 두루 비치어 온갖 이치를 보며, 모든 법문에 지혜가 자재하여 항상 일체 중생을 이익하려고 선법을 닦으며, 실수하여서도 중생을 버리려는 마음을 내지 아니합니다.

중생들의 성품이 추악하고 소견이 잘못 들고 성 잘 내고 흐리어 조복하기 어렵다 하여, 문득 버리고 회향하는 일을 닦지 않는 것이 아니니, 보살은 오직 큰 원력의 옷으로 스스로 장엄하여 중생을 구호하고 잠깐도 퇴전하지 아니하며, 중생들이 은혜 갚을 줄을 모른다 하여 보살의 행에서 퇴전하여 보살의 도를 버리지 아니하며, 어리석은 범부들과 한 곳에 있다 하여 모든 진실한 선근을 버리지 아니하고, 중생들이 허물을 자주 일으키매 참을 수 없다 하여 그들에게 싫증내는 마음을 일으키지 않습니다.

왜냐 하면 마치 해가 한 가지 일만을 위하여 세간에 나타나는 것이 아니듯이, 보살마하살도 그와 같아서, 한 중생만을 위하여 선근을 닦아 아뇩다라삼먁삼보리에 회향하는 것이 아니고, 일체 중생을 널리 구호하기 위하여 선근을 닦아 아뇩다라삼먁삼보리에 회향하는 것입니다. 이와 같이 한 부처님 세계만을 깨끗이 하려거나, 한 부처님만을 믿으려거나, 한 법만을 알기 위해서, 큰 지혜와 원력을 일으켜 아뇩다라삼먁삼보리에 회향하는 것이 아니고, 모든 부처님의 세계를 두루 청정케 하려고, 모든 부처님을 널리 믿으려고, 모든 부처님을 섬기고 공양하려고, 모든 부처님 법을 널리 알려고, 큰 서원을 세우고, 선근을 닦아 아뇩다라삼먁삼보리에 회향하는 것입니다.

불자들이여, 보살마하살이 부처님의 법으로 반연할 경계를 삼아, 광대한 마음과 물러가지 않는 마음을 내고, 한량없는 겁 동안에 희유하고 얻기 어려운 마음을 닦아서 모든 부처님으로 더불어 다 평등하나니, 보살이 이렇게 모든 선근을 살펴보고, 신심이 청정하며 대비심이 견고하여, 매우 깊은 마음·환희한 마음·청정한 마음·가장 승한 마음·부드러운 마음·자비한 마음·불쌍히 여기는 마음·거두어 보호하는 마음·이익하는 마음·안락한 마음으로써 널리 중생을 위하여 진실하게 회향하는 것이요, 입으로 말만 하는 것이 아닙니다.

불자들이여, 보살마하살은 모든 선근으로 회향할 때에 생각하기를 '나의 선근으로써 모든 갈래의 중생들이 모두 청정한 공덕이 원만하여서 파괴할 수 없게 되며, 다함이 없어 항상 존중하게 되며, 바른 생각을 잊지 아니하며, 결정한 지혜를 얻고 한량없는 지혜를 갖추며, 몸과 입과 뜻으로 짓는 업이 일체 공덕을 원만하게 장엄하여지이다'라고 합니다.

또 생각하기를 '이 선근으로써 일체 중생이 모든 부처님을 받들어 섬기며 공양하여 헛되게 지내지 아니하며, 모든 부처님 계신 데서 청정한 신심이 무너지지 않으며, 바른 법을 듣고 의혹을 끊으며, 기억하여 잊지 아니하고 말한 대로 수행하며, 여래에게 공경하는 마음을 내고 몸으로 짓는 일이 청정하여 한량없이 광대한 선근에 편안히 머물며, 빈궁함을 영원히 여의고 일곱 재물이 만족하며, 부처님 계신 데서 항상 따라 배우고 한량없이 기묘한 선근을 성취하여, 평등하게 깨달아 온갖 지혜에 머물러, 걸림 없는 눈으로 중생을 평등하게 보며, 모든 상호로 몸을 장엄하여 흠이 없으며, 음성이 정묘하여 공덕이 원만하고, 여러 근이 조복되어 십력을 성취하며, 선한 마음이 만족하여 의지한 데 없는 데 머무르며, 한량없이 머무름을 얻어 부처님이 머무시는 데 머물게 하여지이다'라고 합니다.

불자들이여, 보살마하살이 모든 중생이 나쁜 업을 짓고 중대한 고통을 받으며, 이런 장난으로 부처님을 보지 못하고 법을 듣지 못하고 스님들을 알지 못함을 보고는, 생각하기를 '내가 저 나쁜 갈래에서 중생들을 대신하여 가지가지 괴로움을 받으며 그들을 해탈케 하리라'고 합니다. 보살이 이렇게 괴로움을 받으면서도 더욱더 정진하여 버리지도 않고 피하지도 않고 놀라지도 않고 공포하지도 않고 물러가지도 않고 겁내지도 않고 고달파하지도 않나니, 무슨 까닭인가. 그가 서원한 대로 일체 중생을 책임지고 해탈케 하려는 연고입니다.

보살이 이 때에 생각하되 '일체 중생이 나고 늙고 병들고 죽고 하는 여러 가지 고통 중에서, 업을 따라 헤매고, 삿된 소견에 지혜가 없어 선한 법을 잃어버렸으니, 내가 마땅히 구호하여 벗어나게 하리라'고 합니다.

또 '중생들이 애욕의 그물에 얽매이고 어리석은 뚜껑이 덮이며, 모든 유有에 물들어 따라다니고 버리지 못하며, 고통의 우리에 들어가고 마군의 업을 지어 복과 지혜는 모두 없어지고, 항상 의혹을 품어 편안한 것을 보지 못하고 뛰어날 길을 알지 못하며, 나고 죽는 속에서 바퀴 돌 듯 쉬지 못하고 고통의 수렁에 항상 빠져 있거늘, 보살이 그것을 보고는 크게 자비한 마음과 크게 이익하려는 마음을 일으키고, 중생들로 하여금 모두 해탈을 얻게 하려 하여 온갖 선근으로 회향하고 광대한 마음으로 회향하되, 삼세 보살들이 닦는 회향과 같이 하며 『대회향경』에 말한 회향과 같이 하여, 모든 중생이 모두 청정함을 얻으며 필경에 온갖 것을 아는 지혜가 성취하여지이다'라고 합니다.

또 생각하되 '내가 닦은 행으로 중생들로 하여금 위없는 지혜왕을 이루게 하려는 것이요, 나 자신을 위하여 해탈을 구함이 아니며, 일체 중생을 구제하여 그로 하여금 온갖 지혜의 마음을 얻고 생사의 흐름에서 벗어나 모든 괴로움을 해탈케 하려는 것이로다'라고 합니다.

또 생각하되 '내가 마땅히 일체 중생을 위하여 온갖 고통을 갖춰 받으면서, 그들로 하여금 한량없이 나고 죽는 고통의 구렁에서 뛰어나오게 할 것이며, 내가 널리 일체 중생을 위하여 일체 세계의 온갖 나쁜 갈래에서 미래겁이 다하도록 온갖 고통을 받으면서도 항상 중생을 위하여 선근을 부지런히 닦을 것이니, 왜냐 하면 내가 차라리 혼자서 이러한 고통을 받을지라도 중생들을 지옥에 떨어지지 않게 할 것이며, 내가 마땅히 지옥·축생·염라왕 등의 험난한 곳에서 이 몸을 볼모로 잡히고 모든 나쁜 갈래의 중생들을 속죄贖罪하여 해탈을 얻게 하리라'고 합니다.

또 생각하되 '일체 중생을 보호하여 마침내 버리지 아니하려 하나니, 내 말이 성실하여 허망하지 말아지이다. 왜냐 하면 나는 일체 중생을 구호하여 제도하려고 보리심을 낸 것이요, 내 몸을 위하여 위없는 도를 구함이 아니며, 또한 오욕五欲의 경계나, 삼계의 가지가지 낙을 구하기 위하여 보리의 행을 닦는 것이 아니니, 왜냐 하면 세간의 낙이란 것은 모두 고통이요, 마군의 경계는 어리석은 사람이 탐하는 것이요, 부처님들이 꾸중하신 바이니, 모든 괴로움이 이것으로 생기며, 지옥·아귀·축생·염라왕의 처소는 성내고 싸우고 서로 훼방하고 능욕하나니, 이런 나쁜 일들은 오욕을 탐하므로 생기는 것이다. 오욕을 탐하면 부처님을 멀리 여의게 되고, 천상에 나는 일도 장애하거든, 하물며 아뇩다라삼먁삼보리를 얻으랴'고 합니다.

보살이 이렇게 세간에서 조그만 욕락을 탐하다가 한량없는 고통 받음을 관찰하고는, 저 오욕락五欲樂을 위하여 보리를 구하거나 보살의 행을 닦지 아니하고, 다만 일체 중생을 안락케 하려고 마음을 내어 수행하여 큰 서원을 만족하며, 중생들의 괴로움의 오랏줄을 끊고 해탈을 얻게 합니다.

불자들이여, 보살마하살은 또 생각하기를 '내가 마땅히 이렇게 선근으로 회향하고, 일체 중생으로 하여금 끝까지 이르는 낙[究竟樂]과 이익하는 낙과 받지 않는 낙과 고요한 낙과 의지한 데 없는 낙과 변동하지 않는 낙과 한량없는 낙과 버리지 않고 물러가지 않는 낙과 멸하지 않는 낙과 온갖 지혜의 낙을 얻게 하리라'고 합니다.

또 생각하기를 '내 마땅히 일체 중생을 위하여 조복하고 어거하는 스승[調御師]이 되고 군대 맡는 신하가 되어 지혜의 횃불을 들고 편안한 길을 보여 험난을 여의게 하며, 알맞은 방편으로 진실한 뜻을 알게 할 것이며, 또 나고 죽는 바다에서 온갖 지혜를 가진 좋은 뱃사공이 되어 중생을 건네어 저 언덕에 이르게 하리라'고 합니다.

불자들이여, 보살마하살이 여러 가지 선근으로 이렇게 회향하는 것은 적당한 방편으로 일체 중생을 구호하여 생사에서 뛰어나게 하며, 모든 부처님을 섬기고 공양케 하며, 장애 없는 온갖 지혜의 지혜를 얻게 하며, 마군을 여의며, 나쁜 벗[惡知識]을 멀리하고 모든 보살과 선지식을 친근케 하며, 모든 죄를 멸하고 청정한 업을 이루게 하며, 보살의 광대한 행과 원과 무량한 선근을 구족케 하려는 것입니다.

불자들이여, 보살마하살이 모든 선근으로 옳게 회향하고는 생각하기를 '사 천하의 중생이 많음으로 해서 여러 해가 뜨는 것이 아니요, 다만 한 해가 떠서 일체 중생을 모두 비추는 것이니라. 또 중생들이 자신의 광명으로 인하여 낮과 밤을 알고 다니며 관찰하며 여러 가지 업을 짓는 것이 아니라 일천자日天子가 뜨므로 말미암아 이런 일을 이루는 것이다'라고 합니다.

그러나 저 해는 하나뿐이요 둘이 아니니, 보살마하살도 이와 같아서 선근을 닦아서 회향할 때에 생각하되 '저 중생들이 자기도 구호하지 못하거든 어떻게 남을 구호하리요. 오직 나 한 사람만이 마음이 외로워 짝이 없도다'라고 하고, 선근을 닦아서 이렇게 회향하나니, 이른바 일체 중생을 널리 제도하려는 연고며, 일체 중생을 널리 비치려는 연고며, 일체 중생을 인도하려는 연고며, 일체 중생을 깨우치려는 연고며, 일체 중생을 돌아보아 기르려는 연고며, 일체 중생을 거두어 주려는 연고며, 일체 중생을 성취하려는 연고며, 일체 중생으로 하여금 환희케 하려는 연고며, 일체 중생으로 하여금 즐겁게 하려는 연고며, 일체 중생으로 하여금 의심을 끊게 하려는 연고입니다.

불자들이여, 보살마하살은 또 생각하기를 '나는 해가 온갖 것에 두루 비치어도 은혜를 갚으려 하지 않는 것같이, 중생들의 나쁜 일을 모두 받아들이면서도 이것으로 말미암아 서원을 버리지 않을 것이며, 한 중생이 악하다고 해서 일체 중생을 버리지 않을 것이요, 다만 부지런히 선근을 닦아 회향하여 널리 중생들로 하여금 모두 안락을 얻게 하리라'고 합니다.

선근이 비록 적으나 중생들을 널리 포섭하여 환희한 마음으로 광대하게 회향하나니, 만일 선근이 있으면서도 일체 중생을 이익하려 하지 않으면 회향이라 이름할 수 없지만, 한 선근이라도 널리 중생으로 반연할 바를 삼으면 회향이라 이름합니다.

중생을 집착할 것이 없는 법의 성품에 안돈하여 두려는 회향, 중생의 성품이 동動하지 않고 변하지 않음을 보는 회향, 회향하는 데 의지함도 없고 취함[取]도 없는 회향, 선근의 모양을 취하지 않는 회향, 업과 과보의 자체 성품을 분별하지 않는 회향, 오온五蘊의 모양에 집착하지 않는 회향, 오온의 모양을 깨뜨리지 않는 회향, 업을 취하지 않는 회향, 과보를 구하지 않는 회향, 인연에 물들지 않는 회향, 인연으로 일으킨 것을 분별하지 않는 회향, 명칭에 집착하지 않는 회향, 처소에 집착하지 않는 회향, 허망한 법에 집착하지 않는 회향, 중생의 모양·세계의 모양·마음의 모양에 집착하지 않는 회향, 마음의 전도顚倒·생각의 전도・소견의 전도를 일으키지 않는 회향, 말하는 길(語言道)에 집착하지 않는 회향, 일체 법의 진실한 성품을 관하는 회향, 일체 중생의 평등한 모양을 관하는 회향, 법계의 인(印)으로 여러 선근을 인치는[印] 회향, 모든 법의 탐욕 여읜 것을 관하는 회향입니다.

일체 법에 선근을 심은 일이 없다고 아는 것도 이러하고, 모든 법이 둘이 없으매 나지도 않고 멸하지도 않음을 관하는 회향도 이러합니다.

이러한 선근으로 회향하면 청정하게 상대하여 다스리는 법을 수행하여 생기는 선근은 모두 출세간하는 법을 따라가는 것이므로 둘이란 모양을 짓지 아니하니, 업에 나아가 온갖 지혜를 닦는 것이 아니고, 업을 여의고 온갖 지혜에 회향하는 것도 아니며, 온갖 지혜가 곧 업이 아니지만 업을 떠나서 온갖 지혜를 얻는 것도 아닙니다. 업이 빛[光影]과 같이 청정하므로 과보도 빛과 같이 청정하고, 과보가 빛과 같이 청정하므로 온갖 지혜의 지혜도 빛과 같이 청정하며, 나[我]와 내 것[我所]이란 모든 시끄러움과 분별을 여의었으며 이렇게 알고서 선근의 방편으로 회향하는 것입니다.

보살이 이렇게 회향할 적에 중생을 제도하여 쉬는 일이 없고, 법이란 모양에 머물지 않으며, 비록 모든 법이 업도 없고 과보도 없는 줄을 알지만, 모든 업과 과보를 잘 내어서 어기지 아니하나니, 이러한 방편으로 회향을 닦습니다. 보살마하살이 이렇게 회향할 때에 모든 허물을 여의어서 부처님들이 찬탄하십니다.

불자들이여, 이것이 보살마하살의 일체 중생을 구호하면서도 중생이라는 상을 여의는 첫째 회향입니다."

이 때 금강당보살이 시방의 온갖 대중들을 관찰하여 법계에 이르고, 깊은 뜻[句義]에 들어서 한량없는 마음으로 좋은 행을 닦으며, 대비심으로 모든 중생을 두루 덮어 삼세에 여래의 종성이 끊어지지 않게 하며,

모든 여래의 공덕 법장에 들어가 모든 부처님의 법신을 내며, 중생들의 마음을 잘 분별하여 그들이 심은 선근이 성숙함을 알고, 법신에 머무르면서 일부러 청정한 육신을 나타내고 부처님의 신력을 받들어 게송으로 말하였다.

    부사의한 겁 동안 도를 닦아서
    정진하는 굳은 마음 걸림 없으며
    중생의 무리들에 이익 주려고
    부처님의 공덕을 항상 구하네.

    세상을 잘 다스리는 동뜬 사람이
    그 뜻을 잘 닦아서 밝고 깨끗해
    모든 중생 건지려는 마음을 내니
    그 사람 회향장에 능히 들도다.

    용맹하게 정진하여 힘을 갖추고
    지혜가 총명하고 뜻도 청정해
    수많은 중생들을 널리 건지니
    참을성 있는 마음 동할 수 없고.

    마음이 잘 머물러 같을 이 없고
    뜻이 항상 청정하여 매우 기쁘며
    이렇게 남을 위해 행을 닦으니,
    땅덩이가 모든 것을 용납하는 듯,

자기 한 몸 쾌락을 구하지 않고
일심으로 여러 중생 구호하려고
이렇게 대비심을 일으키므로
걸림 없는 지위에 빨리 드시네.

시방에 널려 있는 여러 세계의
많은 중생 모두 다 거두어 주어
그들을 구호하려 잘 머문 맘
이와 같이 모든 회향 닦아 배우네.

보시를 수행하여 크게 기쁘고
계율을 잘 지니어 범하지 않고
정진하는 날쌘 마음 까딱도 없이
여래의 일체지一切智에 회향하도다.

마음이 크고 넓어 끝단 데 없어
의젓하게 참는 힘 동할 수 없고
깊고 깊은 선정으로 항상 비치며
지혜가 미묘하여 부사의하니,

온 시방에 가득한 세계 가운데
이렇게 청정한 행 갖춰 닦으며
이와 같은 공덕을 모두 회향해
한량없는 중생을 안락케 하네.

보살이 선한 업을 닦으시는 일
한량없고 그지없어 셀 수 없나니
이렇게 모든 중생 이익 주어서
위없는 높은 지혜 머물게 하며,

옛날에 모든 중생 건지시려고
한량없는 겁 동안 지옥에 있어
조금도 싫어하는 생각이 없고
용맹한 마음으로 늘 회향하며,

빛과 소리 맛과 향기 구하지 않고
부드러운 촉각觸覺도 바라지 않고
언제나 모든 중생 구제하려고
위없는 좋은 지혜 항상 구하며,

지혜가 청정하기 허공과 같고
끝없는 보살의 행 닦아 익히며
부처님 행하시던 모든 행들을
저 사람 그와 같이 항상 배우며,

보살이 모든 세계 두루 다니며
많은 중생 모두 다 편안케 하고
모든 이로 하여금 환희케 하되
보살행을 닦는 일 싫음 없으며,

여러 가지 독한 마음 덜어버리고
가장 높은 지혜를 항상 닦되
나 한 몸의 안락을 구하지 않고
중생들의 고통을 떠나게 하니,

이 사람의 회향이 구경에 가서
마음이 청정하여 삼독 여의매
삼세의 여래께서 부촉한 바로
위없는 큰 법성에 머물러 있네.

모든 빛에 조금도 물들지 않고
수와 상과 행과 식도 그와 같아서
그 마음 삼유에서 아주 뛰어나
가진 공덕 모두 다 회향하오며,

부처님이 알고 보는 많은 중생을
모두 다 거두어서 남기지 않고
서원 세워 해탈을 얻게 하려고
그들 위해 수행하며 크게 즐기네.

그 마음 생각마다 편히 머물고
지혜도 넓고 커서 짝이 없나니
우치를 여읜 생각 항상 고요해
모든 업이 언제나 청정하더라.

저 여러 보살들이 세상에 있어
안과 밖 모든 법에 집착이 없고
바람이 걸림 없이 허공에 불듯
보살들의 마음도 그러하도다.

몸으로 짓는 업이 모두 청정코
여러 가지 말씀도 허물이 없어
마음은 언제나 여래께 향해
부처님들 모두 다 환희케 하네.

시방의 한량없이 많은 국토에
부처님 계신 데는 모두 나아가
거기서 대비 세존 만나 뵈옵고
공경하고 우러러 섬기옵니다.

마음이 청정하고 과실 없으매
세간에 들어가도 두렵지 않고
위없는 여래도道에 머무르고도
삼유의 큰 법못이 다시 되도다.

온갖 법을 부지런히 관찰도 하고
유와 비유非有 따라서 생각하면서
이와 같이 참 이치에 나가 이르고
다툼 없는 깊은 곳에 들어가도다.

이렇게 견고한 도道 닦아 이루면
중생들이 깨뜨릴 수가 없으며
모든 법의 성품을 통달하여서
삼세에 아무 데고 집착이 없네.

이렇게 회향하여 저 언덕 가서
중생들이 모든 때를 여의게 하여
모든 것 의지한 곳 길이 여의고
의지할 데 없는 곳에 가게 하도다.

수많은 중생들의 말하는 법이
그들의 종류 따라 각각 다른데
보살이 분별하여 모두 말하나
마음에 집착 없고 걸림도 없네.

보살이 이와 같이 회향을 닦아
공덕이나 방편을 말할 수 없고
시방의 모든 세계 가운데에서
많은 부처님들로 칭찬케 하네.

대방광불화엄경 제24권

제 24 권

25. 십회향품 ②

3) 제2 회향

"불자들이여, 무엇을 보살마하살의 깨뜨릴 수 없는[不壞] 회향이라 하는가.

불자들이여, 이 보살마하살이 과거·현재·미래의 여러 부처님 계신 데서 깨뜨릴 수 없는 신심을 얻나니 모든 부처님을 능히 받들어 섬기는 연고며, 모든 보살에게나 내지 처음으로 한 생각[初發一念之心]을 내어 온갖 지혜를 구하는 이에게 깨뜨릴 수 없는 신심을 얻나니 모든 보살의 선근을 서원하여 닦으면서 고달픈 줄을 모르는 연고며, 온갖 부처님 법에 깨뜨릴 수 없는 신심을 얻나니 깊이 좋아하는 뜻을 내는 연고며, 온갖 부처님의 교법에 깨뜨릴 수 없는 신심을 얻나니 수호하고 머물러 지니는 연고며, 일체 중생에게 깨뜨릴 수 없는 신심을 얻나니 인자한 눈으로 평등하게 관찰하고 선근으로 회향하여 널리 이익 주는 연고며, 온갖 희고 깨끗한 법[白淨法]에 깨뜨릴 수 없는 신심을 얻나니 그지없는 선근을 널리 모으는 연고며, 일체 보살의 회향하는 도에 깨뜨릴 수 없는 신심을 얻나니 훌륭한 욕망과 이해를 만족하는 연고며, 일체 보살인 법사法師에게 깨뜨릴 수 없는 신심을 얻나니 모든 부처님의 부사의한 일을 깊이 믿는 연고며, 모든 보살의 공교한 방편행에 깨뜨릴 수 없는 신심을 얻나니 가지가지 무량 무수하게 수행할 경계를 거두어 가지는 연고입니다.

불자들이여, 보살마하살이 이와 같이 깨뜨릴 수 없는 신심에 편안히 머무를 때에, 부처님·보살·성문·독각·부처님의 교법과 중생들, 이러한 여러 가지 경계에 한량없고 그지없는 선근을 심으며, 보리심으로 하여금 점점 더욱 자라게 하며, 자비심이 광대하여 평등하게 관찰하며, 부처님들의 지으시는 일을 따라 배우며, 온갖 청정한 선근을 거두어 지니며, 진실한 이치에 들어가서 복덕의 행을 모으며, 큰 보시를 행하고 모든 공덕을 닦으며, 삼세를 평등하게 관찰합니다.

보살마하살이 이와 같은 선근 공덕으로 온갖 지혜에 회향하되, 원하기를 부처님을 항상 뵈오며, 선지식을 친근하며, 보살들과 더불어 함께 머물며, 온갖 지혜를 생각하여 잠깐도 마음에서 버리지 아니하며, 부처님의 교법을 받아 지니고 부지런히 수호하며, 일체 중생을 교화하고 성숙하되 마음으로 항상 출세간의 길에 회향하며, 모든 법사를 공양하고 섬기며, 모든 법을 분명히 알아 기억하고 잊지 아니하며, 큰 소원을 수행하여 다 만족케 하나니, 보살이 이렇게 선근을 쌓아 모으며 선근을 성취하며 선근을 증장하며, 선근을 생각하며, 선근에 마음을 매어 두며, 선근을 분별하며, 선근을 좋아하며, 선근을 닦아 익히며, 선근에 편히 머물게 됩니다.

보살마하살이 이렇게 여러 가지 선근을 모으고는, 이 선근으로 얻은 의보依報로써 보살의 행을 닦으면서, 잠깐잠깐마다 한량없는 부처님을 뵈옵고 잘 받들어 섬기고 공양하되, 아승기 보배·아승기 꽃·아승기 화만·아승기 의복·아승기 일산·아승기 당기·아승기 깃발·아승기 장엄거리·아승기 시중·아승기 장식한 땅·아승기 바르는 향·아승기 가루향·아승기 섞는 향[和香]·아승기 사르는 향·아승기 신심·아승기 사랑·아승기 깨끗한 마음·아승기 존중·아승기 찬탄·아승기 예경으로 공양합니다.

 아승기 보배 자리·아승기 꽃 자리·아승기 향 자리·아승기 화만 자리·아승기 전단 자리·아승기 옷 자리·아승기 금강 자리·아승기 마니 자리·아승기 비단 자리·아승기 보배 빛 자리며, 아승기 보배로 된 경행하는 곳, 아승기 꽃으로 된 경행하는 곳, 아승기 향으로 된 경행하는 곳, 아승기 화만으로 된 경행하는 곳, 아승기 옷으로 된 경행하는 곳, 아승기 보배가 사이사이 섞인 경행하는 곳, 아승기 일체 보배 채단으로 된 경행하는 곳, 아승기 일체 보배 다라 나무로 된 경행하는 곳, 아승기 보배로 난간 두른 경행하는 곳, 아승기 보배의 방울 그물이 덮인 경행하는 곳이며, 아승기 일체 보배 궁전, 아승기 일체 꽃 궁전, 아승기 일체 향 궁전, 아승기 일체 화만 궁전, 아승기 일체 전단 궁전, 아승기 일체 견고묘향장堅固妙香藏 궁전, 아승기 일체 금강 궁전, 아승기 일체 마니 궁전이 모두 특별하고 기묘하여 하늘의 궁전보다 뛰어났습니다.

 아승기 모든 보배 나무와 아승기 가지가지 향 나무와 아승기 보배 옷 나무와 아승기 음악 나무와 아승기 보배 장엄거리 나무와 아승기 미묘한 음성 나무와 아승기 싫음 없는 보배 나무와 아승기 보배 채단 나무와 아승기 보배 귀고리 나무와 아승기 일체 꽃·향·당기·깃발·화만·일산으로 장엄한 나무들이 무성하고 그늘지어 궁전을 장엄하였고,

그 여러 궁전에는 아승기 난간 장엄·아승기 창호 장엄·아승기 문 장엄·아승기 누각 장엄·아승기 반달[半月] 장엄·아승기 휘장 장엄이 있으며, 아승기 금속 그물로 위에 덮었고 아승기 향이 두루 풍기며 아승기 옷이 땅에 깔리었습니다.

불자들이여, 보살마하살이 이러한 공양거리로, 한량없고 수없고 말할 수 없이 말할 수 없는 겁 동안에, 깨끗한 마음으로 모든 부처님께 존중하고 공경하고 공양하되 퇴전하지도 아니하고 쉬지도 아니하였으며, 낱낱 여래께서 열반하신 뒤에는 사리를 모시고 이와 같이 공경하였으니, 일체 중생으로 하여금 깨끗한 신심을 내게 하려는 연고며, 일체 중생으로 하여금 선근을 거두어 가지게 하려는 연고며, 일체 중생으로 하여금 고통을 여의게 하려는 연고며, 일체 중생으로 하여금 광대하게 알게 하려는 연고며, 일체 중생으로 하여금 큰 장엄으로써 장엄케 하려는 연고며, 한량없는 장엄으로써 장엄케 하려는 연고며, 모든 짓는 일이 끝까지 이르게 하려는 연고며, 부처님의 출현하심을 만나기 어려운 줄을 알게 하려는 연고며, 여래의 한량없는 힘을 만족하려는 연고며, 부처님의 탑을 장엄하고 공양하려는 연고며, 모든 부처님의 법에 머물러 지니게 하려는 연고입니다.

이렇게 현재하신 여러 부처님과 열반한 뒤에 사리에게 공양하나니, 그 모든 공양하는 일은 아승기겁 동안에 말하여도 다할 수 없습니다.

이와 같이 한량없는 공덕을 닦는 것은 일체 중생을 성숙시키기 위한 것이니, 퇴전하지도 않고 쉬는 일도 없고 고달픈 마음도 없으며, 집착함이 없어 모든 생각을 여의었으며, 의지함이 없어 의지할 바를 영원히 끊었으며, 나[我]와 내 것[我所]을 멀리 여의고, 실제와 같은 법인[實法印]으로 모든 업의 문을 인치며, 법이 생멸이 없음을 얻어 부처님께서 머무시는 데 머물며, 남[生]이 없는 성품을 관찰하여 모든 경계를 인치었습니다.

 여러 부처님의 호념으로 마음을 내어 회향하나니, 법의 성품과 서로 응하는 회향과, 지음이 없는 법에 들어가 짓는 일을 성취하는 방편 회향과, 모든 일에 집착하는 생각을 여의게 하는 방편 회향과, 한량없이 공교한 데 머무는 회향과, 모든 유有에서 영원히 벗어나는 회향과, 모든 행을 닦으면서 형상에 머물지 않는 공교한 회향과, 온갖 선근을 널리 거두는 회향과, 모든 보살의 행을 깨끗이 하는 광대한 회향과, 위없는 보리심을 내는 회향과, 모든 선근과 함께 있는 회향과, 최상의 믿고 이해하는 마음을 만족하는 회향입니다.

 불자들이여, 보살마하살이 모든 선근으로 이렇게 회향할 때에, 비록 생사를 따르지마는 변개變改하지 않으며, 온갖 지혜를 구하여 퇴전하지 않으며, 모든 유有에 있으면서도 마음이 흔들리지 않으며, 일체 중생을 모두 제도하여 해탈케 하며, 하염 있는 법[有爲法]에 물들지 아니하며, 걸림 없는 지혜를 잃지 아니하며, 보살의 수행하는 자리의 인연이 다하지 않으며, 세간의 법으로 변동하지 못하며, 모든 바라밀을 구족히 청정하며, 온갖 지혜의 힘을 다 능히 성취하니, 보살이 이와 같이 어리석은 어둠을 여의고 보리심을 이루며, 광명을 열어 보이고 깨끗한 법을 증장하며, 훌륭한 도로 회향하여 여러 행을 구족합니다.

 청정한 뜻으로 잘 분별하여 모든 법이 다 마음으로 나타나는 줄을 알며, 업은 요술과 같고, 업을 지어 과보 받는 것은 영상과 같고, 모든 변천하는 법은 변화와 같고, 인연으로 생기는 법은 메아리와 같고, 보살의 행은 모두 그림자와 같음을 알며, 집착이 없고 청정한 법 눈을 내어 지음이 없는 광대한 경계를 보며, 적멸한 성품을 증득하여 법에 두 가지가 없음을 알아 법의 실상을 얻었으며, 보살의 행을 갖추고, 온갖 형상에 집착함이 없으며, 함께 일하는[同事] 모든 업을 능히 닦아 행하며,

희고 깨끗한 법을 항상 폐하지 않으며, 모든 집착을 여의고 집착이 없는 행에 머뭅니다.

　보살이 이와 같이 잘 생각하여 미혹이 없어졌으므로 모든 법에 어기지 아니하고 업의 인을 깨뜨리지 아니하며, 진실한 것을 분명히 보아 공교하게 회향하며, 법의 성품을 알고 방편의 힘으로 업의 과보를 성취하여 저 언덕에 이르며, 지혜로 일체 법을 관찰하여 신통의 지혜를 얻고 모든 업의 선근을 짓는 일이 없이 행하되 마음대로 자재합니다.

　보살마하살이 여러 선근으로 이렇게 회향하는 것은, 일체 중생을 제도하여 부처님 종자를 끊지 않고 마군의 업을 영원히 여의며, 온갖 지혜의 끝간데 없음을 보고 믿고 좋아하여 버리지 아니하며, 세간의 경계를 떠나서 여러 가지 물드는 일을 끊기 위한 것이며, 또 중생들이 청정한 지혜를 얻고 깊은 방편에 들어가며, 생사의 법에서 뛰어나 부처님의 선근을 얻고 온갖 마군의 일을 끊으며, 평등한 인印으로 모든 업을 인치며, 마음을 내고 온갖 지혜에 들어가서 모든 출세간법을 성취하려는 것입니다.

　불자들이여, 이것이 보살마하살의 깨뜨릴 수 없는 제2 회향이니, 보살마하살이 이 회향에 머무는 때에는 일체 무수한 부처님을 뵈옵고 한량없이 청정하고 묘한 법을 성취하고, 중생들에게 평등한 마음을 얻으며, 일체법에 의혹이 없어지고, 모든 부처님의 신력으로 가피한 바 되어 여러 마군을 항복받고 그의 업을 아주 여의며, 귀한 문중에 태어나는 일을 성취하여 보리심을 만족하며, 걸림 없는 지혜를 얻되 다른 이를 말미암지 않으며, 온갖 법과 뜻을 잘 열어 보이며, 생각을 따라 모든 세계에 들어가며, 중생들을 널리 비춰 모두 청정케 하나니, 보살마하살은 이 깨뜨릴 수 없는 회향의 힘으로 모든 선근을 거두어서 이렇게 회향합니다."

이 때 금강당보살이 시방을 관찰하고 부처님의 신력을 받들어 게송으로 말하였다.

보살이 깨뜨릴 수 없는 뜻 얻고
일체의 선한 업을 닦아 행하여
부처들로 하여금 환희케 하니
지혜 있는 이들 이로써 회향해.

한량없는 부처님께 공양하오며
보시하고 계행 지녀 여러 근根 조복
수없는 중생들을 이익케 하여
모두 다 청정하게 하려느니라.

가장 묘한 여러 가지 향과 꽃들과
한량없는 가지가지 좋은 옷이며
보배로 된 일산과 장엄거리로
일체의 부처님께 공양하오며,

이렇게 부처님께 공양하올 제
한량없고 수없는 오랜 겁 동안
공경하고 존중하고 항상 환희해
잠깐도 싫은 생각 내지 않으며,

전심으로 부처님을 생각하오니
온 세간의 밝고 큰 등불이오신

시방세계 계시는 모든 부처님
눈앞에 나타나서 뵈올 듯하네.

헤아릴 수가 없이 한량없는 겁
가지가지 보시하되 만족 모르고
백천만억 수없는 겁 동안에서
선한 법 닦는 일도 또한 그러해,

저 많은 여래들이 열반하신 뒤
사리에 공양하여 싫은 줄 몰라
가지각색 미묘한 장엄거리로
부사의한 모든 탑을 건립하오며,

짝이 없이 훌륭한 형상을 조성
모든 보배 황금으로 장엄하나니
엄청나게 크고 높아 수미산 같은
그 수효 한량없는 백천억이라.

지성으로 존중하며 공양하고는
환희하고 이익케 할 생각을 내어
이 세상에 부사의겁 살고 있으며
중생들을 구호하여 해탈케 하고,

중생들이 망상妄想인 줄 분명히 알고
저것들에 분별이 전혀 없지만

중생의 근성들을 잘 가려내어
그를 위해 큰 이익 널리 짓나니.

보살이 모든 공덕 닦아 익히니
크고 넓고 우뚝하여 짝이 없으나
그 성품 없는 줄을 사무쳐 알고
이렇게 결정하여 회향하오며,

가장 좋은 지혜로 모든 법 보니
그 가운데 한 법도 나는 일 없어
이러한 방편으로 회향 닦으니
그 공덕 한량없고 다함이 없네.

이런 방편 마음을 깨끗게 하니
일체의 부처님과 평등하오며
이러한 방편의 힘 다하지 않아
그러기에 복덕 과보 끝이 없나니,

위없는 보리심을 일으키어서
온 세간에 의지할 것이 없으며
시방의 여러 세계 두루 다녀도
온갖 것에 장애가 조금도 없네.

일체 여래 세간에 출현하심은
중생 마음 열어서 지도함이나

마음의 성품대로 관찰하건대
끝까지 찾아봐도 얻을 것 없어,

모든 법이 하나도 남을 것 없이
진여에 들어가서 성품 없나니
청정한 이 눈으로 회향하여서
세간의 생사 지옥 열어 헤치네.

모든 유有로 하여금 청정케 하나
모든 유를 분별하는 일이 없으며
모든 유의 성품이 없는 줄 알고
마음이 환희하며 뜻이 청정해.

한 부처님 국토에 의지함 없고
모든 부처 세계도 그러하오며
하염 있는 법에도 물들지 않아
법의 성품 의지할 데 없는 줄 아네.

이것으로 온갖 지혜 닦아 이루며
이것으로 위없는 지혜를 장엄
그리하여 부처님들 환희하시니
이것이 보살들의 회향하는 업.

보살이 전심으로 부처님들의
위없는 지혜와 방편을 생각

부처님이 온갖 것에 의지 없듯이
이와 같은 공덕을 나도 이루리.

전심으로 모든 사람 구호하여서
여러 가지 나쁜 업 멀리 여의게
이러하게 중생들에 이익 주려고
뜻 두어 생각하고 버리지 않네.

지혜에 머물러서 법 수호하며
딴 승乘으로 열반을 취하지 않고
부처님의 무상도無上道 얻기 원하니
보살이 이와 같이 회향하도다.

중생들의 하는 말 집착 않나니
하염 있는 온갖 법 허망한 일들
말로 하는 모든 일 의지 않지만
말이 없는 것에도 집착치 않아

시방세계 계시는 여러 부처님
모든 법을 다 알고 남음이 없어
온갖 법 공적한 줄 비록 알지만
공적하단 마음도 내지 않으며,

한 장엄이 모든 것을 장엄하지만
법에 대해 분별을 내지 않나니

이렇게 중생들을 깨우치지만
온갖 것이 성품 없고 볼 것도 없어.

4) 제 3 회향
"불자들이여, 무엇을 보살마하살의 모든 부처님과 평등한 회향이라 하는가.

불자들이여, 이 보살마하살이 과거·미래·현재의 여러 부처님 세존의 회향하는 도를 따라서 배우나니, 이렇게 회향하는 도를 배울 적에, 모든 색진色塵이나 내지 촉진觸塵과 법진法塵이 아름답거나 추악함을 보더라도 사랑하고 미워함을 내지 아니하며, 마음이 자재하여 허물 없이 넓고 크고 청정하며, 기쁘고 즐거워서 근심이 없으며, 마음이 부드럽고 여러 근이 청량하여집니다.

불자들이여, 보살마하살이 이렇게 안락함을 얻었을 때에, 다시 마음을 내어 부처님께 회향하여 이러한 생각을 합니다.

'원컨대 내가 지금 심은 선근이 모든 부처님으로 하여금 낙樂이 더욱 늘어나게 하여지이다' 하나니, 이른바 부사의하게 부처님의 머무시는 낙·짝할 이 없는 부처님 삼매의 낙·한량없는 대자비의 낙·모든 부처님의 해탈하는 낙·끝이 없는 큰 신통의 낙·가장 존중하신 크게 자재한 낙·광대하고 끝까지 이르는 무량한 힘의 낙·모든 깨달아 아는 것을 여의는 고요한 낙·걸림 없이 머물 데 머무는 바른 선정의 낙·둘이 없는 행을 행하여 변역하지 않는 낙입니다.

불자들이여, 보살마하살이 이 여러 선근으로 부처님께 회향하고는 다시 이 선근으로 보살에게 회향하나니 이른바 원이 원만하지 못한 것은 원만케 하고, 마음이 청정하지 못한 것은 청정케 하고, 바라밀이 만족하지 못한 것은 만족케 하고, 금강 같은 보리심에 편안히 머물며, 온갖 지혜에 퇴전하지 않으며, 크게 정진함을 버리지 아니하여 보리문인 온갖 선근을 수호하며, 중생들로 하여금 나라는 교만을 버리고 보리심을 내게 하며, 소원을 성취하여 모든 보살의 머무는 데 편안히 머물게 하며, 보살의 밝고 영리한 근성을 얻게 하며, 선근을 닦아서 일체지一切智를 증득하게 합니다.

불자들이여, 보살마하살이 선근으로써 이렇게 보살에게 회향하고는, 다시 일체 중생에게 회향하되, 원컨대 온갖 중생이 심은 선근이 내지 극히 작더라도 손가락 한번 튀기는 동안에 부처님을 보고 법을 듣고 스님들을 공경하여 저 선근들이 모두 장애를 여의며, 부처님의 원만함을 생각하고 법의 방편을 생각하고 스님들의 존중함을 생각하며, 부처님 뵈옴을 떠나지 아니하여 마음이 청정하여지고, 부처님의 법을 얻어 한량없는 공덕을 모으며, 모든 신통을 깨끗이 하여 법에 대한 의심을 여의고 교법을 의지하여 머물러지이다 합니다.

중생을 위하여 이러하게 회향하듯이 성문과 벽지불에게 회향함도 역시 그렇게 하며, 또 원하기를 '일체 중생이 지옥·아귀·축생·염라왕 등의 모든 나쁜 곳을 영원히 여의고 위없는 보리심을 증장하며, 전심전력으로 온갖 지혜를 구하고, 부처님의 바른 법을 길이 훼방하지 아니하며, 부처님의 안락을 얻고 몸과 마음이 청정하여 온갖 지혜를 증득하여지이다' 합니다.

불자들이여, 보살마하살이 가진 선근은 모두 큰 서원으로 일으키고 바르게 일으켰으며, 모으고 바르게 모았으며, 더 자라게 하고 바르게 더 자라게 하여서, 크게 넓게 하고 구족하고 충만하게 하였습니다.

불자들이여, 보살마하살이 집에 있어 처자와 함께 살지만, 보리심을 잠깐도 버리지 아니하고 일체지의 경계를 바른 마음으로 생각하여 자기도 제도하고 남도 제도하여 끝까지 이르게 하며, 좋은 방편으로 자기의 권속을 교화하여 보살의 지혜에 들어가서 성숙하여 해탈케 하며, 비록 함께 있으나 집착하는 마음이 없고, 본래의 대비大悲로 집에서 살고, 인자한 마음으로 처자를 수순隨順하지마는 보살의 청정한 도에는 장애가 없습니다.

보살마하살이 비록 집에 있어 모든 사업을 하지마는 잠깐도 온갖 지혜에 대한 마음을 버리지 아니하니, 이른바 옷을 입거나, 맛난 음식을 먹거나, 약을 먹거나, 낯 씻고 양치하고 바르고 만지거나, 몸을 돌리거나, 돌아보거나, 가고 서고 앉고 눕거나, 움직이고 말하고 생각하거나, 자거나 깨거나, 이렇게 모든 일을 할 때에도, 마음은 항상 온갖 지혜의 길에 회향하여 뜻 두어 생각하고 잠깐도 버리지 않습니다.

일체 중생을 이익케 하기 위하여, 보리의 무량한 대원에 머물며, 수없이 광대한 선근善根을 거두어 지니며, 선한 일을 부지런히 닦아 모든 이들을 구호하되, 온갖 교만과 방일함을 길이 여의고, 결정하여 온갖 지혜의 자리〔一切智地〕에 나아가며, 마침내 다른 길에 향할 생각을 내지 아니하고, 모든 부처님의 보리를 항상 관찰하며, 온갖 잡되고 물드는 법을 버리고, 보살들이 배우는 것을 닦아 행하며, 온갖 지혜의 나아가는 길에 장애가 없고, 지혜의 곳에 머물러 좋아하고 익히며, 한량없는 지혜로 선근을 모으며, 마음에는 모든 세간을 그리워하지도 않고 행하는 일에 물들지도 아니하며, 부처님께서 가르치신 법을 받아 지니나니, 보살이 이렇게 집에 있으면서 선근을 두루 거두어 증장케 하여 부처님의 위없는 보리에 회향합니다.

불자들이여, 보살이 그 때에 축생에게까지 한 술의 밥과 한 톨의 곡식을 주더라도, 다 이러한 소원을 세우되 '마땅히 이들로 하여금 축생의 갈래를 버리고, 이익하고 안락하여 마침내는 해탈케 하되, 고통 바다를 영원히 건너며, 괴로운 느낌〔苦受〕을 영원히 멸하며, 괴로운 오온

五蘊을 영원히 제하며, 괴로운 감각을 영원히 끊고, 괴로운 모임·괴로운 행·괴로운 인·괴로운 근본·괴로운 곳을 저 중생들이 모두 여의게 하여지이다' 하나니, 보살도 이와 같이 전일한 마음을 일체 중생에게 두고, 저러한 선근이 우두머리가 되어 온갖 지혜에 회향합니다.

보살이 처음 보리심을 내면서부터 중생들을 거두어 닦은 선근을 모두 회향하나니, 중생들로 하여금 나고 죽는 거친 벌판을 여의고 여래의 걸림 없는 쾌락을 얻게 하며, 번뇌의 바다에서 뛰어나 불법의 도를 닦게 하며, 인자한 마음이 가득하고 가엾이 여기는 힘이 광대하여 모든 이로 하여금 청정한 낙을 얻게 하며, 선근을 수호하고 불법을 친근케 하며, 마군의 경계에서 나와 부처님의 경계에 들게 하며, 세간의 씨를 끊고 여래의 종자를 심으며, 삼세의 평등한 법에 머물게 하나니, 보살마하살이 이와 같이 이미 모았고 장차 모으고 지금에 모든 선근을 모두 회향합니다.

또 생각하기를, '지난 세상에 부처님이나 보살들이 모든 부처님께 공경하고 공양한 것은, 중생들을 제도하여 영원히 뛰어나게 하고, 부지런히 닦아 익힌 모든 선근으로 모두 회향하되 집착한 데가 없나니, 이른바 색色을 의지하지 않고 수受에 집착하지 않고 상想이 없고, 행行을 짓지 아니하고 식識을 취하지 아니하며, 6처處를 떠나서, 세간법에 머물지 아니하고, 출세간법을 좋아함이니라. 일체 법이 허공과 같아서 온데가 없으며, 나지도 않고 없어지지도 않으며, 진실한 것이 없고 물들 것이 없음을 알고는, 온갖 분별하는 소견을 여의어서 동하지도 않고 흔들지도 못하며 잃지도 않고 깨뜨리지도 못하여 실제에 머무나니, 모양이 없고 모양을 여의어서 오직 한 모양뿐이니라' 합니다.

이와 같이 온갖 법의 성품에 깊이 들어가고 넓은 문의 선근을 항상 닦아 행하여 일체 부처님의 대중을 모두 봅니다.

저 지난 세상의 부처님들이 선근으로 회향한 것처럼, 나도 이와 같이 회향하되, 이런 법을 알고 이런 법을 증득하며, 이런 법을 의지하여 마음을 내어 닦아서 법의 모양을 어기지 아니하며, 닦는 행이 환술 같고, 그림자 같고 물속의 달과 같고 거울 속의 영상과 같아서, 인과 연이 화합하여 나타나는 것임을 알며, 마침내 여래의 구경의 자리에 이르는 것입니다.

불자들이여, 보살마하살이 또 생각하기를 '과거의 부처님들이 보살행을 닦을 때에 모든 선근으로 이렇게 회향한 것처럼, 미래와 현재도 역시 그러한 것이다. 나도 이제 저 부처님들처럼 이렇게 발심하여 모든 선근으로 회향하리니, 첫째가는 회향이며, 승한 회향이며, 가장 승한 회향이며, 위 되는 회향이며, 위없는 회향이며, 같을 이 없는 회향이며, 같을 이 없으면서 같은 회향이며, 비길 이 없는 회향이며, 대적할 이 없는 회향이며, 존중한 회향이며, 기묘한 회향이며, 평등한 회향이며, 정직한 회향이며, 큰 공덕 회향이며, 광대한 회향이며, 선한 회향이며, 청정한 회향이며, 악을 여읜 회향이며, 악을 따르지 않는 회향이니라' 합니다.

보살이 이와 같이 선근으로써 올바르게 회향하고는, 몸과 말과 뜻의 청정한 법을 성취하여 보살의 자리에 머물며, 모든 허물이 없고 선한 업을 닦으며, 몸과 말에 나쁜 짓을 여의고 마음에 허물이 없으며, 온갖 지혜를 닦고, 출세간법에 있어 세간법이 물들이지 못하며, 한량없는 업을 분별하여 알아서 회향하는 좋은 방편을 성취하며, 온갖 집착하는 근본을 영원히 빼어버립니다.

불자들이여, 이것이 보살마하살의 모든 부처님과 동등한 제3 회향이니, 보살마하살이 이 회향에 머무르면 일체 여래의 업에 깊이 들어가며, 여래의 좋고 묘한[勝妙] 공덕에 나아가며, 깊고 청정한 지혜의 경계에 들어가며, 모든 보살의 업을 여의지 아니하고, 교묘한 방편을 잘 분별하며, 깊은 법계에 들어가 보살의 수행하는 차례를 잘 알며, 부처님의 종성에 들어가 공교한 방편으로 한량없고 그지없는 모든 법을 분별하여 알며, 비록 세상에 태어나지마는 세상법에 마음이 집착하지 않습니다."

그 때 금강당보살이 부처님의 신력을 받들어 시방을 관찰하고 게송으로 말하였다.

저러한 여러 보살마하살들이
지나간 부처님의 회향을 닦고
오는 세상 이 세상 대도사들의
행하시던 회향도 또한 배웠네.

여러 가지 경계에 안락을 얻어
부처님 여래들의 칭찬을 받고
넓고 크고 청정하고 빛난 눈으로
총명하고 현철한 데 회향하오며,

보살 몸이 갖가지로 안락하거든
눈과 귀와 코와 혀도 그러하나니
이와 같이 한량없이 묘한 낙으로
가장 승한 모든 일에 회향합니다.

온 세상의 여러 가지 선한 법들과
여래께서 성취하신 모든 공덕을

저기에 모두 거둬 남음 없거든
이것으로 기뻐하며 중생을 이익.

세간에 기쁠 것이 가지가진데
지금에 회향하여 중생 위하니
사람 중에 사자의 가지신 낙을
중생들로 하여금 원만케 하리.

시방의 여러 세계 모든 여래의
아시고 보시는 갖가지 낙을
원컨대 모든 중생 골고루 얻어
세상을 비춰 주는 등불 되소서.

보살이 얻으신 바 미묘한 쾌락
모두 다 중생들에 회향하나니
중생을 위하여서 회향하지만
그러나 회향에는 집착이 없네.

보살이 이 회향을 닦고 행하고
한량없는 대비심을 일으키어서
부처님의 닦으시던 회향의 공덕
나도 닦아 행하여 만족하려네.

여러 가장 승한 이의 성취하오신
온갖 지혜 이루는 미묘한 낙과

이 세상에 있으면서 내가 행하여
얻어진 보살행의 수없는 낙과,

모든 갈래 들어가서 편안한 낙과
여러 근을 잘 지키어 고요한 낙을
모두 다 중생에게 회향하여서
위없는 지혜를 이루게 하며,

몸과 말과 마음도 업이 아니며
이런 것을 떠나서도 있지 않지만
방편으로 어리석음 없애 버리며
이렇게 무상無上 지혜 닦아 이루네.

보살이 닦아 행한 모든 업으로
한량없이 좋은 공덕 쌓아 모으고
여래 따라 부처 가문 태어나는 일
고요하고 산란찮은 올바른 회향.

온 시방에 가득한 모든 세계에
살고 있는 중생을 모두 거두어
모든 선근 저에게 회향하여서
바라건대 편안한 낙 구족하시오.

나를 위해 이익을 구하지 않고
여러 중생 모두 다 안락하고자

희롱거리 잠깐도 내지를 않고
공하고 나가 없는 법만 보나니,

시방에 한량없는 가장 승한 이
보는 바 수없는 진실한 불자
선근으로 모두 다 저에게 회향
하루 빨리 무상각無上覺 이뤄지이다.

온 세간에 수많은 여러 중생들
평등한 마음으로 모두 거두어
내가 닦은 여러 가지 선한 업으로
저들이 부처님을 이뤄지이다.

한량없고 끝없는 크나큰 서원
위없는 도사께서 말한 것이니
바라건대 모든 불자 다 청정하여
좋아하는 마음대로 이뤄지이다.

시방의 모든 세계 두루 살피고
온갖 공덕 모두 다 저에게 주어
묘한 장엄 골고루 이뤄지이다
보살이 이와 같이 회향 배우네.

마음으로 두 가지 법 일컫지 않고
언제나 둘 아닌 법 밝히 통달해

모든 법이 둘이거나 둘 아니거나
그 가운데 끝까지 집착 않으며,

시방의 온갖 가지 모든 세간들
중생의 생각으로 분별하는 것
생각도 아닌 것도 얻을 것 없어
이렇게 모든 생각 밝히 아나니,

저 보살의 몸이 이미 청정해지면
의업意業도 청정하여 티〔瑕〕가 없으며
어업이 청정하여 허물 없으면
마음이 청정하여 집착 없어져,

지난 세상 부처님을 기억도 하고
오는 세상 대도사도 생각하면서
지금 계신 천상 인간 높은 이까지
그들이 말한 법을 배울 것이니,

삼세의 한량없는 여래들께서
지혜가 통달하여 걸림이 없고
중생을 이익하게 하기 위하여
보리에 회향하는 업을 모으네.

제일가는 지혜와 광대한 지혜
허망치 않은 지혜 올바른 지혜

평등한 참 지혜와 청정한 지혜
최상지혜 있는 이 말함이니라.

5) 제 4 회향

"불자들이여, 무엇을 보살마하살의 온갖 곳에 이르는 회향이라 하는가.

불자들이여, 이 보살마하살이 모든 선근을 닦을 때에 이런 생각을 하나니, '원컨대 이 선근 공덕의 힘으로 온갖 곳에 이르러지이다. 마치 진실한 즈음(實際)에 이르지 못하는 데가 없어서, 온갖 물건에 이르고 온갖 세간에 이르고, 온갖 중생에게 이르고, 온갖 국토에 이르고, 온갖 법에 이르고, 온갖 허공에 이르고, 온갖 삼세에 이르고, 온갖 하염 있는 법과 하염없는 법에 이르고 온갖 말과 음성에 이르는 것처럼 이 선근도 그와 같아서, 모든 여래가 계신 데 두루 이르러 삼세의 모든 부처님께 공양하되, 과거의 부처님들은 소원이 만족하고, 미래의 부처님들은 장엄을 구족하고, 현재의 부처님과 국토와 도량에 모인 대중은 일체의 허공과 법계에 가득하옵거든, 바라건대 믿고 이해하는 큰 위덕의 힘인 연고와, 광대한 지혜가 장애함이 없는 연고와 일체 선근을 모두 회향한 연고로, 하늘에 있는 공양거리와 같은 공양이 한량없고 그지없는 세계에 충만하여지이다' 합니다.

불자들이여, 보살마하살이 또 생각하기를, '여러 부처님 세존이 모든 허공과 법계에 두루하시며, 가지가지 업으로 생긴 시방의 말할 수 없는 일체 세계종(世界種)의 세계와, 말할 수 없는 부처님의 국토, 부처님의 경계와, 가지가지 세계·한량없는 세계·구분이나 제한 없는(無分齊) 세계·도는 세계(轉世)·모로 선 세계(側世)·잦혀진 세계·엎어진 세계가 있나니, 이러한 모든 세계에 현재 계시어서 가지가지 신통 변화를 나타내시는 이와, 어떤 보살은 훌륭하게 이해하는 힘으로써 교화를 받을 만한 중생들을 위하여 저 모든 세계 중에서 여래로 화현하여 세상에 출현하기도 하고, 온갖 곳에 이르는 지혜로 여래의 무량 자재한 신력을 널리 열어 보이시며, 법신이 두루 나아가서 차별이 없고, 일체 법계에 평등하게 들어가며, 여래장신如來藏身이 나지도 않고 멸하지도 않지마는 공교한 방편으로 세간에 널리 나타나나니, 법의 진실한 성품을 증득하여 일체를 초월한 연고며, 퇴전하지 않고 걸림 없는 힘을 얻은 연고며, 여래의 장애가 없는 지견과 광대한 위덕의 종성種性에 태어난 연고니라' 합니다.

불자들이여, 보살마하살들은 그가 심은 바 모든 선근을 다하여, 여러 가지 묘한 꽃·묘한 향·화만·일산·당기·깃발·의복·등촉, 그 밖에 여러 가지 장엄거리로써 저러한 모든 부처님에게 공양하기를 원하며, 부처님의 형상에나 부처님의 탑에도 그렇게 하려 합니다.

이런 선근으로써 이렇게 회향하나니, 이른바 산란치 않은 회향과 일심으로 하는 회향과 제 뜻으로 하는 회향과 존경하는 회향과 동하지 않는 회향과 머물지 않는 회향과 의지함이 없는 회향과 중생의 마음이 없는 회향과 조급한 마음이 없는 회향과 고요한 마음으로 하는 회향입니다.

또 생각하기를, '온 법계 허공계에서, 과거·미래·현재의 모든 겁 동안에, 여러 부처님 세존께서 온갖 지혜를 얻어 보리를 이루시니, 한량없는 이름이 각각 다른데, 여러 시기에 출현하여 정각을 이루고 모두 생존해 계시면서 오는 세월이 끝나도록 각각 온 법계의 장엄거리로 그 몸을 장엄하시며, 도량에 모인 대중들도 법계에 가득하여 여러 가지 국토에서 때를 따라 출현하여 불사를 지으시느니라.

이와 같은 모든 부처님 여래에게 내가 선근으로 모두 회향하리니, 원컨대 수없는 향 일산과, 수없는 향 당기와 수없는 향 깃발, 수없는 향 휘장, 수없는 향 그물, 수없는 향 형상, 수없는 향 광명, 수없는 향 불꽃, 수없는 향 구름, 수없는 향 평상, 수없는 향의 경행하는 곳, 수없는 향의 머무는 곳, 수없는 향 세계, 수없는 향 산, 수없는 향 바다, 수없는 향 강, 수없는 향 나무, 수없는 향 의복, 수없는 향 연꽃, 수없는 향 궁전 들이었다.

한량없는 꽃 일산에서 한량없는 꽃 궁전까지, 그지없는 화만 일산에서 그지없는 화만 궁전까지, 짝할 이 없는 바르는 향 일산에서 짝할 이 없는 바르는 향 궁전까지, 셀 수 없는 가루향 일산에서 셀 수 없는 가루향 궁전까지, 일컬을 수 없는 옷 일산에서 일컬을 수 없는 옷 궁전까지, 생각할 수 없는 보배 일산에서 생각할 수 없는 보배 궁전까지, 헤아릴 수 없는 등 광명 일산에서 헤아릴 수 없는 등 광명 궁전까지, 말할 수 없는 장엄거리 일산에서 말할 수 없는 장엄거리 궁전까지, 말할 수 없이 말할 수 없는 마니보배 일산, 말할 수 없이 말할 수 없는 마니보배 당기 등, 이와 같이 마니보배 깃발·마니보배 휘장·마니보배 그물·마니보배 형상·마니보배 광명·마니보배 불꽃·마니보배 구름·마니보배 평상·마니보배 경행하는 땅·마니보배 머무는 곳·마니보배 세계·마니보배 산·마니보배 바다·마니 보매 강·마니보배 나무·마니보배 의복·마니보배 연꽃·마니보배 궁전이 말할 수 없이 말할 수 없었다.

이와 같은 낱낱 경계 가운데 제각기 수없는 난간·수없는 궁전·수없는 누각·수없는 문·수없는 반달·수없는 망루〔却敵〕·수없는 창호·수없는 청정한 보배·수없는 장엄거리가 있으니, 이러한 공양할 물건들로써 위에서 말한 바와 같은 부처님 세존께 공경하여 공양하리라.

원컨대 일체 세간이 다 청정하여지고, 일체 중생이 다 뛰어나서 십력의 지위에 머물러서 온갖 법에서 걸림 없는 법의 밝음[法明]을 얻으며, 일체 중생이 신근을 구족하여 조복하여지며, 마음이 한량없이 허공계와 같으며, 모든 세계에 가되 이를 바가 없으며, 일체 국토에 들어가서 선한 법을 베풀며, 부처님을 항상 뵈옵고 선근을 심으며, 대승을 성취하여 모든 법에 집착하지 않으며, 여러 가지 선을 구족하여 한량없는 행을 세우며, 끝없는 온갖 법계에 두루 들어가서 부처님들의 신통한 힘을 이루며, 여래의 온갖 지혜를 얻어지이다' 하였습니다.

마치 무아無我가 모든 법을 두루 포섭하듯이, 나의 선근도 그와 같아서 일체 부처님 여래를 포섭하나니 모두 공양하고 남음이 없는 연고며, 일체 한량없는 법을 포섭하나니 능히 깨달아서 장애가 없는 연고며, 일체 보살 대중을 포섭하나니 필경에 선근이 같은 연고며, 일체 보살의 행을 포섭하나니 본래의 원력이 다 원만하는 연고며, 일체 보살의 법의 밝음을 포섭하나니 모든 법을 통달하여 걸림이 없는 연고며, 부처님들의 큰 신통력을 포섭하나니 한량없는 선근을 성취하는 연고며, 부처님들의 힘과 두려움 없음을 포섭하나니 한량없는 마음을 내어 온갖 것에 가득한 연고며, 보살들의 삼매와 변재와 다라니문을 포섭하나니 둘 없는 법을 잘 비치어 아는 연고며, 부처님들의 공교한 방편을 포섭하나니 여래의 큰 신력을 나타내는 연고며, 삼세의 일체 부처님께서 탄생하고 성도하고 법 수레를 운전하고 중생을 조복하고 반열반하심을 포섭하나니 공경하고 공양함을 두루하는 연고며, 시방의 일체 세계를 포섭하나니 부처님 세계를 끝까지 청정하게 장엄하는 연고며, 모든 광대한 겁을 포섭하나니 그 가운데 출현하여 보살행을 닦아서 끊어지지 않게 하는 연고입니다.

일체의 갈래에 나는 일을 포섭하나니 그 가운데 일부러 태어나는 연고며, 일체 중생계를 포섭하나니 보현보살의 행을 구족하는 연고며, 일체 번뇌[惑]와 버릇[習氣]을 포섭하나니 방편으로 모두 청정하게 하는 연고며, 일체 중생의 근성을 포섭하나니 한량없이 차별함을 다 아는 연고며, 일체 중생의 이해와 욕망을 포섭하나니 잡란하고 물드는 것을 여의고 청정하게 하는 연고며, 중생을 교화하는 일체의 행을 포섭하나니 그에게 마땅한 대로 몸을 나타내는 연고며, 중생에게 맞추는 일체의 도를 포섭하나니 온갖 중생계에 들어가는 연고며, 일체 여래와 지혜 성품을 포섭하나니 모든 부처님의 교법을 수호하여 지니는 연고입니다.

불자들이여, 보살마하살이 여러 선근으로 이렇게 회향할 때에 얻을 것 없는 것으로 방편을 삼나니 업 가운데서 과보를 분별하지 않고 과보 가운데서 업을 분별하지 않으며, 비록 분별함이 없으나 법계에 두루 들어가고, 비록 짓는 일이 없으나 항상 선근에 머물고, 비록 일으킴이 없으나 좋은 법을 부지런히 닦고, 모든 법을 믿지 않으나 능히 깊이 들어가고, 법을 있다고 하지 않으나 모두 알고 보며, 짓거나 짓지 않거나 다 얻을 수 없고, 법의 성품을 알지마는 항상 자재하지 못하며, 비록 모든 법을 보지마는 보는 바가 없고, 온갖 것을 다 알지마는 아는 바가 없습니다.

보살이 이렇게 경계를 분명히 알았으므로 모든 법에는 인연이 근본이 되는 줄을 알며, 일체 부처님의 법신을 보아 온갖 법이 물듦을 떠난 실제에 이르고, 이 세간이 변화함과 같음을 알며, 모든 중생이 오직 한 가지 법이요 두 성품이 없는 줄을 분명하게 통달하고, 업과 경계의 공교한 방편을 버리지 아니하며, 하염 있는 경계[有爲界]에서 하염없는 법을 보이면서도 하염 있는 모양을 파괴하지 아니하고, 하염없는 경계에서 하염 있는 법을 보이면서도 하염없는 모양을 분별하지 아니합니다.

보살이 이와 같이 일체 법이 필경 적멸한 줄을 보고 온갖 청정한 선근을 성취하여 중생을 구호하려는 마음을 내며, 지혜로 온갖 법을 통달하여 우치함을 여의는 법을 항상 수행하며, 세간을 뛰어나는 공덕을 성취하여 다시 세간법을 배우지 아니하며, 깨끗한 지혜의 눈을 얻어 어리석은 눈병을 떠나고 좋은 방편으로 회향하는 도를 닦습니다.

불자들이여, 보살마하살이 모든 선근으로 이렇게 회향하면 모든 부처님의 마음에 적합하며, 모든 부처님의 국토를 깨끗이 장엄하며 모든 중생을 교화하여 성취하며, 모든 부처님 법을 구족히 받아 지니며 모든 중생의 가장 높은 복밭이 되며, 모든 장사꾼의 슬기로운 길잡이가 되며, 일체 세간의 깨끗한 해가 되며, 낱낱 선근이 법계에 가득하며, 모든 중생을 다 구호하여 모두 깨끗이 공덕을 구족케 합니다.

불자들이여, 보살마하살이 이렇게 회향할 때에 모든 부처님 종자를 능히 보호하여 지니며, 모든 중생을 능히 성숙하며, 모든 국토를 능히 청정하게 하며, 모든 업을 파괴하지 아니하며, 모든 법을 잘 알며, 모든 법이 둘이 없음을 평등하게 관찰하며, 시방세계에 두루 다니며, 탐욕을 여읜 실제를 잘 통달하며, 청정한 믿음과 이해를 잘 성취하며, 밝고 민첩한 모든 근을 능히 구족하나니, 불자들이여, 이것이 보살마하살의 온갖 곳에 이르는 제4 회향입니다.

보살마하살이 이 회향에 머물렀을 적에, 온갖 곳에 이르는 몸의 업을 얻나니 일체 세계에 두루 응하여 나타나는 연고며, 온갖 곳에 이르는 말의 업을 얻나니 일체 세계에서 법을 연설하는 연고며, 온갖 곳에 이르는 뜻의 업을 얻나니 모든 부처님께서 말씀하신 법을 받아 지니는 연고며, 온갖 곳에 이르는 신족통神足通을 얻나니 중생들의 마음을 따라가서 응하는 연고며, 온갖 곳에 이르는 따라 증득하는 지혜〔隨證智〕를 얻나니 일체 법을 두루 통달하는 연고며, 온갖 곳에 이르는 총지總持와 변재를 얻나니 중생들의 마음을 환희케 하는 연고며, 온갖 곳에 이르는 법계에 들어감〔入法界〕을 얻나니 한 털구멍에 일체 세계를 두루 넣는 연고며, 온갖 곳에 이르는 두루 들어가는 몸〔徧入身〕을 얻나니 한 중생의 몸에 모든 중생의 몸을 두루 넣는 연고며, 온갖 곳에 이르는 널리 보는 겁을 얻나니 낱낱 겁에서 모든 여래를 항상 보는 연고며, 온갖 곳에 이르는 널리 보는 생각을 얻나니 낱낱 생각 가운데 모든 부처님께서 앞에 나타나는 연고입니다.

　불자들이여, 보살마하살은 온갖 곳에 이르는 회향을 얻으면 선근으로써 이렇게 회향합니다."

　그 때 금강당보살이 부처님의 위신력을 받들어 시방을 관찰하고 게송으로 말하였다.

　　　안이나 밖이거나 모든 세간에
　　　보살이 아무데고 집착이 없고
　　　중생 이익하는 일을 버리지 않아
　　　보살이 이런 지혜 닦아 행하네.

　　　시방에 널려 있는 모든 국토에
　　　의지한 데도 없고 머물잖으며
　　　살아가는 여러 법 취하지 않고
　　　허망하게 분별을 내지도 않아,

　　　시방의 모든 세계 많은 중생을
　　　모두 다 거두어서 남기지 않고
　　　그 성품 없는 줄을 자세히 보아
　　　온갖 곳에 이르도록 잘 회향하며,

하염 있고 하염없는 법을 거두나
그 가운데 헛된 생각 내지 않으며
세간법에 대해서도 또한 그러해
세상 비추는 등불 이렇게 아네.

보살이 닦으시는 모든 업과 행
상품·중품·하품이 각각 다르나
모두 다 시방세계 모든 여래께
한결같이 선근으로 회향하도다.

청정한 선근으로 널리 회향해
모든 것들 이익하려 버리지 않고
중생들로 하여금 가장 위없는
세상 비추는 등불 이루게 하네.

중생들을 분별하여 취하지 않고
모든 법을 망상으로 생각 않으며
세간에 물들거나 집착 없으나
그래도 중생들을 버리지 않아,

보살이 적멸한 법 늘 생각하고
따라서 열반 경계 가기도 하나
그래도 중생의 도 버리지 않고
이와 같이 묘한 지혜 얻어 지니네.

보살이 모든 업을 분별 않으며
과보에 집착하는 일도 없으나
모든 세간 인연으로 나는 것이매
인연을 떠나잖고 모든 법 보네.

이와 같은 깊은 경계 들어갔으나
그 가운데 분별을 내지 않으니
수없는 중생들 어거하는 이〔調御師〕
이것을 환히 알고 잘 회향하네.

대방광불화엄경 제25권

제25권

25. 십회향품 ③

6) 제5 회향

"불자들이여, 무엇을 보살마하살의 다함이 없는 공덕장 회향이라 하는가.

불자들이여, 이 보살마하살이 온갖 업의 중대한 장애를 참회하고 일으킨 선근과, 삼세의 일체 부처님께 예경하고 일으킨 선근과, 모든 부처님께 권하여 법문 말씀하기를 청하여 일으킨 선근과, 부처님께서 법문 말씀하심을 듣고 부지런히 수행하여 부사의한 넓고 큰 경계를 깨닫고 일으킨 선근과, 과거·미래·현재의 모든 부처님과 모든 중생에게 있는 선근을 따라서 기뻐하고 일으킨 선근과, 과거·미래·현재의 모든 부처님의 선근이 다함이 없고, 보살들이 부지런히 닦아서 얻은 선근과, 삼세 부처님들이 정각을 이루고 법 바퀴를 운전하여 중생들을 조복하는 것을 보살이 모두 알고 따라서 기뻐하는 마음을 내어서 생긴 선근과, 삼세 부처님들이 처음 발심하여 보살의 행을 닦고 정각을 이루며, 내지 열반에 드심을 보이고, 열반에 드신 뒤에는 바른 법이 세상에 머물러 있으며, 내지 법이 멸하여 없어지는 일에 대하여 따라 기뻐하는 마음을 내어서 생긴 선근들이 있습니다.

 보살이 이와 같이 말할 수 없는 부처님의 경계와 자기의 경계와 내지 보리의 장애 없는 경계를 생각하나니, 이렇게 광대하고 한량없이 차별한 일체 선근에서 쌓아 모은 것이나 믿고 이해한 것이나 따라서 기뻐한 것이나 원만한 것이나 성취한 것이나 닦아 행한 것이나 얻어진 것이나 알고 깨달은 것이나 거두어 지닌 것이나 증장한 것이나 모두 회향하여 모든 부처님의 국토를 장엄합니다.

 지난 세상의 끝없는 겁에 모든 세계가 일체 여래의 행하시던 곳인 것과 같나니, 이른바 한량없고 수가 없는 부처님의 세계종世界種이 부처님의 지혜로 아시는 바며, 보살의 아는 바며, 큰 마음으로 받아들이는 것으로 장엄한 부처님 세계입니다.

 청정한 업과 행으로 흘러오고 이끌어 온 것이며, 중생에 응하여 일어난 것이며, 여래의 신력으로 나타낸 것이며, 부처님들의 출세간하신 깨끗한 업으로 이룬 것이며, 보현보살의 묘한 행으로 일으킨 것이니, 모든 부처님께서 이 가운데서 성도하시고 가지가지 자재한 신력을 나타내시었습니다.

 오는 세월이 끝날 때까지 여래・응공・정등각께서 법계에 가득하게 머무시면서 장차 부처님이 되실 것이며, 마땅히 일체 청정하게 장엄한 공덕 불토를 얻을 것이니, 온 법계・허공계에 두루하여, 끝없고 짬이 없고 끊이지 않고 다함이 없을 것이며, 다 여래의 지혜로 생기고, 한량없는 묘한 보배로 장엄하는 것이니, 이른바 온갖 향으로 장엄하고 온갖 꽃으로 장엄하고 온갖 옷으로 장엄하고 온갖 공덕장藏으로 장엄하고 온갖 부처님의 힘으로 장엄하고 온갖 부처님의 국토로 장엄하는 것이며, 여래의 도웁하신 바요, 지난 세상에 함께 수행하던 부사의한 청정 대중이 그 가운데 있으며, 오는 세상에 정각을 이루실 모든 부처님의 성취하시는 바이매, 세상 사람으로는 볼 수 없고 보살의 깨끗한 눈으로만 능히 보는 것며, 이 보살들이 큰 위덕을 갖추고 미리부터 선근을 심었으매 온갖 법이 요술과 같고 변화와 같음을 알려 보살의 청정한 업을 널리 행하며, 부사의하게 자재한 삼매에 들어가 공교한 방편으로 불사를 지으며, 부처님이 광명을 놓아 세간을 널리 비추되 한정한 끝이 없습니다.

현재에 계신 모든 부처님 세존도 모두 이와 같이 세계를 장엄하시니, 한량없는 형상과 한량없는 광명이 모두 공덕으로 이루어진 것이며, 한량없는 향·한량없는 보배·한량없는 나무·수없는 장엄·수없는 궁전·수없는 음성은 지난 세상의 인연을 따르는 선지식들이 온갖 공덕의 장엄을 그지없이 나타낸 것이니, 이른바 온갖 향 장엄·온갖 화만 장엄·온갖 가루향 장엄·온갖 보배 장엄·온갖 깃발 장엄·온갖 보배 채단 장엄·온갖 보배 난간 장엄이며, 아승기 황금 그물로 장엄하고, 아승기 강으로 장엄하고, 아승기 구름과 비로 장엄하고, 아승기 음악으로 미묘한 소리를 연주하는 것입니다.

이와 같이 한량없고 수없는 장엄거리로 온 법계 허공계에 가득한 온갖 세계를 장엄하였으니, 시방의 한량없는 가지가지 업으로 일어났으며, 부처님의 아시는 바며 부처님께서 말씀하시는 세계들이었고, 그 가운데 있는 모든 부처님 국토들은 이른바 장엄한 부처님 국토·청정한 부처님 국토·평등한 부처님 국토·아름다운 부처님 국토·위덕 있는 부처님 국토·광대한 부처님 국토·안락한 부처님 국토·깨뜨릴 수 없는 부처님 국토·다함이 없는 부처님 국토·한량이 없는 부처님 국토·동하지 않는 부처님 국토·두려움 없는 부처님 국토·광명한 부처님 국토·어기지 않는 부처님 국토·사랑스러운 부처님 국토·널리 비치는 부처님 국토·훌륭한[好] 부처님 국토·화려한[精麗] 부처님 국토·교묘한 부처님 국토·제일가는 부처님 국토·나은[勝] 부처님 국토·썩 나은 부처님 국토·가장 나은 부처님 국토·끝까지 나은 부처님 국토·상품인 부처님 국토·위가 없는 부처님 국토·짝할 이 없는 부처님 국토·비길 데 없는 부처님 국토·비유할 수 없는 부처님 국토들이었습니다.

이러한 과거·미래·현재의 모든 부처님 국토에 있는 장엄을 보살마하살이 자기의 선근으로 발심하여 회향하되 '원컨대 이와 같은 과거·미래·현재의 모든 부처님께서 가지신 국토의 청정한 장엄으로써 모두 한 세계를 장엄하되, 저 온갖 부처님 국토에 있는 장엄을 모두 성취하고 모두 청정하고 모두 모으고 모두 나타내고 모두 훌륭하게 하고 모두 머물러 지닐 것이며, 저 한 세계와 같이 온 법계 허공계의 모든 세계들도 다 이와 같이 하여, 삼세의 모든 부처님 국토의 가지가지 장엄을 모두 구족하여지이다' 합니다.

불자들이여, 보살마하살이 다시 선근으로 이렇게 회향하면서 원하기를 '내가 닦은 바 모든 부처님 국토에 큰 보살들이 충만하되, 그 보살들은 성품이 진실하고 지혜가 통달하며, 온갖 세계와 중생계를 잘 분별하고, 법계와 허공계에 깊이 들어가서 어리석음을 버리며, 염불을 성취하며, 법이 진실하여 불가사의함을 생각하고, 스님이 한량없어 두루 가득한 줄을 생각하고, 또한 버리는[捨] 것을 생각하며, 법의 해[法日]가 원만하고 지혜 빛이 널리 비치어 보는 데 장애가 없으며, 날 것이 없는 데로부터 부처님 법을 내어, 중생의 가장 높은 보리의 주인이 되며, 위없는 보리심을 내고 여래의 힘에 머물러 일체지一切智에 나아가며, 마군들의 업을 깨뜨리고 중생의 세계를 청정케 하며, 법의 성품에 깊이 들어가 전도顚倒함을 여의고, 선근과 큰 소원이 모두 공하지 아니하며, 이러한 보살들이 그 세계에 충만하여 이러한 곳에 태어나서 이러한 덕이 있어지이다 합니다.

항상 불사를 지어 부처님의 보리와 청정한 광명을 얻으며, 법계의 지혜를 갖추고 신통한 힘을 나타내어 한 몸이 모든 법계에 충만하며, 큰 지혜를 얻고 온갖 지혜로 행하는 경계에 들어가서 한량없고 끝이 없는 법계의 구절과 뜻을 잘 분별하며, 온갖 세계에 조금도 집착이 없으면서도 모든 부처님 국토에 널리 나타나며, 마음은 허공과 같아서 의지할 데가 없으면서도 일체 법계를 능히 분별하며, 부사의한 깊은 삼매에 잘 들어가고 나오며, 살바야에 나아가 여러 부처님 국토에 머물며, 부처님들의 힘을 얻어 아승기 법문을 연설하매 두려움이 없습니다.

삼세 여러 부처님의 선근을 따르며, 일체 여래의 법계를 두루 비추어, 모든 부처님의 법을 능히 받아 지니며, 아승기 모든 말의 법을 알아 부사의하게 차별한 음성을 내며, 부처님의 위없이 자재한 지위에 들어가고, 시방의 모든 세계에 두루 다니되 장애가 없으며, 다툼이 없고 의지한 데 없는 법을 행하되 분별할 것이 없으며, 보리심을 닦아 익히고 증장하여 공교한 지혜를 얻고 구절과 뜻을 잘 알아서 차례를 따라서 연설합니다.

원컨대 이러한 큰 보살들이 그 국토를 장엄하고 가득히 널려서 편안히 있으면서 닦아 익히고 지극히 닦아 익히며, 순정하고 지극히 순정하여 화평하고 고요하되, 한 부처님 세계의 한 지방에 이렇게 수없고, 한량없고, 끝없고, 짝이 없고, 셀 수 없고, 일컬을 수 없고, 생각할 수 없고, 요량할 수 없고, 말할 수 없고, 말할 수 없이 말할 수 없는 큰 보살들이 두루 충만하여, 한 지방에서와 같이 모든 지방에도 역시 그러하며, 한 부처님 세계와 같이 온 허공과 법계에 가득한 일체 세계에도 다 이와 같아지이다' 합니다.

불자들이여, 보살마하살이 모든 선근으로써 일체 부처님 세계에 방편으로 회향하며, 일체 보살에게 방편으로 회향하며, 일체 여래에게 방편으로 회향하며, 일체 부처님 보리에 방편으로 회향하며, 일체 넓고 큰 서원에 방편으로 회향하며, 일체 뛰어나는 요긴한 길에 방편으로 회향하며, 방편으로 회향하여 일체 중생계를 깨끗이 하며, 방편으로 회향하여 일체 세계에서 부처님들이 세상에 출현하심을 항상 보며, 방편으로 회향하여 여래의 수명이 한량없음을 항상 보며, 방편으로 회향하여 부처님들이 법계에 가득하여 걸림 없고 물러가지 않는 법 바퀴 굴림을 항상 봅니다.

불자들이여, 보살마하살이 선근으로써 이렇게 회향할 적에, 모든 부처님의 국토에 두루 들어가므로 일체 부처님의 세계가 다 청정하며, 온갖 중생계에 두루 이르므로 일체 보살이 다 청정하며, 모든 부처님의 국토에 부처님께서 출현하기를 원하므로 일체 법계의 일체 부처님 국토에 여래의 몸이 초연超然하게 출현합니다.

불자들이여, 보살마하살이 이러한 비길 데 없는 회향으로 살바야薩婆若에 나아가면 마음이 허공과 같이 한량이 없어 부사의한 데 들어가며, 모든 업과 과보가 모두 적멸한 줄을 알며, 마음이 항상 평등하고 끝없어서 일체 법계에 두루 들어갑니다.

불자들이여, 보살마하살이 이렇게 회향할 적에 나와 내 것을 분별하지 아니하며, 부처님과 부처님 법을 분별하지 아니하며, 세계와 세계의 장엄을 분별하지 아니하며, 중생과 중생 조복함을 분별하지 아니하며, 업과 업의 과보를 분별하지 아니하며, 생각과 생각으로 일으키는 것을 분별하지 아니하며, 인을 깨뜨리지 않고 과도 깨뜨리지 않으며, 일을 취하지 않고 법도 취하지 않으며, 생사가 분별이 있다고 말하지 않고 열반이 항상 고요하다고 말하지 않으며, 여래가 부처님 경계를 증득하였다 말하지 않나니, 조그만 법도 법과 더불어 함께 머물지 않기 때문입니다.

불자들이여, 보살마하살이 이렇게 회향할 때에 모든 선근을 중생에게 보시하되, 결정코 성숙시키고 평등하게 교화하며, 모양이 없고 연緣이 없고 헤아릴 수 없고 허망하지 아니하여 온갖 분별과 집착을 여의었습니다.

보살마하살이 이렇게 회향하고는 무진無盡한 선근을 얻나니, 이른바 삼세의 일체 부처님을 생각하므로 무진한 선근을 얻고, 일체 보살을 생각하므로 무진한 선근을 얻고, 부처님 세계를 청정히 하므로 무진한 선근을 얻고, 일체 중생계를 깨끗이 하므로 무진한 선근을 얻고, 법계에 깊이 들어가므로 무진한 선근을 얻고, 무량한 마음을 닦아 허공계와 평등하므로 무진한 선근을 얻고, 모든 부처님의 경계를 깊이 이해하므로 무진한 선근을 얻고, 보살의 업을 부지런히 닦으므로 무진한 선근을 얻고, 삼세를 분명하게 통달하므로 무진한 선근을 얻습니다.

불자들이여, 보살마하살이 온갖 선근으로 이렇게 회향할 적에 일체 중생계에 중생이 없음을 알며, 일체 법이 수명이 없음을 알며, 일체 법을 지은 이가 없음을 알며, 일체 법에 보가라補伽羅가 없음을 알며, 일체 법이 분쟁이 없음을 알며, 일체 법이 인연으로 생긴 것이어서 있는 곳이 없음을 관찰하며, 온갖 물건이 모두 의지한 데 없음을 알며, 모든 세계가 다 머무는 데 없음을 알며, 일체 보살의 행도 처소가 없음을 보며, 일체 경계가 모두 있는 것 아님을 봅니다.

불자들이여, 보살마하살이 이렇게 회향할 때에 눈으로 부정한 세계를 보지 아니하고, 다른 형상인 중생도 보지 아니하며, 조그만 법도 지혜로 들어갈 것이 없고, 조그만 지혜도 법에 들어갈 것이 없으며, 여래의 몸이 허공과 같지 않음을 아나니 일체 공덕과 한량없는 묘한 법으로 원만한 연고며, 온갖 곳에서 중생들로 하여금 선근을 모으게 하나니 다 충족케 하는 연고입니다.

　불자들이여, 이 보살마하살이 잠깐잠깐마다 말할 수 없이 말할 수 없는 십력十力의 지위를 얻으며, 일체 복덕을 구족하고 청정한 선근을 성취하여 일체 중생의 복밭이 되며, 이 보살마하살이 뜻대로 되는 마니공덕장을 성취하니, 필요한 대로 모든 즐거운 것을 얻게 되는 연고며, 다니는 곳마다 모든 국토를 깨끗이 장엄하며, 가는 곳마다 말할 수 없이 말할 수 없는 중생으로 하여금 청정케 하니 복덕을 거두어 여러 행을 닦는 연고입니다.

　불자들이여, 보살마하살이 이렇게 회향할 때에 모든 보살의 행을 닦아서, 복덕이 뛰어나고 몸매가 비길 데 없으며, 위엄과 광명이 세간에서 뛰어나고, 마군과 마군의 졸개들이 마주 대하지 못하며, 선근을 구족하고 대원을 성취하였으며, 마음이 더욱 넓어 온갖 지혜와 평등하며, 한 생각 동안에 한량없는 부처님 세계에 두루 가득하고, 지혜의 힘이 한량이 없이 모든 부처님의 경계를 통달하며, 모든 부처님께 깊은 믿음을 얻고 그지없는 지혜에 머물렀으며 보리의 마음과 힘은 법계처럼 광대하고 허공처럼 끝까지 이릅니다. 불자들이여, 이것이 보살마하살의 다함이 없는 공덕장인 제5회향입니다.

　보살마하살이 이렇게 회향에 머무르면 열 가지 무진장을 얻나니, 무엇이 열인가. 이른바 부처님을 뵈옵는 무진장을 얻나니 한 털구멍에서 아승기 부처님들이 세상에 출현하심을 보는 연고며, 법에 들어가는 무진장을 얻나니 부처님 지혜의 힘으로 모든 법이 한 법에 들어감을 관찰하는 연고며, 잘 기억하는 무진장을 얻나니 모든 부처님의 말씀하는 법을 받아 지니고 잊지 아니하는 연고며, 결정한 지혜의 무진장을 얻나니 모든 부처님께서 말씀한 법과 비밀한 방편을 잘 아는 연고며, 뜻과 취지를 아는 무진장을 얻나니 모든 법의 이치와 의향의 정도를 잘 아는 연고며, 끝없이 깨닫는 무진장을 얻나니 허공 같은 지혜로 삼세의 모든 법을 통달하는 연고며, 복덕의 무진장을 얻나니 일체 중생의 뜻을 충만하되 다함이 없는 연고며, 용맹한 지혜로 깨닫게 하는 무진장을 얻나니 일체 중생의 우치한 번뇌를 능히 제해 버리는 연고며, 결정한 변재의 무진장을 얻나니 모든 부처님의 평등한 법문을 연설하여 중생들을 깨닫게 하는 연고며, 십력과 두려움 없는 무진장을 얻나니 모든 보살의 행을 구족하여 때가 없는 비단을 정수리에 매고 장애가 없는 온갖 지혜에 이르는 연고입니다. 이것이 열 가지니, 불자들이여, 보살마하살이 일체 선근으로 회향할 때에 이 열 가지 무진장을 얻습니다."

이 때 금강당보살이 시방을 두루 관찰하고 게송으로 말하였다

    보살이 깊은 맘과 힘을 이루고
    모든 법에 자재함을 두루 얻고서
    설법하기 청하고 기뻐한 복덕
    걸림 없는 방편으로 잘 회향하네.

    삼세에 계시는 여러 부처님
    국토를 장엄하여 세간에 가득
    그러한 모든 공덕 다 구족하니
    정토에 회향함도 또한 그러해.

    삼세 부처님의 여러 가지 법

보살이 자세하게 생각해 알고
마음으로 거두어서 남김 없나니
이와 같이 모든 세계 장엄하오며,

삼세에 끝이 없는 많은 겁 동안
한 세계의 공덕을 찬탄하나니
삼세의 많은 겁이 끝나더라도
부처 국토 공덕은 다하지 않고,

이와 같은 일체의 부처님 세계
보살이 모두 보아 남김이 없어
이것으로 한 국토를 장엄하듯이
모든 부처 국토도 다 이러하네.

어떠한 불자들은 마음이 청정
여래의 법으로서 화해 생긴 것
일체의 공덕으로 마음을 장엄
여러 부처님 세계 두루 가득해,

저 모든 보살들이 무량한 상호
구족하게 그 몸을 장엄하였고
온 세간에 법문을 말하는 변재
바닷물이 다할 줄 모르는 듯이,

보살이 모든 삼매 머물러 있어

닦을 바 온갖 행을 다 구족하고
그 마음 청정하여 짝할 이 없어
광명으로 시방세계 두루 비추며,

이렇게 빠짐 없는 모든 세계에
이런 보살 간 데마다 가득하여서
한 번도 성문법을 생각지 않고
연각도를 구하지도 아니하나니,

보살들 이와 같이 마음이 청정해
선근으로 중생들에 회향하면서
그들이 바른 도를 모두 이루어
온갖 불법 구족히 알게 하려네.

시방에 수가 없는 마군과 원수
보살의 위력으로 꺾어 부수니
용맹한 그 지혜를 이길 이 없어
결정코 구경법을 닦아 행하리.

보살이 이와 같은 큰 원력으로
간 데마다 회향하여 걸림이 없고
무진한 공덕장에 들어갔으매
과거·현재·미래에 다함이 없네.

보살이 모든 행법行法 잘 관찰하여

그 성품 자재하지 못함을 알고
모든 법의 성품이 이런 줄 알며
허망하게 업과 과보 취하지 않아,

색법色法도 무색법도 없는 것이요
생각 있고 생각 없는 것도 없으며
있는 법도 없는 법도 모두 없나니
온갖 것이 아무것도 없는 줄 아네.

모든 법이 인연으로 생긴 것이매
자체 성품 있지 않고 없지도 않아
인연이나 인연으로 생긴 것들에
끝까지 그 가운데 집착이 없고,

갖가지 중생들의 말하는 곳이
그 가운데 끝까지 찾을 수 없어
이름이나 모양이 모두 분별뿐
모든 법이 나[我] 없는 줄 분명히 아네,

중생들의 성품이 본래 적멸해
이와 같이 일체 법을 모두 잘 알며
삼세에 포섭되고 남은 것 없어
세계와 모든 업이 모두 평등해,

이러한 지혜로써 회향한다면

이해함을 따라서 복이 생기고
이 복덕 모양들도 이해와 같아
그 가운데 무엇을 얻게 되리요.

회향하는 마음에 때가 없어서
법의 성품 헤아리지 아니하나
성품이 성품 아닌 줄을 다 알고
세간에 머물지도 나지도 않네.

갖가지 닦아 행한 여러 선한 업
모두 다 중생에게 회향하오며
참 성품 통달하지 못함이 없고
여러 가지 분별도 제해 버리네.

갖고 있던 여러 가지 허망한 소견
모두 다 내버리어 남지 않았고
번뇌를 다 여의니 항상 서늘해
걸림 없이 해탈한 곳 머물러 있고,

보살은 온갖 법을 파괴 않으며
법의 성품 멸하지도 아니하여서
모든 법이 메아리와 같은 줄 알고
온갖 법에 아무 데도 집착이 없네.

삼세에 한량없는 모든 중생들

인과 연이 화합하여 생긴 줄 알고
마음에 좋아함과 습기習氣도 알아
일체 법을 잠깐도 멸하지 않네.

업의 성품 업 아닌 줄 분명히 알고
여러 법의 모양도 어기지 않고
업과 과보 깨뜨리지 아니하면서
모든 법이 인연으로 생겼다 하며,

중생들의 나는 일이 없는 줄 알고
헤매는 중생들도 또한 없어서
중생이라 말할 것이 아주 없지만
세속을 의지할새 말해 보이네.

7) 제 6 회향 ①
㉠ 여러 가지로 보시함

"불자들이여, 무엇을 보살마하살의 견고한 일체 선근을 따르는 회향이라 하는가.

불자들이여, 이 보살마하살이 혹은 제왕이 되어 큰 나라에 군림하면, 위덕이 널리 퍼지고 이름이 천하에 진동하매 모든 대적이 모두 귀순하고, 명령을 내릴 적에는 바른 법에 의지하고, 한 일산을 들어 만방을 덮으며, 온 천하에 두루 다녀도 거리낄 것 없고, 때 없는 비단을 정수리에 매었으며, 법에 자재하여 보는 이가 굴복하고, 형벌을 쓰지 않으나 덕택에 감복하여 교화를 따르며, 사섭법四攝法으로 중생을 포섭하고, 전륜왕이 되어 모든 사람을 구조합니다.

보살마하살이 이렇게 자재한 공덕이 있는데, 많은 권속이 있어 저해할 수 없고, 모든 허물이 없으며, 보는 이가 싫어하지 않고, 복덕으로 장엄하여 상호가 원만하고, 형체와 지절이 구족하게 조화되었으며, 나라연那羅延같이 견고한 몸을 얻고 큰 힘을 성취하여 굴복할 자가 없으며, 청정한 업을 얻어 모든 업장을 여읩니다.

온갖 보시를 구족하게 행하는데, 혹은 음식과 맛 좋은 것을 보시하고, 혹은 수레를 보시하고, 의복을 보시하고, 화만을 보시하며, 여러 향과 바르는 향과 평상과 집과 머무는 처소와 좋은 등촉과 병에 쓰는 탕약과 보배 기명과 보배 수레와 길 잘든 코끼리와 말을 훌륭하게 장식하여 기쁘게 보시하며, 어떤 이가 와서 왕의 평상·천장·일산·당기·깃발·보물이나, 장엄거리나 머리에 쓴 보관이나 상투에 꽂은 진주 동곳이나, 내지 왕의 자리를 요구하더라도 조금도 아낌이 없으며, 만일 중생이 감옥 속에 있는 이를 보면 재물이나 보배나 처자나 권속이나 몸을 버려서까지도 그들을 구호하여 벗어나게 하며, 옥에 갇힌 죄수가 사형을 당하게 된 이를 보면 몸을 버려서 목숨을 대신하며, 정수리의 가죽을 달라 하더라도 기쁘게 주고 아끼지 아니합니다.

눈과 귀와 코·혀·이·머리·이마·손·발·피·살·뼈·골수·염통·신장·간·허파·대장大腸·소장·가죽·겉가죽·손가락·발가락·손톱·눈까지라도 환희한 마음으로 모두 보시하며, 혹은 처음 있는 법을 구하기 위하여 몸을 던져 큰 불 구렁에 들어가고, 혹은 부처님의 정법을 보호하기 위하여 온갖 고초를 달게 받으며, 혹은 법을 구할 적에 내지 한 글자를 위하여서도 사해 안에 있는 모든 소유를 다 버리고, 항상 바른 법으로 중생들을 교화하여 선행을 닦고 악행을 버리게 하며, 중생들이 다른 이의 신체를 해롭게 함을 보거든 자비한 마음으로 구원하여 죄업을 버리게 합니다.

만일 여래께서 정각을 이루심을 보거든 칭찬하고 찬탄하여 여러 사람들이 듣게 하며, 혹 터를 보시하여 절이나 집이나 전당을 지어서 거처하게 하며, 또 시중들을 보내어 받들고 섬기게 하며, 혹 자기의 몸을 구걸하는 이에게 주거나, 부처님께 바치기도 하며, 법을 구하기 위하여 기뻐 뛰놀고 중생을 위하여 받들어 섬기고 공양하며, 혹은 임금의 지위나 국성이나 촌락이나 궁전이나 원림園林이나 처자 권속까지 버리어서 구걸하는 이의 소원을 만족하게 하며, 혹은 온갖 살림살이에 필요한 물건들을 보시하여 무차대회無遮大會를 베풉니다.

그 가운데 중생인 가지가지 복밭들이 먼 데서 왔거나 가까운 데서 왔거나 어질거나 어리석거나 아름답거나 추하거나 남자거나 여자거나 사람이거나 사람 아닌 이거나, 마음과 행동이 같지 않고 구걸하는 것이 각각 다르더라도 평등하게 베풀어 주어 모두 만족하게 합니다.

불자들이여, 보살마하살이 이렇게 보시할 때에 잘 거두는 마음을 내어 회향하나니, 이른바 색음色陰을 잘 거두어서 견고한 일체 선근을 따르며, 수음·상음·행음·식음을 잘 거두어서 견고한 일체 선근을 따르며, 국왕의 지위를 잘 거두어 견고한 일체 선근을 따르며, 권속을 잘 거두어 견고한 일체 선근을 따르며, 살림살이를 잘 거두어 견고한 일체 선근을 따르며, 신세스럽게 보시하는 일을 잘 거두어 견고한 일체 선근을 따르는 것입니다.

불자들이여, 보살마하살이 보시하는 물건이 한량없고 그지없음을 따라서 그 선근으로 이렇게 회향하나니, 이른바 좋은 음식으로 중생에게 보시할 적에 마음이 청정하여 보시하는 물건에 탐욕이 없고, 집착이 없고 아끼는 생각이 없어서 구족하게 보시를 행하면서 원하기를, '일체 중생이 지혜의 음식을 얻어 마음에 장애가 없으며, 음식의 성품이 탐할 것 없음을 알고, 다만 법에 대한 기쁨으로 뛰어날 수 있는 음식을 좋아하며, 지혜가 충만하여 법으로 굳게 머물고 선근을 거두어 가져 법신과 지신智身이 청정하여 마음대로 다니며, 중생을 가엾이 여겨서 복밭을 지으려고 뭉쳐 먹는 밥[摶食]을 받아지이다' 합니다. 이것이 보살마하살이 음식을 보시할 적에 선근으로 회향하는 것입니다.

불자들이여, 보살마하살이 마실 것을 보시할 적에 이런 선근으로 이렇게 회향하나니, 이른바 일체 중생이 법맛인 물[法味水]을 마시고 부지런히 닦아서 보살의 도를 구족하며, 세간의 목마른 애욕을 끊고 부처님의 지혜를 구하며, 욕심의 경계를 떠나니 법에 대한 기쁨을 얻으며, 청정한 법에서 몸이 생기고 삼매로써 마음을 조섭調攝하며, 지혜 바다에 들어가 법 구름을 일으켜 법 비를 내립니다. 이것이 보살마하살이 마실 것을 보시할 적에 선근으로 회향하는 것입니다.

불자들이여, 보살마하살이 가지가지 훌륭한 맛으로 보시하나니, 이른바 맵고 시고 짜고 싱겁고 달고 쓴 따위의 가지가지 맛이라. 윤택하고 구족하여 사대가 편안하고 화평하여 몸이 충실하고 기운을 강하게 하며, 마음이 청정하여 항상 환희하고, 씹고 삼킬 때에도 기침이 나거나 구역질하지 아니하며, 여러 근이 상쾌하고 내장이 충실하며, 독기가 침노하지 못하고 병이 해롭히지 못하며 처음부터 나중까지 근심이 없어 길이 안락합니다.

이 선근으로 이렇게 회향하나니, 이른바 일체 중생이 좋은 맛을 얻어 감로가 충만하기를 원하며, 일체 중생이 법과 지혜의 맛을 얻어 모든 맛의 작용을 알게 되기를 원하며, 일체 중생이 한량없는 법 맛을 얻어 법계를 통달하고 실제인 큰 법의 성중에 머물기를 원하며, 일체 중생이 큰 법 구름이 되어 법계에 두루하며 법 비를 널리 내려 모든 중생을 교화하고 조복하기를 원하며, 일체 중생이 좋은 지혜 맛을 얻어 위없는 법에 대한 즐거움이 몸과 마음에 가득하기를 원하며, 일체 중생이 탐욕이 없는 좋은 맛들을 얻어 세간의 맛에 물들지 않고 온갖 불법을 부지런히 닦기를 원하며, 일체 중생이 한가지 법 맛을 얻어 모든 불법이 차별 없음을 알기를 원하며, 일체 중생이 가장 좋은 맛을 얻고 온갖 지혜에 의지하여 퇴전하지 않기를 원하며, 일체 중생이 부처님들의 다르지 않은 법 맛을 얻어 모든 근성을 잘 분별하기를 원하며, 일체 중생이 법 맛이 증장하여 걸림 없는 불법에 항상 만족하기를 원합니다. 이 것이 보살마하살이 맛을 보시할 때에 선근으로 회향하며, 일체 중생으로 하여금 복덕을 부지런히 닦아서 걸림 없는 지혜의 몸을 모두 구족하게 하려는 것입니다.

불자들이여, 보살마하살이 수레 등속〔車乘〕으로 보시할 적에, 원컨대 일체 중생이 온갖 지혜의 법〔一切智乘〕을 구족하여, 대승·깨뜨릴 수 없는 법〔乘〕·가장 승한 법·가장 높은 법·가장 빠른 법·큰 힘 갖춘 법·복덕이 구족한 법·출세간 하는 법·무량한 보살을 내는 법을 타게 하여지이다 하나니, 이것이 보살마하살이 수레 등속을 보시할 때에 선근으로 회향하는 것입니다.

불자들이여, 보살마하살이 옷으로 보시할 때에 이런 선근으로 이렇게 회향하나니, 이른바 일체 중생이 부끄러워 옷으로 몸을 가리우며, 삿된 외도들의 알몸을 드러내는 나쁜 법을 버리며 얼굴이 윤택하고 피부가 부드러워 부처님들의 첫째가는 낙을 성취하고 가장 청정한 온갖 지혜를 얻어지이다 합니다. 이것이 보살마하살이 옷을 보시할 때에 선근으로 회향하는 것입니다.

불자들이여, 보살마하살이 항상 가지가지 훌륭한 꽃으로 보시하나니, 이른바 미묘하고 향기로운 꽃·가지가지 빛깔의 꽃·한량없는 기묘한 꽃·보기 좋은 꽃·기쁜 꽃·어느 때나 피는 꽃·하늘 꽃·인간 꽃·세상에서 사랑하는 꽃·향기롭고 뜻에 맞는 꽃이라, 이렇게 한량없는 꽃으로 지금 계시는 부처님들과 부처님 열반하신 뒤 탑에 공양하며, 혹은 법을 말하는 사람에게 공양하고 비구들에게 공양하며, 일체 보살과 선지식과 성문과 독각과 부모와 친척과 아래로 자신과, 모든 가난하고 고독한 사람들에게 보시할 적에, 이 선근으로 이렇게 회향합니다. 이른바 일체 중생이 모두 부처님의 삼매꽃을 얻어 모든 법을 피게 하며, 일체 중생이 모두 부처님과 같아서 보는 이가 환희하여 만족함을 모르게 하며, 일체 중생이 소견이 순평하여 마음이 혼란하지 않으며, 일체 중생이 광대하고 청정한 업을 갖춰 행하며, 일체 중생이 항상 선지식을 생각하여 마음에 변동하지 않으며, 일체 중생이 아가다阿伽陀약과 같이 모든 번뇌의 독을 제하며, 일체 중생이 큰 원을 만족하여 위없는 지혜의 왕을 얻으며, 일체 중생이 지혜의 해로 우치한 어둠을 깨뜨리며, 일체 중생이 보리의 달로 만족한 마음을 증장하며, 일체 중생이 큰 보물섬에 들어가 선지식을 보고 일체 선근을 구족하게 이루어지이다 합니다. 이것이 보살마하살이 꽃을 보시할 때에 선근으로 회향하는 것이니, 중생들로 하여금 청정하고 걸림 없는 지혜를 얻게 하려는 연고입니다.

불자들이여, 보살마하살이 화만을 보시할 적에 모든 선근으로 이렇게 회향하나니, 이른바 일체 중생을 사람들이 보기를 좋아하여 보는 이가 칭찬하고 보는 이가 친선하고 보는 이가 사랑하고 보는 이가 우러르고 보는 이가 걱정이 없어지고 보는 이가 기뻐하고 보는 이가 악을 여의고 보는 이가 항상 부처님을 친근하고 보는 이가 청정하여 온갖 지혜를 얻어지이다 합니다. 이 것이 보살마하살이 화만을 보시할 때에 선근으로 회향하는 것입니다.

불자들이여, 보살마하살이 향을 보시할 적에 모든 선근으로 이렇게 회향하나니, 이른바 일체 중생이 계향戒香을 구족하여 모자라지 않는 계 · 섞이지 않은 계 · 더럽히지 않은 계 · 뉘우침이 없는 계 · 얽매임을 여읜 계 · 번열하지 않은 계[無熱戒] · 범함이 없는 계 · 가없는 계[無邊戒] · 출세간 계 · 보살의 바라밀 계를 얻게 하며, 일체 중생이 이 계로 말미암아 부처님의 계의 몸[戒身]을 성취하여지이다 합니다. 이것이 보살마하살이 향을 보시할 때에 선근으로 회향하는 것이니, 중생들로 하여금 원만하고 걸림 없는 계의 덩어리를 얻게 하려는 연고입니다.

불자들이여, 보살마하살이 바르는 향을 보시할 적에 모든 선근으로 이렇게 회향하나니, 이른바 일체 중생이 보시하는 향이 널리 풍기어 온갖 소유한 것을 모두 버려지이다. 일체 중생이 계행 지니는 향이 널리 풍기어 여래의 끝까지 청정한 계를 얻어지이다. 일체 중생이 참는 향이 널리 풍기어 모든 음해하는 마음을 떠나지이다. 일체 중생이 정진하는 향이 널리 풍기어 대승의 정진하는 갑옷을 항상 입어지이다. 일체 중생이 선정하는 향이 널리 풍기어 부처님이 앞에 나타나는 삼매에 머물러지이다. 일체 중생이 지혜의 향이 널리 풍기어 한 생각에 위없는 지혜의 왕을 이루어지이다. 일체 중생이 법의 향이 널리 풍기어 위없는 법에 두려움이 없어지이다. 일체 중생이 덕의 향이 널리 풍기어 온갖 대공덕 지혜를 이루어지이다. 일체 중생이 보리의 향이 널리 풍기어 부처님의 십력을 얻어 저 언덕에 이르러지이다. 일체 중생이 청정한 선법[淨白法]의 묘한 향이 널리 풍기어 온갖 선하지 못한 법을 영원히 멸하여지이다 합니다. 이것이 보살마하살이 바르는 향을 보시할 때에 선근으로 회향하는 것입니다.

불자들이여, 보살마하살이 평상을 보시할 적에 모든 선근으로 이렇게 회향하나니, 이른바 일체 중생이 천상의 평상을 얻어 큰 지혜를 증득하며, 일체 중생이 성현의 평상을 얻어 범부의 뜻을 버리고 보리심에 머물며, 일체 중생이 안락한 평상을 얻어 생사生死하는 모든 괴로움과 번뇌를 여의며, 일체 중생이 구경에 이르는 평상을 얻어 부처님들의 자재한 신통을 보며, 일체 중생이 평등한 평상을 얻어 모든 선한 법을 두루 닦으며, 일체 중생이 가장 좋은 평상을 얻어 청정한 업을 갖추고 세상에 짝할 이 없으며, 일체 중생이 편안한 평상을 얻어 진실한 법을 증득하고 끝까지 구족하며, 일체 중생이 청정한 평상을 얻어 여래의 청정한 지혜의 경계를 닦으며, 일체 중생이 편안히 머무는 평상을 얻어 선지식이 항상 따르고 보호하게 되며, 일체 중생이 사자좌를 얻어 여래와 같이 항상 오른쪽 옆구리로 누워지이다 합니다.

이것이 보살마하살이 평상을 보시할 때에 선근으로 회향하는 것이니, 중생들로 하여금 바른 생각을 닦아서 여러 근을 보호하려는 연고입니다.

불자들이여, 보살마하살이 방〔房舍〕을 보시할 적에 모든 선근으로 이렇게 회향하나니, 이른바 일체 중생이 청정한 부처님 세계에 있으면서 모든 공덕을 부지런히 닦으며, 깊고 깊은 삼매의 경계에 머물러서 있는 처소에 집착함을 버리며, 온갖 있는 처소가 아무것도 없는 줄을 알고서 세간을 떠나 온갖 지혜에 머물며, 모든 부처님께서 계시는 곳을 거두어 구경의 길인 안락한 처소에 있으며, 제일 청정한 선근에 항상 있으면서 부처님의 위없이 머무는 데를 버리지 아니합니다. 이것이 보살마하살이 방을 보시할 때에 선근으로 회향하는 것이니, 일체 중생을 이익케 하여 마땅한 대로 생각하고 구호하려는 연고입니다.

불자들이며, 보살마하살이 있을 곳을 보시할 적에 모든 선근으로 이렇게 회향하나니, 이른바 일체 중생이 항상 좋은 이익을 얻어 마음이 안락하며, 원컨대 일체 중생이 여래를 의지하여 있으며, 큰 지혜를 의지하여 있으며, 선지식을 의지하여 있으며, 존승尊勝한 이를 의지하여 있으며, 선한 행을 의지하여 있으며, 대자大慈를 의지하여 있으며, 대비를 의지하여 있으며, 육바라밀을 의지하여 있으며, 큰 보리심을 의지하여 있으며, 온갖 보살의 도를 의지하여 있습니다.

이것이 보살마하살이 있을 곳을 보시할 적에 선근으로 회향하는 것이니, 모든 사람으로 하여금 복덕이 청정하려는 연고며, 구경까지 청정하려는 연고며, 지혜가 청정하려는 연고며, 도가 청정하려는 연고며, 법이 청정하려는 연고며, 계행이 청정하려는 연고며, 뜻 두어 좋아함이 청정하려는 연고며, 믿고 이해함이 청정하려는 연고며, 서원이 청정하려는 연고며, 일체 신통과 공덕이 청정하려는 연고입니다.

불자들이여, 보살마하살이 등을 켜서 보시하나니, 이른바 소酥 등불·기름 등불·보배 등불·마니 등불·칠漆 등불·불[火] 등불·침수향 등불·전단향 등불·온갖 향 등불·한량없는 색 등불이니, 이렇게 한량없는 등불을 보시할 적에 일체 중생을 이익하려 함이며, 일체 중생을 포섭하려 함입니다.

이 선근으로 이렇게 회향하나니, 이른바 일체 중생이 한량없는 빛을 얻어 모든 부처님의 바른 법을 두루 비추며, 일체 중생이 청정한 빛을 얻어 세간에 극히 미세한 색을 비추어 보며, 일체 중생이 가리움 없는 빛을 얻어 중생계가 공하여 아무것도 없음을 알며, 일체 중생이 그지없는 빛을 얻어 몸에서 기묘한 광명이 나서 온갖 것을 두루 비추며, 일체 중생이 두루 비추는 빛을 얻어 부처님의 깨끗한 빛을 얻어 모든 세계에 다 나타나며, 일체 중생이 장애 없는 빛을 얻어 한 빛으로 모든 법계에 두루 비추며, 일체 중생이 끊임없는 빛을 얻어 여러 부처님 세계를 비추어도 광명이 끊이지 아니하며, 일체 중생이 지혜 당기의 빛을 얻어 세간을 널리 비추며, 일체 중생이 한량없는 색 광명을 얻어 모든 세계를 비추며, 신통력을 나타내지이다 합니다.

보살이 이렇게 등을 켜서 보시할 때에 일체 중생을 이익하고 일체 중생을 안락하게 하기 위하여서, 이 선근으로 중생을 따르며, 이 선근으로 중생을 포섭하며, 이 선근으로 중생에게 분포分布하며, 이 선근으로 중생을 어여삐 여기며, 이 선근으로 중생을 덮어주어 기르며, 이 선근으로 중생을 구호하며, 이 선근으로 중생을 충만하게 하며, 이 선근으로 중생을 염려하며, 이 선근으로 중생을 평등하게 이익하며, 이 선근으로 중생을 관찰합니다. 이것이 보살마하살이 등불을 보시할 때에 선근으로 회향하는 것이니, 이렇게 회향하는 데 장애가 없어서 중생들로 하여금 선근에 머물게 합니다.

불자들이여, 보살마하살이 탕약을 보시할 적에 모든 선근으로 이렇게 회향하나니, 이른바 일체 중생의 덮이고 얽히는 번뇌에서 필경에 벗어나며, 일체 중생이 병든 몸을 영원히 여의고 여래의 몸을 얻었으며, 일체 중생이 훌륭한 약이 되어 모든 선하지 못한 병을 멸하며, 일체 중생이 아가다 약을 이루어 보살의 퇴전하지 않는 자리에 편안히 머물며, 일체 중생이 여래인 약을 이루어 모든 번뇌의 독화살을 뽑으며, 일체 중생이 성현을 친근하여 번뇌를 멸하고 청정한 행을 닦으며, 일체 중생이 큰 약왕〔大藥王〕이 되어 모든 병을 영원히 없애고 다시 발생하지 아니하며, 일체 중생이 부서지지 않는 약 나무가 되어 모든 중생을 모두 치료하며, 일체 중생이 모든 지혜의 광명을 얻어 모든 병의 화살을 뽑아내며, 일체 중생이 세간의 약과 방문을 잘 알아서 모든 질병을 구호하여지이다 합니다.

보살마하살이 탕약을 보시할 적에 일체 중생으로 하여금 모든 병을 여의게 하려는 연고며, 구경에 편안케 하려는 연고며, 구경에 청정하게 하려는 연고며, 부처님처럼 병이 없게 하려는 연고며, 온갖 병의 화살을 뽑아 버리려는 연고며, 그지없이 견고한 몸을 얻게 하려는 연고며, 금강위산으로도 깨뜨릴 수 없는 몸을 얻게 하려는 연고며, 견고하고 만족한 힘을 얻게 하려는 연고며, 원만하고 뺏을 수 없는 부처님 약을 얻게 하려는 연고며, 일체 부처님의 자재하고 견고한 몸을 얻게 하려는 연고로, 모든 선근으로 이렇게 회향합니다.

불자들이여, 보살마하살이 일체 그릇을 능히 보시하나니, 이른바 황금 그릇에 여러 가지 보배를 담고, 백은 그릇에 여러 가지 기묘한 보배를 담고, 유리 그릇에 가지가지 보배를 담고, 파리 그릇에 한량없는 보배 장엄거리를 담고, 자거 그릇에 적진주를 담고, 마노 그릇에 산호와 마니보배를 담고, 백옥 그릇에 아름다운 음식을 담고, 전단 그릇에 하늘의 의복을 담고, 금강 그릇에 여러 가지 묘한 향을 담고, 무량 무수한 가지각색 보배 그릇에 무량 무수한 가지각색 보배를 담았습니다.

혹 부처님께 보시하니 부처님 복밭이 부사의함을 믿는 연고며, 보살에게 보시하니 선지식을 만나기 어려움을 아는 연고며, 거룩한 스님께 보시하니 부처님 법이 세상에 오래 머물게 하는 연고며, 성문과 벽지불에게 보시하니 모든 성인에게 청정한 신심을 내는 연고며, 부모에게 보시하니 존중하는 연고며, 스승에게 보시하니 항상 인도하사 성인의 가르침을 의지하여 공덕을 닦게 하는 연고며, 하열下劣하고 빈궁하고 외로운 이에게 보시하니 대자대비한 사랑의 눈으로 모든 중생을 평등하게 보는 연고며, 과거·미래·현재의 모든 보살의 보시바라밀을 만족하게 하려는 연고며, 여러 가지 물건으로 모든 사람에게 보시하되 마침내 중생들을 버리지 아니하는 연고니, 이렇게 보시할 때에 그 보시하는 물건과 받는 이에게 조금도 집착함이 없습니다.

보살마하살이 이렇게 가지가지 보배 그릇에 한량없는 보배를 담아 보시할 적에 모든 선근으로 이렇게 회향하나니, 이른바 일체 중생이 허공처럼 끝이 없이 담는 그릇을 이루고 기억력이 커서, 세간과 출세간의 모든 경서를 모두 받아 지니고 잊어버리지 말아지이다. 일체 중생이 청정한 그릇을 이루어 부처님의 깊고 바른 법을 능히 깨달아지이다. 일체 중생이 위없이 보배로운 그릇을 이루어 삼세의 부처님 법을 모두 받아지니어지이다. 일체 중생이 여래의 광대한 법 그릇을 이루어 깨뜨릴 수 없는 신심으로 삼세의 부처님 보리법을 거두어 받아지이다. 일체 중생이 가장 훌륭한 보배로 장엄한 그릇을 이루어 큰 위덕 있는 보리심에 머물러지이다. 일체 중생이 공덕의 의지할 그릇을 이루어 모든 여래의 한량없는 지혜에 깨끗한 신심과 이해를 내어지이다. 일체 중생이 온갖 지혜에 들어가는 그릇을 이루어 여래의 걸림 없는 해탈을 구경究竟하여지이다. 일체 중생이 오는 세월이 끝나도록 보살행의 그릇을 얻어 중생들로 하여금 모두 다 온갖 지혜의 힘에 머물러지이다. 일체 중생이 삼세 부처님 종성種性인 좋은 공덕을 성취하여 모든 부처님의 묘한 음성으로 말씀한 법문을 모두 받아지이다. 일체 중생이 온 법계 허공계의 모든 세계와 일체 여래의 도량에 모인 이들을 모두 용납하는 그릇을 성취하여, 대장부로서 설법說法을 찬탄하는 우두머리가 되어 부처님들께 법 바퀴 운전하심을 청하여지이다 합니다.

 이것이 보살마하살이 그릇을 보시할 때에 선근으로 회향하는 것이니, 일체 중생으로 하여금 보현보살의 행과 소원을 원만하는 그릇을 얻게 하려는 연고입니다.

대방광불화엄경 제26권

제26권

25. 십회향품 ④

7) 제6회향 ②

ⓛ 수레와 코끼리를 보시함

"불자들이여, 보살마하살이 가지가지 수레를 보배로 장엄하게 장식하여, 여러 부처님과 보살과 스승과 선지식과 성문과 연각과 이러한 가지가지 복밭과, 내지 빈궁하고 외로운 사람들에게 보시하나니, 이 사람들이 혹 멀리서 오고, 혹 가까운 데서 오고, 혹 보살의 명성을 듣고 오고, 보살의 인연으로 오고, 보살이 지난 세상에 세운 보시하려는 소원을 듣고 오고, 보살이 소원으로 청하여 온 것입니다.

보살이 이 때에 혹은 보배 수레를 보시하고, 황금 수레를 보시하니, 다 묘하게 장엄하여 방울과 그물을 위에 덮고 보배 띠를 드리웠으며, 혹은 가장 훌륭한 유리 수레를 보시하니 한량없는 진귀한 보배로 장식하였으며, 백은 수레를 보시하니 황금 그물을 덮고 준마를 메웠으며,

한량없는 여러 가지 보배로 장엄한 수레를 보시하니 보배 그물을 덮고 향기 나는 코끼리를 메웠으며, 전단 수레를 보시하니 묘한 보배로 바퀴가 되고 잡색 보배로 일산이 되고 보배 사자좌를 훌륭하게 놓았으며, 백천 채녀가 그 위에 둘러앉았고 십만 장부가 끌고 가며, 파리 수레를 보시하니 여러 가지 묘한 보배로 장엄하게 단장하고 단정한 여인들이 그 안에 가득한데 보배 휘장을 위에 덮고 당기와 깃발을 곁에 세웠습니다.

혹은 마노 수레를 보시하니 온갖 보배로 장식하고 여러 가지 향기를 풍기며, 가지각색 꽃을 흩어 장엄하고 백천 채녀들이 영락을 가지고 조화롭게 몰아가매 험한 길을 달려도 편안하며, 혹은 견고한 향 수레를 보시하니 여러 보배로 바퀴가 되고 장엄이 매우 훌륭하여, 보배 휘장을 위에 덮고 보배 그물을 드리웠으며, 가지가지 보배 옷을 그 안에 깔았으니 청정한 향기가 밖으로 흘러나오매 향기가 아름다워 사람들의 마음을 기쁘게 하며, 한량없는 하늘사람들이 보호하여 다니면서 실려 있는 많은 보배로 때를 따라 보시하여 주며, 혹은 광채 나는 보배 수레를 보시하니 가지각색 보배에서 아름다운 빛이 환히 비치며, 여러 가지 보배 그물이 위에 덮였고 보배 영락이 사방에 드리워졌으며, 가루향을 뿌리어 안팎이 향기롭고 사랑스러운 남녀들이 그 위에 타고 있었습니다.

불자들이여, 보살마하살이 이러한 보배 수레들을 부처님께 보시할 적에 이런 선근으로 이렇게 회향하나니, 이른바 일체 중생이 가장 높은 복밭에 공양할 줄을 알고 부처님께 보시하면 한량없는 과보 받을 것이 깊이 믿어지이다. 일체 중생이 일심으로 부처님께 향하여 한량없고 청정한 복밭을 항상 만나지이다. 일체 중생이 모든 여래에게 아낄 것이 없이 크게 버리는 마음이 구족하게 성취하여지이다. 일체 중생이 부처님 계신 데서 보시를 행하며, 이승二乘의 소원을 버리고 여래의 걸림 없는 해탈과 온갖 지혜의 지혜〔一切智智〕를 얻어지이다. 일체 중생이 부처님 계신 데서 다함 없는 보시를 행하여 부처님의 한량없는 공덕과 지혜에 들어가지이다. 일체 중생이 부처님의 수승한 지혜에 들어가 청정하고 위없는 지혜왕이 이루어지이다.

일체 중생이 부처님의 아무 데나 가시는 걸림 없는 신통을 얻어, 가고 싶은 데를 마음대로 가게 하여지이다. 일체 중생이 대승에 깊이 들어가 한량없는 지혜를 얻고 편안히 머물러 동하지 말아지이다. 일체 중생이 온갖 지혜의 법을 능히 내어서 천상과 인간의 가장 높은 복밭이 되어지이다. 일체 중생이 부처님 계신 데에 혐의하는 마음이 없이 선근을 심고 부처님 지혜를 구하여지이다. 일체 중생이 마음대로 모든 부처님 세계에 가며, 한 찰나에 법계에 두루하되 게으르지 말아지이다. 일체 중생이 보살의 자재한 신통을 얻고, 몸을 나누어 허공계에 가득하며 모든 부처님께 친근하고 공양하여지이다. 일체 중생이 비길 데 없는 몸을 얻고 시방에 두루 이르되 싫은 마음이 없어지이다.

일체 중생이 광대한 몸을 얻고 빨리 날아 다니며 마음대로 가되 마침내 게으르지 말아지이다. 일체 중생이 부처님의 끝까지 자재한 위력을 얻고, 한 찰나 동안에 온 허공계에서 부처님들의 신통 변화를 모두 나타내지이다. 일체 중생이 안락한 행을 닦아서 모든 보살의 도를 따라지이다. 일체 중생이 빠른 행동을 얻어 십력과 지혜와 신통이 끝까지 이루어지이다. 일체 중생이 법계의 시방 국토에 두루 들어가 끝이 다하도록 차별이 없어지이다. 일체 중생이 보현의 행을 수행하여 퇴전하지 말고 저 언덕에 이르러 온갖 지혜를 이루어지이다. 일체 중생이 비길 데 없는 지혜의 수레에 올라 법의 성품을 따라 실상과 같은 이치를 보아지이다 합니다.

이것이 보살마하살이 모든 보배 수레로 현재의 모든 부처님과 부처님께서 열반하신 뒤 탑에 보시하여 선근으로 회향하는 것이니, 중생들로 하여금 구경에 벗어나는 부처님의 걸림 없는 법을 얻게 하려는 연고입니다.

불자들이여, 보살마하살은 모든 보배 수레로 보살과 선지식에게 보시할 적에 모든 선근으로 이렇게 회향하나니, 이른바 일체 중생이 항상 마음으로 선지식의 가르침을 기억하고 부지런히 수호하여 잊어버리지 말아지이다.

일체 중생이 선지식과 더불어 이치와 이로움이 동일하며 모든 이들을 두루 포섭하여 선근을 함께하여지이다. 일체 중생이 선지식을 친근하여 존중하고 공양하며 가진 것을 모두 버려서 그의 마음을 따라지이다. 일체 중생이 고마운 뜻〔善志〕을 얻어서 선지식을 따라다니고 잠시도 떠나지 말아지이다. 일체 중생이 선지식을 항상 만나서 전심〔專意〕으로 섬기고 그 가르침을 어기지 말아지이다. 일체 중생이 선지식을 좋아하고 항상 떠나지 말아, 틈도 없고 섞임도 없으며 잘못함도 없어지이다.

일체 중생이 몸으로 선지식께 보시하고 가르치는 명령에 순종하여 어기지 말아지이다. 일체 중생이 선지식의 붙들어 주심을 받아 대자비를 닦아 익히고 모든 악한 일을 멀리 여의어지이다. 일체 중생이 선지식을 따라다니면서 부처님께서 말씀하신 바른 법을 들어지이다. 일체 중생이 선지식과 더불어 선근이 같아서 업과 과보가 청정하며 보살들과 더불어 행과 원이 같아서 십력을 끝까지 얻어지이다. 일체 중생이 선지식의 법을 모두 받아 지니며, 온갖 삼매의 경계와 지혜와 신통을 얻어지이다. 일체 중생이 모든 바른 법을 모두 받아지니고 여러 가지 행을 닦아서 저 언덕에 이르러지이다. 일체 중생이 대승을 타고서 장애가 없으며 구경에 온갖 지혜의 도를 성취하여지이다.

일체 중생이 온갖 지혜의 수레를 타고서 편안한 곳에 이르러 퇴전하지 말아지이다. 일체 중생이 실지와 같이 행함을 알고 모든 불법을 들은 대로 구경까지 이르러 영원히 잊지 말아지이다. 일체 중생이 모든 부처님의 거두어 주심을 받잡고 걸림 없는 지혜를 얻어 모든 법을 끝까지 이루어지이다. 일체 중생이 물러나지 않는 자재한 신통을 얻고 가려고 하는 데는 잠깐 사이에 모두 이르러지이다. 일체 중생이 마음대로 다니면서 널리 교화하여 대승에 머물러지이다. 일체 중생이 행하는 바가 공하지 아니하며 지혜 수레를 타고 구경의 지위에 도달하여지이다. 일체 중생이 걸림 없는 법을 얻고 걸림 없는 지혜로 모든 곳에 이르러지이다 합니다.

이것이 보살마하살이 선지식에게 가지가지 수레를 보시할 때에 선근으로 회향하는 것이니, 중생들로 하여금 공덕이 구족하여 부처님이나 보살과 더불어 평등하여 다름이 없게 하려는 연고입니다.

불자들이여, 보살마하살이 여러 보배 수레로 스님들에게 보시할 적에 온갖 보시를 배우려는 마음과, 지혜로 잘 알려는 마음과, 깨끗한 공덕의 마음과, 버리는 것을 따르려는 마음과, 승보僧寶를 만나기 어렵다는 마음과, 승보를 깊이 믿는 마음과, 바른 교법을 거두어 가지려는 마음을 일으키고, 훌륭한 생각에 머물러 미증유함을 얻으며, 크게 보시하는 모임을 만들어 한량없이 광대한 공덕을 내고 부처님의 가르침을 깊이 믿어 깨뜨릴 수 없습니다.

모든 선근으로 이렇게 회향하나니, 이른바 일체 중생이 모두 부처님 법에 들어가 기억하고 잊지 말아지이다. 일체 중생이 범부의 법을 떠나서 성현의 자리에 들어가지이다. 일체 중생이 빨리 성인의 지위에 들어가 불법을 차례차례 알도록 인도하여지이다. 일체 중생을 온 세상이 소중히 여겨 말하는 대로 신용하여지이다. 일체 중생이 모든 법이 평등한데 잘 들어가 법계의 성품이 둘이 없음을 알아지이다. 일체 중생이 여래의 지혜 경계로부터 나서 화순한 사람들이 함께 호위하여지이다. 일체 중생이 물들지 않는 법에 머물러 온갖 번뇌의 때를 제멸하여지이다. 일체 중생이 위없는 승보를 모두 성취하여 범부의 자리에서 떠나 성현의 무리에 들어지이다. 일체 중생이 선한 법을 부지런히 닦아 걸림 없는 지혜를 얻고 성스러운 공덕이 갖추어지이다.

일체 중생이 지혜의 마음을 얻어 삼세에 집착하지 않고 대중 가운데서 왕과 같이 자재하여지이다. 일체 중생이 지혜의 수레를 타고 바른 법륜을 운전하여지이다. 일체 중생이 신통을 갖춰 잠깐 동안에 말할 수 없이 말할 수 없는 세계에 가게 하여지이다. 일체 중생이 허공의 몸을 타고 모든 세간에서 지혜가 막힘이 없어지이다. 일체 중생이 모든 허공과 법계에 들어가 모든 부처님의 회상[衆會] 가운데서 제일바라밀행第一波羅蜜行을 이루어지이다. 일체 중생이 가볍게 날으는 몸과 절승한 지혜를 얻어 모든 부처님 세계에 두루 들어가지이다. 일체 중생이 그지없이 공교한 신통을 얻어 모든 세계에 몸을 나타내지이다. 일체 중생이 모든 것에 의지함이 없는 몸을 얻고 신통한 힘으로 그림자처럼 두루 나타나지이다. 일체 중생이 부사의하게 자재한 신력을 얻고 교화할 만한 이의 앞에 나타나 교화하고 조복하여지이다. 일체 중생이 법계에 들어가는 장애 없는 방편을 얻어 잠깐 동안에 시방 국토를 두루 다녀지이다 합니다.

이것이 보살마하살이 승보에게 수레를 보시하면서 선근으로 회향하는 것이니, 중생들로 하여금 청정하고 위없는 지혜의 수레를 타고 일체 세간에서 걸림이 없는 지혜의 법 수레를 운전케 하려는 연고입니다.

불자들이여, 보살마하살이 여러 보배 수레를 성문과 독각에게 보시할 적에 이런 마음을 일으키나니, 이른바 복밭이라는 마음·존경하는 마음·공덕바다라는 마음·공덕과 지혜를 능히 내는 마음·여래의 공덕 세력으로 생기는 마음·백천억 나유타 겁에 닦아 익히려는 마음·말할 수 없는 겁에서 보살행을 닦으려는 마음·온갖 마군의 속박을 벗어나는 마음·모든 마군들을 쳐부수려는 마음·지혜의 빛으로 위없는 법을 비추려는 마음 들입니다.

이 수레를 보시한 선근으로 이렇게 회향하나니, 이른바 일체 중생이 세상에서 믿을 만한 제일 복밭이 되어 위없는 보시바라밀﹝檀波羅蜜﹞을 구족하여지이다. 일체 중생이 이익 없는 말을 여의고 혼자 있기를 좋아하며 마음에 두 가지 생각이 없어지이다. 일체 중생이 가장 제일인 청정한 복밭을 성취하고 중생들을 포섭하여 복된 업을 닦아지이다. 일체 중생이 지혜의 못을 이루어 중생들에게 무량 무수한 선근의 과보를 주어지이다. 일체 중생이 걸림 없는 행에 머물러서 청정하고 제일인 복밭을 만족하여지이다.

일체 중생이 다툼이 없는 법에 머물러서 모든 법이 모두 지은 것이 없고 성품이 없는 것으로 성품이 된 줄을 알아지이다. 일체 중생이 항상 위없는 복밭을 친근하여 한량없는 복덕을 구족히 닦아지이다.

일체 중생이 한량없이 자재한 신통을 나타내어 깨끗한 복밭으로 중생﹝含識﹞들을 거두어지이다. 일체 중생이 다함 없는 공덕의 복밭을 구족하고 중생에게 여래의 십력과 제일승第一乘의 과보를 주어지이다. 일체 중생이 열매를 맺을 수 있는 진실한 복밭이 되어 모든 지혜와 다함 없는 복더미를 이루어지이다. 일체 중생이 죄를 소멸하는 법을 얻어 일찍이 듣지 못하던 불법의 구절과 뜻을 능히 받아 지니어지이다. 일체 중생이 항상 모든 부처님의 법을 부지런히 듣고는 깨달아 알고 헛되게 지내는 이가 없어지이다. 일체 중생이 불법을 들으면 끝까지 통달하고 들은 대로 연설하여지이다.

일체 중생이 여래의 교법을 믿고 수행하며, 아흔여섯 가지 외도의 삿된 소견을 여의어지이다. 일체 중생이 항상 성현을 보고 가장 나은 모든 선근을 증장하여지이다. 일체 중생이 마음으로 항상 지혜 있고 수행하는 사람을 믿고 좋아하여, 거룩하고 명철한 이들과 함께 있으며 환희하여지이다. 일체 중생이 부처님 명호를 듣고는 헛되지 아니하며 들은 대로 눈으로 보아지이다. 일체 중생이 부처님들의 바른 교법을 잘 분별하여 알고, 불법을 받아 지니는 이를 모두 수호하여지이다. 일체 중생이 모든 불법 듣기를 좋아하며 받아 지니고 읽고 외우고 열어 보이며 환히 비치어지이다. 일체 중생이 부처님 가르침의 진실한 공덕을 믿고 이해하며 가진 것을 모두 버려서 공경하고 공양하여지이다 합니다.

　이것이 보살마하살이 성문과 독각에게 가지가지 수레를 보시하면서 선근으로 회향하는 것이니, 중생들로 하여금 청정하고 제일인 지혜와 신통을 성취하고 부지런히 수행하여 게으르지 아니하며, 온갖 지혜와 힘과 두려워하지 않음을 얻게 하려는 연고입니다.

　불자들이여, 보살마하살이 모든 복밭과 내지 빈궁하고 고독한 이에게 보배 수레를 보시할 적에, 그들이 구하는 대로 모든 것을 주되 기쁜 마음으로 싫어할 줄을 모르며, 또 그 사람을 대하여 스스로 뉘우치어 말하기를 '내가 가서 공양하고 이바지할 것인데, 당신이 이렇게 멀리 오셨습니까' 하면서, 절하고 꿇어앉아 문안하고, 필요한 것을 모두 보시하며, 혹은 마니보배 수레를 보시하니 염부제閻浮提에서 제일가는 여자가 그 위에 가득하며, 혹은 금으로 장엄한 수레를 보시하니 인간의 여자들이 위에 가득하며, 혹은 묘한 유리수레를 보시하니 궁의 기녀들이 위에 가득하며, 혹은 가지가지 기묘한 보배 수레를 보시하니 동녀들이 가득한데 천녀들 같으며, 혹은 무수한 보배로 장엄한 수레를 보시하니 귀한 여자들이 가득한데 유순하고 총명하고 말 잘하고 슬기로웠습니다.

혹 타고 있던 전단 수레를 보시하거나, 파리 수레를 보시하니 모두 보녀들을 가득 태웠는데 용모가 단정하고 몸매가 비길 데 없으며 훌륭한 의복으로 단장하여 보는 이가 기뻐하며, 마노 수레를 보시하니 관정식灌頂式을 행한 왕자들이 타고 있으며, 견고한 향 수레를 보시하니 모든 남녀들이 그 가운데 가득하며, 온갖 보배로 장엄한 수레를 보시하니 이별하기 어려운 권속들이 타고 있었습니다.

불자들이여, 보살마하살이 이렇게 한량없는 보배 수레를 그들이 달라는 대로 공경하며 보시하여, 소원이 성취하고 마음이 만족하게 하는 것입니다.

이런 선근으로 이렇게 회향하나니, 이른바 일체 중생이 퇴전하지 않고 장애가 없는 높고 큰 수레를 타고 불가사의한 보리수 아래로 나아가지이다. 일체 중생이 청정한 인因으로 큰 법의 지혜를 증득하는 수레를 타고 미래겁이 다하도록 보살행을 닦으면서 길이 퇴전치 말아지이다. 일체 중생이 모든 법이 아주 공한 수레를 타고 일체 분별과 집착을 여의고 온갖 지혜의 도를 항상 닦아지이다. 일체 중생이 아첨 없고 정직한 수레를 타고 여러 부처님 세계를 자재하게 다녀지이다. 일체 중생이 온갖 지혜의 수레에 편안히 머물면서 부처님 법을 함께 즐겨지이다. 일체 중생이 보살의 청정하게 수행하는 수레를 타고 보살의 열 가지 벗어나는 도와 삼매의 낙을 구족하여지이다.

일체 중생이 좋은 국토에 살고 좋은 사람을 의지하고 훌륭한 복덕을 모으고 큰 서원을 발하는 등 네 가지 바퀴의 수레를 타고, 이것으로 모든 보살의 청정한 범행梵行을 이루어지이다. 일체 중생이 시방을 두루 비추는 법의 광명 수레를 타고 모든 여래의 지혜와 힘을 배워지이다. 일체 중생이 불법의 수레를 타고 모든 법의 구경이 되는 저 언덕에 이르러지이다. 일체 중생이 모든 복과 선한 것을 부사의한 법 수레에 신고 시방에 편안한 바른 도를 널리 보여지이다. 일체 중생이 크게 보시하는 수레를 타고 인색한 때를 버려지이다. 일체 중생이 깨끗한 계율의 수레를 타고 법계와 상등한 그지없이 청정한 계율을 가져지이다. 일체 중생이 참는 수레를 타고 항상 중생에 대하여 성내는 마음을 여의어지이다. 일체 중생이 크게 정진하여 퇴전하지 않는 수레를 타고, 좋은 행을 닦아서 보리의 도에 나아가지이다.

　일체 중생이 선정의 수레를 타고 빨리 도량에 이르러 보리의 지혜를 증득하여지이다. 일체 중생이 지혜롭고 공교한 방편의 수레를 타고 화신化身이 온 법계의 부처님 경계에 충만하여지이다. 일체 중생이 법왕의 수레를 타고 두려움 없음을 이루어 온갖 지혜의 법을 항상 보시하여지이다. 또한 일체 중생이 집착함이 없는 지혜의 수레를 타고 온 시방에 두루 들어가되, 진실한 법의 성품에 동요함이 없어지이다. 일체 중생이 모든 부처님의 법 수레를 타고 시방세계에 일부러 태어나면서도 대승의 도를 잃어버리지 말아지이다. 일체 중생이 온갖 지혜의 가장 높은 보배 수레를 타고 보현보살의 행과 원을 원만히 갖추어 게으르지 말아지이다 합니다.

　이것이 보살마하살이 보배 수레를 모든 복밭과 내지 빈궁하고 고독한 사람에게 보시하며 선근으로 회향하는 것이니, 중생들로 하여금 한량없는 지혜를 갖추고 환희하여 뛰놀며 필경에 온갖 지혜의 수레를 얻게 하려는 연고입니다.

　불자들이여, 보살마하살이 코끼리를 보시하니, 성품이 유순하고 일곱 부분〔七支〕이 구족하고 나이가 한창이며, 여섯 이빨이 깨끗하고 입술이 연꽃처럼 붉으며, 몸 빛이 희어 마치 설산雪山같으며, 황금 당기로 꾸미고 보배 그물을 덮었으며, 가지가지 묘한 보배로 코를 장식하여 보는 이가 즐거워 싫은 줄을 모르며, 만 리를 뛰어다녀도 고달프지 아니하며, 혹은 길 잘든 말을 보시하니, 여러 모습이 구족하여 마치 하늘의 말과 같으며, 보배로 만든 둥근 바퀴로 빛나게 장식하고 순금 방울과 그물을 위에 덮었으며, 뚜벅뚜벅 걸을 때에도 탄 이가 편안하고, 마음대로 가는데 바람 같이 빠르며, 사주四洲를 다니되 자재하여 장애되지 아니하였습니다.

보살이 이와 같은 코끼리와 말로써 부모와 선지식을 봉양하고, 가난하고 고생하는 중생에게 보시도 하는데, 마음이 너그러워 아까워하는 생각이 없고, 더 기뻐하고 더욱 어여삐 여기면서 보살의 덕을 닦고 보살의 마음을 청정하게 합니다.

이런 선근으로 이렇게 회향하나니, 이른바 일체 중생이 유순하고 뜻에 맞는 법에 머물러 모든 보살의 공덕을 증장하여지이다. 일체 중생이 공교한 법을 얻고 따라서 모든 불법을 내어지이다. 일체 중생이 믿고 이해하는 법을 얻고 여래의 걸림 없는 지혜와 힘을 널리 비치어지이다. 일체 중생이 뜻을 내어 나아가는 법을 얻고 모든 큰 소원을 두루 내어지이다. 일체 중생이 평등한 바라밀법을 구족하고 모두 평등한 선근을 이루어지이다.

일체 중생이 보배 수레를 성취하고 부처님 법의 위없는 지혜를 내어지이다. 일체 중생이 보살행으로 장엄하고 법을 성취하여 보살들의 삼매 꽃을 피어지이다. 일체 중생이 그지없이 빠른 법을 얻고 무수한 겁에 보살의 마음을 깨끗이 하며 부지런히 생각하여 모든 법을 분명히 통달하여지이다. 일체 중생이 가장 좋고 조순한 대승을 얻고 알맞은 방편으로 보살의 지위를 갖추어지이다. 일체 중생이 가장 높고 크고 견고한 대승을 타고, 일체 중생을 두루 건지어 온갖 지혜의 자리에 이르게 하여지이다 합니다.

이것이 보살마하살이 코끼리나 말을 보시할 적에 선근으로 회향하는 것이니, 중생들로 하여금 모두 걸림 없는 지혜의 법을 타고 끝까지 원만하여 부처님의 법에 이르게 하려는 연고입니다.

ⓒ 평상 등 여러 가지를 보시함

불자들이여, 보살마하살이 평상을 보시할 적에, 혹은 거처하던 사자좌를 보시하나니, 그 사자좌는 높고 넓고 특별히 좋아서 유리로 다리가 되고 금으로 조각하였으며, 부드러운 천을 위에 깔았고, 보배 당기를 세우고 갖가지 묘한 향기를 쏘이며, 한량없는 여러 가지 보배 장엄거리로 꾸미고, 금 그물을 위에 덮었으며, 보배 풍경이 바람에 흔들려 미묘한 소리를 내었고 가지각색의 진귀한 보배로 주위를 장식하였으니, 모든 백성들이 함께 우러르며, 관정식을 마친 대왕이 그 위에 앉아서 교화를 선포하매 만방이 받들고 복종하는 것입니다.

그 왕은 기묘한 보배로 몸을 장엄하였으니, 이른바 보광명普光明 보배·제청帝青 보배·대제청 보배·승장勝藏 마니보배로서 밝기는 해와 같고 서늘하기는 달과 같은 것이 뭇 별과 같이 널렸으며, 훌륭한 장엄은 비길 데가 없어, 바다의 기묘한 보배와 바다의 견고당堅固幢 보배들이 신기한 무늬와 특이한 모양새[表]로 종종으로 장엄하였는데, 대중 중에 가장 존귀하고 가장 절승하였으며, 염부단금과 때 여읜 비단으로 만든 관을 머리에 얹었고, 관정한 지위로서 염부제의 왕이 되었으며, 한량없이 큰 위덕을 갖추고 자비가 으뜸이 되어 원적을 항복 받으니 교화하는 명령이 이르는 바에 순종하지 않는 이가 없었습니다.

이 때 전륜왕이 이렇게 무량 무수한 백천만억의 보배로 장엄한 사자좌로써 제일 되는 복밭인 여래와 보살과 선지식과 스님들과 설법하는 스승과 부모와 친척과 성문과 독각과, 보살승에 발심하고 나아가는 이에게 보시하며, 혹 여래의 탑이나 내지 모든 빈궁 고독한 이들에게까지 요구하는 대로 베풀어 주었습니다.

　이런 선근으로 이렇게 회향하나니, 이른바 일체 중생이 보리좌菩提座에 앉아서 모두 부처님의 바른 법을 깨달아지이다. 일체 중생이 자재한 자리에 앉아 법에 자재함을 얻으니 금강산으로도 깨뜨릴 수 없으며, 모든 마군을 쳐부수어지이다. 일체 중생이 부처님의 자재한 사자좌를 얻어 일체 중생의 첨앙을 받아지이다. 일체 중생이 말할 수 없이 말할 수 없는 가지가지 훌륭한 보배로 장엄한 자리를 얻고 법에 자재하게 중생을 교화하여지이다. 일체 중생이 세 가지 세간의 가장 훌륭한 사자좌를 얻고 광대한 선근으로 장엄함이 되어지이다. 일체 중생이 말할 수 없이 말할 수 없는 세계에 두루 가득한 사자좌를 얻어 아승기겁이 다하도록 찬탄함이 되어지이다.

　일체 중생이 크게 비밀한 복덕 있는 자리를 얻어 그 몸이 일체 법계에 충만하여지이다. 일체 중생이 부사의한 갖가지 보배 자리를 얻고 본원本願을 따라서 생각하는 중생에게 법보시를 널리 베풀어지이다. 일체 중생이 미묘한 자리를 얻어 말할 수 없는 부처님의 신통을 나타내어지이다. 일체 중생이 온갖 보배 자리, 온갖 향 자리, 온갖 꽃 자리, 온갖 옷 자리, 온갖 화만 자리, 온갖 마니 자리, 온갖 유리 자리 등 부사의한 여러 가지 보배 자리와 한량없고 말할 수 없는 세계 자리와, 일체 세간의 장엄한 청정한 자리와, 일체 금강 자리를 얻고 여래의 자재한 위덕을 나타내어 최정각最正覺을 이루어지이다 합니다.

　이것이 보살마하살이 보배 자리를 보시할 때에 선근으로 회향하는 것이니, 중생들로 하여금 세간을 여의는 큰 보리좌를 얻어서 자연히 일체 불법을 깨닫게 하려는 연고입니다.

　불자들이여, 보살마하살이 보배 일산을 보시하나니, 이 일산은 특별하여 존귀한 이가 사용하는 것이며, 가지가지 큰 보배로 장엄되었으니 백천억 나유타 묘한 일산 중에 가장 제일이며, 뭇 보배로 대가 되고 미묘한 그물이 위에 덮이고, 보배 노끈과 금방울이 두루 드리웠으며, 마니 영락이 차례차례 드리워져서 실바람만 불어도 아름다운 소리가 평화롭게 들리며, 주옥과 보물이 종종으로 충만하였고, 무량한 보배로 장엄하였으며, 전단향·침수향 등의 미묘한 향으로 두루 쏘였고 염부단금의 광명이 청정하였습니다.

이렇게 한량없는 백천억 나유타 아승기의 온갖 보물로 구족하게 장엄한 것을 청정한 마음으로 부처님께 받들고, 부처님께서 열반하신 후에는 탑에 보시하며, 혹은 법을 위하여 보살, 선지식, 명망 있는 법사에게 보시하며, 부모나 스님들에게도 보시하고, 혹은 모든 불법에 보시하며, 혹은 가지가지 중생, 복전에게 보시하며, 혹은 사승이나 큰 스님께 보시하고, 초발심한 사람이나 내지 빈궁하고 고독한 이에게 보시하되 구하는 대로 베풀어 줍니다.

이런 선근으로 이렇게 보시하나니, 이른바 일체 중생이 선근을 부지런히 닦아 몸에 충만하여 항상 부처님들의 음덕陰德을 받아지이다. 일체 중생이 공덕과 지혜로 일산이 되어 세간의 모든 번뇌를 여의어지이다. 일체 중생이 선한 법에 덮이어서 세간의 티끌과 번뇌를 제멸하여지이다. 일체 중생이 지혜의 장을 얻어 중생들이 기쁘게 보고 싫은 생각이 없어지이다. 일체 중생이 고요하고 선한 법에 덮이어서 끝까지 부서지지 않는 불법을 얻어지이다. 일체 중생이 그 몸을 잘 가리워서 여래의 청정한 법신을 끝내 얻어지이다. 일체 중생이 두루 덮는 일산이 되어 십력과 지혜가 세간을 두루 덮어지이다. 일체 중생이 묘한 지혜를 얻어 삼세에 뛰어나서 물들지 말아지이다. 일체 중생이 공양 받을 만한 일산[應供蓋]을 얻어 좋은 복밭을 이루고 모든 이의 공양을 받아지이다. 일체 중생이 가장 좋은 일산이 되고 위없는 지혜를 얻어 자연히 깨달아지이다 합니다.

이것이 보살마하살이 일산을 보시할 때에 선근으로 회향하는 것입니다. 일체 중생으로 하여금 자재한 일산을 얻게 하나니 일체 선한 법을 능히 지니는 연고며, 중생들로 하여금 일체 허공과 법계를 두루 덮게 하나니 일체 세계에서 부처님의 자재한 신통을 나타내어 퇴전함이 없게 하려는 연고며, 일체 중생으로 하여금 한 일산으로 시방을 장엄하게 하나니 일체 세계에서 부처님께 공양하려는 연고며, 일체 중생으로 하여금 묘한 당기·깃발과 보배 일산으로 모든 여래에게 공양케 하려는 연고며, 일체 중생으로 하여금 두루 장엄한 일산을 얻게 하나니 모든 부처님의 국토를 두루 덮고 남음이 없게 하려는 연고며, 일체 중생으로 하여금 광대한 일산을 얻게 하나니, 중생을 두루 덮어서 부처님께 신심과 이해를 내게 하려는 연고입니다.

일체 중생으로 하여금 말할 수 없는 여러 보배 일산으로 한 부처님께 공양케 하나니 말할 수 없는 부처님 계신 데마다 그렇게 하려는 연고며, 일체 중생으로 하여금 부처님 보리의 높고 큰 일산을 얻게 하나니 일체 여래를 두루 덮게 하려는 연고며, 일체 중생으로 하여금 일체 마니보배로 장엄한 일산과, 일체 영락으로 장엄한 일산과, 일체 견고한 향으로 장엄한 일산과, 가지각색 보배로 청정하게 장엄한 일산과, 한량없는 보배로 청정하게 장엄한 일산과, 엄청난 보배로 청정하게 장엄한 일산을 얻게 하나니, 보배 그물로 덮고 보배 방울이 드리워져서 바람부는 대로 미묘한 소리를 내는 것으로 법계, 허공계의 모든 세계에 있는 부처님 몸을 두루 덮으려는 연고며, 일체 중생으로 하여금 장애 없고 걸림 없는 지혜로 장엄한 일산을 얻게 하나니 모든 여래를 두루 덮게 하려는 연고입니다.

또 일체 중생으로 하여금 제일가는 지혜를 얻게 하려는 연고며, 일체 중생으로 하여금 부처님의 공덕 장엄을 얻게 하려는 연고며, 일체 중생으로 하여금 부처님의 공덕으로 청정한 욕망과 소원을 내게 하려는 연고며, 일체 중생으로 하여금 한량없고 끝이 없는 자재한 마음 보배를 얻게 하려는 연고며, 일체 중생으로 하여금 모든 법에 자재한 지혜를 만족하게 하려는 연고며, 일체 중생으로 하여금 모든 선근으로 온갖 것을 널리 덮게 하려는 연고며, 일체 중생으로 하여금 가장 좋은 지혜 일산을 성취케 하려는 연고며, 일체 중생으로 하여금 십력으로 널리 두루한 일산을 성취케 하려는 연고며, 일체 중생으로 하여금 한 일산으로써 법계의 모든 부처님 세계를 덮게 하려는 연고며, 중생으로 하여금 법에 자재하여 법왕이 되게 하려는 연고입니다.

또 일체 중생으로 하여금 큰 위덕과 자재한 마음을 얻게 하려는 연고며, 일체 중생으로 하여금 광대한 지혜를 얻어 항상 끊어지지 말게 하려는 연고며, 일체 중생으로 하여금 무량한 공덕으로 온갖 것을 덮어서 구경에 이르게 하려는 연고며, 일체 중생으로 하여금 모든 공덕으로 그 마음을 덮게 하려는 연고며, 일체 중생으로 하여금 평등한 마음으로 중생을 덮게 하려는 연고며, 일체 중생으로 하여금 큰 지혜의 평등한 일산을 얻게 하려는 연고며, 일체 중생으로 하여금 크게 회향하는 공교한 방편을 갖추게 하려는 연고며, 일체 중생으로 하여금 훌륭한 욕망과 청정한 마음을 얻게 하려는 연고며, 일체 중생으로 하여금 좋은 욕망과 청정한 뜻을 얻게 하려는 연고며, 일체 중생으로 하여금 크게 회향하여 일체 중생을 널리 덮게 하려는 연고입니다.

불자들이여, 보살마하살이 혹 가지가지 훌륭한 당기[幢]와 번幡으로 보시하니, 여러 보배로 대가 되고 비단으로 번이 되고 여러 가지 채단으로 당기가 되었으며, 보배 그물을 씌웠으니 찬란한 빛이 가득하고 보배 풍경이 흔들리어 소리가 화평하였다. 형상이 반달 같은 기묘한 보배와 해보다 밝은 염부단금을 당기 위에 두었으며, 모든 세계의 업과 과보를 따라 나타나는 가지가지 묘한 것으로 장식하였으니, 이렇게 무수 천만억 나유타 당기와 번들의 펄렁거리는 모양과 나부끼는 그림자가 어울리어 찬란하며, 광명이 휘황하여 땅 위에 두루하고 시방의 허공과 법계의 모든 부처님 세계에 충만하였습니다.

보살마하살이 청정한 마음으로 믿고 이해하여, 이렇게 한량없는 당기와 번으로, 혹은 지금 계시는 부처님과 부처님께서 열반하신 후 탑에 보시하며, 법보에도 보시하고 승보에도 보시하고, 보살과 선지식에게도 보시하며, 성문과 벽지불과 대중과 다른 사람에게까지 보시하되, 와서 달라는 이에게는 모두 베풀어 줍니다.

이런 선근으로 이렇게 회향하나니, 이른바 일체 중생이 모두 일체 선근과 복덕의 당기와 번을 세우되 파괴할 수 없게 하여지이다. 일체 중생이 모든 법에 자재한 당기와 번을 세우고 존중하고 좋아하여 부지런히 수호하여지이다. 일체 중생이 보배 비단에 바른 법을 써서 부처님과 보살의 법장法藏을 호지하여지이다. 일체 중생이 높은 당기를 세우고 지혜의 등을 켜서 세상에 널리 비치어지이다.

일체 중생이 견고한 당기를 세워 모든 마군의 업을 부수어지이다. 일체 중생이 지혜와 힘과 당기를 세워 일체 마군이 깨뜨리지 못하게 하여지이다. 일체 중생이 큰 지혜와 나라연那羅延 당기를 얻어 세간의 교만한 당기와 번기를 꺾어지이다. 일체 중생이 지혜의 해인 크게 광명한 당기를 얻어 지혜의 햇빛으로 법계를 비치어지이다. 일체 중생이 한량없는 보배로 장엄한 당기를 구족하고 시방의 일체 세계에 충만하여 부처님들께 공양하게 하여지이다. 일체 중생이 여래의 당기를 얻어 아흔여섯 가지 외도의 모든 삿된 소견을 부수어지이다 합니다.

이것이 보살마하살이 당기와 번으로 보시할 때에 선근으로 회향하는 것이니, 일체 중생으로 하여금 깊고 높고 넓은 보살행의 당기와 모든 보살의 신통한 당기의 청정한 도를 얻게 하려는 연고입니다.

불자들이여, 보살마하살이 온갖 보배 곳간을 열어놓고 백천억 나유타 모든 보배를 일체 중생에게 보시할 적에 달라는 대로 주면서도 인색한 마음이 없습니다.

이런 선근으로 이렇게 회향하나니, 이른바 일체 중생이 항상 불보佛寶를 뵈옵고는 어리석음을 버리고 바른 생각〔正念〕을 수행하여지이다. 일체 중생이 모두 법보의 광명을 갖추고 모든 부처님의 법장을 수호하여지이다. 일체 중생이 모든 승보를 거두어 받잡고 시중하며 공양하되 언제나 싫은 생각이 없어지이다. 일체 중생이 온갖 지혜의 위없는 마음 보배를 얻어 보리심을 청정케 하며 퇴전하지 말아지이다. 일체 중생이 지혜의 보배를 얻고 모든 법에 들어가되 마음에 의혹이 없어지이다. 일체 중생이 보살의 공덕 보배를 구족하고 한량없는 지혜를 연설하여지이다.

일체 중생이 한량없는 묘한 공덕 보배를 얻고 정각의 십력과 지혜를 닦아 이루어지이다. 일체 중생이 묘한 삼매와 열여섯 가지 지혜의 보배를 얻고 구경에는 광대한 지혜를 이루어지이다. 일체 중생이 제일가는 복밭의 보배를 성취하고 여래의 위없는 지혜에 깨달아 들어가지이다. 일체 중생이 제일인 위없는 보배왕을 이루고 다함 없는 변재로 모든 법을 연설하여지이다 합니다.

이것이 보살마하살이 여러 보배를 보시할 때에 선근으로 회향하는 것이니, 일체 중생으로 하여금 제일 지혜의 보배와 여래의 장애 없는 깨끗한 눈을 성취케 하려는 연고입니다.

불자들이여, 보살마하살이 혹은 가지가지 묘한 장엄거리로 보시하나니, 이른바 몸을 단장하는 모든 장엄거리라, 몸이 깨끗하고 기묘하여져서 마음에 합당하게 하며, 보살마하살이 세간의 중생들을 외아들 같이 평등하게 관찰하므로 모두 몸이 깨끗하게 장엄하여지고, 세간의 가장 좋은 안락과 부처님 지혜의 낙을 얻고는 불법에 머물러서 중생을 이익케 하는 것이니, 이러한 백천억 나유타의 갖가지 미묘한 보배 장엄거리로 부지런히 보시를 행합니다.

보시를 행할 때에 모든 선근으로 이렇게 회향하나니, 이른바 일체 중생이 위없이 묘한 장엄거리를 성취하여 청정한 공덕과 지혜로 인간과 천상을 장엄하여지이다. 일체 중생이 청정하고 장엄한 상호를 얻어 깨끗한 복덕으로 몸을 장엄하여지이다. 일체 중생이 가장 묘하고 장엄한 상호를 얻어 온갖 복으로 몸을 장엄하여지이다. 일체 중생이 어지럽지 않은 장엄한 모양을 얻어 온갖 모양으로 몸을 장엄하여지이다.

일체 중생이 깨끗한 말로 장엄한 모양을 얻어 가지가지 다함 없는 변재를 구족하여지이다. 일체 중생이 모든 공덕으로 장엄한 소리를 얻어 음성이 청정하여 듣는 이가 기뻐하여지이다. 일체 중생이 사랑할 만한 부처님 말씀의 장엄한 모양을 얻어 중생들로 하여금 법을 듣고 환희하며 청정한 행을 닦게 하여지이다. 일체 중생이 마음으로 장엄하는 모양을 얻고 깊은 선정에 들어가 여러 부처님을 보아지이다. 일체 중생이 모두 지니는 장엄한 모양을 얻어 모든 부처님의 바른 법을 비치어지이다. 일체 중생이 지혜로 장엄하는 모양을 얻어 부처님의 지혜로 마음을 장엄하여지이다 합니다.

이것이 보살마하살이 모든 장엄거리로 보시할 때에 선근으로 회향하는 것이니, 중생으로 하여금 한량없는 부처님 법을 구족하고 공덕과 지혜로 원만하게 장엄하여 모든 교만과 방일을 영원히 여의게 하려는 연고입니다.

불자들이여, 보살마하살은 관정灌頂을 받은 자재한 왕의 지위와 마니

보배관과 상투 속의 진주 동곳으로 중생에게 보시하면서도 아까워하는 마음이 없고, 항상 닦아서 큰 시주가 되며, 보시하는 지혜를 배워 버리는 성품(捨根)을 증장하며, 지혜가 교묘하고 마음이 광대하여 모든 것을 베풀어 줍니다.

이런 선근으로 이렇게 회향하나니, 이른바 일체 중생이 불법으로 관정함을 얻어 온갖 지혜를 이루어지이다.

일체 중생이 정상頂上의 상투를 구족하고 제일의 지혜를 얻어 저 언덕에 이르러지이다. 일체 중생이 묘한 지혜의 보배로 중생을 포섭하여 구경에 공덕의 정수리를 얻어지이다. 일체 중생이 지혜의 보배 정상을 성취하여 세간의 예경을 받아지이다. 일체 중생이 지혜의 관으로 머리를 장엄하고 온갖 법에 자재한 왕이 되어지이다.

일체 중생이 지혜의 진주를 정수리에 두었지마는 모든 세간에서 볼 사람이 없어지이다. 일체 중생이 모두 세간의 정례頂禮를 받게 되어 지혜의 정상을 성취하여 부처님 법을 비치어지이다. 일체 중생이 십력으로 장엄한 관을 쓰고 지혜의 바다가 청정하며 구족하여지이다. 일체 중생이 대지大地의 정상에 이르러 온갖 지혜를 얻고 십력을 끝까지 이루어 욕계의 꼭대기에 있는 마군들을 깨뜨려지이다. 모든 중생이 제일이고 위없는 우두머리의 왕이 되고 온갖 지혜 광명의 정상을 얻어, 능히 가리울 이가 없어지이다 합니다.

이것이 보살마하살이 보배관을 보시할 때에 선근으로 회향하는 것이니, 중생들로 하여금 제일 지혜로 가장 청정한 자리에서 지혜로 된 보배관을 얻게 하려는 연고입니다.

불자들이여, 보살마하살은 만일 어떤 중생이 캄캄한 옥 가운데 있어서 고랑·차꼬·칼·쇠사슬로 몸을 구속하여 앉고 일어나기에 불편이 막심하고 고통이 그지없는데, 친지도 없고 의지할 데도 구해줄 이도 없으며, 헐벗고 굶주리고, 고초를 참지 못하는 것을 보고는, 보살이 가졌던 재물과 처자와 권속과 자기의 몸까지 버리어 옥중에 들어가 그 중생을 구호하되, 마치 대비大悲보살과 묘안왕妙眼王보살처럼 하며, 구호해 주고는 그가 요구하는 대로 베풀어 주어 고통과 환란을 없애고 편안함을 얻게 하며, 그런 후에는 법보를 보시하여 그로 하여금 방일을 떠나고 선근에 머무르며 불법 가운데서 퇴전하지 않게 합니다.

불자들이여, 보살마하살이 옥중에서 중생을 구출할 때에 모든 선근으로 이렇게 회향하나니, 이른바 일체 중생이 탐욕의 속박에서 끝까지 해탈하여지이다. 일체 중생이 생사의 흐름을 끊고 지혜의 언덕에 올라지이다. 일체 중생이 우치를 멸하고 지혜를 생장케 하여 모든 번뇌의 속박에서 해탈하여지이다. 일체 중생이 삼계의 속박을 멸하고 온갖 지혜를 얻어 끝까지 벗어나지이다. 일체 중생이 모든 번뇌의 결박을 영원히 끊고 번뇌도 없고 장애도 없는 지혜의 저 언덕에 이르러지이다.

일체 중생이 여러 가지 흔들리는 마음과 생각하고 분별함을 여의고, 평등하고 동요하지 않는 지혜에 들어가지이다. 일체 중생이 욕심의 속박을 벗고 세간의 모든 탐욕에서 벗어나 삼계에 물들지 말아지이다. 일체 중생이 좋은 뜻을 얻어 부처님들의 말씀하는 법문을 받들어지이다. 일체 중생이 집착도 없고 속박도 없는 해탈의 마음을 얻어 법계와 같이 광대하고 허공과 같이 구경究竟하여지이다. 일체 중생이 보살의 신용을 얻고 모든 세계에서 중생들을 조복하여 세간을 떠나서 대승에 머물러지이다 합니다.

이것이 보살마하살이 옥중에서 고통받는 중생을 구원할 때에 선근으로 회향하는 것이니, 중생들로 하여금 여래의 지혜에 들게 하려는 까닭입니다.

불자들이여, 보살마하살이 옥에 갇힌 어떤 죄수가 다섯 군데 결박을

지고 고통을 받으며 옥졸에게 끌리어 사형장에 나아가 목숨이 끊어지려 할 적에, 염부제의 모든 즐거움을 버리며, 친척과 동무들을 영원히 이별하고, 도마 위에 놓이어 칼에 찔리고, 창에 꿰이며, 천에 싸여 기름을 부어 불에 태워지나니, 이런 갖가지 고통에 핍박당함을 보고는 스스로 몸을 버려서 대신 사형을 받으려 하기를 마치 아일다보살・수승행殊勝行보살과 다른 큰 보살들이 중생을 위하여 목숨을 버리고 고통을 대신 받듯 합니다.

그 때 보살이 옥주에게 말하기를 '내가 몸을 버려서 저의 목숨을 대신하려 하노니, 저러한 고초를 나에게 주며 저 사람에게 처벌할 것을 나에게 하라. 설사 저 사람이 받을 고통보다 아승기 곱이 더 심하더라도 내가 당연히 받고 저로 하여금 죄에서 벗어나게 하리라. 내가 만일 저 사람이 사형 받을 것을 보고도 생명을 버려서 대신 받지 않으면, 보살심에 머문 이라고 할 수 없나니, 왜냐 하면 나는 일체 중생을 구호하기 위하여 온갖 지혜에 나아갈 보리심을 발한 연고라' 합니다.

불자들이여, 보살마하살이 자기의 생명을 버려서 중생을 구호할 때에 이런 선근으로 이렇게 회향하나니, 이른바 일체 중생이 끊어지지 않고 끝까지 이르는 생명을 얻어 일체 횡액과 핍박을 길이 여의어지이다. 일체 중생이 부처님을 의지하여 있으면서 온갖 지혜를 받고 십력과 보리의 수기를 구족하여지이다. 일체 중생이 중생들을 두루 구호하여 공포심이 없고 나쁜 갈래에서 영원히 벗어나지이다. 일체 중생이 모든 생명을 얻고 죽지 않는 지혜의 경계에 들어가지이다. 일체 중생이 원수와 대적을 아주 여의고 액난이 없어 부처님과 선지식의 거두어 주심을 받아지이다.

일체 중생이 모든 칼과 창과 병장기와 고통거리를 여의고, 가지가지 청정한 선업을 닦아지이다. 일체 중생이 모든 공포를 떠나고 보리수 아래서 마군을 항복 받아지이다. 일체 중생이 대중을 두려워하는 공포를 여의고 위없는 법에 두려움이 없는 청정한 마음으로 가장 높은 큰 사자후를 하게 하여지이다. 일체 중생이 장애 없는 사자의 지혜를 얻고 모든 세간에서 바른 업을 수행하여지이다 합니다.

　이것이 보살마하살이 자기의 생명을 버려서 사형장에 다다른 죄수를 구호할 때에 선근으로 회향하는 것이니, 중생들로 하여금 생사의 고통을 여의고 여래의 가장 묘한 낙을 얻게 하려는 연고입니다."

대방광불화엄경 제27권

제27권

25. 십회향품 ⑤

7) 제6회향 ③

㉣ 몸의 것으로 보시하고 불쌍한 이를 구제함

"불자들이여, 보살마하살이 구걸하는 이에게 정수리의 살상투[肉髻]를 보시하되, 보계왕寶髻王보살·승묘신勝妙身보살과 다른 한량없는 보살들과 같이 합니다.

보살이 그 때에 구걸하는 이가 오는 것을 보고는 환희한 마음으로 말하기를 '그대가 만일 살상투를 요구하거든 나에게 와서 가져가라. 나의 살상투는 염부제에서 제일이니라' 하였으니, 이렇게 말할 적에 마음이 어지럽지도 않고 다른 일을 생각지도 않으며, 세간을 버리고 고요함을 구하며, 끝까지 청정하여 정근하고 질직하게 온갖 지혜에 향하는 것이며, 문득 칼을 들고 정수리에서 살상투를 베어들고, 오른 무릎을 땅에 대고 합장하여 일심으로 보시하고는, 삼세의 부처님과 보살들이 행하신 것을 생각하니, 크게 환희함을 내어 좋아하는 생각이 더하였으며, 모든 법 가운데서 뜻이 환히 열리어 괴로운 느낌〔苦受〕이 모양도 없고 나지도 않는 줄을 알며, 모든 감각이 번갈아 일어나고 항상 머물지 아니하였습니다.

그러므로 나도 모든 보살들처럼 크게 버리는 일〔大捨〕을 닦아서 믿고 좋아하는 마음을 내고, 온갖 지혜를 구하여 퇴전하지 않으며, 선지식의 가르치는 힘을 말미암지 않으리라 합니다.

보살마하살이 이렇게 보시할 때에 모든 선근으로 이렇게 회향하나니, 이른바 일체 중생이 볼 수 없는 정수리〔無見頂〕를 얻어 보살의 탑과 같이 여기는 상투를 성취하여지이다. 일체 중생이 검푸른 머리털, 금강 같은 머리털, 보드라운 머리털을 갖게 되어 중생의 온갖 번뇌를 멸하여지이다. 일체 중생이 윤택한 머리털, 빽빽한 머리털, 귀밑과 이마에 흘러내리지 않는 머리털을 갖게 되어지이다. 일체 중생이 유연한 머리털, 귀밑과 이마를 피하여 나는 머리털을 갖게 하여지이다. 모든 중생들이 만卍자와 같은 머리털, 소라처럼 오른쪽으로 도는 머리털을 가져지이다.

일체 중생이 부처님 머리털과 같은 머리털을 가지고 모든 번뇌의 버릇〔結習〕을 떠나지이다. 일체 중생이 빛나는 머리털을 가지어 그 광명이 시방세계에 비치어지이다. 일체 중생이 헝클어지지 않는 머리털을 갖게 되어 여래의 두발頭髮이 깨끗하고 흐트러지지 않는 것 같아지이다. 일체 중생이 공양 받는 탑〔應供頂塔〕과 같은 머리털을 이루어 보는 이로 하여금 부처님 두발을 보는 것 같게 하여지이다. 일체 중생이 여래의 물들지 않는 머리털을 가지고 온갖 어두운 티끌을 여의어지이다 합니다.

이것이 보살마하살이 살상투를 보시할 때에 선근으로 회향하는 것이니, 중생들로 하여금 마음에 고요하고, 모두 원만한 다라니를 얻어, 구경의 여래의 온갖 가지를 아는 지혜〔一切種智〕와 십종력十種力을 얻게 하려는 연고입니다.

불자들이여, 보살마하살이 구걸하는 이에게 눈을 보시할 적에 환희행歡喜行보살·월광왕月光王보살과 다른 무량한 보살들이 보시를 하던 일과 같이 합니다.

보살마하살이 눈을 보시할 적에 보시하는 눈〔施眼〕을 청정히 하려는 마음을 일으키며, 지혜의 눈〔智眼〕을 청정히 하려는 마음을 일으키며, 법의 광명에 의지하는 마음을 일으키며, 위없는 부처님의 도를 현재에 보려는 마음을 일으키며, 광대한 지혜에 회향하는 마음을 일으키며, 삼세의 보살로 더불어 평등하게 보시하려는 마음을 내며, 장애 없는 눈을 내어 깨끗한 신심을 깨뜨리지 않는 마음을 일으키며, 구걸하는 이에게 환희하게 거두어 주려는 마음을 일으키나니, 일체 신통을 끝까지 얻기 위함이며, 불안佛眼을 내게 하기 위함이며, 큰 보리심을 증대하기 위함이며, 대자비심을 닦기 위함이며, 육근六根을 조복하기 위하는 연고로 이러한 법에 마음을 냅니다.

불자들이여, 보살마하살이 눈을 보시할 때에 구걸하는 이에게 좋아하는 마음을 내고, 보시하는 모임을 베풀어 법의 힘을 증장하며, 세간의 사랑하는 소견과 방일함을 버리고 탐욕의 속박을 끊으며, 보리를 닦아서 그들의 요구함을 따르되, 마음이 동요하지 아니하고 그의 뜻을 거스르지 아니하여 만족하게 하면서도 둘이 없이 버리는 행〔無二捨行〕을 항상 따릅니다.

이런 선근으로 이렇게 회향하나니, 이른바 일체 중생이 가장 좋은 눈을 얻어 모든 이를 인도하기를 원하며, 일체 중생이 장애 없는 눈을 얻어 넓은 지혜의 곳간을 열기를 원하며, 일체 중생이 청정한 육안肉眼을 얻어 광명으로 비치는 것을 능히 가리울 이가 없기를 원하며, 일체 중생이 청정한 천안天眼을 얻어 중생의 나고 죽는 업과 과보를 다 보기를 원하며, 일체 중생이 청정한 법안法眼을 얻어 여래의 경계에 순응하여 들어가기를 원하며, 일체 중생이 지혜안智慧眼을 얻어 모든 분별과 집착을 버리기 원하며, 일체 중생이 불안佛眼을 구족하여 모든 법을 능히 깨닫기를 원합니다.

일체 중생이 두루 보는 눈〔普眼〕을 성취하여 어떠한 경계를 당하여도 장애될 것이 없기를 원하며, 일체 중생이 청정하고 가리움이 없는 눈을 성취하여 중생계가 아주 공한 줄 알기를 원하며, 일체 중생이 청정하고 막힘이 없는 눈을 구족하여 여래의 십력을 끝까지 얻기 원합니다.

이것이 보살마하살이 눈을 보시할 때에 선근으로 회향하는 것이니, 중생들로 하여금 온갖 지혜의 청정한 눈을 얻게 하려는 연고입니다.

불자들이여, 보살마하살이 귀와 코를 구걸하는 이에게 보시하기를, 마치 승행왕勝行王보살과 무원승無怨勝보살과 다른 한량없는 보살들과 같이 하나니, 보시할 적에 구걸하는 이에게 친근하여 전심으로 보살들의 행을 닦으며, 부처님의 종성種性을 갖추어 여래의 집안에 태어나며, 보살들의 닦던 보시하는 행을 생각하며, 부처님들의 보리를 부지런히 일으키며, 청정한 근의 공덕과 지혜로 삼유三有가 하나도 견고하지 않는 줄을 알고 탐하여 아끼지 아니합니다.

보살이 이렇게 귀와 코를 보시할 적에 마음이 항상 고요하여 모든 근을 조복하며, 중생들로 하여금 온갖 험악한 어려움에서 건져지기를 힘쓰며, 모든 지혜와 공덕을 생장하게 하여 크게 보시하는 바다에 들어가며, 법과 이치를 통달하여 모든 도를 갖춰 닦으며, 지혜를 의지하여 법에 자재함을 얻고, 견고하지 못한 몸을 견고한 몸으로 바꿉니다.

불자들이여, 보살마하살이 귀를 보시할 때에 모든 선근으로 이렇게 회향하나니, 이른바 일체 중생이 걸림 없는 귀를 얻어 모든 설법하는 소리를 두루 듣기를 원하며, 일체 중생이 막힘이 없는 귀를 얻어 온갖 음성을 잘 알기를 원하며, 일체 중생이 여래의 귀를 얻어 모든 것을 분명히 듣고 막힘이 없기를 원하며, 일체 중생이 청정한 귀를 얻어 귓바퀴를 인하지 않고도 분별해 내기를 원하며, 일체 중생이 어둡지 않는 귀를 얻어 귀먹는 일이 끝까지 생기지 않기를 원합니다.

일체 중생이 법계에 두루하는 귀를 얻어 모든 부처님의 법문 소리를 죄다 알기를 원하며, 일체 중생이 막힘이 없는 귀를 얻어 모든 장애 없는 법을 깨닫기를 원하며, 일체 중생이 망그러뜨릴 수 없는 귀를 얻어 모든 논리를 잘 알아 깨뜨릴 수 없기를 원하며, 일체 중생이 두루 듣는 귀를 얻어 광대하고 청정하여 모든 귀의 왕이 되기를 원하며, 일체 중생이 하늘 귀와 부처님 귀를 구족하기를 원합니다.

이것이 보살마하살이 귀를 보시할 때에 선근으로 회향하는 것이니, 중생들로 하여금 모두 청정한 귀를 얻게 하려는 연고입니다.

불자들이여, 보살마하살이 코를 보시할 적에 이렇게 회향하나니, 이른바 일체 중생이 높고 곧은 코를 얻고, 잘 생긴 코, 어른다운 모양의 코, 사랑스러운 코, 깨끗하고 묘한 코, 마땅하게 생긴 코〔隨須鼻〕, 우뚝한 코, 원수를 굴복시키는 코, 보기 좋은 코, 여래의 코를 얻기를 원하며, 일체 중생이 노기가 없는 얼굴을 얻으며, 모든 법에 대하는 얼굴, 장애가 없는 얼굴, 여래의 원만한 얼굴, 온갖 곳에 두루하는 얼굴, 한량없이 아름다운 얼굴을 얻기를 원합니다.

이것이 보살마하살이 코를 보시할 때에 선근으로 회향하는 것이니, 중생들로 하여금 부처님 법에 끝까지 들어가게 하려는 연고며, 중생들로 하여금 부처님 법을 끝까지 거두어 받들려는 연고며, 중생들로 하여금 부처님 법을 끝까지 분명히 알게 하려는 연고며, 중생들로 하여금 부처님 법에 끝까지 머물러 유지하려는 연고며, 중생들로 하여금 여러 여래를 끝까지 항상 보게 하려는 연고며, 중생들로 하여금 부처님 법문을 증득하게 하려는 연고며, 중생들로 하여금 깨뜨릴 수 없는 마음을 끝까지 성취케 하려는 연고며, 중생들로 하여금 부처님의 바른 법을 비치어 알게 하려는 연고며, 중생들로 하여금 부처님의 국토를 엄정하게 하려는 연고며, 중생들로 하여금 여래의 큰 위력 있는 몸을 얻게 하려는 연고입니다.

이것이 보살마하살이 귀와 코를 보시할 때에 선근으로 회향하는 것입니다.

불자들이여, 보살마하살이 견고하고 자재한 땅에 편안히 있으면서 치아를 중생에게 보시하되, 마치 지난 세상의 화치왕華齒王보살과 육아상왕六牙象王보살과 다른 무량한 보살들과 같이 합니다.

보살마하살이 치아를 보시할 적에 마음이 청정하여 희유하고 만나기 어려움이 우담발화와 같나니, 이른바 다함 없는 마음으로 보시하며, 큰 신심으로 보시하며, 한 걸음 한 걸음 성취하는 한량없이 버리는 마음으로 보시하며, 여러 근을 조복하는 마음으로 보시하며, 모든 것을 다 버리는 마음으로 보시하며, 온갖 지혜를 원하는 마음으로 보시하며, 중생을 안락케 하려는 마음으로 보시하며, 크게 보시하고〔大施〕, 지극히 보시하고〔極施〕, 낫게 보시하고〔勝施〕, 가장 낫게 보시하고〔最勝施〕, 몸에 필요한 것을 내놓으면서도 싫어하거나 한탄이 없는 마음으로 보시합니다.

보살이 그 때 모든 선근으로 이렇게 회향하나니, 이른바 일체 중생이 예리하고 흰 치아를 얻어 가장 좋은 탑을 세우고 천상과 인간의 공양을 받아지이다. 일체 중생이 가지런한 치아를 얻어 부처님의 잘생긴 모양과 같이 성기거나 결함이 없어지이다. 일체 중생이 마음을 조복하여 보살의 바라밀행으로 잘 나아가지이다. 일체 중생이 입이 청정하고 치아가 깨끗하여 분명하게 나타나지이다. 일체 중생이 생각할 만하게 장엄한 치아를 얻고 입이 청정하여 미운 모양이 없어지이다. 일체 중생이 치아가 성취되어 마흔 개를 갖추고 항상 여러 가지 희유한 향기가 나게 하여지이다.

일체 중생이 뜻이 조복되고 치아가 청결하여 백련화와 같으며 무늬가 오른쪽으로 돌아 만卍자를 성취하여지이다. 일체 중생이 입술이 청정하고 치아가 결백하여 한량없는 광명을 놓아 두루 찬란하게 비치어지이다. 일체 중생이 치아가 견고하고 예리하여, 먹을 적에 온전한 알갱이가 없고 맛에 집착함도 없어, 상품의 복밭이 되어지이다. 일체 중생이 치아 사이에서 항상 광명이 나서 보살의 제일 수기를 받아지이다 합니다.

이것이 보살마하살이 치아를 보시할 때에 선근으로 회향하는 것이니, 중생들로 하여금 온갖 지혜를 갖추어 모든 법 중에서 지혜가 청정하게 하려는 연고입니다.

불자들이여, 보살마하살이 어떤 사람이 와서 혀를 구걸하거든, 그 구걸하는 이에게 자비한 마음으로 부드럽게 말하고 정답게 말하나니, 마치 지난 세상의 단정면왕端正面王보살과 불퇴전不退轉보살과 다른 무량한 보살들과 같이 합니다.

불자들이여, 보살마하살이 모든 갈래에 태어났을 적에 한량없는 백천억 나유타 중생들이 와서 혀를 구걸하거든 보살은 그 사람을 사자좌에 앉게 하고, 성나지 않는 마음·해할 생각 없는 마음·한탄하지 않는 마음·큰 위덕 있는 마음·부처님 종성으로 나는 마음·보살의 머무는 데 머무는 마음·흐리지 않은 마음·큰 세력에 있는 마음·몸에 집착이 없는 마음·말에 집착이 없는 마음으로, 두 무릎을 땅에 꿇고 입을 벌리고 혀를 내어 구걸하는 이에게 보이면서 자비한 마음과 부드러운 음성으로 말하기를 '나의 몸은 모두 그대에게 속한 것이니 내 혀를 가져다가 마음대로 쓰라, 그대의 소원을 만족하게 하리라' 합니다.

보살이 이 때에 모든 선근으로 이렇게 회향하나니, 이른바 일체 중생이 두루하는 혀를 얻어 여러 가지 말을 능히 연설하여지이다. 일체 중생이 얼굴을 덮는〔覆面〕 혀를 얻어 말함이 둘이 없이 모두 진실하여지이다. 일체 중생이 모든 부처님 국토를 두루 덮는 혀를 얻어 부처님들의 자재한 신통을 나타내어지이다. 일체 중생이 보드랍고 얇은 혀를 얻어 아름답고 청정한 좋은 맛을 항상 느끼게 하여지이다. 일체 중생이 말 잘하는 혀를 얻어 모든 세간의 의심을 끊어지이다. 일체 중생이 빛나는 혀를 얻어 무수한 만억 광명을 내게 하여지이다. 일체 중생이 결정한 혀를 얻어 법을 분별하여 말함이 무궁무진하여지이다. 일체 중생이 널리 조복하는 혀를 얻어 모든 비밀하고 요긴한 말들을 잘 말하여 모두 믿게 하여지이다. 일체 중생이 두루 통달하는 혀를 얻어 모든 언어의 바다에 들어가지이다. 일체 중생이 모든 법문을 잘 말하는 혀를 얻어 언어에 대한 지혜의 저 언덕에 이르러지이다 합니다.

이것이 보살마하살이 혀를 보시할 때에 선근으로 회향하는 것이니 중생들로 하여금 걸림 없는 지혜를 원만하게 하려는 연고입니다.

불자들이여, 보살마하살이 와서 구걸하는 이에게 머리를 보시할 적에 마치 최승지最勝智 보살이나 대장부인 가시국왕 등 여러 보살이 보시하던 것과 같이 하나니, 일체 법에 들어가는 가장 뛰어난 지혜의 머리를 성취하려는 것이며, 대보리를 증득하여 중생을 구호하는 머리를 성취하려는 것이며, 일체 법을 보는 가장 제일인 머리를 구족하려는 것이며, 바른 소견과 청정한 지혜의 머리를 얻으려는 것이며, 장애 없는 머리를 성취하려는 것이며, 제일지第一地의 머리를 구하려는 것이며, 삼계에서 정수리를 볼 수 없는 청정한 지혜의 머리를 이루려는 것이며, 시방에 이르는 일을 보이는 지혜왕의 머리를 얻으려는 것이며, 모든 법으로 깨뜨릴 수 없는 자재한 머리를 만족하려는 것입니다.

불자들이여, 보살마하살이 이 법에 머물러서 부지런히 닦으면, 부처님들의 종성에 들어가서 부처님의 보시하던 일을 배우며, 부처님께 청정한 신심을 내고 선근을 증장하며, 구걸하는 이들을 기쁘게 하여 마음이 청정하고 한량없이 경사롭게 하며, 믿고 이해하는 마음으로 불법을 밝게 비치며, 보리심을 내고 보시하는 마음〔捨心〕에 머물러 여러 감관이 화열하고 공덕이 증장하며, 착한 욕망을 내어 크게 보시하는 행을 좋아합니다.

보살이 이 때에 선근으로 회향하나니, 이른바 일체 중생이 여래의 머리를 얻어 볼 수 없는 정수리〔無見頂〕를 가지며, 어느 곳에서나 그보다 나을 이가 없으며, 여러 부처님 세계에서 가장 우두머리가 되고, 머리털은 오른쪽으로 돌고 빛은 깨끗하고 윤택하며, 만卍자로 장엄하게 꾸며서 세상에서 희유하였습니다. 부처님 머리를 갖추고 지혜의 머리를 성취하여 모든 세간에서 제일가는 머리가 되며, 구족한 머리가 되며, 청정한 머리가 되며, 도량에 앉아서 원만한 지혜의 머리가 되어지이다 합니다.

이것이 보살마하살이 머리를 보시할 때에 선근으로 회향하는 것이니, 중생들로 하여금 가장 나은 법을 얻어서 위없는 큰 지혜를 이루게 하려는 연고입니다.

불자들이여, 보살마하살이 수족으로 중생에게 보시하기를, 마치 상정진常精進보살이나 무왕無憂王보살이나, 다른 무량한 보살들과 같이 하여, 여러 갈래에서 여러 가지로 태어나면서 수족을 보시하나니, 신심이 손이 되어 이익하는 행〔饒益行〕을 일으키고, 가거나 오거나 부지런히 바른 법을 닦으며, 보배 손을 얻어 손으로 보시하고 다니는 데마다 헛되지 아니하여 보살도를 갖추며, 항상 손을 펴서 은혜를 베풀려 하고, 편안히 걸어다니면서 겁이 없이 용맹하며, 깨끗이 믿는 힘으로 정진하는 행을 갖추고 나쁜 갈래를 멸하고 보리를 성취합니다.

불자들이여, 보살마하살이 이렇게 보시할 적에, 한량없고 그지없이 광대한 마음으로 청정한 법문을 열고 부처님 바다에 들어가서 보시하는 손을 성취하여 시방에 이바지하며, 원력願力으로 온갖 지혜의 도를 호지하고, 끝까지 때를 여읜 마음에 머물러서 법신과 지혜의 몸을 끊을 수도 없고 깨뜨릴 수도 없어, 일체 마군의 법으로 흔들 수 없으며, 선지식을 의지하여 마음이 견고하고 보살들과 함께 보시바라밀[施度]을 수행합니다.

불자들이여, 보살마하살이 중생들을 위하여 온갖 지혜를 구하려고 수족을 보시할 적에 모든 선근으로 이렇게 회향하나니, 이른바 일체 중생이 신통한 힘을 갖추어 보배 손을 얻으며, 보배 손을 얻고는 서로 존경하여 복밭이란 생각을 내고 가지가지 보배로 서로 공양하며, 또 여러 가지 보배로 부처님께 공양하고, 보배 구름을 일으키어 부처님 세계를 덮으며, 중생들로 하여금 서로 자비한 마음을 내어 남을 해롭히지 않게 하며, 부처님들의 세계에 다니되 편안하여 두렵지 않으며, 구경의 신통을 저절로 구족하여지이다 합니다.

또 모두 보배 손·꽃 손·향 손·옷 손·일산 손·화만 손·가루향 손·장엄거리 손·끝없는 손·한량없는 손·두루한 손을 얻게 하며, 이러한 손을 얻고는 신통한 힘으로 모든 부처님 국토에 항상 나아가 한 손으로 모든 세계를 두루 만지며, 자재한 손으로 중생들을 보호하며, 묘한 손을 얻어 한량없는 광명을 놓으며, 한 손으로 중생들을 두루 덮으며, 여래의 손가락 사이의 그물 무늬 막과 구리빛 손톱을 성취하게 합니다.

보살이 그 때에 큰 소원 세운 손으로 중생을 두루 덮으면서 원하기를, '일체 중생이 위없는 보리를 항상 뜻 두어 구하며, 모든 공덕의 바다를 내게 하여지이다' 하며, 구걸하는 이를 보면, 기뻐하며 싫어하지 않고, 불법의 바다에 들어가 부처님 선근과 같으려 합니다.

이것이 보살마하살이 수족을 보시할 때에 선근으로 회향하는 것입니다.

불자들이여, 보살마하살은 몸을 깨고 피를 내어 중생에게 보시하되, 법업法業보살과 선의왕善意王보살과 다른 무량한 보살들과 같이 합니다.

모든 갈래에서 피를 보시할 적에 온갖 지혜를 성취하려는 마음을 내며, 큰 보리를 앙모하는 마음을 내며, 보살행 닦기를 좋아하는 마음을 내며, 괴로운 느낌[苦受]을 가지지 않는 마음을 내며, 구걸하는 이를 보기 좋아하는 마음을 내며, 와서 달라는 이를 싫어하지 않는 마음을 내며, 모든 보살의 도에 나아가려는 마음을 내며, 모든 보살의 버리는 것을 수호하려는 마음을 내며, 보살의 보시하는 일을 넓히려는 마음을 내며, 퇴전하지 않는 마음·쉬지 않는 마음·자기를 그리워하지 않는 마음을 냅니다.

모든 선근으로 이렇게 회향하나니, 이른바 일체 중생이 다 법신과 지혜의 몸을 성취하여지이다. 일체 중생이 고달픈 줄 모르는 몸을 얻어 금강과 같아지이다. 일체 중생이 파괴할 수 없는 몸을 얻어 상해할 이가 없어지이다. 일체 중생이 화신과 같은 몸을 얻어 세간에 두루 나타나되 다함이 없어지이다. 일체 중생이 사랑스러운 몸을 얻어 깨끗하고 아름답고 견고하여지이다. 일체 중생이 법계에 나는 몸을 얻어 여래와 같이 의지할 데가 없어지이다. 일체 중생이 묘한 보배의 광명과 같은 몸을 얻어 세상 사람들이 그 빛을 가릴 만한 이가 없어지이다. 일체 중생이 지혜의 곳간과 같은 몸을 얻어 죽지 않는 세계에서 자재하여지이다. 일체 중생이 보배 바다와 같은 몸을 얻어 보는 이마다 이익을 얻고 헛되이 지나가는 이가 없어지이다. 일체 중생이 허공 같은 몸을 얻어 세상 걱정으로는 물들일 수 없어지이다 합니다.

이것이 보살마하살이 피를 보시할 때에 대승의 마음·청정한 마음·광대한 마음·기뻐하는 마음·경사스러워하는 마음·환희한 마음·더욱 늘어가는 마음·안락한 마음·흐리지 않은 마음인 선근으로 회향하는 것입니다.

불자들이여, 보살마하살이 그 골수와 살을 구걸하는 이를 보고 환희하며 부드러운 음성으로 말하기를, '나의 골수와 살을 마음대로 가져가라' 하여, 요익饒益보살과 일체시왕一切施王보살과 다른 무량한 보살들과 같이 합니다.

여러 갈래에서 가지가지로 태어나는 곳마다 골수와 살을 달라는 이에게 보시할 적에 환희하여 크게 보시하는 마음이 증장하여 보살들과 같이 선근을 닦으며, 티끌과 때를 여의고 즐거운 생각을 가지며, 몸으로 보시하는 마음이 다하지 아니하여 한량없이 광대한 선근을 구족하며, 모든 공덕 보배를 거두어서 보살의 법과 같이 행하되 만족함이 없으며, 마음으로는 보시하는 공덕을 항상 좋아하여 여러 가지로 이바지하되 뉘우침이 없으며, 모든 법이 인연으로 생긴 것이어서 자체가 없는 줄을 잘 살피고, 보시하는 업이나 업으로 받을 과보를 탐하지 않으며, 만나는 사람마다 평등하게 베풀어 줍니다.

불자들이여, 보살마하살이 이렇게 보시할 때에 모든 부처님께서 앞에 나타나시나니 아버지와 같이 생각하여 호념함을 얻는 연고며, 모든 중생이 앞에 나타나나니 청정한 법에 모두 편안히 있게 하는 연고며, 모든 세계가 앞에 나타나나니 온갖 부처님의 국토를 청정하게 장엄하는 연고며, 모든 중생이 앞에 나타나나니 대비한 마음으로 널리 구호하는 연고며, 모든 부처님의 도가 앞에 나타나나니 여래의 십력을 즐거이 보는 연고며, 과거·현재·미래의 보살들이 앞에 나타나나니 모든 선근이 모두 원만한 연고입니다.

모든 두려움 없음이 앞에 나타나나니 가장 훌륭한 사자후를 짓는 연고며, 모든 삼세가 앞에 나타나나니 평등한 지혜로 두루 관찰하는 연고며, 모든 세간이 앞에 나타나나니 광대한 서원으로 오는 세월〔未來劫〕이 끝나도록 보리를 닦는 연고며, 여러 보살의 고달픈 줄 모르는 행이 앞에 나타나나니 한량없이 광대한 마음을 내는 연고입니다.

불자들이여, 보살마하살이 골수와 살을 보시할 때에 이런 선근으로 이렇게 회향하나니, 이른바 일체 중생이 금강 같은 몸을 얻어 부술 수 없어지이다. 일체 중생이 굳고 치밀한 몸을 얻어 이지러짐이 없어지이다. 일체 중생이 뜻대로 가서 나는 몸을 얻어 부처님 몸처럼 장엄이 청정하여지이다. 일체 중생이 백 가지 복상스런 몸〔百福相身〕을 얻어 삼십이상이 저절로 장엄하여지이다. 일체 중생이 팔십종호八十種好로 장엄한 몸을 얻고 십력을 갖추어 깨뜨릴 수 없어지이다.

일체 중생이 여래의 몸을 얻어 끝까지 청정하여 한량할 수 없어지이다. 일체 중생이 견고한 몸을 얻어 모든 마군들이 장난할 수 없어지이다. 일체 중생이 한 모양인 몸〔一相身〕을 얻어 삼세의 부처님들과 몸 모습이 같아지이다. 일체 중생이 장애 없는 몸을 얻어 청정한 법신이 허공계에 가득하여지이다. 일체 중생이 보리 곳간의 몸〔菩提藏身〕을 얻어 모든 세계를 두루 용납하여지이다 합니다.

이것이 보살마하살이 온갖 지혜를 구하려고 골수와 살을 보시할 때에 선근으로 회향하는 것이니, 중생들로 하여금 모두 여래의 끝까지 청정하고 한량없는 몸을 얻게 하려는 연고니라.

불자들이여, 보살마하살이 심장을 구걸하는 이에게 보시하기를 무회염無悔厭보살과 무애왕無礙王보살과, 다른 무량한 보살들과 같이 하나니, 자기의 심장을 구걸하는 이에게 보시할 적에 자재하게 보시함을 배우는 마음과, 모든 것 보시함을 닦는 마음과, 단바라밀檀波羅蜜을 익히는 마음과, 단바라밀을 성취하는 마음과, 모든 보살의 보시를 배우는 마음과, 온갖 것을 모두 버리되 다함이 없는 마음과, 온갖 것을 다 보시하는 습관의 마음과, 모든 보살의 보시하던 행을 짊어지는 마음과, 모든 부처님께서 앞에 나타나심을 생각하는 마음과, 와서 구걸하는 여러 사람에게 공양하되 끊어짐이 없이 공양하는 마음으로 합니다.

보살마하살이 이렇게 보시할 적에 그 마음이 청정하나니 일체 중생을 제도하려는 연고며, 십력의 보리를 얻으려는 연고며, 애원을 의지하여 수행하는 연고며, 보살의 도에 편안히 머물려는 연고며, 온갖 지혜를 성취하려는 연고며, 본래의 서원을 버리지 않으려는 연고입니다.

모든 선근으로 이렇게 회향하나니, 이른바 일체 중생이 금강장金剛藏의 마음을 얻어 모든 금강위산金剛圍山으로도 깨뜨릴 수 없으며, 일체 중생이 만卍자 모양으로 장엄한 금강계金剛界와 같은 마음을 얻으며, 동요할 수 없는 마음을 얻으며, 두려워하게 할 수 없는 마음을 얻으며, 세상을 이익되게 함에 다함이 없는 마음을 얻으며, 크게 용맹한 당기 같은 지혜장智慧藏의 마음을 얻으며, 나라연那羅延처럼 견고한 당기 같은 마음을 얻습니다.

중생 바다와 같이 다할 수 없는 마음을 얻으며, 나라연장那羅延藏과 같이 깨뜨릴 수 없는 마음을 얻으며, 마군의 업과 마군의 군중을 멸하는 마음을 얻으며, 두려울 것 없는 마음을 얻으며, 큰 위덕 있는 마음을 얻으며, 항상 정진하는 마음을 얻으며, 크게 용맹한 마음을 얻으며, 놀라지 않는 마음을 얻으며, 금강 같은 갑주를 입는 마음을 얻으며, 보살들이 최상인 마음을 얻으며, 부처님 법을 성취하는 보리의 광명한 마음을 얻으며, 보리수 아래에서 모든 부처님의 바른 법에 머물러 모든 미혹을 여의고 온갖 지혜를 이루는 마음을 얻으며, 십력을 성취하는 마음을 얻어지이다 합니다.

이것이 보살마하살이 심장을 보시할 때에 선근으로 회향하는 것이니, 중생들로 하여금 세간에 물들지 않고 여래의 십력의 마음을 구족하게 하려는 연고입니다.

불자들이여, 보살마하살이 구걸하는 이에게 창자·콩팥·간·허파를 모두 보시하나니, 선시善施보살과 항마자재왕降魔自在王보살과, 다른 무량한 보살들과 같습니다.

이 보시를 할 적에 구걸하는 이가 오는 것을 보고는 기뻐서 사랑하는 눈으로 보며, 보리를 구하기 위하여 달라는 것을 모두 보시하되 중간에 후회하지 않으며, 이 몸은 견고하지 못한 것이니 저들에게 보시하고 견고한 몸을 취하리라 하며, 또 생각하기를 '이 몸은 마침내 없어질 것이매 보는 이마다 싫어하고, 여우나 이리나 굶주린 개가 먹을 것이며, 이 몸은 무상한 것이어서 필경에는 버리게 될 것이요, 다른 것들이 먹어도 깨닫지 못하리라' 합니다.

불자들이여, 보살마하살이 이렇게 관찰할 때에 몸은 무상한 것이라, 더럽기 그지없음을 알고, 법을 깨달아 크게 기뻐하며, 구걸하는 이가 오는 것을 보거든 공경하는 마음으로 선지식이 와서 구호하려는 듯이 생각하고 구걸하는 대로 모두 이바지하며, 견고하지 못한 몸을 견고한 몸과 바꿉니다.

불자들이여, 보살마하살이 이렇게 보시할 적에 있는 선근을 모두 회향하나니, 일체 중생이 지혜장[智藏]의 몸을 얻어 안과 밖이 청정하여지이다. 일체 중생이 복장福藏의 몸을 얻어 온갖 지혜를 얻으려는 소원을 널리 지니어지이다. 일체 중생이 가장 묘한 몸을 얻어 안에는 묘한 향이 가득하고 밖으로는 광명을 발하여지이다. 일체 중생이 배가 드러나지 않는 몸을 얻어 아래 위가 단정하고 팔 다리가 서로 어울려지이다. 일체 중생이 지혜의 몸을 얻어 불법의 맛으로 만족하고 기뻐하고 자라나지이다.

일체 중생이 다함 없는 몸을 얻어 깊고 깊은 법의 성품에 편안히 머물도록 익혀지이다. 일체 중생이 다라니며 청정한 장藏의 몸을 얻어 기묘한 변재로 여러 가지 법을 보여지이다. 일체 중생이 청정한 몸을 얻어 몸과 마음이 안팎으로 모두 깨끗하여지이다. 일체 중생이 여래의 지혜로 깊이 관하고 행하는 몸을 얻어 지혜가 충만하며, 큰 법 비를 내려지이다. 일체 중생이 안으로 고요한 몸을 얻고 밖으로 중생을 위하여 지혜 당기의 왕〔智幢王〕이 되어 큰 광명을 놓아 모든 것을 널리 비추어지이다 합니다.

이것이 보살마하살이 창자·콩팥·간·허파를 보시하면서 선근으로 회향하는 것이니, 중생들로 하여금 안과 밖이 청정하여 걸림 없는 지혜에 편안히 머물게 하려는 연고입니다.

불자들이여, 보살마하살이 팔다리의 뼈로써 구걸하는 이에게 보시하되, 법장法藏보살과 광명왕光明王보살과, 다른 무량한 보살들과 같이 합니다. 몸의 부분이나 팔다리의 뼈를 보시할 적에, 구걸하는 이가 오는 것을 보면 사랑하는 마음·환희한 마음·깨끗이 믿는 마음·안락한 마음·용맹한 마음·인자한 마음·걸림 없는 마음·청정한 마음·달라는 대로 모두 주려는 마음을 냅니다.

보살마하살이 몸과 뼈를 보시할 때에 모든 선근으로 이렇게 회향하나니, 이른바 일체 중생이 변화한 몸〔化身〕과 같은 몸을 얻고 다시는 뼈와 살과 피로 된 몸을 받지 말아지이다. 일체 중생이 금강 같은 몸을 얻어 파괴할 수도 없고 이길 이도 없어지이다. 일체 중생이 온갖 지혜가 원만한 법신을 얻어 속박이 없고 집착이 없고 얽매임이 없는 세계에 나게 하여지이다.

일체 중생이 지혜의 힘으로 된 몸을 얻어 여러 감관이 원만하여 끊어지지 않고 무너지지 않아지이다. 일체 중생이 법력으로 된 몸을 얻고 지혜와 힘이 자재하여 저 언덕에 이르러지이다. 일체 중생이 견고한 몸을 얻고 그 몸이 진실하여 항상 파괴되어 흩어짐이 없어지이다. 일체 중생이 다른 이를 따라 응하는 몸을 얻어 모든 중생을 교화하고 조복하여지이다. 일체 중생이 지혜로 훈습(熏習)한 몸을 얻어 나라연과 같이 팔다리에 큰 힘을 갖추어지이다.

일체 중생이 견고하고 서로 계속되어 끊어지지 않는 몸을 얻어 모든 피곤하고 권태함을 영원히 여의어지이다. 일체 중생이 큰 힘으로 편히 머무는 몸을 얻어 정진하는 큰 힘을 모두 갖추어지이다. 일체 중생이 세간에 두루 평등한 몸을 얻어 한량없고 가장 높은 지혜 있는 곳에 머물러지이다. 일체 중생이 복덕의 힘으로 된 몸을 얻어 보는 이는 이익을 받고 악한 일을 멀리 여의어지이다. 일체 중생이 의지함 없는 몸을 얻어 의지하여 집착함이 없는 지혜를 구족하여지이다. 일체 중생이 부처님께서 항상 거두어 주시는 몸을 얻어 항상 여러 부처님의 가호를 받아지이다. 일체 중생이 중생들을 두루 이익하게 하는 몸을 얻어 모든 갈래(道)에 두루 들어가지이다. 일체 중생이 두루 나타나는 몸을 얻어 모든 불법을 비추어 드러나게 하여지이다.

일체 중생이 구족하게 정진하는 몸을 얻어 대승의 지혜와 행을 전념하여 닦게 하여지이다. 일체 중생이 아만과 잘난 체함을 여읜 청정한 몸을 얻고 지혜가 항상 편안히 머물러 동요함이 없어지이다. 일체 중생이 견고하게 행하는 몸을 얻어 대승의 온갖 지혜의 업을 성취하여지이다. 일체 중생이 부처님 가문의 몸을 얻어 세간의 모든 생사를 영원히 떠나지이다 합니다.

이것이 보살마하살이 몸과 뼈를 보시할 때에 선근으로 회향하는 것이니, 중생들로 하여금 온갖 지혜가 길이 청정함을 얻게 하려는 연고입니다.

불자들이여, 보살마하살이 어떤 사람이 와서 칼을 들고 몸의 가죽을 달라는 이를 보고, 마음이 환희하고 여러 감관이 화열和悅한 것이, 마치 크게 은혜진 사람을 대하듯이 맞아들여 자리를 깔아 앉게 하고 허리를 굽혀 공경하며 생각하기를 '이런 사람은 매우 만나기 어렵도다. 나의 온갖 지혜를 이루려는 소원을 만족하게 하려고 와서 구걸하는 것이니 나에게 이익한 일이다'하고, 화평한 얼굴로 환희하여 말하되, '나의 몸은 모든 것을 버리리니 가죽이 필요하면 마음대로 가져가라' 하니, 마치 지난 세상의 청정장淸淨藏보살과 금협록왕金脇鹿王보살과 다른 무량한 보살들과 같아서 다름이 없이 합니다.

보살이 이 때에 모든 선근으로 이렇게 회향하나니, 이른바 일체 중생이 미묘하고 부드러운 가죽을 얻어 여래의 몸매〔色相〕가 청정하여 보는 이가 만족한 줄 모르는 것과 같아지이다. 일체 중생이 파괴할 수 없는 가죽을 얻어 마치 금강을 파괴할 수 없음과 같아지이다. 일체 중생이 금빛 가죽을 얻어, 마치 아름다운 염부단금 같이 청정하고 정결하여지이다. 일체 중생이 한량없는 빛이 있는 가죽을 얻어 마음에 좋아하는 대로 청정한 빛이 나타나게 하여지이다. 일체 중생이 깨끗하고 아름다운 빛깔 있는 가죽을 얻어 사문의 유연하고 청정함과 여래의 상호를 구족하여지이다. 일체 중생이 제일 색인 가죽을 얻어 제 성품〔自性〕이 청정하고 몸매가 비길 데 없어지이다. 일체 중생이 여래의 청정한 빛을 가진 가죽을 얻어 모든 상호로 저절로 장엄하여지이다. 일체 중생이 묘한 빛을 가진 가죽을 얻어 큰 광명으로 모든 것을 두루 비추어지이다. 일체 중생이 밝은 그물 무늬의 가죽을 얻어 세간의 드높은 당기처럼 말할 수 없이 원만한 광명을 놓아지이다. 일체 중생이 윤택한 가죽을 얻어 모든 빛깔이 다 청정하여지이다 합니다.

이것이 보살마하살이 몸의 가죽으로 보시할 때에 선근으로 회향하는 것이니, 중생들로 하여금 모든 것으로 깨끗하게 장엄된 부처님 세계를 얻어 여래의 큰 공덕을 구족케 하려는 것입니다.

불자들이여, 보살마하살이 손가락 발가락을 구걸하는 이에게 보시하되, 견정진堅精進보살과 염부제자재왕閻浮提自在王보살과, 다른 무량한 보살들과 같이 하나니, 보살이 그 때에 얼굴이 화열하고 마음이 편안하며 전도한 일이 없이 대승을 타고 아름다운 욕망을 구하지도 않고 명예를 숭상하지도 않으며, 다만 보살의 광대한 뜻을 내어, 간탐과 질투의 때를 멀리 여의고 여래의 위없이 묘한 법을 오로지 구합니다.

불자들이여, 보살마하살이 이렇게 보시할 적에 여러 선근을 거두어 모두 회향하나니, 일체 중생이 가늘고 긴 손가락을 얻어 부처님과 다름이 없어지이다. 일체 중생이 통통하고 원만한 손가락을 얻어 아래 위가 서로 어울려지이다. 일체 중생이 붉은 구리빛 손톱을 얻어 손톱이 볼록하고 청정하여 거울처럼 투명하여지이다. 일체 중생이 온갖 지혜로 이룬 훌륭한 장부의 손가락을 얻어 모든 법을 능히 거두어 가져지이다. 일체 중생이 잘생긴 손가락을 얻어 십력을 구족하여지이다. 일체 중생이 대인의 손가락을 얻어 가늘고 통통하고 가지런하여지이다.

일체 중생이 바퀴살 무늬 있는 손가락을 얻어 손가락 마디가 원만하고 손금이 오른쪽으로 돌아지이다. 일체 중생이 연꽃 같은 만卍자 모양으로 손금이 돈 손가락을 얻어 십력의 업보業報로 된 상호相好로 장엄하여지이다. 일체 중생이 광명의 장[光藏]인 손가락을 얻고 큰 광명을 놓아 말할 수 없는 부처 세계에 비추어지이다. 일체 중생이 잘 펼쳐지는 손가락을 얻어 공교롭게 분포分布되는 그물 무늬 막이 구족하여지이다 합니다.

　이것이 보살마하살이 손가락을 보시할 때에 선근으로 회향하는 것이니, 중생들로 하여금 모두 청정한 마음을 얻게 하려는 연고입니다.

　불자들이여, 보살마하살이 법을 구할 적에 어떤 사람이 말하기를 '그대가 살에 붙어 있는 손톱을 나에게 보시한다면 법을 그대에게 주리라' 하거든, 보살이 대답하되 '다만 나에게 법을 주면 살에 붙어 있는 손톱을 마음대로 가져가라' 하여, 마치 구법자재왕求法自在王보살과 무진無盡보살과, 다른 무량한 보살들과 같이 하나니, 법을 구하기 위한 연고며, 바른 법을 중생들에게 열어 보여 이익케 하며, 중생들로 하여금 만족함을 얻게 하려는 연고로 살에 붙어 있는 손톱을 구걸하는 이에게 주는 것입니다.

　보살이 이 때에 이런 선근으로 이렇게 회향하나니, 이른바 일체 중생이 모두 부처님들의 붉은 구릿빛 손톱과 같은 손톱을 얻어지이다. 일체 중생이 윤택한 손톱을 얻어 잘생긴 모습으로 장엄하여지이다. 일체 중생이 빛나고 깨끗한 손톱을 얻어 거울처럼 투명하기 제일이 되어지이다. 일체 중생이 온갖 지혜인 손톱을 얻어 대인의 몸매를 갖추어지이다. 일체 중생이 짝할 것 없는 손톱을 얻어 모든 세간에 물들지 말아지이다.

　일체 중생이 묘하게 장엄한 손톱을 얻어 광명이 온갖 세간에 비추어지이다. 일체 중생이 깨뜨릴 수 없는 손톱을 얻어 청정하고 결함이 없어지이다. 일체 중생이 모든 불법에 들어가는 방편인 손톱을 얻어 광대한 지혜가 모두 청정하여지이다. 일체 중생이 선한 업으로 생기는 손톱을 얻어 보살의 업과 과보처럼 깨끗하고 기묘하여지이다. 일체 중생이 온갖 지혜를 가진 대도사의 손톱을 얻어 한량없는 색으로 된 광명장을 놓아지이다 합니다.

이것이 보살마하살이 법을 구하기 위하여 살에 붙은 손톱을 보시할 때에 선근으로 회향하는 것이니, 중생들로 하여금 부처님들의 온갖 지혜의 손톱과 걸림 없는 힘을 구족하게 하려는 연고입니다.

불자들이여, 보살마하살이 부처님의 법장法藏을 구하려고 공경하고 존중하면서 만나기 어렵다는 생각을 할 적에 능히 법을 설할 이가 와서 말하기를 '만일 일곱 길 불구렁에 몸을 던진다면 너에게 법을 베풀어 주리라' 하거든, 보살이 듣고는 기뻐서 뛰놀며 생각하기를 '내가 법을 위하여서는 아비지옥 같은 나쁜 갈래에 오래 있으면서 한량없는 고통도 받을 것이어늘, 하물며 인간의 불구렁에 잠깐 들어가서 곧 법을 들을 수 있음이랴. 신기하다, 바른 법은 만나기 어려운 것인데 지옥의 한량없는 고초를 받지 않고, 불구렁에 한 번 들어가면 들을 수 있다니, 나를 위하여 법을 말하라, 내가 곧 불구렁에 들어가리라' 하면서, 구선법왕求善法王보살과 금강사유金剛思惟보살과 같이 법을 구하여 불구렁에 들어갑니다.

보살이 이 때에 이런 선근으로 이렇게 회향하나니, 이른바 일체 중생이 부처님께서 머무시는 온갖 지혜의 법과 위없는 보리에서 퇴전하지 말아지이다. 일체 중생이 온갖 험난한 곳을 떠나서 부처님의 안락을 받아지이다. 일체 중생이 두려움 없는 마음을 얻어 모든 공포를 여의어지이다. 일체 중생이 법을 구하기를 좋아하여 여러 가지 법으로 기쁘게 장엄함을 구족하여지이다. 일체 중생이 모든 나쁜 갈래를 여의어 온갖 삼독의 불을 멸하여지이다.

일체 중생이 항상 안락함을 얻어 여래의 가장 좋은 즐거운 일을 구족하여지이다. 일체 중생이 보살의 마음을 얻어 모든 탐하고 성내고 어리석은 불길을 영원히 여의어지이다. 일체 중생이 보살들의 여러 가지 삼매의 낙을 얻어 여러 부처님을 뵈옵고 마음이 환희하여지이다. 일체 중생이 바른 법을 잘 말하여 끝까지 이르는 법을 항상 잊지 말아지이다. 일체 중생이 보살의 신통과 미묘한 낙을 구족하여 온갖 가지를 아는 지혜에 끝까지 머물러지이다 합니다.

이것이 보살마하살이 바른 법을 구하기 위하여 불구렁에 몸을 던질 때에 선근으로 회향하는 것이니, 중생들로 하여금 장애되는 업을 떠나서 지혜의 불을 모두 구족하게 하려는 연고입니다.

불자들이여, 보살마하살이 바른 법을 구하기 위하여 조리 있게 연설하여 보살의 도를 열고 보리의 길을 보이어 위없는 지혜에 나아가게 하며, 십력을 부지런히 닦아서 온갖 지혜의 마음을 보이어 걸림 없는 지혜를 얻게 하며, 중생들로 하여금 청정하여져서 보살의 경계에 머물게 하며, 큰 지혜를 부지런히 닦아서 부처님의 보리를 호지하려 할 적에 몸으로 무량한 고통을 받되, 구선법求善法보살과 용맹왕勇猛王보살과, 다른 무량한 보살들처럼 법을 구하려고 한량없는 고초를 받으며, 내지 바른 법을 비방하며, 나쁜 업이 쌓이고 마군의 업에 붙들린 매우 악한 사람들을 거두어 주어, 그들이 받을 모든 고통을 법을 구하려는 연고로 모두 받습니다.

이런 선근으로 이렇게 회향하나니, 이른바 일체 중생이 온갖 괴로움의 핍박을 여의고, 안락하고 자재한 신통을 성취하여지이다. 일체 중생이 모든 고통을 아주 여의고 온갖 낙을 얻어지이다. 일체 중생이 괴로움의 덩어리[苦蘊]를 영원히 멸하고 현재의 몸을 비춰 보고 항상 안락함을 누려지이다. 일체 중생이 고통의 감옥에서 벗어나 지혜의 행을 이루어지이다. 일체 중생이 편안한 도를 얻고 나쁜 갈래를 여의어지이다.

일체 중생이 법으로 즐거움을 얻고 여러 가지 고통을 길이 끊어지이다. 일체 중생이 온갖 고통에서 뛰어나 서로 사랑하고 해치려는 마음이 없어지이다. 일체 중생이 부처님들의 즐거움을 얻고 생사의 고통을 떠나지이다. 일체 중생이 비길 데 없이 청정한 낙을 성취하여 모든 고뇌가 해치지 못하여지이다. 일체 중생이 매우 훌륭한 낙을 얻어 부처님의 걸림 없는 낙을 끝까지 구족하여지이다 합니다.

이것이 보살마하살이 법을 구하려고 여러 가지 고통을 받을 때에 선근으로 회향하는 것이니, 일체 중생을 구호하여 험난한 길을 여의고 온갖 지혜로 장애가 없이 해탈하는 곳에 머물게 하려는 연고입니다.

불자들이여, 보살마하살이 국왕의 지위에 있으면서 바른 법을 구할 적에, 내지 글 한편, 한 글자, 한 구절, 한 가지 뜻에 대해서도 만나기 어렵다는 생각을 내고 사해 안에 있는 것을 모두 버리되, 가까운 데 있고 먼 데 있는 국토와 도시와 백성들과 창고와 동산과 못과 가옥과 숲과 꽃과 과일과, 내지 모든 진귀하고 기묘한 물건이나 궁정, 누각이나 처자 권속이나 국왕의 지위까지라도 다 버리어 견고하지 못한 데서 견고한 법을 구하며, 일체 중생을 이익케 하기 위하여 부처님의 걸림 없는 해탈과 끝까지 청정한 온갖 지혜의 도를 부지런히 구합니다.

마치 대세덕大勢德보살과 승덕왕勝德王보살과, 다른 무량한 보살들과 같이 바른 법을 부지런히 구하며, 내지 한 글자를 위하여서도 오체를 엎드리고 삼세의 모든 부처님 법을 생각하여 사랑하고 닦아 익히고, 명예와 이양利養을 탐하지 아니하며, 세간의 자재한 왕의 지위를 버리고 부처님의 자재하신 법왕의 지위를 구하며, 세상의 낙에는 집착하는 마음이 없고 출세간법으로 마음을 기르며, 세간의 모든 희롱거리 논리를 떠나서 부처님들의 희론이 없는 법에 머뭅니다.

보살이 이 때에 선근으로 이렇게 회향하나니, 이른바 일체 중생이 보시하기를 항상 좋아하고 온갖 것을 다 버리어지이다. 일체 중생이 가진 것을 버리면서 중간에 후회하는 마음이 없어지이다. 일체 중생이 바른 법을 항상 구하고, 몸이나 생명이나 살림살이하는 도구를 아끼지 말아지이다. 일체 중생이 법에 대한 이익을 얻어 모든 중생의 의혹을 끊어지이다. 일체 중생이 선한 법에 대한 욕망을 얻어 부처님들의 바른 법을 항상 즐겨지이다.

일체 중생이 부처님 법을 구하기 위하여 신명과 왕위까지 버리고 큰 마음으로 위없는 보리를 닦아지이다. 일체 중생이 바른 법을 존중하여 항상 좋아하고 몸과 목숨을 아끼지 말아지이다. 일체 중생이 얻기 어려운 부처님의 법을 호지하며 부지런히 닦아지이다. 일체 중생이 부처님의 보리 광명을 얻어 보리행을 이루되 다른 이의 깨우침을 말미암지 않아지이다. 일체 중생이 모든 불법을 항상 관찰하여 의심의 화살을 뽑아 버리고 마음이 편안하여지이다 합니다.

이것이 보살마하살이 바른 법을 구하기 위하여 국가와 성곽을 버릴 적에 선근으로 회향하는 것이니, 중생들로 하여금 지견知見이 원만하여 편안한 도에 항상 머물게 하려는 연고입니다.

불자들이여, 보살마하살이 큰 나라의 왕이 되어 법에 자재하며 명령을 내리어 살생하는 일을 못하게 하는데, 염부제에 있는 성읍이나 마을에서 모든 도살屠殺을 다 금하여 발 없는 것・두 발 가진 것・네 발 가진 것・여러 발 가진 짐승들에게 공포가 없게 하고 목숨을 빼앗는 일이 없으며, 보살의 행을 닦아 인자하게 사물을 대하고 침노하지 아니하며, 묘한 보배와 같은 마음을 내어 중생들을 편안하게 하며, 부처님들 계신 데 좋아하는 뜻을 세우고 항상 삼종정계三種淨戒에 머물며, 중생들도 이렇게 편안히 있게 하여, 보살마하살이 중생들로 하여금 오계五戒에 머무르며 살생하는 업을 영원히 끊게 합니다.

이런 선근으로 이렇게 회향하나니, 이른바 일체 중생이 보리심을 내고 지혜를 구족하여 목숨을 길이 보전하여 끝날 때가 없어지이다. 일체 중생이 한량없는 겁에 있으면서 모든 부처님께 공양하며 부지런히 공경하고 수명을 증장하여지이다. 일체 중생이 구족하게 수행하고 늙고 죽는 법을 떠나서 모든 재앙이 목숨을 해하지 못하여지이다. 일체 중생이 병이 없는 몸을 구족하게 성취하고 수명이 자재하여 마음대로 살아지이다.

일체 중생이 다함 없는 생명을 얻어 오는 세월(未來劫)이 끝나도록 보살행을 닦으면서 모든 중생을 교화하고 조복하여지이다. 일체 중생이 오래 사는 문(壽命門)이 되어 십력과 선근이 그 속에서 증장하여지이다. 일체 중생이 선근이 구족하고 다함 없는 목숨을 얻어 큰 소원을 만족하여지이다. 일체 중생이 부처님을 뵈옵고 공양하고 섬기며, 끝없이 오래 살면서 선근을 수습하여지이다. 일체 중생이 여래가 계신 데서 배울 것을 배우면서 거룩한 법의 기쁨과 다함 없는 수명을 얻어지이다. 일체 중생이 늙지도 않고 병나지도 않으면서 항상 머무는 생명을 얻고 용맹하게 정진하여 부처님의 지혜에 들어가지이다 합니다.

이것이 보살마하살이 삼취정계三聚淨戒에 머물러서 살생하는 업을 아주 끊어버리고 선근으로 회향하는 것이니, 중생들로 하여금 부처님의 십력과 원만한 지혜를 얻게 하려는 연고입니다.

불자들이여, 보살마하살은 어떤 중생이 잔인한 마음으로 사람이나 축생들의 남자의 형체를 잘라서 불구한 몸이 되어 갖은 고초를 받게 하려는 것을 보고는, 크게 자비한 마음을 내어 구원하되, 염부제의 일체 인민으로 하여금 이런 업을 버리게 합니다.

보살이 이 때에 그 사람에게 말하기를 '그대는 어찌하여 이런 악업을 짓는가. 나의 고방에는 백천만억 가지 즐거운 도구가 가득하였으며, 그대가 달라는 대로 줄 것이며, 그대가 하는 일은 모든 죄를 짓는 것이니

라. 내가 이제 권하노니 그런 짓을 하지 말라. 그대가 짓는 업은 도리에 맞지 않으며, 설사 소득이 있다 한들 무엇에 쓰겠는가. 다른 이를 해치어서 나를 이익하는 것은 옳지 못한 짓이며, 이러한 나쁜 행동과 선하지 않은 법은 여러 부처님께서 칭찬하지 않는 것이니라.'

이렇게 말하고는 자기에게 있던 여러 가지 즐거운 도구를 모두 베풀어 주고, 또 좋은 말로 묘한 법을 말하여 환희하게 하나니, 이른바 고요한 법을 보여 믿게 하며, 착하지 못한 것을 없애고 청정한 업을 닦게 하며, 서로 인자한 마음을 내어 해치지 않게 하면 그 사람이 듣고는 영원히 죄악을 버립니다.

보살이 그 때에 이 선근으로 이렇게 회향하나니, 이른바 일체 중생이 장부의 형체를 갖추되, 여래의 남근이 말처럼 몸 안에 들어 있는 몸매를 이루어지이다. 일체 중생이 남자의 형체를 갖추고 용맹한 마음을 내어 범행梵行을 닦아지이다. 일체 중생이 용맹한 힘을 갖추고 항상 주도자가 되어 걸림 없는 지혜에 있으면서 퇴전하지 말아지이다. 일체 중생이 모두 대장부의 몸을 갖추면서도 탐욕을 여의어 물들지 말아지이다. 일체 중생이 모두 선남자善男子의 법을 이루고 지혜가 증장하여 부처님의 찬탄함이 되어지이다.

일체 중생이 어른다운 힘을 갖추고 십력十力과 선근을 항상 닦아지이다. 일체 중생이 영원히 남자의 형상을 잃지 말고 복덕과 지혜의 미증유한 법을 항상 닦아지이다.

일체 중생이 오욕에 집착하지도 않고 속박되지도 않아서 마음이 해탈하고 삼유三有를 싫어하여 보살의 행에 머물러지이다. 일체 중생의 제일 지혜 있는 장부가 되어 모든 사람이 우러러 믿으며 그 교화에 복종하여지이다. 일체 중생이 보살의 사내다운 지혜를 구족하여 미구에 위없는 큰 영웅이 되어지이다 합니다.

이것이 보살마하살이 일체의 남자의 형태를 끊는 것을 금하면서 선근으로 회향하는 것이니, 중생들로 하여금 장부의 형상을 갖추고 모든 선한 장부를 수호하며, 성현의 가문에 태어나 지혜가 구족하며, 장부의 좋은 행을 항상 닦아서 장부의 작용이 있으며, 일곱 가지 장부의 도를 교묘하게 보이며, 부처님들의 선한 장부의 종성을 구족하며, 장부의 바르게 가르침과 장부의 용맹과 장부의 정신과 장부의 지혜와 장부의 청정을 모든 중생들이 끝까지 얻게 하려는 것입니다."

대방광불화엄경 제28권

제28권

25. 십회향품 ⑥

7) 제 6 회향 ④

㉲ 부처님의 출세를 찬탄하고 모든 것을 보시함

"불자들이여, 보살마하살이 만일 여래께서 세상에 출현하여 바른 법을 연설하심을 보면, 큰 음성으로 여러 사람에게 말하되 '여래께서 세상에 출현하셨다. 여래께서 세상에 출현하셨다' 하여 중생들로 하여금 부처님 이름을 듣고 모든 아만我慢과 희론戱論을 버리게 하며, 다시 지도하여 부처님을 뵙게 하고, 부처님을 생각게 하고, 부처님께 귀의케 하고, 부처님을 반연케 하고, 부처님을 관찰케 하고, 부처님을 찬탄케 하며, 또 말하기를 '부처님 만나기 어려우니 천만억 겁에 한 번 나신다' 하면 중생들이 이 말을 듣고 부처님을 뵈옵고 청정한 신심을 내며 환희하고 뛰놀면서 존중하고 공양하며, 또 부처님 계신 데서 부처님 이름을 듣고 더욱 수없는 부처님을 만나 선근을 심고 닦아서 증장케 합니다.

이 때 무수한 백천만억 나유타 중생들이 부처님을 뵈온 연고로 모두 청정함을 얻고 끝까지 조복하며, 저 중생들이 보살들에게 가장 높은 선지식이란 생각을 내며, 보살로 인하여 불법을 성취하고, 무수한 겁 동안에 심은 선근으로 세간에서 불사를 널리 베풉니다.

불자들이여, 보살마하살이 중생에게 일러서 부처님을 보게 하는 때에 모든 선근으로 이렇게 회향하나니, 이른바 일체 중생이 권고를 기다리지 않고도 스스로 가서 부처님을 뵈옵고 받들어 섬기며 공양하여 환희하게 하여지이다. 일체 중생이 항상 부처님 뵈옵기를 좋아하여 폐하지 말아지이다. 일체 중생이 광대한 지혜를 부지런히 닦아서 모든 부처님의 법장을 받아 지녀지이다. 일체 중생이 소리를 듣는 대로 불법을 깨닫고 한량없는 겁 동안에 보살의 행을 닦아지이다. 일체 중생이 바른 생각에 머물러서 지혜의 눈으로 부처님의 출현하심을 항상 보아지이다.

일체 중생이 다른 업을 생각지 말고, 항상 부처님 뵈옵기를 생각하며 십력을 부지런히 닦아지이다. 일체 중생이 온갖 곳에서 항상 부처님을 뵈옵고 여래가 허공에 가득한 줄을 분명히 알아지이다. 일체 중생이 부처님의 자재한 몸을 모두 구족하여 시방에서 도를 이루고 법을 말하게 하여지이다. 일체 중생이 선지식을 만나서 불법을 항상 듣고 여래에게 부서지지 않는 신심을 가져지이다. 일체 중생이 부처님께서 출현하심을 찬탄하여 보는 이들로 하여금 모두 청정케 하여지이다 합니다.

이것이 보살마하살이 부처님의 출현하심을 찬탄하는 선근으로 회향하는 것이니, 중생들로 하여금 모든 부처님을 뵈옵고 공양하고 섬기면서 위없는 법을 끝까지 청정케 하려는 연고입니다.

불자들이여, 보살마하살이 땅덩이를 희사喜捨할 적에, 혹은 부처님께 바치어 절을 지으며, 혹은 보살이나 선지식에게 바치어 마음대로 쓰게 하며, 스님들에게 보시하여 있을 데를 삼으며, 부모에게 드리고, 다른 사람이나 성문이나 독각이나 여러 부류의 복밭에 베풀며, 내지 모든 빈궁하고 고독한 이와 그 밖의 사부 대중에게 원하는 대로 주어 모자람이 없게 하며, 혹은 여래의 탑을 세우나니, 이와 같이 여러 곳에서 필요로 하는 물품을 마련하여 뜻대로 쓰면서 두려움이 없게 합니다.

보살마하살이 어디서든지 땅덩이를 보시할 적에 선근으로 회향하나니, 이른바 일체 중생이 온갖 지혜의 땅을 구족히 청정케 하여, 보현의 여러 행원인 저 언덕에 이르러지이다. 일체 중생이 모두 지니는[總持] 땅을 얻어 바른 생각으로 모든 부처님의 법을 받아 가져지이다. 일체 중생이 머물러 지니는[住持] 힘을 얻어 모든 부처님의 가르침을 항상 수호하여지이다. 일체 중생이 땅과 같은 마음을 얻어 여러 중생에게 뜻이 항상 청정하고 나쁜 생각이 없어지이다.

일체 중생이 부처님의 종성을 얻어 보살의 모든 지위를 차례로 성취하고 끊어지지 말아지이다. 일체 중생이 모든 이들의 편안히 있을 곳이 되어 모두 조복하여 청정한 도에 머물게 하여지이다. 일체 중생이 모든 여래와 같이 세간을 이익케 하며, 모두 부지런히 닦아서 부처님 힘에 머물게 하여지이다. 일체 중생이 세간 사람들의 사랑하는 바가 되어 위 없는 부처님의 낙에 편안히 있게 하여지이다. 일체 중생이 좋은 방편을 얻어 부처님의 여러 가지 힘과 두려움이 없는 법에 있게 하여지이다. 일체 중생이 땅과 같은 지혜를 얻어 모든 불법을 자재하게 수행하여지이다 합니다.

이것이 보살마하살이 땅덩이를 보시할 때에 선근으로 회향하는 것이니, 중생들로 하여금 모든 여래의 청정한 땅을 끝까지 얻게 하려는 연고입니다.

불자들이여, 보살마하살이 하인들을 보시하여 여러 부처님과 보살과 선지식을 공양하며, 혹은 스님들에게 보시하고, 혹은 부모와 존경스런 복밭들을 받들며, 병들어 고통받는 중생에게 이바지하여 부족함이 없고 목숨을 이어가게 하며, 빈궁하고 고독한 이와 그 밖의 시중할 이가 없는 이에게 주며, 여래의 탑을 수호하고, 혹은 부처님의 바른 법을 쓰고 지니게 합니다.

이렇게 백천억 나유타 하인들을 때에 따라 주어 시중하게 하면, 그 하인들이 모두 총명하고 민첩하고 성품이 화순하여 항상 정진하고 게으르지 않으며, 질직한 마음·안락한 마음·이익한 마음·인자한 마음·조심하는 마음·원한이 없는 마음·대적이 없는 마음을 갖추어 가지고, 받는 이의 풍속에 적당한 대로 그 사람들 가운데서 이익을 지으며, 또 모든 보살의 청정한 업으로부터 생긴 바이므로 재능과 기술과 공교와 산수를 모두 통달하였고, 시중을 잘하여 그들의 마음을 기쁘게 합니다.

보살이 그 때에 모든 선근으로 이렇게 회향하나니, 이른바, 일체 중생이 순조로운 마음을 얻어 모든 부처님 계신 데서 선근을 닦아지이다. 일체 중생이 여러 부처님을 따라 공양하면서 부처님의 말씀하신 것을 모두 들어지이다. 일체 중생이 부처님의 거두어 주심을 받들어 항상 여래를 관찰하고 다른 생각이 없어지이다. 일체 중생이 부처님의 종성을 깨뜨리지 않고 모든 것을 부지런히 닦아 부처님의 선근을 순종하여지이다.

일체 중생이 모든 부처님께 항상 공양하고 그냥 지내는 때가 없어지이다. 일체 중생이 모든 부처님의 묘한 이치를 받들어 가져 하는 말이 청정하며 다니는 데 두려움이 없어지이다. 일체 중생이 부처님 뵈옵기를 항상 좋아하여 만족한 줄 모르며 부처님께 대하여는 신명도 아끼지 말아지이다. 일체 중생이 부처님을 뵈옵고 마음이 물들지 않으며 세간에 의지함을 여의어지이다. 일체 중생이 부처님만 의지하고 삿되게 의지하는 모든 곳을 여의어지이다. 일체 중생이 부처님의 도를 따르고 마음으로는 위없는 불법 관찰하기를 좋아하여지이다 합니다.

이것이 보살마하살이 하인들을 보시할 때에 선근으로 회향하는 것이니, 중생들로 하여금 티끌을 멀리 여의고 부처님 땅을 깨끗이 닦아 여래의 자재한 몸을 나타내게 하려는 연고입니다.

불자들이여, 보살마하살이 몸으로써 구걸하는 이에게 보시하되, 보시할 적에는 겸손한 마음을 내고, 땅과 같은 마음을 내고, 여러 가지 고통을 참으면서도 변동하지 않는 마음을 내고, 중생들을 시중하되 고달파하거나 싫어하지 않는 마음을 내고, 중생들을 어머니와 같이 생각하여 가진 선근을 모두 돌려주려는 마음을 내고, 어리석고 험상스럽고 나쁜 중생이 가지가지로 침노하여도 모두 너그러이 용서하는 마음을 내어, 선근에 머물러 있으면서 부지런히 받들어 섬깁니다.

보살이 그 때에 여러 선근으로 이렇게 회향하나니, 이른바 일체 중생이 그 요구하는 것이 항상 부족함이 없고 보살의 행을 닦는 일이 항상 끊이지 말며, 모든 보살의 의리를 버리지 않고, 보살의 행하는 도에 잘 머물며, 보살의 평등한 법의 성품을 분명히 알고 여래의 종족 가운데 있게 되며, 진실한 말을 하면서 보살의 행을 가지고, 세간 사람으로 하여금 청정한 불법을 얻어 지극한 마음으로 믿고 법을 끝까지 증득하게 하며, 중생들로 하여금 청정한 생각을 내어 선근을 증장하고 큰 공덕에 머물러서 온갖 지혜를 갖추게 하여지이다.

또 이 선근으로써 모든 중생들로 하여금 모든 부처님께 항상 공양하면서 모든 부처님의 법을 이해하고 받아 지니고 읽고 외우며 잊지 않고 잃지도 않고 망가뜨리지도 산란하지도 않으며, 마음이 잘 조복되어 조복되지 않은 이를 조복하며, 고요한 법으로 조화하고 익혀서 중생들로 하여금 부처님 계신 데서 이렇게 머물게 하여지이다.

또 이 선근으로써 일체 중생으로 하여금 제일 되는 탑을 만들고 세간의 가지가지 공양을 받아지이다. 일체 중생으로 하여금 가장 나은 복밭을 이루고 부처님의 지혜를 얻어 여러 사람을 깨닫게 하여지이다. 일체 중생으로 하여금 가장 높임 받는 이가 되어 모든 중생을 두루 이익케 하여지이다. 일체 중생으로 하여금 가장 좋은 복덕을 이루어 모든 선근을 구족케 하여지이다. 일체 중생으로 하여금 제일의 보시하는 곳이 되어 한량없는 복덕의 과보를 얻게 하여지이다. 일체 중생으로 하여금 삼계에서 벗어나게 하여지이다. 일체 중생으로 하여금 으뜸가는 길잡이가 되어 세상 사람들에게 실상의 도를 보여지이다. 일체 중생으로 하여금 묘한 총지總持를 얻어 모든 부처님의 바른 법을 갖추 지니게 하여지이다. 일체 중생으로 하여금 한량없고 제일되는 법계를 증득하여 허공처럼 장애 없는 바른 도를 구족하여지이다 합니다.

이것이 보살마하살이 자기의 몸을 보시하면서 선근으로 회향하는 것이니, 중생들로 하여금 공양을 받을 수 있는 무량한 지혜의 몸을 얻게 하려는 연고입니다.

불자들이여, 보살마하살이 법을 듣고 기뻐하여 청정한 신심을 내고 몸으로써 부처님께 공양하며, 위없는 법보를 기쁘게 믿고 이해하여 부처님께 부모라는 생각을 내며, 걸림이 없는 도의 법을 읽고 외우고 받아 지니며, 수없는 나유타 법과 큰 지혜의 보배인 모든 선근의 문에 들어가고 마음으로는 한량없는 부처님을 항상 생각하여 부처님의 경계와 깊은 이치에 들어가며, 여래의 비밀한 음성으로 불법의 구름을 일으키고 불법의 비를 내리며, 용맹하고 자재하게 온갖 지혜를 가진 사람의 첫째 지위를 말하여 살바야薩婆若 법을 구족히 성취하게 하며, 한량없는 백천억 나유타 법으로 여러 근성을 만족하게 합니다.

불자들이여, 보살마하살이 부처님 계신 데서 이러한 법을 듣고 한량 없이 환희하며, 바른 법에 편안히 있으면서 자기의 의혹을 끊고, 다른 사람으로도 끊게 하며, 마음이 항상 화창하여 공덕이 원만하고 선근을 구족하며, 뜻이 항상 계속하여 중생을 이익되게 하며, 마음이 다하지 아니하여 가장 나은 지혜를 얻어 금강의 장을 이루며, 부처님께 친근하고 부처님 세계를 청정히 하며 일체 여래에게 항상 부지런히 공양합니다.

보살이 그 때에 모든 선근으로 이렇게 회향하나니, 이른바 일체 중생이 원만하고 가장 좋은 몸을 얻어서 모든 부처님께서 거두어 주심을 입어지이다. 일체 중생이 항상 부처님께 친근하여 부처님을 의지하며, 부처님을 항상 우러르고 잠깐도 떠나지 말아지이다. 일체 중생이 모두 청정하고 부서지지 않는 몸을 얻어 모든 공덕과 지혜를 구족하여지이다. 일체 중생이 모든 부처님께 부지런히 공양하며 얻을 것 없는 구경의 범행梵行을 행하여지이다. 일체 중생이 나[我]가 없는 몸을 얻어 나와 내 것[我所]을 여의어지이다.

일체 중생이 모두 몸을 나누어 시방세계에 두루하되, 마치 그림자처럼 오고 가는 일이 없어지이다. 일체 중생이 자재한 몸을 얻어 시방에 다니어도 나도 없고 받는 일[受]도 없어지이다. 일체 중생이 부처님 몸으로부터 나서 위없는 몸이신 여래의 가문에 있어지이다. 일체 중생이 법력法力의 몸을 얻어 참는 힘을 깨뜨릴 이가 없어지이다. 일체 중생이 비할 데 없는 몸을 얻어 여래의 청정한 법신을 이루어지이다. 일체 중생이 출세간하는 공덕의 몸을 얻어 아무것도 얻을 것 없는 청정한 법계에 나게 하여지이다 합니다.

이것이 보살마하살이 몸으로 부처님께 공양하며 선근으로 회향하는 것이니, 중생들로 하여금 삼세의 부처님 가문에 영원히 머물게 하려는 연고입니다.

불자들이여, 보살마하살은 몸으로 일체 중생에게 보시하여 그로 하여금 선근을 성취하고 선근을 생각하게 합니다.

보살마하살이 스스로 원하기를 그 몸이 등불이 되어 일체 중생에게 널리 비추어지이다. 여러 가지 오락 기구가 되어 일체 중생을 두루 포섭하여지이다. 묘한 법장法藏이 되어 일체 중생을 두루 받아들여지이다. 찬란한 광명이 되어 일체 중생을 두루 깨우쳐지이다. 세상의 빛이 되어 중생들이 항상 보아지이다. 선근의 인연이 되어 중생들이 항상 만나게 하여지이다. 선지식이 되어 중생들이 모두 가르침을 받아지이다. 평탄한 길이 되어 중생들이 밟고 지나가지이다. 위없는 안락을 구족하여 중생들로 하여금 고통을 여의고 청정케 하여지이다. 밝은 해가 되어 세간에서 평등한 이익을 지어지이다 합니다.

보살이 그 때에 여러 선근으로 이렇게 회향하나니, 이른바 일체 중생이 부처님을 친근하여 부처님의 지혜에 들어가지이다. 일체 중생이 따라 순종하는 지혜를 얻어 위없는 깨달음에 머물러지이다. 일체 중생이 항상 부처님의 회상會上에 있어 뜻이 조복하여지이다. 일체 중생이 행동하는 것이 규모가 있어 부처님의 위의를 갖추어지이다. 일체 중생이 모두 열반을 얻어 법의 이치를 깊이 알아지이다. 일체 중생이 만족한 행을 갖추어 여래의 가문에 태어나지이다. 일체 중생이 무명의 탐욕을 버리고 부처님의 뜻에 머물러지이다. 일체 중생이 훌륭한 선근을 내어 보리수에 앉아지이다. 일체 중생이 번뇌의 도적을 죽이고 해롭게 하려는 마음을 여의어지이다. 일체 중생이 모든 불법을 구족하게 수호하여지이다 합니다.

이것이 보살마하살이 몸으로써 일체 중생에게 보시하면서 선근으로 회향하는 것이니, 중생들로 하여금 모든 중생을 이익케 하여 위없이 편안한 처소를 얻게 하려는 연고입니다.

　불자들이여, 보살마하살이 자기의 몸으로 부처님께 시봉하며, 부처님의 소중한 은혜를 갚되 부모와 같이 생각하며, 여래를 깊이 믿고 좋아하며, 청정한 마음으로 부처님의 보리를 수호하여 부처님 법에 머물며, 세간의 생각을 여의고 여래의 가문에 나며, 부처님을 순종하고 마군의 경계를 떠나며, 모든 부처님의 행하던 것을 알아서 모든 부처님의 법 그릇〔法器〕이 되려 합니다.

　보살이 그 때에 이 선근으로 이렇게 회향하나니, 이른바 일체 중생이 청정한 마음을 얻어 온갖 지혜의 보배로 장엄하여지이다. 일체 중생이 잘 조복한데 있어서 모든 선하지 않은 업을 멀리 떠나지이다. 일체 중생이 깨뜨릴 수 없는 견고한 권속을 얻어 모든 부처님의 바른 법을 두루 거두어지이다. 일체 중생이 부처님의 제자가 되어 보살의 관정하는 지위에 이르러지이다. 일체 중생이 항상 부처님의 거두어 주심을 받들어 온갖 선하지 못한 법을 길이 여의어지이다.

　일체 중생이 부처님을 순종하여 보살의 훌륭한 법을 수행하여지이다. 일체 중생이 부처님의 경계에 들어가 온갖 지혜를 얻으리라는 수기를 받아지이다. 일체 중생이 모든 여래와 평등하여 모든 불법에 자재하지 못함이 없어지이다. 일체 중생이 모두 부처님의 포섭하심을 받아 집착이 없는 업을 항상 수행하여지이다. 일체 중생이 부처님들의 제일가는 시자(侍者)가 되어 모든 부처님에게서 지혜의 행을 닦아지이다 합니다.

　이것이 보살마하살이 부처님을 모시는 선근으로 회향하는 것이니, 부처님의 보리를 증득하기 위함이며, 일체 중생을 구호하기 위함이며, 모든 삼계에서 벗어나기 위함이며, 시끄럽게 함이 없는 마음을 성취하기 위함이며, 한량없이 광대한 보리를 얻기 위함이며, 불법을 비추어 보는 지혜를 섭취하기 위함이며, 부처님의 거두어 주심을 받들기 위함이며, 부처님의 보호하심을 받기 위함이며, 모든 불법을 믿고 이해하기 위함이며, 삼세 부처님과 평등한 선근을 성취하기 위함이며, 뉘우침이 없는 마음을 원만하기 위함이며, 여러 부처님의 법을 증득하기 위한 연고입니다.

불자들이여, 보살마하살이 국토와 모든 물건을 보시하며, 내지 왕의 지위까지도 모두 버리며, 세상일에 마음이 자재하여 얽힘도 없고 속박도 없고 그리워함이 없으며, 나쁜 업을 여의고 중생을 이익케 하며, 업과 과보에 집착하지 않고 세상 법을 좋아하지 않으며, 모든 곳에 태어나는 것을 탐하지 않으며, 비록 세간에 있으나 여기에 나는 것이 아니며, 마음이 오온五蘊·십팔계十八界·십이처十二處에 집착하지 않으며, 안의 법(內法)이나 바깥 법(外法)에 의지하지 아니하며, 마음에는 보살의 행을 잊지 아니하고, 선지식을 멀리 여의지 아니하며, 보살의 광대한 행과 원을 가지고, 모든 선지식을 섬기기 좋아합니다.

보살이 이 때에 이 선근으로 이렇게 회향하나니, 이른바 일체 중생이 큰 법왕이 되어 법에 자재하게 저 언덕에 이르러지이다. 일체 중생이 불법의 왕이 되어 모든 번뇌의 원수를 깨뜨려지이다. 일체 중생이 부처님의 지위에 있으면서 여래의 지혜를 얻어 부처님 법을 연설하여지이다. 일체 중생이 부처님의 경계에 있어 위없이 자재한 법 수레(法輪)를 굴려지이다. 일체 중생이 여래의 가문에 태어나 법에 자재하며 부처님 종성을 호지하여 영원히 끊어지지 않게 하여지이다. 일체 중생이 무량한 법왕의 바른 법을 열어 보이어 그지없는 대보살을 성취하여지이다.

일체 중생이 청정한 법계에서 대법왕이 되어 부처님이 출현하심을 나타내어 끊어지지 않게 하여지이다. 일체 중생이 여러 세계에서 지혜의 왕이 되어 중생들을 교화하며 잠깐도 버리지 말아지이다. 일체 중생이 법계와 허공계의 여러 세계에서 일체 중생에게 법을 보시하는 단월이 되어 그들이 모두 대승에 이르게 하여지이다. 일체 중생이 모든 선업을 구족한 왕이 되어 삼세 부처님과 선근이 평등하여지이다 합니다.

이것이 보살마하살이 왕의 지위를 보시하는 선근으로 회향하는 것이니, 모든 중생으로 하여금 편안한 곳에 끝까지 머물게 하려는 연고입니다.

불자들이여, 보살마하살은 어떤 사람이 와서 왕성을 달라는 이를 보면, 광대한 도성이나 관방關防에서 거둔 세금을 모두 주어도 아까워함이 없고 보리를 향하여 큰 서원을 내며, 크게 인자한 데 있으면서 크게 어여삐 여김을 행하며 마음이 희열하여 중생을 이익케 하며, 광대한 지혜로 깊은 법을 분명히 알고 부처님의 평등한 법의 성품에 머뭅니다.

온갖 지혜를 구하려고 발심하는 연고며, 자재한 법에 깊이 좋아함을 일으킨 연고며, 자재한 지혜를 증득하기를 구하는 연고며, 모든 공덕을 깨끗이 닦는 연고며, 견고하고 광대한 지혜에 머무는 연고며, 모든 선근을 널리 모으는 연고며, 모든 부처님 법을 수행하기 원하는 연고며, 큰 지혜의 법을 자연히 깨달으려는 연고며, 보리에 머물러 퇴전하지 않으려는 연고며, 모든 보살의 행과 원을 닦아서 온갖 가지를 아는 지혜를 끝까지 얻으려는 연고로 보시를 행합니다.

이런 선근으로 이렇게 회향하나니, 이른바 일체 중생이 무량한 국토를 모두 장엄하여 부처님께 바쳐 계실 곳을 삼아지이다. 일체 중생이 아란야처阿蘭若處에 항상 있으면서 고요하고 요동하지 말아지이다. 일체 중생이 왕도나 촌락을 의지하지 말고 고요한 데를 좋아하여 구경처를 영원히 얻어지이다. 일체 중생이 모든 세간을 좋아하지 말고 세간 이야기를 멀리 여의게 하여지이다. 일체 중생이 탐욕을 떠나서 가진 것을 보시하되 중간에 후회하지 말아지이다. 일체 중생이 벗어나려는 마음을 얻고 집안 사업을 버려지이다. 일체 중생이 아까워하는 마음이 없이 보시를 항상 행하여지이다. 일체 중생이 집착하지 않는 마음으로 재가〔居家〕의 법을 여의어지이다. 일체 중생이 모든 고통을 여의며 온갖 재난과 횡액과 공포를 멸제하여지이다. 일체 중생이 시방의 세계를 청정하게 장엄하여 부처님들께 받들어지이다 합니다.

　이것이 보살마하살이 왕도를 보시하는 선근으로 회향하는 것이니, 중생들로 하여금 모든 부처님 세계를 깨끗이 장엄케 하려는 연고입니다.

　불자들이여, 보살마하살이 모든 내전의 권속과 시중하는 기녀들의 면모가 단정하고 재능이 구족하고, 말하고 웃고 노래하고 춤추는 것이 모두 아름다우며 가지각색의 의복과 가지각색의 꽃과 향으로 몸을 장식하여 보는 이마다 환희하여 싫은 생각이 없는데, 이러한 여자의 수효가 백천만억 나유타며 모두 보살의 선한 업으로 생기었고, 뜻에 따라 자재하여도 공순히 복종하여 허물이 없는 것을, 모두 구걸하는 이에게 보시하면서도 그 가운데 사랑하는 마음도 없고 그리워하는 마음도 없고 집착하는 마음도 없고 속박하는 마음도 없고 고집하는 마음도 없고 물드는 마음도 없고 분별하는 마음도 없고 따라가는 마음도 없고 형상을 취하는 마음도 없고 좋아하여 욕심내는 마음도 없습니다.

　보살이 그 때에 여러 선근을 관찰하여, 모든 중생으로 하여금 다 벗어나게 하기 위하여 회향하며, 부처님의 법에 대한 기쁨을 얻게 하기 위하여 회향하며, 견고하지 못한 데서 견고함을 얻게 하기 위하여 회향하며, 금강 같은 지혜와 깨뜨릴 수 없는 마음을 얻게 하기 위하여 회향하며, 부처님 도량에 들게 하기 위하여 회향하며, 저 언덕에 가게 하기 위하여 회향하며, 위없는 보리심을 얻게 하기 위하여 회향하며, 지혜로 모든 법을 통달하게 하기 위하여 회향하며, 모든 선근을 내게 하기 위하여 회향하며, 삼세 부처님의 가문에 들어가게 하기 위하여 회향합니다.

불자들이여, 보살마하살이 이와 같은 법에 머물러서 여래의 가문에 태어나며, 부처님들의 청정하고 좋은 인因을 증장하고, 가장 훌륭한 온갖 지혜의 도를 내며, 보살의 광대한 지혜의 업에 깊이 들어가서, 모든 세간의 때와 번뇌를 제멸하며, 공덕의 복밭에 항상 보시하고 중생들을 위하여 묘한 법을 연설하며, 교묘하게 제자리에 있게 하여 그들로 하여금 청정한 행을 익히어서 모든 선근을 부지런히 거두어 지니게 합니다.

보살이 그 때에 모든 선근으로 이렇게 회향하나니, 이른바 일체 중생이 무량한 삼매와 권속을 얻어 보살의 수승한 선정이 계속되고 끊이지 말아지이다. 일체 중생이 부처님 뵈옵기를 항상 좋아하여 부처님의 장엄한 삼매에 들어지이다. 일체 중생이 보살의 부사의한 선정을 성취하여 한량없는 신통에 자재하게 유희하여지이다. 일체 중생이 실제와 같은 선정에 들어 부서지지 않는 마음을 얻어지이다. 일체 중생이 보살의 깊은 삼매를 다 얻어 모든 선정에 자재하여지이다.

일체 중생이 해탈한 마음을 얻어 모든 삼매와 권속을 성취하여지이다. 일체 중생이 갖가지 삼매로 교묘함[善巧]을 얻어 모든 삼매의 모습을 거두어 가지게 하여지이다. 일체 중생이 훌륭한 지혜의 삼매를 얻고 여러 삼매의 문을 배워지이다. 일체 중생이 걸림 없는 삼매를 얻고 깊은 선정에 들어가 마침내 잃어버리지 말아지이다. 일체 중생이 집착이 없는 삼매를 얻고 마음이 항상 바르게 받아들이고 두 가지 법을 취하지 말아지이다 합니다.

이것이 보살마하살이 모든 내전의 권속들을 보시할 적에 선근으로 회향하는 것이니, 일체 중생으로 하여금 깨뜨릴 수 없는 청정한 권속을 얻게 하려는 연고며, 일체 중생으로 하여금 보살인 권속을 얻게 하려는 연고며, 일체 중생으로 하여금 부처님 법을 만족하게 하려는 연고며, 일체 중생으로 하여금 온갖 지혜의 힘을 만족하게 하려는 연고며, 일체 중생으로 하여금 위없는 지혜를 증득하게 하려는 연고며, 일체 중생으로 하여금 순종하는 권속을 얻게 하려는 연고며, 일체 중생으로 하여금 뜻 같은 수행인과 함께 있게 하려는 연고며, 일체 중생으로 하여금 온갖 복과 지혜를 구족하게 하려는 연고입니다.

일체 중생으로 하여금 청정한 선근을 성취하게 하려는 연고며, 일체 중생으로 하여금 선화善和한 권속을 얻게 하려는 연고며, 일체 중생으로 하여금 여래의 청정한 법신을 성취하게 하려는 연고며, 일체 중생으로 하여금 차례차례 이치에 맞는 변재를 성취하여 부처님들의 무진한 법장을 연설하게 하려는 연고며, 일체 중생으로 하여금 모든 세속의 선근을 영원히 버리고 출세간의 청정한 선근을 함께 닦게 하려는 연고며, 일체 중생으로 하여금 깨끗한 업이 원만하여 모든 청정한 법을 성취하게 하려는 연고며, 일체 중생으로 하여금 온갖 불법이 앞에 나타나[現前] 법의 광명으로 널리 장엄하려는 연고입니다.

불자들이여, 보살마하살이 사랑하는 처자로써 보시하되, 마치 지난 세상의 수달나須達拏 태자와 현장엄왕現莊嚴王보살과 다른 무량한 보살들과 같이 하나니, 보살이 그 때에 살바야의 마음에 의하여 온갖 보시를 행하며, 보살의 보시하는 도리를 닦는데 마음이 청정하여 중간에 후회함이 없고, 가진 보물을 모두 버리어 온갖 지혜를 구하며, 중생들로 하여금 즐기는 뜻을 깨끗이 하여 보리행을 이루고 보살의 도를 관찰하며, 부처님의 보리를 생각하여 부처님의 종성에 머물게 합니다.

보살마하살이 이렇게 보시하는 마음을 마련하고는 결정코 여래의 몸을 구하며, 자기의 몸이 모든 것에 속박되어 자재하지 못함을 관찰하며, 또 그 몸으로 중생들을 모두 포섭하되, 마치 보물섬[寶洲]이 온갖 만족하지 못한 이에게 공급하여 만족하게 하듯이 보살도 이와 같이 중생을 호념하며, 자기의 몸으로 제일가는 탑이 되어 모든 사람들이 환희한 마음을 내게 하며, 세간에 대하여 평등한 마음을 내고자 하며, 중생을 위하여 청량한 못이 되고자 하며, 중생에게 모든 안락을 주고자 합니다.

중생을 위하여 큰 시주가 되고자 하며, 지혜가 자재하여 보살이 행할 행을 알고자 하며, 이러한 큰 서원으로 장엄하고 온갖 지혜에 나아가고자 하며, 위없는 지혜와 복밭을 이루려 하며, 중생을 염려하여 항상 따라 수호하려 하면서도 능히 자신의 이익을 마련하여 지혜의 광명을 세상에 두루 비추고자 하며, 보살의 보시하는 마음을 항상 생각하고, 여래의 경계를 관찰하기를 항상 좋아합니다.

불자들이여, 보살마하살이 속박이 없고 집착이 없는 해탈한 마음으로 처자를 보시하고, 그로써 모은 선근으로 이렇게 회향하나니, 이른바 일체 중생이 부처님의 보리에 머무르며 변화하는 몸을 일으켜 법계에 두루하여 물러남이 없는 바퀴를 운전하여지이다. 일체 중생이 집착하지 않는 몸을 얻어 소원하는 힘으로 모든 부처님 세계에 두루 다녀지이다. 일체 중생이 사랑하고 미워하는 마음을 버리며 탐내고 성내는 번뇌를 끊어지이다. 일체 중생이 부처님의 아들이 되어 부처님의 행을 따라지이다. 일체 중생이 부처님 계신 데서 자기라는 마음을 내어 저해할 수 없어지이다. 일체 중생이 항상 부처님의 아들이 되어 법을 좇아 화생하여지이다.

일체 중생이 구경처를 얻어 여래의 자재한 지혜를 성취하여지이다. 일체 중생이 부처님의 보리를 증득하여 번뇌를 영원히 떠나지이다. 일체 중생이 부처님 보리의 도를 구족히 연설하며 위없는 법보시를 항상 수행하여지이다. 일체 중생이 바른 선정의 마음을 얻어 어떠한 인연으로도 파괴할 수 없어지이다. 일체 중생이 보리수에 앉아서 최정각最正覺을 이루고 한량없는 이치를 열어 보이며 법을 좇아 선남자·선여인들이 화생하여지이다 합니다.

이것이 보살마하살이 처자를 보시하며 선근으로 회향하는 것이니, 중생들로 하여금 걸림 없는 해탈과 집착 없는 지혜를 증득하게 하려는 연고입니다.

불자들이여, 보살마하살이 집과 여러 가지 살림 도구를 장엄하여 구걸하는 이에게 모두 보시하되, 보시하는 법을 행하여 집에 집착이 없으며, 모든 집에서 사는 관념을 멀리 여의고 집안일과 살림하는 도구를 싫어하며, 탐하지도 않고 맛보려 하지도 않아 마음에 얽매임이 없으며, 집이란 파괴되기 쉬운 줄을 알아 마음으로 항상 싫어하며, 그 가운데 조금도 사랑하지 않고, 출가하여 보살행을 닦아 부처님 법으로 장엄하려 하며, 모든 것을 다 버리어도 후회하는 마음이 없고, 항상 부처님의 찬탄함이 되려 하며, 집이나 재물이나 있는 대로 다 보시하여도 연연한 생각이 없고, 구걸하는 이를 보고는 기쁜 마음을 냅니다.

보살이 이 때에 이런 선근으로 이렇게 회향하나니, 이른바 일체 중생이 처자를 떠나서 출가한 제일의 낙을 성취하여지이다. 일체 중생이 집이란 속박에서 해탈하여 집이 아닌 데 들어가고 불법 가운데서 범행梵行을 닦아지이다. 일체 중생이 간탐하는 때를 버리고 온갖 것 보시하기를 좋아하며 퇴전하는 마음이 없어지이다. 일체 중생이 집을 영원히 여의고 욕심이 없이 만족함을 알아 쌓아두는 일이 없어지이다. 일체 중생이 세속의 집을 떠나서 여래의 가문에 태어나지이다.

일체 중생이 걸림 없는 법을 얻고 온갖 장애하는 길을 멸하여지이다. 일체 중생이 집안 권속이란 애착을 떠나서 비록 집에 있어도 집착하는 마음이 없어지이다. 일체 중생이 교화하고 인도하기를 잘하여 집안의 법을 떠나지 않고도 부처님의 지혜를 말하여지이다. 일체 중생이 몸은 비록 집에 있으나 마음은 항상 부처님의 지혜를 따라 있게 하여지이다. 일체 중생이 집에 사는 처지에 있으면서도 부처님 지위에 머물러서 무량무변한 중생으로 하여금 환희한 마음을 내게 하여지이다 합니다.

이것이 보살마하살이 집을 보시할 때에 선근으로 회향하는 것이니, 중생들로 하여금 보살의 가지가지 행과 원과 신통과 지혜를 성취하게 하려는 연고입니다.

불자들이여, 보살마하살은 가지가지 원림園林과 정자와 유희하고 쾌락하는 장엄한 처소를 보시하면서 항상 생각하기를 '내가 마땅히 일체 중생에게 좋은 원림이 되리라. 내가 마땅히 일체 중생에게 법의 즐거움을 보여 주리라. 내가 마땅히 일체 중생에게 환희한 뜻을 베풀어 주리라. 내가 마땅히 일체 중생에게 그지없는 즐거움을 보여 주리라. 내가 마땅히 일체 중생에게 청정한 법문을 열어 주리라. 내가 마땅히 일체 중생에게 환희심을 내게 하리라. 내가 마땅히 일체 중생으로 하여금 부처님 보리를 얻게 하리라. 내가 마땅히 일체 중생으로 큰 소원을 이루게 하리라. 내가 마땅히 일체 중생에게 인자한 아버지와 같이 하리라. 내가 마땅히 일체 중생으로 하여금 지혜로 관찰케 하리라. 내가 마땅히 일체 중생에게 살아갈 도구를 보시하리라. 내가 마땅히 일체 중생에게 자애로운 어머니와 같이 하여 모든 선근과 큰 서원을 낳아 자라게 하리라' 합니다.

불자들이여, 보살마하살이 이와 같이 선근을 닦을 적에 악한 중생에게 고달프고 싫은 생각을 내지 아니하며, 또한 그릇되다 하여 버릴 생각을 일으키지도 아니하고 설사 세간에 가득한 모든 중생이 은혜 갚을 줄을 모르더라도 보살은 저들에게 한탄하는 마음이 없고, 잠깐이라도 은혜 갚기를 바라는 마음이 없으며, 다만 그들의 무량한 고통을 멸하려

합니다. 세간에 대하여는 마음이 허공과 같아서 물들지 아니하며, 모든 법의 진실한 모양을 관찰하고 큰 서원으로 중생의 고초를 멸하려 하며, 대승의 뜻과 소원을 영원히 버리지 않고, 온갖 소견을 멸하여 보살의 평등한 행과 원을 닦습니다.

 불자들이여, 보살마하살이 이렇게 관찰하고는 선근을 거두어서 모두 회향하나니, 이른바 일체 중생이 생각생각마다 한량없는 선한 법을 내어 위없는 원림을 이루려는 마음을 성취하여지이다. 일체 중생이 동요하지 않는 법을 얻어 여러 부처님을 뵈옵고 환희하게 하여지이다. 일체 중생이 불법 동산을 좋아하여 부처님 세계의 동산에서 묘한 낙을 얻어지이다. 일체 중생이 깨끗하고 묘한 마음을 얻어 여래의 신통한 원림을 항상 보아지이다.

 일체 중생이 부처님의 희락戱樂을 얻어 지혜의 경계에서 항상 유희하여지이다. 일체 중생이 유희하는 낙을 얻어 부처님 세계의 대중이 모인 도량에 두루 나아가지이다. 일체 중생이 보살의 해탈하는 유희를 성취하여 미래겁이 다하도록 보살의 행을 행하되 고달픔이 없어지이다. 일체 중생이 모든 부처님께서 법계에 충만하심을 보고 광대한 마음을 내어 부처님의 원림에 있게 하여지이다. 일체 중생이 모두 여러 부처님 세계에 나아가 낱낱 세계에서 부처님께 공양하여지이다. 일체 중생이 좋은 욕망을 얻어 모든 부처님의 세계를 청정하게 장엄하여지이다 합니다.

 이것이 보살마하살이 모든 원림과 정자를 보시하면서 선근으로 회향하는 것이니, 중생들로 하여금 모든 부처님의 유희와 모든 부처님의 원림을 보게 하려는 연고입니다.

 불자들이여, 보살마하살이 백천억 나유타 무량 무수한 광대하게 보시하는 모임을 짓는데, 온갖 것이 청정하여 부처님께서 인가하시는 바며, 한 중생도 해롭게 하지 않고, 중생들로 하여금 여러 나쁜 일을 버리고 삼업의 도를 깨끗이 합니다.

한량없는 백천억 나유타 아승기의 청정한 경계를 마련하며, 한량없는 백천억 나유타 아승기의 생활에 필요한 아름다운 물건들을 쌓아 놓고, 희유한 보리심을 내어 제한 없는 보시를 행하며, 중생들로 하여금 청정한 도에 머물게 하되, 처음과 중간과 나중이 모두 선하여 청정한 믿음과 이해를 내게 하며, 백천억 무량 중생의 마음에 좋아함을 따라 모두 환희하게 하며, 대자비로써 모든 이를 구호하여 삼세의 부처님들을 섬기고 공양하여 모든 부처님의 종성을 성취하게 하며, 보시를 행하되 중도에 후회하지 아니하고, 신근信根을 증장하며 수승한 행을 만족하여 생각생각마다 보시〔檀〕바라밀을 증진增進합니다.

보살이 이 때에 모든 선근으로 이렇게 회향하나니, 이른바 일체 중생이 대승심을 내어 모두 마하연摩訶衍의 보시를 성취하여지이다. 일체 중생이 크게 모여서 하는 보시〔大會施〕・모두 다하는 보시〔盡施〕・선한 보시〔善施〕・가장 훌륭한 보시〔最勝施〕・위없는 보시〔無上施〕・가장 위없는 보시〔最無上施〕・같을 이 없이 평등한 보시〔無等等施〕・세간을 초월한 보시〔超諸世間施〕・모든 부처님께서 칭찬하시는 보시〔一切諸佛所偁歎施〕를 능히 행하여지이다. 일체 중생이 으뜸가는 시주가 되어 여러 나쁜 갈래에서 중생들을 건져내어 걸림이 없는 지혜의 길에 들게 하며, 평등한 소원과 실상과 같은 선근을 닦아서 차별 없는 자기의 경계를 증득하는 지혜를 얻어지이다.

일체 중생이 고요한 선정의 지혜에 편안히 있으면서 죽지 않는 길에 들어가 모든 신통과 지혜를 끝까지 이루며 용맹하게 정진하여 여러 지위를 구족하고 불법을 장엄하며, 저 언덕에 이르러 영원히 퇴전하지 말아지이다. 일체 중생이 크게 보시하는 모임을 베풀되 고달픈 줄을 모르고, 중생들에 공급하고 구제하기를 쉬지 아니하고 위없는 온갖 가지를 아는 지혜를 끝까지 얻어지이다. 일체 중생이 항상 부지런히 온갖 선근을 심고, 한량없는 공덕의 저 언덕에 이르러지이다. 일체 중생이 부처님들의 칭찬을 받으며, 세간의 큰 시주가 되어 공덕이 구족하고 법계에 충만하여 시방에 두루 비치며 위없는 낙을 베풀어지이다. 일체 중생이 크게 보시하는 모임을 베풀고 선근을 널리 모으며, 중생들을 평등하게 포섭하여 저 언덕에 이르러지이다.

일체 중생이 가장 수승한 보시를 이루어 중생들로 하여금 제일승第一乘에 머물게 하여지이다. 일체 중생이 시기에 알맞은 보시를 하여 때 아닌 때[非時]를 떠나서 끝까지 크게 보시하여지이다. 일체 중생이 선한 보시를 성취하여 부처님 장부의 크게 보시하는 저 언덕에 이르러지이다. 일체 중생이 끝까지 크게 장엄하는 보시를 행하며, 다 모든 부처님으로 스승을 삼고 모두 친근하여 큰 공양을 일으켜지이다. 일체 중생이 청정한 보시에 머물고 법계와 같은 무량한 복덕을 모아 저 언덕에 이르러지이다. 일체 중생이 모든 세간에서 큰 시주가 되어 여러 중생을 제도하여 여래의 지위에 머물게 하여지이다 합니다.

이것이 보살마하살이 크게 보시하는 모임을 베풀면서 선근으로 회향하는 것이니, 중생들로 하여금 위없는 보시와 끝까지 부처에 이르는 보시와 선을 성취하는 보시와 깨뜨릴 수 없는 보시와 부처님께 공양하는 보시와 성냄과 원한이 없는 보시와 중생을 구제하는 보시와 온갖 지혜를 이루는 보시와 부처님들을 항상 보는 보시와 잘 정진하는 보시와 모든 보살의 공덕과 부처님의 지혜를 성취하는 광대한 보시를 행하게 하려는 연고입니다.

불자들이여, 보살마하살이 생활에 필요한 모든 물건을 보시하되 아까워하는 생각도 없고 과보를 바라지도 않고, 세상의 부귀에 욕망이 없으며 망상을 여의었고 법을 잘 생각하며, 일체 중생을 이익하기 위하여 모든 법의 참 성품을 자세히 관찰하며, 중생이 가지가지 다르고 작용과 요구가 제각기 다름을 따라서, 생활에 필요한 한량없는 도구를 마련하는데, 꾸미고 장엄한 것이 아름답고 묘한 것으로써 끝없는 보시를 행하며, 온갖 보시를 행하여 안팎 것을 모두 다 보시하였습니다.

　이런 보시를 행할 적에 좋아하는 생각이 늘어나고 큰 공덕을 얻어서 마음의 보배를 성취하였으며, 일체 중생을 항상 수호하여 수승한 지원志願을 내게 하면서도 처음부터 보답을 바라는 마음이 없고, 지은 선근은 삼세의 부처님과 평등하여 그것으로 온갖 가지를 아는 지혜[一切種智]를 원만히 합니다.

　불자들이여, 보살마하살이 이렇게 보시하여 생기는 선근으로 중생에게 회향하나니, 원컨대 일체 중생이 청정하게 조복하여지이다. 일체 중생이 번뇌를 제멸하고 모든 부처님 세계를 아름답게 장엄하여지이다. 일체 중생이 청정한 마음으로 잠깐 동안에 법계에 두루하여지이다. 일체 중생의 지혜가 허공과 법계에 충만하여지이다. 일체 중생이 온갖 지혜를 얻고 삼세에 들어가서 중생을 조복하며, 어느 때에나 청정하고 물러나지 않는 법 수레를 항상 굴려지이다. 일체 중생이 온갖 지혜를 갖추고 신통과 방편을 나타내어 중생들을 이익케 하여지이다.

　일체 중생이 모두 부처님 보리에 들어가서 오는 세월이 끝나도록 시방세계에서 항상 바른 법을 쉬지 않고 연설하며 중생들이 모두 듣고 알게 하여지이다. 일체 중생이 한량없는 겁에 보살의 행을 닦아 모두 원만하여지이다. 일체 중생이 모든 세계에서 물들었거나 깨끗하거나 작거나 크거나 굵거나 가늘거나 엎어졌거나 잦혀졌거나, 한 가지로 장엄하였거나 가지가지로 장엄하였거나 간에 말할 수 있는 세계 수효 중의 여러 세계 가운데서 보살의 행을 닦아 두루하지 않은 데가 없어지이다.

일체 중생이 찰나찰나마다 삼세의 모든 불사를 지으면서 중생들을 교화하여 온갖 지혜에 향하여지이다 합니다.

㈏ 통틀어 맺음

불자들이여, 보살마하살이 중생들의 요구에 따라 이러한 아승기의 물건으로 보시하여 주나니, 불법이 이어져 끊어지지 않게 하며, 대비大悲로 모든 중생을 구호하여 크게 인자한 데 머물러 보살의 행을 닦게 하며, 부처님의 가르친 말씀을 어기지 아니하고, 교묘한 방편으로 여러 가지 선한 일을 수행하여 부처님들의 종성種性을 끊이지 않게 하기 위하여, 구하는 대로 보시하되 싫어하는 마음이 없고, 모든 것을 버리면서도 중간에 후회하는 일이 없으며, 온갖 지혜의 길로 부지런히 회향합니다.

이 때에 시방세계의 가지가지 형상과 가지가지 갈래와 가지가지 복밭이 모두 모여 보살에게 와서 가지가지로 달라는 것을 보살이 보고는 모두 거두어들이되, 환희한 마음으로 선지식을 대하는 듯하며, 대비로 불쌍하게 생각하고 그의 소원을 채우려 하며, 보시하는 마음[捨心]이 증장하여 쉬지도 않고 고달프지도 않으며, 구하는 대로 만족케 하여 빈궁한 고통을 여의게 합니다.

이 때에 구걸하는 이들이 크게 기뻐서 전하고 전하여져 은덕을 찬탄하여 훌륭한 소문이 멀리까지 퍼져서 여러 곳에서 돌아오거늘, 보살이 보고는 한량없이 환희하니, 설사 백천억 나유타겁 동안 제석천의 낙을 받거나, 무수한 겁 동안 야마천의 낙을 받거나, 한량없는 겁 동안 도솔천의 낙을 받거나, 그지없는 겁 동안 화락천化樂天의 낙을 받거나, 비할 데 없는 겁 동안 타화자재他化自在천의 낙을 받거나, 셀 수 없는 겁 동안 범천의 낙을 받거나, 일컬을 수 없는 겁 동안 전륜왕이 삼천 국토를 통치하는 낙을 받거나, 생각할 수 없는 겁 동안 변정천編淨天의 낙을 받거나, 말할 수 없는 겁 동안 정거천淨居天의 낙을 받는 것으로는 미칠 수 없습니다.

보살마하살이 구걸하는 이가 오는 것을 보고는, 환희하여 좋아하고 기뻐 뛰며 신심이 증장하고 생각이 청정하고 여러 감관이 조복되고 믿고 이해함이 만족하며, 내지 부처님의 보리가 증장합니다.

불자들이여, 보살마하살이 이러한 선근으로써 일체 중생을 이익하려고 회향하며, 일체 중생을 안락케 하려고 회향하며, 일체 중생으로 하여금 큰 이치와 이익을 얻게 하려고 회향하며, 일체 중생을 청정케 하려고 회향하며, 일체 중생이 보리를 구하게 하려고 회향하며, 일체 중생이 평등을 얻게 하려고 회향하며, 일체 중생이 선한 마음을 얻게 하려고 회향하며, 일체 중생이 마하연에 들게 하려고 회향하며, 일체 중생이 선한 지혜를 얻게 하려고 회향하며, 일체 중생이 모두 보현보살의 행과 원을 갖추고 십력의 승乘을 만족하여 정각을 이루게 하려고 회향합니다.

불자들이여, 보살마하살이 모든 선근으로 이렇게 회향할 때에 몸과 입과 뜻으로 짓는 업이 모두 해탈하여 집착도 없고 속박도 없으며, 중생이란 생각[衆生想]도 없고, 오래 산다는 생각[命者想]도 없고, 보특가라라는 생각[補伽羅想]도 없고, 사람이라는 생각[人想]도 없고, 동자라는 생각[童子想]도 없으며, 생겨난 이란 생각[生者想]도 없고, 짓는 이란 생각[作者想]도 없고, 받는 이란 생각[受者想]도 없습니다.

있다는 생각[有想]도 없고, 없다는 생각[無想]도 없으며, 이 세상과 오는 세상이란 생각[今世後世想]도 없고, 여기서 죽어 저기 난다는 생각[死此生彼想]도 없으며, 항상하다는 생각[常想]도 없고, 무상하다는 생각[無常想]도 없으며, 삼유라는 생각[三有想]도 없고, 삼유가 없다는 생각[無三

有想]도 없으며, 생각[想]도 아니고, 생각이 아닌 것[非想]도 아닙니다.

이와 같이 속박이 아닌 것으로 회향하며, 속박을 푼 것이 아닌 것으로 회향하며, 업이 아닌 것으로 회향하며, 업의 과보가 아닌 것으로 회향하며, 분별이 아닌 것으로 회향하며, 분별 없음이 아닌 것으로 회향하며, 생각이 아닌 것으로 회향하며, 생각하여 마침이 아닌 것으로 회향하며, 마음이 아닌 것으로 회향하며, 마음이 없음이 아닌 것으로 회향합니다.

불자들이여, 보살마하살은 이렇게 회향할 때에, 안에도 집착하지 않고 밖에도 집착하지 않고, 반연하는 데[能緣]도 집착하지 않고, 반연할 것[所緣]에도 집착하지 않고, 인에도 집착하지 않고, 과에도 집착하지 않고, 법에도 집착하지 않고, 법이 아닌 데도 집착하지 않고, 생각에도 집착하지 않고, 생각이 아닌 데도 집착하지 않으며, 색色에도 집착하지 않고, 색이 나는 데[色生]도 집착하지 않고, 색이 멸하는 데[色滅]도 집착하지 않으며, 수受·상想·행行·식識에도 집착하지 않고, 수·상·행·식이 나는 데도 집착하지 않고, 수·상·행·식이 멸하는 데도 집착하지 않습니다.

불자들이여, 보살마하살이 만일 능히 이 모든 법에 집착하지 않으면, 색에도 속박되지 않고, 색이 나는 데도 속박되지 않고, 색이 멸하는 데도 속박되지 않으며, 수·상·행·식에도 속박되지 않고, 수·상·행·식이 나는 데도 속박되지 않고, 수·상·행·식이 멸하는 데도 속박되지 않습니다.

만일 이 모든 법에 능히 속박되지 않으면 곧 모든 법에 해탈하지도 않을 것입니다.

그 까닭을 말하면, 조그만 법도 지금 나거나 이미 났거나 장차 날 것이 없으므로, 법을 취할 수도 없고, 법에 집착할 수도 없나니, 온갖 법이 제 모양이 그러하며, 제 성품이 없나니, 스스로의 성품과 모양을 여의었습니다.

 하나도 아니고 둘도 아니며, 여럿도 아니고 무량한 것도 아니며, 작은 것도 아니고 큰 것도 아니며, 좁은 것도 아니고 넓은 것도 아니며, 깊은 것도 아니고 얕은 것도 아니며, 고요한 것도 아니고 희론거리도 아니며, 옳은 곳[處]도 아니고 그른 곳[非處]도 아니며, 옳은 법도 아니고 그른 법도 아니며, 자체도 아니고 자체가 아닌 것도 아니며, 있는 것도 아니고 있지 않는 것도 아닙니다.

 보살이 이와 같이 관찰하면 모든 법이 곧 그른 법[非法]이 되거니와, 말로써 세상을 따라 건립建立하면 그른 법이 법이 되나니, 모든 업의 도를 끊지 아니하고 보살의 행을 버리지 않으면서 온갖 지혜를 구하면 마침내 퇴전함이 없습니다.

 일체 업과 인연이 꿈과 같고, 음성이 메아리와 같고, 중생이 그림자와 같고, 모든 법이 허깨비와 같음을 알지마는, 그러나 인연과 업의 힘을 망가뜨리는 것이 아니므로 업의 작용이 광대한 줄을 알 것이니, 온갖 법이 하나도 짓는 일이 없음을 이해하면서도 지음이 없는 도를 행하여 잠깐도 폐하지 않습니다.

 불자들이여, 보살마하살이 온갖 지혜에 머무르고는, 옳은 곳이나 그른 곳이나 간에 모두 온갖 지혜의 성품으로 회향하는 것이며, 모든 곳에 두루 회향하여 퇴전함이 없습니다.

 무슨 뜻으로 회향廻向이라 이름하는가. 세간을 영원히 건너 저 언덕에 이르게 하므로 회향이라 하고, 여러 가지 쌓인 것[諸蘊]에서 길이 벗어나 저 언덕에 이르게 하므로 회향이라 하고, 말로 하는 길[言語道]을 건너서 저 언덕에 이르게 하므로 회향이라 하고, 가지가지 생각을 떠나서 저 언덕에 이르게 하므로 회향이라 하고, 몸이란 소견[身見]을 끊고 저 언덕에 이르게 하므로 회향이라 하고, 의지한 곳을 아주 여의어 저 언덕에 이르게 하므로 회향이라 하고, 짓는 일을 영원히 끊고 저 언덕에 이르게 하므로 회향이라 하고, 모든 유有에서 벗어나 저 언덕에 이르게 하므로 회향이라 하고, 모든 취取를 버리고 저 언덕에 이르게 하므로 회향이라 하고, 세상 법을 영원히 떠나서 저 언덕에 이르게 하므로 회향이라 합니다.

불자들이여, 보살마하살이 이렇게 회향할 때에 곧 부처님을 따라 머물며, 법을 따라 머물며, 지혜를 따라 머물며, 보리를 따라 머물며, 이치를 따라 머물며, 회향을 따라 머물며, 경계를 따라 머물며, 행을 따라 머물며, 진실함을 따라 머물며, 청정을 따라 머뭅니다.

불자들이여, 보살마하살이 이렇게 회향하는 것이 곧 일체 법을 분명히 통달함이며, 모든 부처님을 섬김이니 한 부처님도 섬기지 아니함도 없고, 한 법도 공양치 아니함이 없으며, 한 법도 파괴하지 아니함이 없고, 한 법도 어김이 없으며, 한 물건도 탐할 것이 없고, 한 법도 싫을 것이 없으며, 안과 밖에 있는 모든 법이 조금도 파괴되거나 인연의 도리를 어김을 보지 아니하며, 법력이 구족하여 쉬지 아니합니다.

불자들이여, 이것이 보살마하살의 견고한 일체 선근을 따르는 제6 회향입니다.

보살마하살이 이 회향에 머무는 때에는 항상 부처님들의 호념하심이 되며, 견고하고 물러남이 없이 깊은 법의 성품에 들어가며, 온갖 지혜를 닦아서 법의 뜻을 따르고 법의 성품을 따르며, 일체의 견고한 선근을 따르며, 일체의 원만한 큰 서원을 따르며, 견고한 법을 구족하게 따르며, 일체의 금강으로도 깨뜨릴 수 없으며, 모든 법 가운데서 자재함을 얻습니다."

그 때에 금강당보살이 시방을 관찰하고 회중을 관찰하며 법계를 관찰하고 글귀의 깊은 뜻에 들어갔다. 무량하고 광대한 마음을 닦고, 대비심으로 두루 세간을 덮고, 과거・미래・현재의 부처님 종성(種性)의 마음을 기르며, 모든 부처님의 공덕에 들어가서 모든 부처님의 자재하신 몸을 성취하며, 중생들의 좋아하는 마음을 살피고, 성숙할 수 있는 선근을 따라서, 법성의 몸[法性身]을 의지하여 색신을 나타내고, 부처님의 신력을 받들어 게송으로 말하였다.

> 보살이 몸을 나퉈 국왕 되시니
> 세간의 지위에선 짝할 이 없고
> 복덕과 광명 위엄 가장 나으사
> 중생을 두루 위해 이익을 짓네.
>
> 그 마음 청정하여 물들지 않고
> 세상에 자재하여 모두 다 공경하네.
> 바른 법을 널리 펴 가르치오매
> 중생들로 하여금 안락을 얻게 하네.
>
> 귀족 중에 태어나 왕이 되시고
> 바른 교법 의지해 법 수레 굴리네.
> 성품이 인자하고 해독 없으니
> 시방이 우러러 교화를 좇네.
>
> 지혜로 분별함이 항상 밝으며
> 몸매로나 재능이 두루 구족해
> 온 나라 통치하니 모두 다 복종하고

마군을 쳐부수어 남김 없으며,

계율을 잘 지키어 범하지 않고
결정한 뜻 참고참아 흔들림 없고
성내고 분한 마음 길이 없애어
부처님 법 수행하기 항상 즐기네.

음식이나 향과 화만 의복들이며
수레와 말과 평상과 자리와 등불
보살은 이 모두를 남에게 주고
그 외에 온갖 물건도 다 내어주네.

중생을 이익하려 보시 행하며
그들이 광대한 맘 내게 하나니
높으신 곳이거나 다른 곳이나
생각이 청정하여 환희심 내네.

보살이 모든 이에게 보시할 때는
안팎으로 가진 것을 모두 내주되
그 마음 언제라도 항상 청정해
잠깐도 용렬한 맘 내지 않나니,

머리도 보시하고 눈도 빼 주며
손이나 발이거나 살과 가죽도
뼈도 주고 골수나 다른 것까지

모두 다 보시해도 아낌이 없네.

보살의 몸 국왕의 자리에 올라
문벌도 좋거니와 인간의 최상인데
입 벌리고 혀 내어 중생에게 베푸니
그 마음 환희하고 염려함 없네.

저렇게 혀 보시한 공덕으로써
수많은 중생에게 회향하면서
이 뛰어난 인연으로 서원하기를
여래의 광장설廣長舌을 얻어지이다.

처자와 왕의 지위 내어주고
그 몸으로는 하인 되지만
마음이 청정하고 항상 환희해
이와 같이 모든 것에 후회함 없네.

달라는 것 따라서 베풀어 주고
때맞추어 공급하기 가쁜 줄 몰라
내게 있는 모든 것 능히 버리며
구하는 모든 사람 만족케 하네.

법문을 듣기 위해 몸을 바치고
모든 고행 닦아서 보리 구하며
다시 중생 위하여 모두 버리되

최상 지혜 구하여 퇴전치 않네.

부처님께 바른 법 듣기 위하여
이 몸을 바쳐가며 시중을 들고
중생들을 구제하기 위하여서는
한량없이 환희한 맘을 내오며,

대도사大導師 세존께서 자비심으로
중생들 이익하심 그가 보고는
즐거워 뛰놀면서 기쁜 맘으로
여래의 깊은 법문 듣기 청하네.

보살이 가지었던 모든 선근을
중생에게 골고루 회향하여서
하나도 빠짐없이 모두 구호해
영원히 해탈하여 안락케 하네.

보살께 달려 있는 여러 권속들은
얼굴도 단정하고 말도 잘하며
화만과 좋은 의복 여러 가지 향
가지가지 장엄을 모두 구족해.

이러한 모든 권속 희유하거늘
보살은 이런 것을 모두 보시해
정각을 구하고 중생도 제도

이 마음 잠깐도 버리지 않네.

보살은 이같이 깊이 생각하고
가지가지 광대한 업 갖춰 행하여
모두 다 중생에게 회향하지만
조금도 집착심을 내지 않는다네.

보살이 임금 자리 능히 버리고
나라나 도시거나 궁전들이나
누각과 원림이나 시중들까지
모두 다 보시하되 아끼지 않아

저 한량없는 백천겁 동안
곳곳마다 다니면서 보시 베풀고
모든 중생 가르치고 인도하여서
위없는 저 언덕에 오르게 하네.

한량없이 차별한 여러 종류들
시방의 세계에서 와서 모이니
보살이 한 번 보고 환희한 마음
부족한 것을 주어 만족케 하며,

삼세의 부처님들 회향하듯이
보살도 그런 업을 모두 닦으며
조어장부調御丈夫 천인사天人師 행하신 대로

모두 따라 배워서 저 언덕 가네.

보살이 모든 법 관찰하기를
누가 능히 이 법에 들어가려나
어떤 것을 든다 하며, 든 덴 어딘가
보시하는 마음은 머문 데 없네.

보살은 교묘한 지혜에 회향하고
보살은 방편법에 회향하며
보살은 참된 이치에 회향하지만
그런 법에 조금도 집착이 없네.

마음은 모든 업을 분별치 않고
업 지어 과 받는 데 물들지 않고
보리 성품 인연으로 생김을 알아
법계에 들어가서 어기지 않네.

업보는 몸 가운데 있지도 않고
마음을 의지하여 있지도 않아
지혜로 알고 보면 업이 없지만
인연으론 없지도 아니하나니,

지나간 법 허망하게 취하지 않고
미래 일도 탐착하지 않으며
현재에 머물지도 않나니

삼세가 공한 줄을 통달하였네.

보살은 색色의 언덕 이르렀으며
수·상·행·식도 또한 그러해
세간의 생사에서 벗어났으니
그 마음 겸손하고 항상 청정해,

오온이나 십팔계나 십이처들과
자기의 몸까지를 관찰하고서
이 하나하나에서 보리를 구하려 하나
그 성품을 끝까지 얻을 수 없네.

모든 법이 항상하다 취하지 않고
아주 없단 소견에도 집착 아니해
법의 성품 있도 않고 없도 않지만
업의 이치 차례로 다함이 없네.

모든 법에 머물러 있지도 않고
중생이나 보리를 보지도 않아
시방 국토 삼세 가운데에서
끝까지 찾지마는 얻을 수 없네.

이렇게 모든 법을 관찰한다면
부처님의 이해함과 같을 것이니
그 성품 구하여서 찾지 못해도

보살의 행하는 일 헛되지 않네.

인연으로 법 있음을 보살은 알아
일체의 행할 도를 어기지 않고
모든 업의 자취 열어 보임은
중생들을 청정케 하려 함이니

이것이 지혜론 이 실행하는 길
모든 여래 말씀하신 가르침이라
여덟 가지 바른 뜻을 늘 생각하면
자연히 보리도를 깨쳐 이루리.

모든 법은 생함도 멸함도 없고
오는 것도 가는 것도 역시 없나니
예서 죽어 저기에 나지 않으면
이 사람은 불법을 깨달아 알리.

모든 법의 참 성품 분명히 알면
모든 법의 성품에 분별이 없고
법의 성품 분별이 없음을 알면
이 사람은 부처 지혜에 잘 들어가리.

법의 성품 온갖 곳에 두루 있으며
모든 중생들과 온갖 국토와
삼세에 모두 있어 남음 없지만

그래도 그 형상 얻을 수 없네.

수많은 부처님들 깨달은 것을
모두 다 거두어서 남기지 않고
삼세의 모든 법을 비록 설하시나
이런 법은 하나도 있는 것 아니니

법의 성품 일체에 두루함 알면
보살의 회향함도 그런 것이니
이렇게 중생들에게 항상 회향해
세간에서 언제나 퇴전치 않네.

대방광불화엄경 제29권

제29권

25. 십회향품 ⑦

8) 제7회향

"불자들이여, 무엇을 보살마하살의 일체 중생을 평등하게 따라주는 회향[隨順一切衆生廻向]이라 하는가.

불자들이여, 이 보살마하살이 가는 곳마다 일체 선근을 쌓아 모으나니, 이른바 작은 선근[小善根]・큰[大] 선근・넓은[廣] 선근・많은[多] 선근・한량없는[無量] 선근・가지가지[種種] 선근・티끌 수 같은 [微塵數] 선근・아승기[阿僧祇] 선근・한계가 없는[無邊際] 선근・생각할 수 없는 [不可思] 선근・헤아릴 수 없는[不可量] 선근이며, 부처님 경계[佛境界] 선근・법 경계[法境界] 선근・승 경계[僧境界] 선근・선지식 경계[善知識境界] 선근・일체 중생 경계[一切衆生境界] 선근・방편의 공교한 경계[方便善巧境界] 선근・선한 마음 닦는 경계[修諸善心境界] 선근・안 경계[內境界] 선근・바깥 경계[外境界] 선근・그지없는 도를 돕는 법 경계[無邊助道法境

界〕 선근입니다.

또 모든 보시를 부지런히 닦는〔勤修一切捨〕 선근·훌륭한 뜻을 세워 끝까지 계율을 지니는〔立勝志究境持淨戒〕 선근·일체를 버리고 모두 받아 참는〔一切捨無不受堪忍〕 선근·항상 정진하는 마음이 물러나지 않는〔常精進心無退〕 선근·큰 방편으로 무량한 삼매에 들어가는〔大方便入無量三昧〕 선근·지혜로 잘 관찰하는〔以智慧善觀察〕 선근·모든 중생의 마음과 행동의 차별함을 아는〔知一切衆生心行差別〕 선근·그지없는 공덕을 모으는〔集無邊功德〕 선근·보살의 업과 행을 부지런히 닦는〔勤修習菩薩業行〕 선근·일체 세간을 덮어 기르는〔普覆育一切世間〕 선근입니다.

불자들이여, 보살마하살이 이 선근을 닦아 행하고, 편안히 머물고, 나아가 들고, 거두어 가지고, 쌓아 모으고, 마련하여 갖추고, 깨달아 알고, 마음이 깨끗하며, 열어 보이고, 발하여 일으킬 적에, 참는 마음을 얻고 나쁜 갈래의 문을 닫으며, 여러 감관을 잘 거두어 위의가 구족하며, 전도함을 멀리 떠나서 바른 행이 원만하며, 여러 부처님의 법 그릇이 되어 중생들의 복밭을 지으며, 부처님의 호념하심이 되어 부처님의 선근을 증장하며, 부처님의 서원에 머물러 부처님의 사업을 행하며, 마음이 자재함이 삼세의 부처님과 평등하여 부처님의 도량에 나아가며, 여래의 힘을 지니는 경지에 들어가고 부처님의 상호를 갖추어 세간을 초월하며, 천상에 나기를 좋아하지 않고 부귀를 탐하지 않으며, 온갖 행상에 집착하지 않고 일체 선근을 모두 회향합니다.

중생들의 공덕장이 되고 구경의 도〔究竟道〕에 머물러 모든 것을 널리 덮어주며, 허망한 길에서 중생을 구해내어 모든 선한 법에 머물게 하며, 여러 경계에 두루하여 끊임도 없고 다함도 없으며, 온갖 지혜에 나아가는 보리의 문을 열고, 지혜의 당기를 세워 큰 도를 깨끗이 장엄하며, 모든 세간에 두루 나타나서 물든 때를 덜게 하며, 마음이 잘 조복되어 여래의 가문에 나며, 부처님의 종성을 깨끗이 하여 공덕이 구족하며, 큰 복밭을 지어 세상에서 의지할 곳이 되며, 중생을 나란히 정돈하여 모두 청정케 하려고, 항상 모든 선근을 부지런히 닦습니다.

불자들이여, 보살마하살이 깨끗한 지원志願과 보리심의 힘으로 선근을 닦을 적에 생각하기를 '이 모든 선근은 보리심으로 쌓아 모은 것이며, 보리심으로 생각한 것이며, 보리심으로 일으킨 것이며, 보리심으로 지원한 것이며, 보리심으로 증장한 것이니, 일체 중생을 딱하게 여긴 것이며, 온갖 가지 지혜를 구하기 위함이며, 여래의 십력十力을 성취하기 위한 것이로다' 하나니, 이렇게 생각할 때에 선근이 더욱 늘어서 길이 퇴전하지 않습니다.

불자들이여, 보살마하살이 또 생각하나니, 원컨대 나는 이 선근의 과보로 오는 세월이 다하도록 보살의 행을 닦아서, 모두 일체 중생에게 보시하며, 모두 일체 중생에게 회향하여 두루 가득하고 남기는 것이 없어지이다.

원컨대 아승기 세계에 보배가 가득하고, 아승기 세계에 의복이 가득하고, 아승기 세계에 묘한 향이 가득하고, 아승기 세계에 장엄거리가 가득하고, 아승기 세계에 한량없는 마니보배가 가득하고, 아승기 세계에 묘한 꽃이 가득하고, 아승기 세계에 좋은 음식이 가득하고, 아승기 세계에 재물이 가득하고, 아승기 세계에 평상이 가득하되, 보배 휘장을 두르고 좋은 천을 깔았으며, 아승기 세계에 가지가지로 장엄한 보배관이 가득하여서, 가령 어떤 사람이 오는 세월이 끝나도록 항상 와서 구걸을 하면, 이런 물건으로 보시하되, 싫어하는 생각도 없고 쉬지도 아니하리니, 한 사람에게와 같이 일체 중생에게도 다 그렇게 하여지이다' 합니다.

불자들이여, 보살마하살이 이렇게 보시할 적에 거짓 마음이 없고, 희망하는 마음도 없고, 명예를 위하는 마음도 없고, 중간에 후회하는 마음도 없고, 번뇌하는 마음도 없으며, 다만 온갖 지혜를 구하는 마음과 모든 것을 버리는 마음과 중생들을 불쌍히 여기는 마음과 교화하여 성숙하려는 마음과, 온갖 지혜의 지혜에 머물게 하려는 마음을 냅니다.

불자들이여, 보살마하살이 이런 선근으로 이렇게 회향하며, 미래겁이 끝나도록 항상 보시를 행하여 온갖 지혜의 지혜에 머뭅니다.

불자들이여, 보살마하살이 또 생각하나니, 내가 한 중생을 위하여서, 아승기 세계에 코끼리가 가득케 하되, 일곱 부분〔七支〕이 구족하고 성질이 유순하며, 위에 황금 깃대를 세우고 황금 그물을 덮었으며, 가지가지 기묘한 보배로 장엄하였거든, 그런 것으로 보시하여지이다. 또 아승기 세계에 말이 가득케 하되, 용과 같은 말들이 가지각색 보배로 된 장엄거리로 꾸몄거든, 그런 것으로 보시하여지이다. 또 아승기 세계에 기생들이 가득케 하되, 모두 가지가지 아름다운 음악을 잡히거든, 그런 것으로 보시하여지이다. 또 아승기 세계에 남자와 여자가 가득케 하여 그것으로 보시하여지이다.

또 아승기 세계에 내 몸이 가득하되, 보리심을 내어서 보시하여지이다. 또 아승기 세계에 내 머리가 가득하되, 게으르지 않은 마음을 일으켜 보시하여지이다. 또 아승기 세계에 내 눈이 가득한 것으로 보시하여지이다. 또 아승기 세계에 내 몸의 피와 살과 골수가 가득한 것을 아무 고려도 없이 보시하여지이다. 또 아승기 세계에 자재한 왕의 지위가 가득한 것으로 보시하여지이다. 또 아승기 세계에 노복과 사환이 가득한 것으로 보시하여지이다 합니다.

보살마하살이 이러한 가지가지 물건으로써 오는 세월이 끝나도록 온갖 것을 보시하려는 광대한 마음에 머물러서 일체 중생에게 보시하나니, 한 중생에게와 같이 온 중생계의 일체 중생에게도 다 이렇게 보시합니다.

불자들이여, 보살마하살이 한 세계에서 오는 세월이 끝나도록 보살의 행을 닦으면서 이런 물건으로 한 중생에게 보시하나니, 이와 같이 일체 중생에게 베풀어 주어 모두 만족케 하며, 한 세계에서와 같이 온 허공과 법계에 가득한 모든 세계에서도 다 이와 같이 하되, 큰 자비가 널리 덮이어 조금도 쉬지 아니하며, 모두 불쌍히 여기어서 그들에게 필요한 대로 공급하며, 보시하는 행이 인연을 만나서 쉬게 하지 아니하며, 내지 손가락 한 번 튀길 동안이라도 고달프다는 생각을 내지 아니합니다.

불자들이여, 보살마하살이 이렇게 보시할 적에 이런 마음을 내나니, 이른바 집착이 없는 마음〔無著心〕・결박이 없는 마음〔無縛心〕・해탈하는 마음〔解脫心〕・큰 힘을 가진 마음〔大力心〕・매우 깊은 마음〔甚深心〕・잘 거두어주는 마음〔善攝心〕・고집이 없는 마음〔無執心〕・오래 산다는 것이 없는 마음〔無壽者心〕・잘 조복한 마음〔善調伏心〕・산란치 않은 마음〔不散亂心〕・허망하게 억측하지 않는 마음〔不妄計心〕・가지가지 참 성품을 갖춘 마음〔具種種實性心〕・과보를 구하지 않는 마음〔不求果報心〕・모든 법을 분명히 아는 마음〔了達一切法心〕・큰 회향에 머무는 마음〔住大廻向心〕・모든 이치를 잘 결정하는 마음〔善決諸義心〕・일체 중생으로 위없는 지혜에 머물게 하는 마음〔一切衆生住無上智心〕・큰 법의 광명을 내는 마음〔大法光明心〕・온갖 지혜의 지혜에 들어가는 마음〔入一切智智心〕입니다.

불자들이여, 보살마하살이 모은 바 선근으로써 잠깐잠깐 동안에 이렇게 회향하나니, 이른바 일체 중생이 재물이 풍족하여 모자람이 없어지이다. 일체 중생이 그지없는 큰 공덕장을 성취하여지이다. 일체 중생이 모든 편안하고 쾌락함을 구족하여지이다. 일체 중생이 보살마하살의 업을 증장하여지이다. 일체 중생이 무량하고 제일되는 좋은 법을 이루어지이다. 일체 중생이 퇴전하지 않는 온갖 지혜의 법을 얻어지이다. 일체 중생이 시방의 여러 부처님을 모두 뵐지이다. 일체 중생이 세간의 번뇌와 때를 영원히 여의어지이다. 일체 중생이 모두 평등하고 청정한 마음을 얻어지이다. 일체 중생이 모든 험난한 곳을 떠나서 온갖 지혜를 얻어지이다 합니다.

불자들이여, 보살마하살이 이렇게 회향할 적에 환희한 마음을 내나니, 일체 중생으로 하여금 이익과 안락을 얻게 하려는 연고며, 일체 중생으로 하여금 평등한 마음을 얻게 하려는 연고며, 일체 중생으로 하여금 능히 버리는 마음에 머물게 하려는 연고며, 일체 중생으로 하여금 모든 것을 보시하려는 마음에 머물게 하려는 연고며, 일체 중생으로 하여금 환희하게 보시하는 마음에 머물게 하려는 연고며, 일체 중생으로 하여금 영원히 빈궁을 여의는 마음에 머물게 하려는 연고며, 일체 중생으로 하여금 모든 보물을 보시하는 마음에 머물게 하려는 연고며, 일체 중생으로 하여금 무수한 재물을 보시하는 마음에 머물게 하려는 연고며, 일체 중생으로 하여금 널리 보시하고 한량없이 보시하고 모든 것을 보시하는 마음에 머물게 하려는 연고며, 일체 중생으로 하여금 오는 세월이 끝나도록 간단없이 보시하는 마음에 머물게 하려는 연고며, 일체 중생으로 하여금 온갖 것을 버리되 후회와 번뇌가 없이 보시하는 마음에 머물게 하려는 연고입니다.

또 일체 중생으로 하여금 모든 살림살이를 다 버려서 보시하는 마음에 머물게 하려는 연고며, 일체 중생으로 하여금 따라서 보시하는 마음에 머물게 하려는 연고며, 일체 중생으로 하여금 거두어 주어서 보시하는 마음에 머물게 하려는 연고며, 일체 중생으로 하여금 광대하게 보시하는 마음에 머물게 하려는 연고며, 일체 중생으로 하여금 무량한 장엄거리를 버려서 공양하고 보시하는 마음에 머물게 하려는 연고며, 일체 중생으로 하여금 집착이 없이 보시하는 마음에 머물게 하려는 연고며, 일체 중생으로 하여금 평등하게 보시하는 마음에 머물게 하려는 연고며, 일체 중생으로 하여금 금강처럼 아주 큰 힘으로 보시하는 마음에 머물게 하려는 연고며, 일체 중생으로 하여금 해의 광명과 같이 보시하는 마음에 머물게 하려는 연고며, 일체 중생으로 하여금 여래의 지혜를 포섭하고 보시하는 마음에 머물게 하려는 연고입니다.

　일체 중생으로 하여금 선근의 권속을 구족케 하려는 연고며, 일체 중생으로 하여금 선근의 지혜가 항상 앞에 나타나게 하려는 연고며, 일체 중생으로 하여금 깨뜨릴 수 없는 청정한 마음이 원만함을 얻게 하려는 연고며, 일체 중생으로 하여금 가장 나은 청정한 선근을 성취케 하려는 연고며, 일체 중생으로 하여금 번뇌와 수면睡眠 속에서 깨달음을 얻게 하려는 연고며, 일체 중생으로 하여금 모든 의혹을 멸하게 하려는 연고며, 일체 중생으로 하여금 평등한 지혜와 깨끗한 공덕을 얻게 하려는 연고며, 일체 중생으로 하여금 공덕이 원만하여 파괴할 이가 없게 하려는 연고며, 일체 중생으로 하여금 청정하고 동요하지 않는 삼매를 구족케 하려는 연고며, 일체 중생으로 하여금 깨뜨릴 수 없는 온갖 지혜의 지혜에 머물게 하려는 연고입니다.

　일체 중생으로 하여금 보살의 한량없이 청정한 신통의 행을 이루게 하려는 연고며, 일체 중생으로 하여금 집착이 없는 선근을 닦아 모으게 하려는 연고며, 일체 중생으로 하여금 과거·미래·현재의 모든 부처님의 마음이 청정함을 생각하게 하려는 연고며, 일체 중생으로 하여금 모든 마군이 지은 업과 도를 장애하는 법을 멸하게 하려는 연고며, 일체 중생으로 하여금 걸림 없이 청정하고 평등한 공덕의 법을 구족케 하려는 연고며, 일체 중생으로 하여금 광대한 마음으로 부처님을 생각하여 게으름이 없게 하려는 연고며, 일체 중생으로 하여금 모든 선근의 문을 열고 희고 깨끗한 법을 두루 원만케 하려는 연고며, 일체 중생으로 하여금 무량한 마음과 광대한 마음과 가장 나은 마음이 모두 청정케 하려는 연고입니다.

일체 중생으로 하여금 청정하고 평등하게 보시하는 마음을 성취케 하려는 연고며, 일체 중생으로 하여금 부처님의 지계持戒바라밀을 받들어 지녀 청정케 하려는 연고며, 일체 중생으로 하여금 크게 참는 바라밀을 얻게 하려는 연고며, 일체 중생으로 하여금 정진바라밀에 머물러 게으름이 없게 하려는 연고며, 일체 중생으로 하여금 무량한 선정에 머물러 가지가지 신통한 지혜를 일으키게 하려는 연고며, 일체 중생으로 하여금 모든 법이 성품이 없는 줄을 아는 반야바라밀을 얻게 하려는 연고며, 일체 중생으로 하여금 그지없이 깨끗한 법계를 원만케 하려는 연고며, 일체 중생으로 하여금 모든 신통과 청정한 선근을 만족케 하려는 연고며, 일체 중생으로 하여금 평등한 행에 머물러 선한 법을 모아서 원만케 하려는 연고며, 일체 중생으로 하여금 모든 부처님의 경계에 들어가 모두 두루하게 하려는 연고입니다.

일체 중생으로 하여금 몸과 입과 뜻으로 짓는 업이 다 청정케 하려는 연고며, 일체 중생으로 하여금 선한 업의 과보로 다 청정케 하려는 연고며, 일체 중생으로 하여금 모든 법을 통달하여 다 청정케 하려는 연고며, 일체 중생으로 하여금 진실한 이치를 통달하여 다 청정케 하려는 연고며, 일체 중생으로 하여금 모든 훌륭한 행을 닦아 다 청정케 하려는 연고며, 일체 중생으로 하여금 모든 보살의 큰 서원을 성취하여 다 청정케 하려는 연고며, 일체 중생으로 하여금 모든 공덕과 지혜를 증득하여 다 청정케 하려는 연고며, 일체 중생으로 하여금 모든 체성이 같은 선근을 성취하고 회향하여 온갖 지혜의 법을 내어서 다 원만케 하려는 연고며, 일체 중생으로 하여금 모든 부처님의 국토를 장엄하여 다 원만케 하려는 연고며, 일체 중생으로 하여금 모든 부처님을 뵈옵고 집착함이 없이 다 원만케 하려는 연고입니다.

일체 중생으로 하여금 모든 상호相好와 공덕 장엄을 갖추어 다 원만케 하려는 연고며, 일체 중생으로 하여금 예순 가지 음성을 얻어 하는 말마다 진실하여 모두 믿으며, 백천 가지 법으로 장엄하여 여래의 걸림 없는 공덕 음성을 다 원만케 하려는 연고며, 일체 중생으로 하여금 십력으로 장엄하여 걸림 없이 평등한 마음을 성취케 하려는 연고며, 일체 중생으로 하여금 여러 부처님의 다함 없는 법의 밝음[法明]과 온갖 변재를 얻어 다 원만케 하려는 연고며, 일체 중생으로 하여금 위없고 두려움이 없는 사람 중의 영웅으로서 사자후함을 얻게 하려는 연고입니다.

일체 중생으로 하여금 온갖 지혜를 얻고 퇴전하지 않는 무진한 법 수레를 굴리게 하려는 연고며, 일체 중생으로 하여금 온갖 법을 알고 열어 보이며 연설하여 다 원만케 하려는 연고며, 일체 중생으로 하여금 때를 따라 청정한 법을 닦아서 다 원만케 하려는 연고며, 일체 중생으로 하여금 도사導師의 위없는 법보를 성취하여 평등하고 청정케 하려는 연고며, 일체 중생으로 하여금 한 장엄과 무량한 장엄과 큰 장엄과 부처님의 장엄을 다 원만케 하려는 연고며, 일체 중생으로 하여금 삼세에 있는 경계에 평등하게 들어가 다 두루하게 하려는 연고입니다.

일체 중생으로 하여금 모든 부처님의 세계에 나아가 바른 법을 얻고 두루하지 못함이 없게 하려는 연고며, 일체 중생으로 하여금 지혜와 이익함이 세상에서 숭상함이 되어 부처님과 평등케 하려는 연고며, 일체 중생으로 하여금 온갖 지혜로써 모든 법을 알아 다 원만케 하려는 연고며, 일체 중생으로 하여금 부동不動하는 업을 행하여 걸림 없는 과를 얻어 다 원만케 하려는 연고며, 일체 중생으로 하여금 여러 근에서 신통을 얻어 일체 중생의 근성을 알게 하려는 연고입니다.

일체 중생으로 하여금 차별없고 평등한 지혜를 얻어 한 모양인 법에 다 청정케 하려는 연고며, 일체 중생으로 하여금 이치와 어기지 않는 모든 선근을 다 구족케 하려는 연고며, 일체 중생으로 하여금 모든 보살의 자재한 신통을 환히 통달케 하려는 연고며, 일체 중생으로 하여금 모든 부처님의 무진한 공덕을 얻어 복과 지혜가 다 평등케 하려는 연고며, 일체 중생으로 하여금 보리심을 내고 모든 법을 알아서 평등한 한 모양(一相)에 결함이 없게 하려는 연고입니다.

일체 중생으로 하여금 바른 법을 통달하여 세상에서 가장 높은 복밭이 되게 하려는 연고며, 일체 중생으로 하여금 평등하고 청정 대비를 이루어 여러 보시하는 이의 큰 힘을 가진 밭이 되게 하려는 연고며, 일체 중생으로 하여금 견고함이 제일이어서 능히 파괴할 이가 없게 하려는 연고며, 일체 중생으로 하여금 보고는 이익을 입게 되어 능히 꺾을 이가 없게 하려는 연고며, 일체 중생으로 하여금 가장 나은 평등한 마음을 이루게 하려는 연고며, 일체 중생으로 하여금 모든 법을 잘 통달하여 크게 두려움이 없음을 얻게 하려는 연고며, 일체 중생으로 하여금 한 광명을 놓아 시방의 모든 세계에 비치게 하려는 연고며, 일체 중생으로 하여금 모든 보살의 정진하는 행을 닦아 게으름이 없게 하려는 연고며, 일체 중생으로 하여금 한 가지 행과 원으로써 모든 행과 원을 만족케 하려는 연고며, 일체 중생으로 하여금 한 아름다운 음성으로써 듣는 이로 하여금 모두 이해케 하려는 연고입니다.

일체 중생으로 하여금 모든 보살의 청정한 마음을 모두 구족케 하려는 연고며, 일체 중생으로 하여금 다 선지식을 만나서 받들어 섬기게 하려는 연고며, 일체 중생으로 하여금 보살의 행을 닦으며 중생을 조복하여 쉬지 않게 하려는 연고며, 일체 중생으로 하여금 묘한 변재로 모든 음성을 갖추어 근기(根機)를 따라 연설하되 끊어짐이 없게 하려는 연고며, 일체 중생으로 하여금 한 마음[一心]으로 온갖 마음[一切心]을 알고 모든 선근으로 평등하게 회향케 하려는 연고며, 일체 중생으로 하여금 모든 선근을 항상 모아서 중생을 깨끗한 지혜에 나란히 서게 하려는 연고며, 일체 중생으로 하여금 온갖 지혜[一切智]와 복덕과 지혜와 청정한 몸을 얻게 하려는 연고며, 일체 중생으로 하여금 모든 중생의 선근을 알아서 관찰하고 회향함을 두루 성취케 하려는 연고입니다.

일체 중생으로 하여금 온갖 지혜를 얻고 등정각等正覺을 이루어 두루 원만케 하려는 연고며, 일체 중생으로 하여금 구족한 신통과 지혜를 얻어 한 곳에서 출현하면 모든 곳에서 다 출현케 하려는 연고며, 일체 중생으로 하여금 두루 장엄하는 지혜를 얻어 한 대중의 모임을 장엄하면 모든 대중의 모임이 다 장엄케 하려는 연고며, 일체 중생으로 하여금 한 부처님의 국토에서 모든 부처님의 국토를 다 보게 하려는 연고며, 일체 중생으로 하여금 모든 장엄거리, 말할 수 없는 장엄거리, 한량없는 장엄거리, 다함 없는 장엄거리로써 모든 부처님 국토를 장엄하여 두루 가득하게 하려는 연고입니다.

일체 중생으로 하여금 모든 법에서 깊은 이치를 다 능히 결정케 하려는 연고며, 일체 중생으로 하여금 여래의 최상이고 제일이고 자재한 신통을 얻게 하려는 연고며, 일체 중생으로 하여금 하나도 아니고[非] 다른 것도 아닌[非異] 모든 공덕과 자재한 신통을 얻게 하려는 연고며, 일체 중생으로 하여금 일체의 평등한 선근을 구족하여 여러 부처님께서 그 정수리에 물을 부으심이 되게 하려는 연고며, 일체 중생으로 하여금 모두 청정한 지혜의 몸을 성취하여 모든 것[諸有] 가운데서 가장 존승케 하려는 연고입니다.

불자들이여, 보살마하살이 이렇게 불쌍하게 여기어서 일체 중생을 이익하고 안락케 하나니, 모두 청정하여 간탐과 질투를 여의고, 훌륭한 낙을 받아 큰 위덕을 갖추게 하며, 큰 믿음과 이해를 내어, 성내는 일과 모든 흐린 것을 여의며, 그 마음이 청정하여 질직하고 부드러워 아첨과 미혹과 어리석음이 없으며, 뛰어나는 행(出離行)을 행하며 견고하여 깨뜨릴 수 없고, 평등한 마음이 퇴전하지 않으며, 희고 깨끗한 법(白淨法)과 힘을 구족히 성취하고, 시끄러움도 없고 잘못도 없어 교묘하게 회향하며, 항상 바른 행을 닦아 중생을 조복하고, 모든 선하지 못한 업을 제거하며, 고행하는 모든 선근을 닦아 행합니다.

또 중생들을 권하여 닦아 익히게 하되, 널리 중생을 위하여 모든 고통을 받으며, 큰 지혜의 눈으로 선근을 관찰하여 모두 지혜로써 성품이 된 줄을 알고, 방편으로 일체 중생에게 회향합니다.

일체 중생으로 하여금 모든 청정한 공덕의 처소에 머물게 하려는 연고며, 일체 중생으로 하여금 모든 선근을 거두어 받아 공덕의 성품과 뜻을 알게 하려는 연고며, 일체 중생으로 하여금 모든 선근을 두루 청정하게 하려는 연고며, 일체 중생으로 하여금 복밭 가운데 선한 법을 심고 뉘우침이 없게 하려는 연고며, 일체 중생으로 하여금 모든 중생을 포섭하여 낱낱이 온갖 지혜에 나아가게 하려는 연고며, 일체 중생으로 하여금 모든 선근을 거두어들여 낱낱이 평등한 회향으로 더불어 서로 응하게 하려는 연고입니다.

또 모든 선근으로 이렇게 회향하나니, 이른바 일체 중생으로 하여금 끝까지 편안하며, 일체 중생으로 하여금 끝까지 청정하며, 일체 중생으로 하여금 끝까지 안락하며, 일체 중생으로 하여금 끝까지 해탈하며, 일체 중생으로 하여금 끝까지 평등하며, 일체 중생으로 하여금 끝까지 통달하며, 일체 중생으로 하여금 끝까지 희고 깨끗한 법에 편안히 머물며, 일체 중생으로 하여금 장애 없는 눈을 얻으며, 일체 중생으로 하여금 마음을 잘 조복하며, 일체 중생으로 하여금 십력을 구족하여 중생을 조복하여지이다 합니다.

 불자들이여, 보살마하살이 이렇게 회향할 때에, 업에 집착하지 않고, 과보에 집착하지 않고, 몸에 집착하지 않고, 물건에 집착하지 않고, 세계에 집착하지 않고, 방위에 집착하지 않고, 중생에 집착하지 않고, 중생 없는 데 집착하지 않고, 모든 법에 집착하지 않고, 모든 법 없음에 집착하지도 않습니다.

 불자들이여, 보살마하살이 이렇게 회향할 적에 이 선근으로 세간에 널리 보시하고, 일체 중생으로 하여금 부처님 지혜를 이루기 원하며, 안으로 마음이 고요하고 밖으로 인연에 동하지 않으며, 삼세 부처님의 종성을 증장하고 성취하여지이다 합니다.

 불자들이여, 보살마하살이 이렇게 회향을 수행할 때에, 모든 것을 초월하여 초월할 이가 없고, 일체 세간의 온갖 말로 함께 칭찬하여도 다 할 수 없으며, 모든 보살의 여러 가지 행을 두루 닦아서 여러 부처님 세계에 능히 나아가며, 여러 부처님을 두루 뵈옵는 데 장애가 없고, 또 온갖 세계 보살의 수행함을 능히 보며, 좋은 방편으로 중생들을 위하여 모든 법의 묘한 글귀와 깊은 뜻을 분별하고, 다라니를 얻어 미묘한 법을 연설하되 미래겁이 다하여도 끊어지지 아니합니다.

 중생들을 위하여서 잠깐잠깐마다 말할 수 없이 말할 수 없는 세계에 그림자처럼 몸을 나타내어 부처님께 공양하고, 잠깐잠깐마다 말할 수 없이 말할 수 없는 부처님의 국토를 깨끗이 장엄하며, 모두 돌아다니면서 부처님의 세계를 장엄하는 지혜를 수행하여도 만족함이 없으며, 잠깐잠깐마다 말할 수 없이 말할 수 없는 백천억 나유타 중생들로 하여금 청정하게 성취하여 평등하고 만족케 하며, 저 모든 국토에서 온갖 바라밀을 닦으면서 중생들을 포섭합니다.

 걸림 없는 귀〔無礙耳〕를 얻어 말할 수 없이 말할 수 없는 부처님 세계에서, 낱낱 부처님의 운전하시는 법바퀴를 들어 받고 부지런히 닦되 잠깐이라도 떠나려는 마음을 내지 아니하며, 얻을 것이 없고 의지함이 없고 지음이 없고 집착이 없는 보살의 신통에 머물러서, 한 찰나와 한 번 손가락 튀기는 동안에 말할 수 없는 부처님 세계에 나아가서 여러 보살과 더불어 한 가지 견해見解가 평등합니다.

불자들이여, 보살마하살이 이렇게 보살의 행을 닦을 적에, 오히려 한량없고 말할 수 없이 말할 수 없는 청정한 공덕을 만족하게 이루어서 기억하고 칭찬하여도 다할 수 없거든 하물며 다시 위없는 보리를 이룸이겠습니까.

온갖 부처님 세계가 평등하고 청정하며, 온갖 중생으로 하여금 평등하고 청정하며, 온갖 몸이 평등하고 청정하며, 온갖 근根이 평등하고 청정하며, 온갖 업과 과보가 평등하고 청정하며, 온갖 대중의 모인 도량이 평등하고 청정하며, 온갖 원만한 행이 평등하고 청정하며, 모든 여래의 서원과 회향이 평등하고 청정하며, 모든 부처님의 신통한 경계가 평등하고 청정합니다.

불자들이여, 보살마하살이 이렇게 회향할 때에 일체 공덕이 청정하게 되어 환희한 법문과 무량한 공덕으로 원만하게 장엄합니다.

이렇게 회향할 적에 중생으로 하여금 모든 국토와 어기지 않고, 국토가 모든 중생과 어기지 않으며, 국토와 중생으로 하여금 업과 어기지 않고, 업이 국토와 중생과 어기지 않으며, 생각[思]이 마음과 어기지 않고, 마음이 생각과 어기지 않으며, 생각과 마음이 경계와 어기지 않고, 경계가 생각과 마음과 어기지 않으며, 업이 과보와 어기지 않고, 과보가 업과 어기지 않으며, 업이 업의 길[業道]과 어기지 않고, 업의 길이 업과 어기지 않습니다.

법의 성품이 모양과 어기지 않고, 법의 모양[法相]이 성품과 어기지 않으며, 법의 나는 것(法生)이 성품과 어기지 않고, 법의 성품이 나는 것과 어기지 않습니다.

국토의 평등이 중생의 평등과 어기지 않고, 중생의 평등이 국토의 평등과 어기지 않으며, 일체 중생의 평등이 일체 법의 평등과 어기지 않고, 일체 법의 평등이 일체 중생의 평등과 어기지 않으며, 탐욕을 여읜 짬(離欲際)의 평등이 일체 중생의 편안히 머무는 평등과 어기지 않고, 일체 중생의 편안히 머무는 평등이 탐욕을 여읜 짬의 평등과 어기지 않습니다.

과거가 미래와 어기지 않고, 미래가 과거와 어기지 않으며, 과거와 미래가 현재와 어기지 않고, 현재가 과거와 미래와 어기지 않으며, 세상의 평등이 부처님의 평등과 어기지 않고, 부처님의 평등이 세상의 평등과 어기지 않으며, 보살의 행이 온갖 지혜와 어기지 않고, 온갖 지혜가 보살의 행과 어기지 않습니다.

불자들이여, 보살마하살이 이렇게 회향할 적에 업의 평등을 얻고, 과보의 평등을 얻고, 몸의 평등을 얻고, 방편의 평등을 얻고, 소원의 평등을 얻고, 일체 중생의 평등을 얻고, 일체 국토의 평등을 얻고, 일체 행의 평등을 얻고, 일체 지혜의 평등을 얻고, 삼세 부처님의 평등을 얻습니다.

일체 부처님을 섬기게 되며, 일체 보살을 공양하게 되며, 일체 선근을 심게 되며, 일체의 큰 서원을 만족하게 되며, 일체 중생을 교화하게 되며, 일체 업을 분명히 알게 되며, 일체 선지식을 섬기고 공양하게 되며, 일체의 청정한 대중이 모인 도량에 들어가게 되며, 일체 바른 교법을 통달하게 되며, 일체의 선한 법(白法)을 성취하게 됩니다.

불자들이여, 이것이 보살마하살의 일체 중생을 평등하게 따라주는 제7 회향입니다.

보살마하살이 이 회향을 성취하면 능히 모든 마군과 원수를 쳐 부수고 탐욕의 가시〔欲刺〕를 뽑으며, 벗어나는 낙〔出離樂〕을 얻어 둘이 없는 성품에 머물며, 큰 위덕을 갖추어 중생들을 구호하며, 공덕의 왕이 되어 신통이 걸림이 없으며, 모든 국토에 가서 적멸寂滅한 자리에 들어가며, 일체의 몸을 갖추고 보살의 행을 이루어서, 모든 행과 원에 마음이 자재하며, 모든 법을 분별하여 알고 모든 부처님 세계에 두루 태어나며, 걸림이 없는 귀를 얻어 모든 세계의 음성을 들으며, 깨끗한 지혜의 눈을 얻어 모든 부처님을 뵈옵고 잠시도 버리지 아니하며, 모든 경계에서 선근을 성취하여 마음에 높고 낮음이 없으며, 모든 법에 대하여 얻을 것이 없게 되나니, 보살마하살이 모든 선근으로써 일체 중생을 평등하게 따라 주어서 이렇게 회향합니다."

그 때 금강당보살이 부처님의 신력을 받들어 시방을 두루 살펴보고 게송으로 말하였다.

    보살이 지으시는 모든 공덕이
    미묘하고 광대하고 깊고 멀거늘
    한 생각 동안에도 닦아 행하여
    끝없는 저 쯤까지 회향하더라.

    보살에게 달려 있는 살림도구들
    가지가지 풍성하니 한량없는 억
    향 코끼리 좋은 말 수레 매우고
    의복이며 귀한 보물 매우 묘하며,

    머리나 눈이거나 손과 발까지

몸에 붙은 살이나 뼈와 골수들
시방의 무량 세계 두루 가득해
중생들에 보시하여 충만케 하네.

한량없는 겁 동안에 닦아 익힌 바
온갖 공덕을 모두 회향하여
수없는 중생들을 제도하지만
그 마음 필경까지 퇴전치 않고,

보살이 많은 중생 제도하려고
가장 나은 회향들을 항상 닦아서
삼계의 중생들을 안락케 하며
장래에는 위없는 과 이루게 하네.

보살이 평등한 원 일으키었고
간 데마다 닦아 모은 청정한 업을
모두 다 중생에게 회향하나니
이러한 큰 서원을 버리지 않네.

보살의 큰 서원 한정이 없어
온갖 세간 거두어 받아들이며
이렇게 중생에게 회향하면서
잠깐도 분별심을 내지 아니해.

원컨대 중생들의 지혜가 밝아

보시하고 계율 지녀 다 청정하고
정진하고 수행함을 폐치 말고자
이러한 큰 서원을 쉬지 않으며,

보살이 회향하여 저 언덕 가고
청정하고 묘한 법문 널리 열어서
지혜는 양족존兩足尊과 같아지이다.
실상 뜻 분별하여 구경해지다.

보살이 온갖 말을 다 통달하고
가지가지 지혜도 그와 같거든
이치대로 법을 펴 막힘 없으나
그 가운데 집착하는 마음이 없고,

모든 법에 두 가지를 짓지도 않고
두 가지 아닌 것도 짓지 아니해
둘이거나 둘 아닌 것 다 떠났으니
모두 다 말인 줄을 알았느니라.

온 세간에 모두 다 평등하여서
말과 뜻과 몸으로 지은 업이며
중생도 요술이라 실상 아니니
모든 과보 여기서 일어나는 것,

세간에 널려 있는 모든 것들이

가지가지 과보가 제각기 달라
모든 것이 업력으로 생긴 것이니
업력이 없어지면 모두 헛된 것.

보살이 모든 세간 두루 살피니
몸과 입과 뜻의 업이 모두 평등해
중생들을 평등한 데 머물게 하여
짝이 없는 대성존大聖尊과 같이 할거나.

보살의 선한 업을 모두 회향해
중생들 색신色身을 청정케 하며
복덕과 방편까지 다 구족하여
위없는 조어사調御士와 같이 하리라.

보살이 모든 중생 이익 주려고
큰 공덕의 바다를 다 회향하니
그 위덕과 그 광명 세상을 넘어
용맹하고 크신 힘 이루게 하리.

수없이 닦아 모은 공덕으로써
온 세간이 모두 다 청정하소서.
부처님의 청정하심 짝이 없으니
중생의 청정함도 그와 같고자.

보살이 진리에서 방편을 얻고

부처님의 가장 좋은 법 능히 다 알고
여러 가지 선한 업 고루 회향하여
중생들이 여래와 같아지이다.

보살이 모든 법이 공한 줄 아니
온갖 세간 아무것도 있지 아니해
지은 것도 지은 이도 모두 없지만
중생의 업과 과보 잃지 않으며,

모든 법이 적멸하다 적멸아니라
이 두 가지 분별심을 여의고 나면
알겠도다, 모든 분별 세상일이니
바른 지위〔正位〕들어가면 분별이 없네.

이와 같이 진실한 모든 불자들
여래의 법을 좇아 화하여 난 것
저가 능히 이렇게 잘 회향하면
세간의 모든 의혹 다 없어지리.

대방광불화엄경 제30권

제30권

25. 십회향품 ⑧

9) 제 8 회향

"불자들이여, 무엇을 보살마하살의 진여의 모양〔眞如相〕인 회향이라 하는가.

불자들이여, 이 보살마하살이 바른 생각이 분명하여 마음이 견고하게 머물며, 미혹을 멀리 떠나서 전심으로 수행하며, 깊은 마음이 동요하지 않아 무너지지 않는 업을 이루며, 온갖 지혜에 나아가 퇴전하지 않으며, 대승을 구하되 용맹하여 두려움이 없으며, 덕의 근본을 심어 세간을 두루 편안케 하며, 수승한 선근을 내고 희고 깨끗한 법을 닦으며, 대비가 증장하여 마음의 보배를 성취하며, 부처님을 항상 생각하고 바른 법을 보호하고 보살도에의 신심이 견고하여서, 한량없이 깨끗하고 미묘한 선근을 성취하며, 모든 공덕과 지혜를 부지런히 닦으며, 잘 어거하는 스승이 되어 여러 선한 법을 내게 하며, 지혜와 방편으로 회향합니다.

　보살이 그 때에 지혜 눈으로 관찰하니, 있는 선근이 한량없고 그지없으며, 이런 선근을 닦아 모을 적에 연緣을 구하였거나 도구를 마련하거나 깨끗하게 다스렸거나 나아가거나 들거나 전력하여 힘쓰거나 행을 일으키거나 분명하게 통달하거나 정미롭게 살피거나 열어 보였거나, 이런 모든 것들이 가지가지 문과 가지가지 경계와 가지가지 모양과 가지가지 일과 가지가지 분위[分]와 가지가지 행과 가지가지 이름과 가지가지 분별과 가지가지 내는 것과 가지가지 닦는 일이 있었는데, 그 가운데 모든 선근은 모두 십력을 얻는 법에 향하는 마음으로 건립된 것이며, 다 온갖 가지 지혜[一切種智]로 회향하는 것이어서, 오직 하나요 둘이 없습니다.

　이런 선근으로 이렇게 회향하나니, 원컨대 걸림이 없는 몸으로 하는 업이 원만하여 보살의 행을 닦아지이다. 걸림이 없는 입으로 하는 업이 청정하여 보살의 행을 닦아지이다. 걸림이 없는 뜻으로 하는 업을 성취하여 대승에 머물러지이다. 장애가 없는 마음을 원만하여 보살의 행을 닦아지이다. 무량하고 광대하게 보시할 마음을 내어 그지없는 중생들에 두루 공급하여지이다. 모든 법에 마음이 자재하여 큰 법의 지혜를 연설하되 장애할 이가 없어지이다. 온갖 지혜로 이를 곳을 분명히 통달하고 보리심을 내어 세간을 두루 비추어지이다. 삼세의 부처님을 바르게 기억하여[正念] 여래가 앞에 계신 줄로 참되게 생각하여지이다. 원만하고 나아가는[增上] 뜻에 머물러 모든 마군과 원수를 멀리 여의어지이다. 부처님 십력의 지혜에 머물러서 중생을 두루 포섭하기를 쉬지 말아지이다.

　삼매를 얻어 여러 세계에 다니되 세간에 물들지 말아지이다. 여러 세계에 있어도 고달프지 않으며 중생을 교화하되 항상 쉬지 말아지이다.

한량없이 생각하는 지혜와 방편을 일으켜 보살의 부사의한 도를 성취하여지이다. 여러 지방에 미혹하지 않는 지혜를 얻어 모든 세간을 잘 분별하여지이다.

자재하고 신통한 지혜와 힘을 얻어 잠깐 동안에 일체 국토를 모두 깨끗하게 장엄하여지이다. 온갖 법의 성품에 두루 들어가 일체 세간이 모두 청정함을 보아지이다. 무차별한 지혜를 얻어 한 세계 가운데에서 일체 세계에 들어가지이다. 온갖 세계에 장엄하는 일로써 모든 것을 나타내어 무량 무변한 중생을 교화하여지이다. 한 부처님 세계에서 그지없는 법계를 나타내며 모든 부처님 세계에서도 그렇게 하여지이다. 자재하고 큰 신통의 지혜를 얻어 모든 부처님 세계에 두루 나아가지이다 합니다.

불자들이여, 보살마하살이 이런 선근으로 모든 부처님 국토를 장엄하려 하며, 모든 세계에 두루하려 하며, 지혜로 관찰함을 성취하려 하되, 내 몸을 위하여 이렇게 회향하는 것과 같이, 일체 중생을 위하여도 그렇게 합니다.

원컨대 일체 중생으로 하여금 모든 지옥·축생·염라왕의 갈래를 길이 여의어지이다. 일체 중생으로 하여금 모든 장애되는 업을 멸하여지이다. 일체 중생으로 하여금 넓은 마음과 평등한 지혜를 얻어지이다. 일체 중생으로 하여금 원수거나 친한 이를 평등한 마음으로 포섭하여 모두 안락케 하고 지혜가 청정케 하여지이다. 일체 중생으로 하여금 지혜가 원만하고 깨끗한 광명이 널리 비추어지이다. 일체 중생으로 하여금 생각하는 지혜(思慧)가 원만하여 진실한 이치를 알아지이다. 일체 중생으로 하여금 깨끗한 지원으로 보리를 구하여 무량한 지혜를 얻어지이다. 일체 중생으로 하여금 널리 편안하게 있을 곳을 나타내 보여지이다 합니다.

불자들이여, 보살마하살이 항상 선한 마음으로 이렇게 회향하나니, 일체 중생으로 하여금 청량한 구름을 만나 법 비를 내리게 하려는 연고며, 일체 중생으로 하여금 복밭인 승한 경계를 항상 만나게 하려는 연고며, 일체 중생으로 하여금 보리심장(菩提心藏)에 잘 들어가서 스스로 보호하게 하려는 연고며, 일체 중생으로 하여금 모든 번뇌(蓋纒)를 떠나서 편안히 있게 하려는 연고며, 일체 중생으로 하여금 걸림 없는 신통과 지혜를 얻게 하려는 연고며, 일체 중생으로 하여금 자재한 몸을 얻어 널리 나타내게 하려는 연고며, 일체 중생으로 하여금 가장 승한 온갖 가지 지혜를 성취하고 이익을 널리 일으켜 헛되이 지나감이 없게 하려는 연고며, 일체 중생으로 하여금 여러 중생들을 널리 포섭하여 청정케 하려는 연고며, 일체 중생으로 하여금 모두 온갖 지혜를 끝까지 얻게 하려는 연고며, 일체 중생으로 하여금 마음이 동요하지 않고 장애가 없게 하려는 연고입니다.

불자들이여, 보살마하살이 사랑스러운 국토나 원림이나 초목이나 꽃이나 열매나 좋은 향이나 훌륭한 옷이나 보배나 재물이나 여러 장엄거리를 보거나, 사랑스러운 동리나 성시나 마을을 보거나, 임금의 자재한 위력을 보거나, 복잡한 데를 떠나서 있을 만한 곳을 보고는, 방편과 지혜로써 부지런히 닦아서 한량없는 훌륭한 공덕을 내며, 중생들을 위하여 선한 법을 구하되 마음이 방일하지 아니하며, 여러 선한 일을 널리 모아 큰 바다와 같이하며, 무진한 선근으로 모든 것을 두루 덮으며, 모든 선한 법의 의지할 데가 되며, 이런 선근을 방편으로 회향하되 분별이 없으며, 한량없는 가지가지 선근을 열어 보이며, 지혜로는 일체 중생을 관찰하고 마음으로는 선근의 경계를 생각하여, 평등한 진여와 평등한 선근으로 중생에게 회향하기를 쉬지 아니합니다.

보살이 이 때에 모든 선근으로 이렇게 회향하나니, 원컨대 일체 중생으로 하여금 여래의 사랑스러운 견해를 얻어 법의 참 성품을 보되, 평등하고 평등하여 취착取著하는 것 없이 원만하고 청정하여지이다. 일체 중생으로 하여금 여래의 사랑스러움을 보고 원만하게 공양하여지이다. 일체 중생으로 하여금 모든 번뇌가 없고 사랑스러운 청정한 부처님 세계에 왕생하여지이다. 일체 중생으로 하여금 부처님들의 사랑스러운 법을 보아지이다. 일체 중생으로 하여금 모든 보살의 사랑스러운 행을 항상 수호하여지이다. 일체 중생으로 하여금 선지식의 사랑스러운 눈을 얻어 막힘 없이 뵐지이다. 일체 중생으로 하여금 모든 사랑스러운 물건들을 보되 어김이 없어지이다.

일체 중생으로 하여금 모든 사랑스러운 법을 증득하고 부지런히 수호하여지이다. 일체 중생으로 하여금 모든 부처님의 사랑스러운 법에서 깨끗한 광명을 얻어지이다. 일체 중생으로 하여금 보살들의 온갖 것을 버리는 사랑스러운 마음을 닦아지이다. 일체 중생으로 하여금 두려움이 없음을 얻어 모든 사랑스러운 법을 연설하여지이다. 일체 중생으로 하여금 보살의 매우 사랑스러운 깊은 삼매를 얻어지이다. 일체 중생으로 하여금 보살들의 매우 사랑스러운 다라니를 얻어지이다.

일체 중생으로 하여금 보살들의 사랑스러운 관찰하는 지혜를 얻어지이다. 일체 중생으로 하여금 보살의 사랑스러운 자재한 신통을 나타내어지이다. 일체 중생으로 하여금 부처님의 대중 가운데서 사랑스러운 묘한 법을 연설하여지이다. 일체 중생으로 하여금 방편으로써 사랑스러운 차별한 글귀를 연설하여지이다. 일체 중생으로 하여금 매우 사랑스러운 평등한 대비심을 항상 내어지이다.

일체 중생으로 하여금 잠깐잠깐마다 사랑스러운 보리심을 내어 모든 근이 항상 환희하고 즐거워지이다. 일체 중생으로 하여금 매우 사랑스러운 여래의 집에 들어가지이다. 일체 중생으로 하여금 사랑스러운 조복하는 행을 얻어 중생을 조복하며 쉬지 말아지이다. 일체 중생으로 하여금 보살들의 사랑스러운 무진 변재를 얻어 법을 연설하여지이다. 일체 중생으로 하여금 말할 수 없이 말할 수 없는 겁 동안에 사랑스러운 모든 세계에 있으면서 중생을 교화하되 게으른 마음이 없어지이다. 일체 중생으로 하여금 한량없는 방편으로 사랑스러운 부처님의 법문에 널리 들어가지이다.

일체 중생으로 하여금 사랑스러운 걸림 없는 방편을 얻어 모든 법이 근본이 없음을 알아지이다. 일체 중생으로 하여금 사랑스러운 탐욕을 여읜 짬을 얻어 모든 법이 필경에 둘이 없음을 알고 온갖 장애를 끊어지이다. 일체 중생으로 하여금 사랑스러운 탐욕을 여읜 짬을 얻어 모든 법이 평등하고 진실함을 알아지이다. 일체 중생으로 하여금 모든 보살의 사랑스러운 희롱거리 아닌 법을 구족히 이루어지이다.

일체 중생으로 하여금 금강장 같은 정진하는 마음을 얻어 사랑스러운 온갖 지혜의 길을 이루어지이다. 일체 중생으로 하여금 사랑스러운 걸림 없는 선근을 갖추어 모든 번뇌와 원수를 굴복하여지이다. 일체 중생으로 하여금 사랑스러운 온갖 지혜의 문을 얻어 넓은 세간에서 정각을 이루어지이다 합니다.

불자들이여, 보살마하살이 이런 선근을 닦을 적에 지혜의 광명을 얻어 선지식의 거두어 줌을 입으며, 여래의 지혜해가 그 마음을 비추어 어리석은 어둠을 멸하며, 바른 법을 부지런히 닦아 지혜의 업에 들어가며, 지혜의 지위를 잘 배우고 선근이 흘러 퍼져 법계에 충만하며, 지혜로 회향하여 보살의 선근의 근원까지 다하고, 지혜로 방편 바다에 들어가 무량하고 광대한 선근을 성취합니다.

불자들이여, 보살마하살이 이런 선근으로 이렇게 회향하나니, 이른바 세간에 집착하지 않고 중생을 취하지 아니하며, 마음이 청정하여 의지할 데가 없고 모든 법을 바로 생각하여 분별하는 소견을 여의며, 모든 부처님의 자재하신 지혜를 버리지 않고, 삼세 부처님들의 바로 회향하는 문(正廻向門)을 어기지 않으며, 모든 평등하고 바른 법을 순종하고, 여래의 진실한 모양을 파괴하지 않으며, 삼세를 평등하게 관찰하매 중생의 모습(衆生相)이 없고, 부처님의 도를 잘 따르고 법을 잘 말하며, 그 뜻을 깊이 알아 가장 승한 자리에 들어가며 진실한 법을 깨달아 지혜가 원만하고 믿음과 좋아하는 마음이 견고합니다.

비록 바른 업(正業)을 닦지만 업의 성품이 공함을 아나니, 온갖 법이 요술이나 변화함과 같음을 알며, 온갖 법이 제 성품이 없음을 알고, 모든 이치와 가지가지 행이 세상을 따라 말하는 것이매 집착할 것이 아님을 관찰하여 모든 집착하는 인연을 멸하며, 실상과 같은 이치를 알아서 모든 법의 성품이 다 고요함을 관찰하고, 온갖 법이 실상과 같은 줄을 알며, 법의 모양이 서로 어기지 아니함을 알고, 보살들과 더불어 함께 있으면서 그 도를 닦고, 중생들을 거두어서 과거·미래·현재의 여러 보살의 회향하는 문에 들어갑니다.

여러 불법에 공포하는 마음이 없고, 무량한 마음으로써 중생들이 모두 청정케 하며, 시방세계에서 나와 내 것이라는 집착하는 마음을 내지 않고, 세간에서도 분별함이 없으며, 모든 경계에 물드는 집착을 내지 않고, 온갖 출세간하는 법을 닦으며, 모든 세간에는 취함도 없고 의지함도 없고, 깊고 묘한 도에는 바른 소견이 견고하며, 허망한 견해를 떠나서 진실한 법을 분명히 압니다.

진여(眞如)가 온갖 곳에 두루하여 끝(邊際)이 없듯이, 선근의 회향도 그와 같아서 온갖 곳에 두루하여 끝이 없습니다. 진여가 진실함으로 성품을 삼듯이, 선근의 회향도 그와 같아서 모든 법의 진실함으로 성품을 삼습니다. 진여가 항상 본 성품을 지키고 달라짐이 없듯이, 선근의 회향도 그와 같아서 본 성품을 지키고 처음부터 나중까지 변개하지 않습니다. 진여가 온갖 법의 성품이 없음으로 성품을 삼듯이, 선근의 회향도 그와 같아서 온갖 법의 성품이 없음을 앎으로 성품을 삼습니다. 진여가 모양이 없음으로 모양을 삼듯이, 선근의 회향도 그와 같아서 온갖 법의 모양이 없음을 앎으로 모양을 삼습니다.

　진여를 얻은 이가 있으면 마침내 퇴전함이 없듯이, 선근의 회향도 그와 같아서 만일 얻은 이가 있으면 부처님 법에서 길이 퇴전하지 않습니다. 진여는 모든 부처님의 행하신 바이듯이, 선근의 회향도 그와 같아서 모든 여래의 행하신 바입니다. 진여가 경계를 여읜 것으로 경계를 삼듯이, 선근의 회향도 그와 같아서 경계를 여읜 것으로 삼세의 모든 부처님의 원만한 경계를 삼습니다. 진여가 능히 나란히 건립함이 있듯이 선근의 회향도 그와 같아서 일체 중생을 능히 나란히 건립합니다. 진여의 성품이 항상 따라 주듯이, 선근의 회향도 그와 같이 미래 겁이 다하도록 따라 주는 일이 끊어지지 않습니다.

　진여를 능히 측량할 이가 없듯이, 선근의 회향도 그와 같아서 허공계와 평등한 온 중생의 마음을 측량할 이가 없습니다. 진여가 모든 것에 충만하였듯이, 선근의 회향도 그와 같아서 한 찰나에 법계에 두루합니다. 진여가 항상 있어서 다함이 없듯이, 선근의 회향도 그와 같아서 끝까지 다함이 없습니다. 진여를 상대할 수가 없듯이, 선근의 회향도 그와 같아서 모든 불법이 두루 원만한 것을 상대할 수가 없습니다. 진여의 자체가 견고하듯이, 선근의 회향도 그와 같아서 자체가 견고하여 모든 번뇌로 저해할 수 없습니다.

　진여를 파괴할 수 없듯이 선근의 회향도 그와 같아서 일체 중생으로 하여금 깨뜨리지 못합니다. 진여가 밝게 비치는 것을 성품으로 삼듯이, 선근의 회향도 그와 같아서 널리 비침으로 성품을 삼습니다. 진여가 있지 않은 데가 없듯이, 선근의 회향도 그와 같아서 모든 처소에 있지 않은 데가 없습니다. 진여가 온갖 때에 두루하듯이, 선근의 회향도 그와 같아서 온갖 때에 두루합니다. 진여의 성품이 항상 청정하듯이, 선근의 회향도 그와 같아서 세간에 있으매 자체가 항상 청정합니다.

 진여가 법에 걸림이 없듯이, 선근의 회향도 그와 같아서 모든 곳에 두루 다녀도 걸림이 없습니다. 진여가 중생의 눈이 되듯이, 선근의 회향도 그와 같아서 일체 중생의 눈이 됩니다. 진여의 성품이 피로함이 없듯이 선근의 회향도 그와 같아서 모든 보살의 행을 수행하면서도 항상 피로함이 없습니다. 진여의 체성體性이 매우 깊듯이, 선근의 회향도 그와 같아서 그 성품이 매우 깊습니다. 진여는 한 물건도 없듯이, 선근의 회향도 그와 같아서 그 성품이 한 물건도 없음을 알 것입니다.

 진여의 성품이 출현하는 것이 아니듯이, 선근의 회향도 그와 같아서 그 자체가 미묘하여 볼 수 없습니다. 진여가 모든 때를 여의었듯이 선근의 회향도 그와 같아서 지혜의 눈이 청정하여 모든 어리석음을 여의었습니다. 진여의 성품이 더불어 평등할 이가 없듯이 선근의 회향도 그와 같아서 모든 보살의 행을 성취하여 최상이므로 평등할 이가 없습니다. 진여의 체성이 고요하듯이, 선근의 회향도 그와 같아서 고요한 법을 잘 따릅니다. 진여는 근본이 없듯이 선근의 회향도 그와 같아서 온갖 근본이 없는 법에 들어갑니다.

 진여가 체성이 그지없듯이, 선근의 회향도 그와 같아서 중생을 청정케 하는 수효가 그지없습니다. 진여의 체성이 집착함이 없듯이 선근의 회향도 그와 같아서 필경에 모든 집착을 여의었습니다. 진여는 장애할 것이 없듯이, 선근의 회향도 그와 같아서 모든 세간의 장애를 멸하였습니다. 진여는 세간에서 행할 바가 아니듯이 선근의 회향도 그와 같아서 모든 세간에서 능히 행할 바가 아닙니다. 진여의 체성은 머무름이 없듯이, 선근의 회향도 그와 같아서 모든 생사의 머무를 바가 아닙니다.

　진여의 성품은 지은 것이 아니듯이, 선근의 회향도 그와 같아서 온갖 지은 것을 모두 떠났습니다. 진여는 체성이 편안히 머물듯이, 선근의 회향도 그와 같아서 진실한 데 머뭅니다. 진여가 모든 법과 서로 응하듯이 선근의 회향도 그와 같아서 보살들의 듣고 익히는 것으로 서로 응합니다. 진여는 모든 법에서 성품이 항상 평등하듯이 선근의 회향도 그와 같아서 모든 세간에서 평등한 행을 닦습니다. 진여는 모든 법을 여의지 아니하듯이, 선근의 회향도 그와 같아서 미래제未來際가 다하도록 세간을 버리지 않습니다.

　진여는 모든 법에서 필경까지 다함이 없듯이, 선근의 회향도 그와 같아서 여러 중생에게 회향함이 다하지 않습니다. 진여가 온갖 법과 서로 어기지 않듯이 선근의 회향도 그와 같아서 삼세의 일체 불법과 어기지 않습니다. 진여가 모든 법을 두루 포섭하였듯이 선근의 회향도 그와 같아서 일체 중생의 선근을 모두 포섭합니다. 진여가 온갖 법과 체성이 같듯이, 선근의 회향도 그와 같아서 삼세의 부처님들과 체성이 같습니다. 진여는 온갖 법과 더불어 서로 떠나지 않듯이 선근의 회향도 그와 같아서 모든 세간법과 출세간법을 붙들어 가집니다. 진여는 압도하여 무색케 할 것이 없듯이 선근의 회향도 그와 같아서 모든 세간에서 압도하여 무색케 할 것이 없습니다. 진여를 동요할 수 없듯이, 선근의 회향도 그와 같아서 모든 마군의 업이 동요하지 못합니다. 진여의 성품에는 때가 없듯이, 선근의 회향도 그와 같아서 보살의 행을 닦으매 때가 없습니다. 진여는 변역함이 없듯이 선근의 회향도 그와 같아서 중생을 불쌍히 여기는 마음에 변역함이 없습니다. 진여는 다할 수가 없듯이, 선근의 회향도 그와 같아서 세간법으로 능히 다할 수 없습니다.

　진여의 성품은 항상 깨달음이듯이, 선근의 회향도 그와 같아서 모든 법을 능히 깨닫습니다. 진여는 잃어버릴 수 없듯이 선근의 회향도 그와 같아서 중생들에게 좋은 지원志願을 일으켜 영원히 잃어지지 않습니다. 진여는 능히 크게 비치듯이, 선근의 회향도 그와 같아서 큰 지혜의 광명으로 세간을 비춥니다. 진여는 말로 형용할 수 없듯이, 선근의 회향도 그와 같아서 모든 말로 말할 수 없습니다. 진여가 세간을 유지하듯이, 선근의 회향도 그와 같아서 모든 보살의 행을 능히 지닙니다.

　진여가 세상의 말을 따르듯이, 선근의 회향도 그와 같아서 모든 지혜의 말을 따릅니다. 진여가 모든 법에 두루하듯이, 선근의 회향도 그와 같아서 시방의 여러 부처님 세계에 두루하여서 큰 신통을 나타내고 등정각等正覺을 이룹니다. 진여는 분별이 없듯이 선근의 회향도 그와 같아서 세간에서 분별할 것이 없습니다. 진여가 모든 몸에 두루하듯이, 선근의 회향도 그와 같아서 시방세계의 한량없는 몸에 두루합니다. 진여의 체성은 나는 일이 없듯이, 선근의 회향도 그와 같아서 방편으로 나는 일을 보이지만 나는 바가 없습니다.

　진여는 있지 않는 데가 없듯이, 선근의 회향도 그와 같아서 시방 삼세의 부처님 국토에서 신통을 나타내어 있지 않는 데가 없습니다. 진여가 밤[夜]에 두루하여 있듯이, 선근의 회향도 그와 같아서 모든 밤에 큰 광명을 놓아 불사를 짓습니다. 진여가 낮에 두루하여 있듯이, 선근의 회향도 그와 같아서 모든 낮에 있는 중생으로 하여금 부처님의 신통 변화를 보고 물러가지 않는 법을 연설하며, 때를 여의고 청정하여 헛되이 지나는 이가 없게 합니다. 진여가 반달이나 한 달에 두루하여 있듯이, 선근의 회향도 그와 같아서 모든 세간의 시절을 따라 좋은 방편을 얻어 잠깐 동안에 모든 시간을 압니다. 진여가 일 년에 두루하여 있듯이, 선근의 회향도 그와 같아서 무량한 겁을 지내면서 모든 근성을 분명히 알고 성숙하여 다 원만케 합니다.

진여가 이루는 겁(成劫)에나 무너지는 겁(壞劫)에 두루하였듯이, 선근의 회향도 그와 같아서 모든 겁에 있으면서 깨끗하고 물들지 않아 중생을 교화하여 청정케 합니다. 진여가 오는 세월이 끝나도록 있듯이, 선근의 회향도 그와 같아서 오는 세월이 끝나도록 보살의 청정한 행을 닦아서 큰 서원을 만족하고 퇴전하지 않습니다. 진여가 삼세에 두루하듯이, 선근의 회향도 그와 같아서 중생들로 하여금 한 찰나 동안에 삼세의 부처님을 보면서 잠깐도 여의지 않습니다. 진여가 모든 곳에 두루하듯이 선근의 회향도 그와 같아서 삼계에서 뛰어나 온갖 것에 두루하여 자재하게 됩니다. 진여가 있는 법(有法)과 없는 법(無法)에 머물러 있듯이, 선근의 회향도 그와 같아서 모든 있는 법, 없는 법을 통달하여 끝까지 청정합니다.

　진여의 체성이 청정하듯이, 선근의 회향도 그와 같아서 방편으로써 도를 돕는 법(助道法)을 모아 모든 보살의 행을 깨끗이 합니다. 진여의 체성이 밝고 깨끗하듯이, 선근의 회향도 그와 같아서 보살들로 하여금 삼매의 밝고 깨끗한 마음을 얻게 합니다. 진여의 체성이 때가 없듯이, 선근의 회향도 나그와 같아서 여러 가지 때를 여의고 모든 청정한 뜻을 만족합니다. 진여는 나(我)와 내 것(我所)이 없듯이, 선근의 회향도 그와 같아서 나와 내 것이 없는 청정한 마음으로 시방의 부처님 국토에 충만합니다. 진여가 체성이 평등하듯이, 선근의 회향도 그와 같아서 평등한 온갖 지혜의 지혜(一切智智)를 얻어 모든 법을 비추고 모든 어리석음을 여읩니다.

　진여가 수량數量을 초월하듯이, 선근의 회향도 그와 같아서 수량을 초월한 온갖 지혜의 큰 힘을 가진 법장으로 더불어 함께 있으면서 시방의 모든 세계에 광대한 법 구름을 일으킵니다. 진여가 평등하게 머물듯이, 선근의 회향도 그와 같아서 모든 보살의 행을 내어 온갖 지혜의 길에 평등하게 머뭅니다. 진여가 모든 중생 세계에 두루 있듯이, 선근의 회향도 그와 같아서 걸림이 없는 온갖 가지 지혜〔一切種智〕를 만족하고 중생계의 앞에 모두 나타납니다. 진여가 분별이 없어 온갖 음성의 지혜 속에 두루 있듯이, 선근의 회향도 그와 같아서 모든 말과 음성의 지혜를 구족하고 가지가지 말을 널리 나타내어 중생들에게 열어 줍니다. 진여가 세간을 아주 여의었듯이, 선근의 회향도 그와 같아서 중생들로 하여금 세간에서 길이 벗어나게 합니다.

진여의 체성이 광대하듯이, 선근의 회향도 그와 같아서 과거·미래·현재의 광대한 불법을 받아 지니고 잊지 아니하며, 모든 보살의 행을 부지런히 닦습니다. 진여가 중간에 쉬는 일이 없듯이 선근의 회향도 그와 같아서 일체 중생을 큰 지혜의 지위에 편안히 있게 하려고 일체 겁에서 보살의 행을 닦으며 중간에 쉬는 일이 없습니다. 진여가 체성이 넓어서 일체 법에 두루하듯이, 선근의 회향도 그와 같아서 청정한 생각이 걸림이 없어 모든 넓은 법문을 두루 거두어 가집니다. 진여가 여러 종류를 두루 포섭하듯이, 선근의 회향도 그와 같아서 한량없는 종류의 지혜를 증득하고 보살의 진실한 행을 닦습니다. 진여를 취할 수 없듯이, 선근의 회향도 그와 같아서 일체 법에 취할 수가 없으며 일체 세간의 집착을 멸하여 모두 청정케 합니다.

진여는 체성이 동요하지 않듯이 선근의 회향도 그와 같아서 보현의 원만한 행과 원에 머물러 있어 끝까지 동요하지 않습니다. 진여가 부처님의 경계이듯이, 선근의 회향도 그와 같아서 모든 큰 지혜의 경계를 만족하고 번뇌의 경계를 멸하여 청정케 합니다. 진여를 능히 제어할 이가 없듯이, 선근의 회향도 그와 같아서 일체 마군의 일이나 외도의 삿된 논리로 제어되지 않습니다. 진여는 닦을 것도 아니고 닦지 못할 것도 아니듯이, 선근의 회향도 그와 같아서 일체 망상과 집착함을 여의어서 닦는다, 닦지 않는다 분별할 수 없습니다. 진여가 물러가거나 버림이 없듯이, 선근의 회향도 그와 같아서 항상 부처님을 뵈옵고 보리심을 내며 서원으로 장엄하고 물러가거나 버림이 없습니다.

진여가 일체 세간의 음성을 두루 포섭하듯이, 선근의 회향도 그와 같아서 온갖 차별한 음성과 신통과 지혜를 얻고서 가지가지 말을 두루 냅니다. 진여가 일체 법에 구하는 것이 없듯이 선근의 회향도 그와 같아서 중생들로 하여금 보현의 수레를 타고 벗어나 일체 법에 탐하는 일이 없습니다. 진여가 온갖 지위에 머물듯이, 선근의 회향도 그와 같아서 중생들로 하여금 세간의 지위를 버리고 지혜에 머물러서 보현의 행으로 장엄합니다. 진여가 끊임이 없듯이, 선근의 회향도 그와 같아서 온갖 법에 두려움이 없어지고 여러 종류의 소리로 가는 곳마다 연설하여 끊임이 없습니다. 진여가 모든 번뇌를 여의었듯이, 선근의 회향도 그와 같아서 중생들로 하여금 법에 대한 지혜를 성취하여 법을 통달하고 보리의 무루공덕無漏功德을 원만히 합니다.

진여를 어떠한 법으로도 능히 파괴하거나 문란케 하여 조그만치도 깨닫는 성품이 없게 할 수 없듯이, 선근의 회향도 그와 같아서 모든 법을 널리 깨우쳐서 그 마음이 한량이 없어 법계에 두루하게 합니다. 진여는 과거도 처음도 아니고 미래도 끝이 아니고 현재도 다른 것도 아니듯이, 선근의 회향도 그와 같아서 일체 중생을 위하여 보리심의 서원을 새록새록 일으켜서 두루 청정하여 생사를 영원히 여의게 합니다. 진여가 삼세에 분별함이 없듯이, 선근의 회향도 그와 같아서, 현재에 마음이 항상 각오하며 과거와 미래가 모두 청정합니다. 진여가 모든 부처님과 보살을 성취하듯이, 선근의 회향도 그와 같아서 모든 서원과 방편을 일으켜 부처님의 광대한 지혜를 성취합니다. 진여가 끝까지 청정하여 모든 번뇌와 함께하지 않듯이, 선근의 회향도 그와 같아서 일체 중생의 번뇌를 멸하고 모든 청정한 지혜를 원만케 합니다.

　불자들이여, 보살마하살이 이렇게 회향할 적에 모든 부처님의 세계가 평등하게 되나니 온갖 세계를 두루 깨끗하게 장엄한 연고며, 일체 중생으로 하여금 평등하게 되나니 걸림 없는 법륜(法輪)을 널리 운전한 연고며, 일체 보살이 평등하게 되나니 온갖 지혜를 얻으려는 서원을 낸 연고며, 일체 부처님이 평등하게 되나니 부처님들의 체성이 둘이 아님을 관찰한 연고며, 일체 법이 평등하게 되나니 모든 법의 성품이 변역함이 없음을 두루 아는 연고며, 일체 세간이 평등하게 되나니 방편의 지혜는 온갖 말하는 길〔言道〕을 잘 아는 연고며, 일체 보살의 행이 평등하게 되나니 가지가지 선근을 모두 회향한 연고며, 일체 시간이 평등함을 얻나니 불사를 부지런히 닦아서 모든 때에 끊임이 없는 연고며, 일체 업과 과보가 평등하게 되나니 세간과 출세간에 있는 선근이 다 물들지 아니하여 모두 끝까지 이른 연고며, 일체 부처님의 자재한 신통이 평등함을 얻나니 세간을 따라서 불사를 나타내는 연고입니다.

　불자들이여, 이것이 보살마하살의 진여의 모양인 제8 회향입니다.

　보살마하살이 이 회향에 머무르면 한량없는 청정한 법문을 증득하고 여래의 큰 사자후를 하여 자재하여 두려움이 없으며, 좋은 방편으로 무량한 보살을 교화하고 성취하여 일체 시간에 쉬지 아니하며, 부처님의 한량없이 원만한 몸을 얻어 한 몸이 일체 세계에 가득하며, 부처님의 한량없이 원만한 음성을 얻어 한 음성으로 일체 중생을 깨우치며, 부처님의 한량없이 원만한 힘을 얻어 한 털구멍에 일체 국토를 모두 용납합니다.

　부처님의 한량없이 원만한 신통을 얻어 모든 중생을 한 티끌 속에 두며, 부처님의 한량없이 원만한 해탈을 얻어 한 중생의 몸에 일체 부처님의 경계를 나타내어 등정각을 이루며, 부처님의 한량없이 원만한 삼매를 얻어 한 삼매 가운데 일체 삼매를 두루 나타내며, 부처님의 한량없이 원만한 변재를 얻어 한 구절 법문을 말할 적에 미래의 세상이 끝나도록 하여도 다할 수 없이하여 일체 중생의 의혹을 없애주며, 부처님의 한량없이 원만함을 얻은 한 중생으로 하여금 부처님의 십력을 구족하게 되어 온 중생계가 정각을 이루게 합니다.

불자들이여, 이것이 보살마하살이 일체 선근으로써 진여의 모양을 따르는 회향입니다."

그 때 금강당보살이 부처님의 위신력을 받들어 시방을 살펴보고 게송으로 말하였다.

　　보살이 편히 있기 항상 즐기고
　　바른 생각 견고하여 무명 여의니
　　부드럽고 착한 마음 항상 서늘해
　　그지없는 공덕행을 쌓아 모으며,

　　보살이 겸손하여 어기지 않고
　　가지는 뜻과 소원 항상 청정해
　　지혜의 큰 광명을 이미 얻어서
　　모든 업을 비추어 능히 다 아네.

　　보살이 생각하는 광대한 업이
　　가지가지 차별하여 희유하거늘
　　결정코 수행하여 퇴전치 않고
　　이것으로 중생들을 이익케 하며.

모든 업이 한량없이 차별하거늘
보살이 부지런히 닦아 익히어
중생의 뜻을 따라 어기지 않고
깨끗한 마음으로 기쁘게 하네.

중생을 어거하는 자리에 올라
모든 번뇌 여의고 걸림 없으며
법이거나 이치나 분명히 알고
중생을 이익하려 점점 익히네.

보살이 수행하는 착한 일들이
한량없고 수없어 각각 다르나
온갖 것을 분별하여 모두 다 알고
중생을 이익하려 회향하더라.

끝까지 광대하고 진실한 이치
미묘한 지혜로써 늘 관찰하며
모든 생사 끊어서 남기지 않고
진여의 성품 같이 잘 회향하며,

진여가 모든 것에 두루하듯이
이렇게 여러 세간 다 포섭하고
보살이 이 뜻으로 회향하여서
중생들로 하여금 집착이 없게,

보살의 힘과 소원 두루한 것이
진여가 아니 있는 데가 없듯이
보는 데 못보는 데 다 두루하고
이러한 공덕으로 회향하더라.

밤에도 머무르고 낮에도 있고
보름이나 한 달이나 따라 있으며
몇 해거나 몇 겁이나 모두 있나니
진여가 그러하고 행도 그러해.

그지없는 삼세 모든 세계와
일체의 중생들과 여러 가지 법
그 속에 있지마는 있는 데 없어
이러한 행으로써 회향하더라.

비유하면 진여의 본 성품같이
보살이 이와 같이 큰 마음을 내니
진여의 있는 데는 모두 다 있어
이러한 행으로써 회향하더라.

비유하면 진여의 본 성품같이
그 속에는 한 법도 있지 아니해
제 성품 못 찾는 게 참 성품이니
이러한 업으로써 회향하더라.

진여의 형상처럼 업도 그렇고
진여의 성품처럼 업도 그러해
진여 성품 본래가 진실하듯이
업도 또한 그러해 진여와 같네.

비유하면 진여가 끝이 없듯이
업도 역시 그러하여 끝이 없거늘
그 가운데 속박도 집착도 없어
그러므로 이 업이 청정하더라.

이렇게 총명하고 진실한 불자
지원이 견고하여 동하지 않고
지혜의 힘으로써 잘 통달하여
부처님의 방편장方便藏에 들어가더라.

법왕法王의 진실한 법 깨닫고 보니
그 가운덴 집착도 속박도 없어
이렇게 자재한 맘 걸림 없으니
한 법도 일어남을 보지 못했네.

여래의 법신으로 지으시는 업
모든 세간 모양이 저와 같거든
온갖 법의 모양이 없다 하나니
이런 모양 아는 것이 법을 아는 것.

보살이 부사의에 머물렀거든
그 가운덴 헤아려서 다할 수 없어
이렇게 부사의에 들어가며는
헤아리고 못함이 모두 적멸해.

이렇게 법의 성품 생각하여서
모든 업의 차별을 통달한다면
나란 고집 모두 다 멸해 버리고
공덕에 머물러서 동할 수 없네.

보살의 모든 업과 모든 과보는
다함 없는 지혜로 분명히 알아
다함 없는 성품이 다해져서야
다함 없는 방편이 없어지리라.

마음은 밖에 있는 것도 아니고
안에도 있지 않음 보살이 보네.
마음이 없는 줄을 알게 되면
나와 법을 여의고 아주 적멸해.

법의 성품 언제나 공적한 줄을
불자들이 이렇게 알게 된다면
한 법도 생길 것이 없이 되어서
나없음을 깨달아 부처 같으리.

알고 보면 세간의 모든 법들이
진여의 성품이나 모양과 같아
이렇게 부사의한 모양 본다면
이것이 모양 없는 법을 아는 것.

이렇게 매우 깊은 법에 머물면
즐겁게 보살행을 항상 닦아서
수없는 중생들께 이익 주려고
서원으로 장엄하여 퇴전 않으리.

이것은 세간법을 초월하여서
생사의 헛된 분별 내지 않으며
마음이 요술인 줄 통달해 알고
부지런히 수행하여 중생 제도해.

보살의 바른 생각 세간을 보니
모든 업과 인연으로 일체가 생겨
중생을 건지려고 행을 닦아서
삼계를 포섭하고 남김이 없네.

중생의 가지가지 차별한 것이
생각과 행동으로 분별하는 것
이런 일 관찰하여 밝게 알지만
그래도 법의 성품 파괴 않나니,

슬기론 이 부처님 법 분명히 알고
이러한 행으로써 회향하면서
수없는 중생들을 불쌍히 여겨
실상법을 바르게 생각게 하네.

■ 이 운 허

운허 스님은 1892년 평북 정주에서 태어나 한학을 공부하였고, 1921년 강원도 회양 봉일사에서 경송은천(慶松銀千) 선사를 은사로 출가하였다. 금강산 유점사·동래 범어사·개운사 강원을 거치면서 대교과를 마치고, 1936년 봉선사 홍법강원(弘法講院)에서 강사가 된 후 동학사·통도사·해인사 등에서 강사를 역임하였다. 1952년 광동중·고등학교를 설립했고, 1961년 우리나라 최초로 『불교사전』을 간행하였으며, 1964년 동국역경원을 설립하여 원장에 취임하였고, 『능엄경』을 비롯하여 『화엄경』·『열반경』·『유마경』·『금강경』 등 여러 경전을 번역하여 '한글대장경'이라는 이름으로 간행하였다. 1980년 음력 10월10일 세수 89세로 봉선사에서 입적하였다.

대방광불화엄경 2

2006년 2월 28일 초판 1쇄 발행
2022년 6월 30일 초판 5쇄 발행

지은이 이운허
펴낸이 박기련
펴낸곳 동국역경원

출판등록 제1964-000001호
주소 04626 서울시 중구 퇴계로36길2 신관1층 105호
전화 02-2264-4714
팩스 02-2268-7851
Homepage http://dgpress.dongguk.edu
E-mail abook@jeongjincorp.com
인쇄처 네오프린텍(주)

ISBN 978-89-5590-413-0
ISBN 978-89-5590-411-6(전5권)

값 30,000원

이 책의 무단 전재나 복제 행위는 저작권법 제98조에 따라 처벌받게 됩니다.